左权年鉴

ZUOQUANNIANJIAN

2019

左权县史志研究室　编

方志出版社
Publishing House of Local Records

图书在版编目(CIP)数据

左权年鉴. 2019 / 左权县史志研究室编. — 北京：
方志出版社，2019.12
ISBN 978—7—5144—4103—1

Ⅰ. ①左… Ⅱ. ①左… Ⅲ. ①左权县—2019—年鉴
Ⅳ. ①Z522.54

中国版本图书馆CIP数据核字（2019）第297392号

左权年鉴（2019）

编　　者：左权县史志研究室
责任编辑：冯　松

出 版 人：冀祥德
出 版 者：方志出版社
地址　北京市朝阳区潘家园东里 9 号（国家方志馆 4 层）
邮编　100021
网址　http://www.fzph.org
发　　行：方志出版社图书经销中心
电话（010）67110500
经　　销：各地新华书店
承　　印：山西省史志印刷厂

开　　本：889×1194　1/16
印　　张：25.75
字　　数：474 千字
版　　次：2019 年 12 月第 1 版　2019 年 12 月第1次印刷
印　　数：0001～1000册

ISBN 978-7-5144-4103-1　定　　价：318.00 元

《左权年鉴》编纂委员会

《左权年鉴》编辑部

县城夜景　邢兰富　摄

县城全景　邢兰富　摄

2018年，全县生产总值 58.66亿元，比 2017年增长 7.3%。人均生产总值 3.50万元。全县城市建成区面积 6.08平方千米,城市房屋建筑面积 318万平方米。年末建成区绿化覆盖率 40.43%，城区有公园 5座，成为省内拥有公园数量最多的县级城市之一。

2018年 3月，左权县召开脱贫摘帽誓师大会　邢兰富　摄

左权县2001年被列为国家扶贫开发重点县，2014年全县精准识别建档立卡贫困村129个、贫困户18920户、贫困人口49586人，贫困发生率38.2%。在实施精准扶贫过程中，左权县委提出了“全力晋位上台阶、全面脱贫奔小康”的“十三五”发展总目标，实施了“三化并举、绿色崛起、开放融入”三大战略，走好“优化产业、精准扶贫、传承文化、美丽城乡、惠及百姓”五大路径，努力创建全省“扶贫攻坚示范县”，打造“国定贫困县退出新样板”。

在这场攻坚战中，县委、县政府坚决扛起脱贫攻坚责任，压紧压实县四大班包村督导责任，从严落实专项扶贫“双组长”制，坚持“五个一批”“六个精准”，推行“项目工作法”，构建了脱贫攻坚“十个一”工作调度体系，走出了一条“以户为基、一人一策、靶向精准、本质脱贫”的左权脱贫之路。至2018年底，全县累计退出贫困村127个，减贫人口18700户、49165人，贫困发生率降至0.32%，顺利通过了贫困县退出第三方评估考核。

麻田凤凰山核桃示范基地　邢兰富　摄

芹泉镇高效农业园区　邢兰富　摄

在脱贫攻坚战中，左权县立足实际，坚持产业为本促脱贫的发展理念，积极拓展核桃、养殖、蔬菜、杂粮、中药材五大产业增收路径，推进“金融+扶贫”“电商+扶贫”“光伏+扶贫”等新兴产业模式，提速农业与文化、旅游、教育、科技、健康养老等产业融合，以综合农业产业为基础、特色核桃产业为引领、大型光伏产业为兜底，多轮驱动实现贫困人口稳增收。2018年实现农村人均可支配收入6151元，比2017年增长17%。

在稳增收的基础上，大力实施整村提升工程，人居环境得到改善。2018年，全县贫困村文化教育、医疗卫生、社会保障、基础设施等均超过省定年度标准；易地扶贫搬迁四个集中安置小区，共安置搬迁户1687户4032人，入住率达95%以上，公共服务设施齐全，居民足不出户即可享受到基本医疗、购物、文体活动等系列服务，满意度和认可度得到提升。

前上峧扶贫光伏电站运行　邢兰富　摄

大青山羊　邢兰富　摄

麻田镇柴城村34户建档立卡贫困户领取合作社养猪分红款　邢兰富　摄

易地搬迁安置小区—易居苑　邢兰富　摄

太行一号旅游公路大堡岩段　邢兰富　摄

太行一号旅游公路左权段开工仪式　周红波　摄

太行一号旅游公路南岔段与汾邢高速并行　邢兰富　摄

太行一号旅游公路支线十字岭至大林口段　邢兰富　摄

李家垴“四好农村路”　邢兰富　摄

2018年，左权县在完成省级“四好农村路”示范创建的基础上，全方位铺排太行一号旅游公路全域百公里示范建设，进一步提升建设标准，优化路网结构。至年底先后完成36个“四好农村路”和9个“太行一号”旅游公路项目，全县公路通车总里程1531.74千米。其中，农村公路1261.60千米，占全县路网结构的82.36%，公路密度75.53千米/百平方千米，县域初步形成高速、国省干线双十骨架，县乡公路纵横交错，村级公路网络辐射的“一大五小六循环”路网格局。

左权县思源实验学校校园　刘栓阳　摄

"关爱女孩行动"是由国家卫健委家庭司组织实施的一个公益性爱心传递活动，旨在引导全社会关注女孩智慧生存环境，倡导社会性别平等，促进出生人口性别结构平衡。2018年7月22日，山西省"闻道启智·圆梦太行"关爱女孩活动在左权县启动，省市卫生计生委、省人口宣教中心和左权县委县政府有关领导出席启动仪式。全县遴选品学兼优女孩27人，参加为期一周"我要去北大　携手进清华"夏令营圆梦活动。

左权思源实验学校是由香港言爱基金会援建，县委县政府投资新建的一所功能齐全、设施一流的现代化新型九年一贯寄宿制学校。2017年 9月创建，位于县城西，占地 4.86公顷，建筑面积 28636平方米。2018年有教学班 35个，在校生 1659人，教职工 166人，其中国家德育模范教师 1人，省教学能手 1人，市模范教师 8人，市教学能手、骨干教师等 10人。

2018年 7月 22日，山西省"闻道启智·圆梦太行"关爱女孩活动启动仪式在左权县举行 张文军 摄

太行（左权）生态文化旅游活动季启动仪式　邢兰富　摄

第二届太行民歌音乐会　邢兰富　摄

红色文化和太行生态文化旅游发展交流研讨会　邢兰富　摄

2018年7月23日，“陈硕石艺术馆”在左权县拐儿镇天门村举行开馆仪式　邢兰富　摄

为把左权打造成为国家级休闲康养度假区、国家级旅游业改革创新先行区、太行生态文化旅游目的地。2018年 6月 26 日，由山西省旅发委、晋中市委、市政府主办，左权县委、县政府、晋中市旅发委承办的太行（左权）生态文化旅游季在太行龙泉旅游景区启动。活动以生态、文化为内涵，以系列活动为载体，至 8月底举行红色文化和生态文化旅游发展交流研讨会、第二届太行民歌音乐会、“旅游 +生态庄园 +乡村振兴”发展论坛、百名艺术家进太行采风、“不忘初心、牢记使命”纪念改革开放四十周年电影展演、晋冀鲁豫边区红色文化旅游节、“清凉一夏・左权度假”避暑节、文化活动月、国画大师陈硕石纪念馆开馆等十大活动。

十字岭公祭　邢兰富　摄

2018年9月30日，由中华英烈褒扬事业促进会指导发起，英促会抗战英烈褒扬基金、左权县委县政府联合举办的“9·30抗战英烈公祭（十字岭主祭场）暨太行英烈公祭活动”在麻田十字岭举行。这是首次以左权将军殉难处十字岭为标识地，对抗战中牺牲的全体中国军民进行的专题公祭活动。

左权县行政区划图

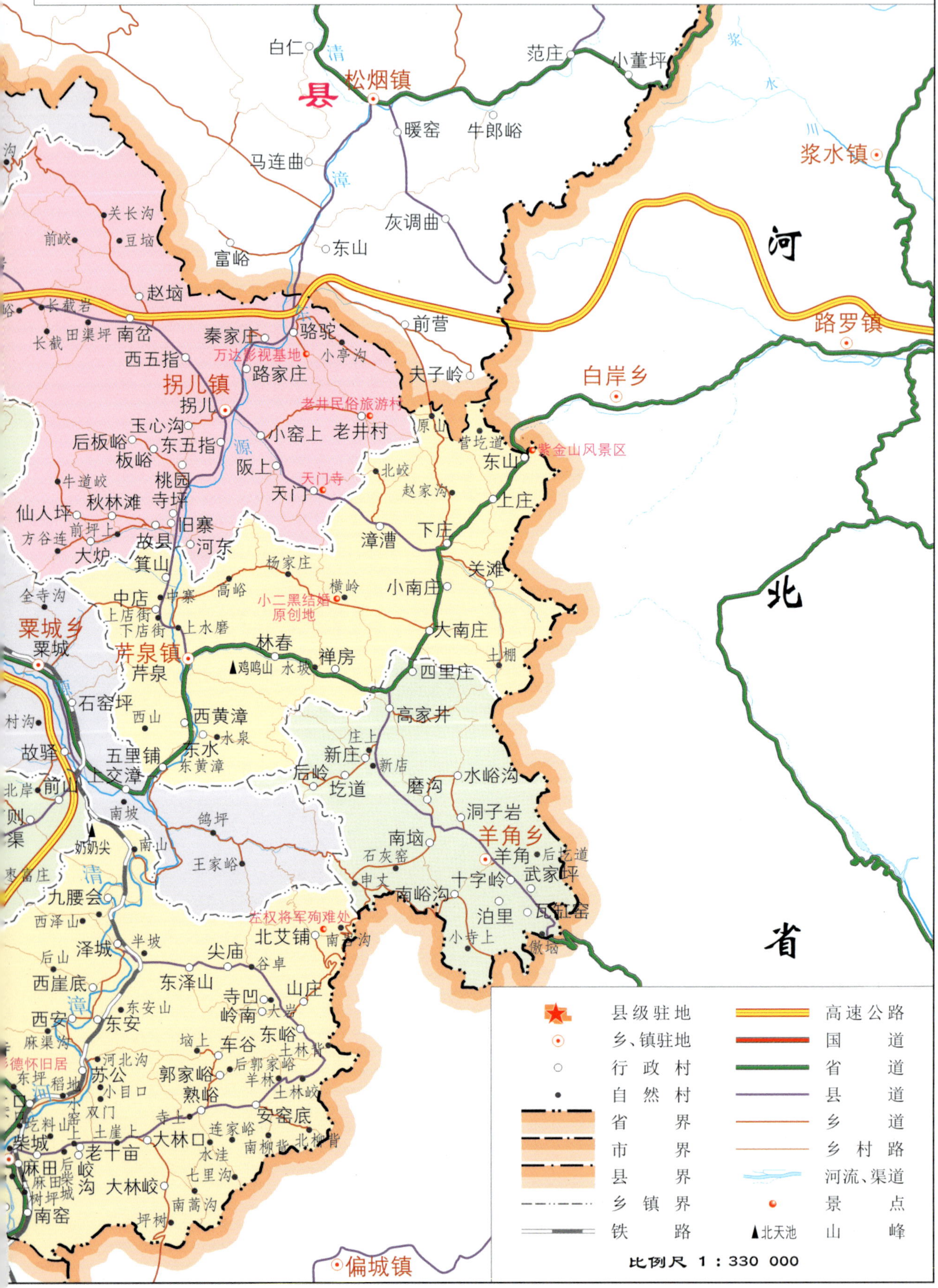
白仁
清
松烟镇
县
范庄
小董坪
暖窑
牛郎峪
马连曲
漳
灰调曲
浆水镇
东山
富峪
河
路罗镇
前营
赵垴
长截岩
南岔
田渠坪
长截
秦家庄
骆驼
万达影视基地
小亭沟
西五指
路家庄
拐儿镇
拐儿
夫子岭
白岸乡
老井民俗旅游村
原山
玉心沟
小窑上
老井村
营坨道
紫金山风景区
后板峪
东五指
源
东山
板峪
阪上
北峧
牛道峧
桃园
天门寺
赵家沟
秋林滩
寺坪
天门
上庄
仙人坪
旧寨
方谷连
前坪上
下庄
漳漕
故县
河东
大炉
箕山
杨家庄
关滩
全寺沟
中店
中寨
高峪
横岭
小南庄
北
上店街
小二黑结婚原创地
下店街
上水磨
大南庄
粟城乡
粟城
林春
芹泉镇
禅房
土棚
鸡鸣山
水坡
西里庄
芹泉
石窑坪
高家井
西山
西黄漳
村沟
水泉
庄上
故驿
新庄
五里铺
东水
新店
上交漳
东黄漳
后岭
水峪沟
北岸
前山
圪道
磨沟
南坡
洞子岩
鸽坪
奶奶尖
南垴
羊角乡
南山
羊角
后圪道
石灰窑
清
王家峪
申丈
十字岭
武家坪
九腰会
南峪沟
西泽山
泊里
瓦缸窑
左权将军殉难处
北艾铺
南亭沟
小寺上
傲垴
后山
泽城
半坡
尖庙
谷卓
省
西崖底
东泽山
山庄
寺凹
漳
东安山
岭南
大岩
西安
东安
东峪
麻渠沟
垴上
车谷
土林背
德怀旧居
河北沟
苏公
后郭家峪
东坪
稻地
郭家峪
羊林
小目口
熟峪
土林峧
河
双门
寺上
安窑底
圪料山
小窑
连家峪
土崖上
柴城
上
大林口
南柳背
北柳背
老十亩
水洼
后峧
麻田
七里沟
麻田柴沟
大林峧
树坪城
南蒿沟
南窑
坪树
偏城镇
县级驻地
乡、镇驻地
行政村
自然村
省界
市界
县界
乡镇界
铁路
高速公路
国道
省道
县道
乡道
乡村路
河流、渠道
景点
北天池
山峰
比例尺 1：330 000

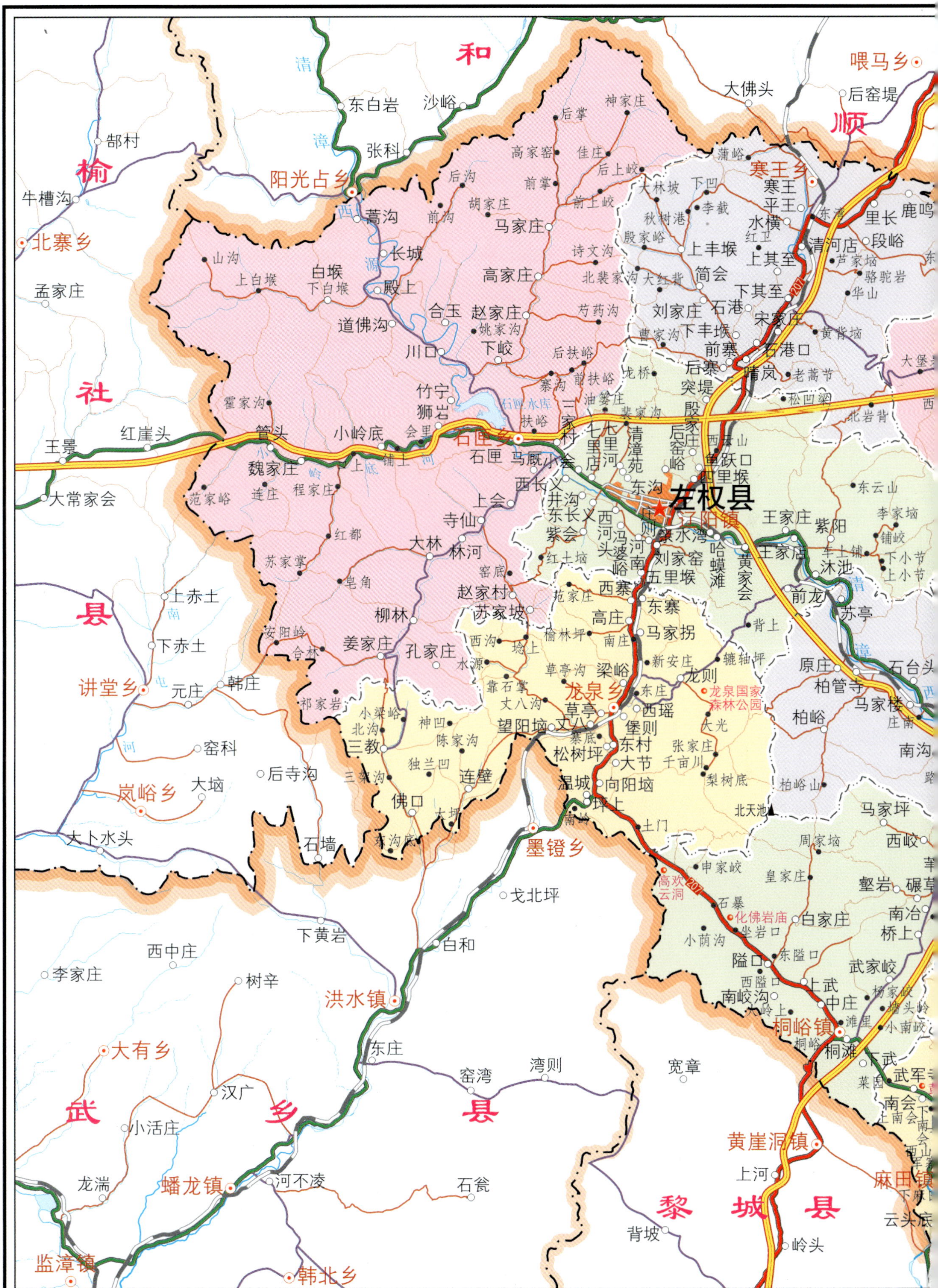

审图号：晋S（2018）2号

编　纂　说　明

一、《左权年鉴（2019）》创始于2017年，是左权县委、县政府主办，左权县史志研究室组织编辑的大型资料文献，一年一鉴，公开发行。

二、《左权年鉴（2019）》以马克思列宁主义、毛泽东思想、邓小平理论、“三个代表”重要思想、科学发展观、习近平新时代中国特色社会主义思想为指导，坚持辩证唯物主义和历史唯物主义的立场、观点、方法，力求资料性、科学性、思想性相统一，秉笔直书，如实记述。

三、《左权年鉴（2019）》全面、客观、系统地记载左权县自然、政治、经济、文化、社会等各个领域的基本情况，反映本年度重要事项与发展变化，为广大读者了解左权县、认识左权县、研究左权县、投资左权县提供基础信息。

四、《左权年鉴（2019）》记述时限为2018年1月1日至12月31日，“工业”“乡镇（城区）”等类目下某些条目在内容记述上适当上溯。

五、《左权年鉴（2019）》采用分类编排法，共分4个层次编排，即类目、分目、次分目、条目。全书共设30个类目、140个分目、37个次分目、894个条目。

六、《左权年鉴（2019）》由县直各部门和各乡镇（城区）供稿。由于统计口径不同，遇有数据不一致的，以县统计局公开的统计数据为准。除“农业”“综合经济管理和监督”“乡镇城区概况”类目外，所涉及计量均使用法定计量单位。

目　录

特　载

大事记

县情概貌

中国共产党左权县委员会

左权县人民代表大会常务委员会

左权县人民政府

中国人民政治协商会议左权县委员会

中国共产党左权县纪律检查委员会
左权县监察委员会

群众团体

法　治

军　事

脱贫攻坚

农　业

工 业

建设　环保

交通　邮电

贸　易

财税金融

综合经济管理与监督

文化　旅游

教　育

科学技术

卫生　体育

社会生活

乡镇（城区）

先进集体（个人）

经济社会统计资料

附　录

索　引

特载

在县委工作会议上的讲话

中共晋中市委常委、左权县委书记　王　兵

（2019 年 4 月 18 日）

一、县委统揽、各方戮力，党的事业取得新的进步

过去一年，紧紧围绕“全力晋位上台阶，全面脱贫奔小康”奋斗目标，县委坚持总揽全局、协调各方，认真履行把方向、管大局、作决策、保落实职责，扎实推动组织、纪检、宣传、政法、统战、人武、群团等各项工作取得了显著成绩，为全县经济社会持续健康发展提供了坚强保障。

（一）强化组织引领，干事热情充分激发。创新工作方法，全面提升“三基建设”水平，强化组织建设，建立党组织“十星级”评定标准，打造示范党组织 101 个，离退休干部党组织标准化“42233”模式在全市推广，203 个行政村集体经济全部“破零”，94 名干部到乡镇挂职，基层战斗力进一步增强；强化基础保障，乡镇“五小”建设均达到“五要五有五规范”标准，村（社区）活动场所持续改善，乡镇运转经费和“两委”主干报酬全面保障；强化能力提升，建立“三基建设和精准帮扶云平台”，县乡村三级干部学习贯彻中共十九大精神轮训和干部能力测评全部完成，党员干部干事创业能力进一步提升。

（二）严肃监督执纪，党风政风明显好转。深入推进党风廉政建设，完善监督体系，向全县 80 个党政机关单位派驻了 13 个纪检监察组，选聘了 203 名村级监察信息员，实现了“探头”处处在，监督全覆盖；深化运用“四种形态”，运用第一、二种形态占比达到 94.8%，实现了由“惩治极少数”向“管住大多数”转变；高悬巡察“利剑”，完成第三、四、五轮巡察，巡察单位 24 个，发现问题 286 个，督促各单位细化整改措施347项；“亮剑”重点领域，查处群众身边腐败、扶贫领域案件261件466人，查处涉黑涉恶“保护伞”腐败问题39件23人。

（三）抓实宣传引导，舆论环境持续优化。牢牢掌握意识形态工作领导权，把牢大方向，签订责任书103份，宣讲党的十九大精神420余场次，隆重举办庆祝改革开放40周年系列活动；唱响主旋律，领题调研“决战一八、决胜脱贫”，成功组织“太行（左权）生态文化旅游季活动”和中央主流媒体“脱贫攻坚看左权”等主题活动，主流思想舆论不断壮大；弘扬正能量，舆情、有害两类信息报送全市第一、全省第三，打造社会主义核心价值观示范点12个，成立全市首家“志愿服务联合会”，全年开展活动50余次，社会新风正气成风化人。

（四）聚焦平安建设，稳定局面不断巩固。始终绷紧维护社会大局稳定这根弦，全面开展扫黑除恶专项斗争，成功打掉恶势力5个，排查管控各类重点人群1787人，全县刑事案件发案数同比下降21%；全面夯实社会治理基础，三级综治中心规范化建设深入推进，全年调解化解矛盾纠纷1751件，调解成功率达到80%以上；全面做好信访稳定工作，完善领导干部接访约访包案制度，开展信访积案化解集中攻坚等专项活动，信访形势总体平稳可控。

（五）依法履职尽责，民主政治得到加强。县人大紧扣大局，依法行使职权，全年听取审议专项工作报告24项，依法任免地方国家机关工作人员13人次，集中交办代表建议118件，办复率100%，为推动左权持续健康发展发挥了积极作用。县政协牢牢把握团结和民主两大主题，全年累计提出提案129件，立案125件，提案办复率达100%，委员满意率达100%，为推进左权高质量发展汇聚了强大正能量。

（六）调动各方力量，发展合力更加凝聚。统战工作持续深化“六大行动”（“凝心”“聚力”“促转型”“惠民”“和谐”“强基固本”），扎实助力“两全”目标（全力晋位上台阶，全面脱贫奔小康），荣获全市“实施双百工程助力脱贫攻坚”等殊荣。人武工作全力加强“六部”建设（应急应战的指挥部、地方党委的军事部、后备力量的建设部、同级政府的兵役部、军民融合的协调部、宝贵财富服务部），严格落实战备训练，积极投身经济社会建设，圆满完成各项任务。工会全年组织各类技能竞赛活动50多次，职工科技创新、发明创造成果50余项。团委不断拓展线上线下共青团建设，构建起团干部+青年志愿者+青少年社工的新型服务主体。妇联成功举办“一十百千万”乡风文明宣讲110余场，5200余人次受益，在全市妇联系统考核中取得优秀等次。此外，我们统筹抓好县委机关、党校和老干部等工作，形成了齐抓共管、共促发展的生动局面。在此，我代表县委向大家一年来的辛勤付出、努力工作表示衷心的感谢！

二、紧扣要务、增强实效，扎实推进党的建设再开新局

2019 年是新中国成立 70 周年，也是决胜全面建成小康社会、实现第一个百年奋斗目标的关键之年。县委确定今年工作的指导思想是：以习近平新时代中国特色社会主义思想为指导，全面贯彻党的十九大和十九届二中、三中全会精神，统筹推进“五位一体”总体布局，协调推进“四个全面”战略布局，深入贯彻习近平总书记视察山西重要讲话精神，按照中央和省委、市委决策部署，坚持稳中求进工作总基调，坚持新发展理念，坚持推动高质量发展，坚持深化市场化改革、扩大高水平开放，聚焦省委“三大目标”（建设“资源型经济转型发展示范区”、打造“能源革命排头兵”和构建“内陆地区对外开放新高地”）、市委“四个目标”（决战转型综改主战场，争创乡村振兴示范市，建设能源革命先行区，打造创新创业新高地），全面落实市委“三个三”（坚持“三个导向”：坚持目标导向，坚持问题导向，坚持结果导向；落实“三个清单”：落实基础工作清单，落实重点工作清单，落实亮点工作清单；提升“三个能力”：提升政治能力，提升创新能力，提升执行能力）工作思路和举措，统筹推进稳增长、促改革、调结构、惠民生、防风险各项工作，不断增强人民群众获得感、幸福感、安全感，为实现“全力晋位上台阶，全面脱贫奔小康”目标打下决定性基础，以优异成绩迎接中华人民共和国成立 70 周年。

做好全年工作，需要我们坚持和加强党的全面领导，充分发挥县委总揽全局、协调各方的领导核心作用，不断改进和提升工作方式与水平，为全县各项事业发展提供坚强保障。

（一）强基固本，全面加强基层党建工作。要以党的政治建设为统领，将清单式管理贯穿始终，推动基层党组织全面进步、全面过硬。扎实开展“不忘初心、牢记使命”主题教育，按照党中央要求和省委、市委部署，以学习贯彻习近平新时代中国特色社会主义思想为主要内容，把主题教育作为一项重大政治任务，精心组织、精细实施，推动全县各级党组织和党员干部更加自觉为实现新时代历史使命不懈奋斗，进一步锤炼党性、凝聚党心。集中整顿提升软弱涣散党组织，严格落实一村一方案、一名包联领导、一个工作组、一名第一书记、一个结对单位的整顿模式，建立工作清单，落实工作责任，补齐基层党组织建设短板，并及时将涉黑涉恶的村干部纳入软弱涣散党组织开展集中整顿，确保工作具体化、有抓手、能落实。持续发展壮大村级集体经济，探索“村村（企）联合、以资定股、集中经营、抱团发展”的新路径，建立以市场为导向的集体经济发展新机制，因地制宜发展新产业新业态，切实增强村集体经济发展后劲。今年，要对段峪、简会等 25 个试点村进行扶持，力争 80%行政村集体经济达到 5 万元以上。

（二）正风肃纪，深入推进党风廉政建设。要始终坚持严字当头，持续保持高压态势，形成有力震慑。坚决抓好巡察整改落实，以去年市委对我县开展的巡察、中央巡察山西反馈问题、县委已开展的五轮巡察和今年将启动的两轮常规巡察、专项巡察为重点，对巡察反馈和提出的意见建议，紧盯不放，全面落实整改。要建立县纪委监委、县委组织部巡察整改日常监督检查机制，对虚假整改、敷衍整改的严厉问责。持续整治群众身边“微腐败”，深化民生领域问题专项整治，切实解决教育医疗、环境保护、食品药品安全、社保低保等方面侵害群众利益的问题，严厉查处贪污侵占、虚报冒领、截留挪用、优亲厚友等行为，以维护群众切身利益的实效取信于民。持续打好作风建设攻坚战，坚决反对任何形式主义、官僚主义，紧盯形式主义、官僚主义新动向新表现，严肃查处空泛表态、应景造势、敷衍塞责、不担当、不作为、出工不出力等突出问题，驰而不息推动作风建设向纵深发展。

（三）弘扬正气，牢牢把握正确舆论方向。要以习近平总书记提出的“九个坚持”（坚持党对意识形态工作的领导权；坚持思想工作“两个巩固”的根本任务；坚持用习近平新时代中国特色社会主义思想武装全党、教育人民；坚持培育和践行社会主义核心价值观；坚持文化自信是更基础、更广泛、更深厚的自信，是更基本、更深沉、更持久的力量；坚持提高新闻舆论传播力、引导力、影响力、公信力；坚持以人民为中心的创作导向；坚持营造风清气正的网络空间；坚持讲好中国故事、传播好中国声音）为根本遵循，自觉承担起举旗帜、聚民心、育新人、兴文化、展形象的使命任务，凝聚向心力、弘扬主弦律。全力举办好“中国左权·大美太行原生态文化季”，以左权原生态民歌为切入点，主打红色文化、生态旅游和原生态民歌三张名片，通过召开新闻发布会、发布“原生态艺术”征集令、组织“全城联动，万人快闪”、开展“民星”选拔赛等，对活动进行全方位宣传、全力度推广。要配套举办好太行情·“羊倌”擂台赛、原生态文化大会、招商引资洽谈和文旅推介大会、红色经典诗歌朗诵会等四项活动，持续提升活动吸引力和影响力。加快县级融媒体中心建设，以左权广播电视台为龙头，整合新闻宣传资源，引进媒体云服务平台、大数据、云计算等传媒技术，大力推进传统媒体与新兴媒体在理念与思路、内容与技术、平台与运营、机制与体制等方面的深度融合，推动形成完整的融媒生产传播体系，形成新闻宣传矩阵，壮大宣传合力。6月底前要挂牌成立左权县传媒中心。

（四）强化综治，全力维护社会和谐稳定。要坚持党对政法工作的绝对领导，始终把维护国家安全和政治稳定作为首要职责，全力保障政治安全，促进社会和谐安定。推动扫黑除恶专项斗争向纵深发展，按照“深挖根治”的总体思路，深入推进“三打三治”（在打漏见底、除恶务尽上持续发力，在打财断血、摧毁基础上持续发力，在打伞破网、深挖幕后上持续发力；要强化依法惩治，提升办案质效；强化重点整治，推进行业监管；强化源头根治，夯实执政根基），掀起专项斗争新攻势；深入开展“线索清零”“积案清零”两个专项行动，将已立案侦办的涉黑涉恶案件全部核查办理完毕；及时开展“回头看”，对黑恶势力易滋生的地区、行业、领域，强化摸底排查，深挖“保护伞”线索和黑恶势力“关系网”，分类攻坚，一查到底；持续强化综合整治，围绕重点案件、重点问题和重点地区进行集中攻坚，坚决铲除黑恶势力赖以滋生的土壤。创新构建新型基层社会治理体系，继续深入推广“枫桥经验”，抓好辽阳镇省级示范乡镇和东沟、泽城等11个省级示范村（社区）“枫桥经验”示范点建设，构建自治、法治、德治“三治融合”的基层社会治理体系。开展信访基础业务规范化建设，做好预警处置，确保各类矛盾纠纷早发现、早控制、早处理。

（五）当好参谋，扎实推动民主政治建设。要自觉把党的领导贯穿人大和政协工作始终，紧紧围绕中心大局，依法履职、建言献策。人大要按照工作机关、代表机关“两个机关”的定位要求，加强对法律法规实施情况的监督和“一府一委两院”的工作监督，健全完善对人大常委会任命干部的法律考试、供职发言、宪法宣誓等机制，加大对群众意见集中、社会关注度高的代表议案建议督办力度，推动人大工作高质量发展。政协要紧扣“两全”奋斗目标，精选脱贫、转型、民生等课题开展调查研究、民主监督，并加大对扫黑除恶专项斗争、农村社会化改革等工作的跟踪调研，切实发挥推动经济持续健康发展、提升民生福祉的积极作用。

（六）凝聚共识，汇聚高质量发展强大力量。要充分发挥自身优势，广泛调动各方面积极性，推动形成发展强大合力。统战工作要抓好“凝心、聚力、促转型、和谐、惠民、强基固本”六大行动提质增效工作，努力开创统一战线各领域工作新局面。人武工作要坚持以习近平强军思想为指导，强化战备应急课题研练，抓好军民融合深度发展，努力推动人武工作再上新台阶。工会要围绕推动高质量发展，探索新型产业工人培养模式，依法维护职工群众合法权益，有效搭建职工建功立业“大舞台”。团委要继续开展圆梦微心愿、关爱留守儿童等行动，引领和带动全社会都来关注关爱贫困青少年。妇联要深入实施巾帼建功、巾帼脱贫等行动，引导广大妇女建功新时代，展现新作为。老干部、党校等工作也要找准切入点，广泛开展各类活动，以奋斗书写新篇章。

三、自我革命、增强本领，以作风能力提升推动党的建设和党的事业全面过硬

做好新时代党建工作，主力是广大党员干部，关键在县委领导班子。

一要强化政治引领。要坚持党对一切工作的领导，牢固树立“四个意识”，坚决做到“两个维护”，把习近平新时代中国特色社会主义思想学深悟透，创造性贯彻落实党中央和省委、市委、县委决策部署，真正扛起党的建设主体责任，重要工作亲力亲为、关键改革当好“施工队长”，认真履职、协作配合，一以贯之推进党的建设新的伟大工程。

二要增强创新意识。要紧紧抓住“改革创新、奋发有为”大讨论契机，增强改革创新本领，保持锐意进取精神风貌，结合实际创造性推动工作。要对标一流、解放思想，带头找差距、定措施、抓整改，树立与时俱进、开拓创新的思维理念，积极探索适合自身发展需要的新路径、新模式，努力在“六个破除”“六个着力”“六个坚持”（指破除僵化保守，着力解决改革意识不强问题，坚持以改革破解发展难题；破除因循守旧，着力解决创新精神不足问题，坚持以创新激发动力活力；破除封闭狭隘，着力解决扩大开放不够问题，坚持以开放促改革促发展；破除资源依赖，着力解决市场理念不浓问题，坚持以市场打开发展新通途；破除随遇而安，着力解决工作标杆不高问题，坚持以一流标准创造一流业绩；破除慵懒散漫，着力解决作风不实问题，坚持以过硬作风彰显担当作为）上取得新实效。

三要勇于担当作为。要大兴调查研究之风，发扬斗争精神，敏于发现问题、善于解决问题，做到坚持原则、认真负责。要对照新时代新担当新作为明确要求，把全身心投入到经济高质量发展、巩固脱贫成效、实施乡村振兴战略等重点工作上来，在急难险重任务面前主动担责、勇作表率，超前一步、先人一步，成为带领干部群众开拓前进的主心骨、领路人。

四要强化廉政建设。要带头遵守《中国共产党廉洁自律准则》，持续落实中央八项规定精神，严格按党性原则、政策法规办事，严禁利用职权违反规定干预和插手建设工程项目招投标、扶贫物资分配等活动；严格执行公务用车、办公用房、外出考察、公务接待等有关规定，厉行节约，反对铺张浪费；严格执行党风廉政建设责任制，管好分管系统和部门党风廉政建设，自觉做廉洁从政用权、廉洁修身齐家的模范。

同志们，抓好县委各项工作，重在实干，贵在落实。让我们高举习近平新时代中国特色社会主义思想伟大旗帜，紧紧围绕“全力晋位上台阶，全面脱贫奔小康”奋斗目标，真抓实干、狠抓落实，全面拓展党的建设和党的事业新局面，以优异成绩迎接中华人民共和国成立70周年！

左权县人民代表大会常务委员会工作报告

——在左权县第十六届人民代表大会第四次会议上

左权县人大常委会主任　郑春华

（2019 年 3 月 3 日）

各位代表：

我受县十六届人大常委会的委托，向大会报告工作，请予审议，并请列席会议的同志提出意见。

过去一年的主要工作

过去的一年，在县委的坚强领导下，县人大常委会以习近平新时代中国特色社会主义思想为指导，认真学习党的十九大和习近平总书记视察山西重要讲话精神，坚持党的领导、人民当家作主、依法治国有机统一，认真贯彻落实中央、省委决策部署，按照市委“三个三”工作思路和举措，紧扣县委“决战 2018、决胜脱贫攻坚”总目标，依法行使宪法和法律赋予的职责。全年共召开常委会会议 7 次，主任会议 20 次，听取审议专项工作报告 24 项，作出决议决定 5 项，形成审议意见 15 件，进行专题调研 14 次，执法检查 2 次，市县联动监督 2 次，集中视察 1 次，依法任免地方国家机关工作人员 25 人次，全面完成了县十六届人大三次会议确定的各项任务，为全县经济社会健康发展发挥了国家权力机关的职能作用。

一、加强党的领导，坚持人大工作正确的政治方向

坚持党的领导，是坚持和完善人民代表大会制度的根本保证，是人大工作的灵魂。县委高度重视全面加强对人大工作的领导，认真贯彻落实中央、省委、市委有关人大工作的决策部署，及时研究人大工作中的重大问题和重要事项，解决事关县乡人大工作和建设的重大问题，出台了《健全人大讨论决定重大事项制度、各级政府重大决策出台前向本级人大报告的意见》，听取县人大常委会党组工作汇报，保证了人大工作始终沿着正确的方向前进。

人大是党委领导下的重要政治机关。常委会始终坚持把政治建设摆在首位，牢固树立“四个意识”、坚定“四个自信”，做到“两个维护”，准确把握新时代人大工作正确的政治方向。坚持把学习贯彻习近平新时代中国特色社会主义思想作为首要政治任务，紧密联系我县经济社会发展历程和取得的重大成就，学思践悟、知行合一，自觉用新思想引领人大工作。坚持把学习贯彻习近平总书记关于坚持和完善人民代表大会制度重要思想作为强化理论武装的重要内容，制定学习计划，召开交流会，不断夯实履职尽责的政治基础和思想基础。修订完善了常委会组成人员守则，制定了机关各项工作制度等。

十三届全国人大一次会议通过的宪法修正案把党的十九大确立的重大理论观点、重大方针政策载入国家根本法。常委会把学习宣传宪法、维护宪法尊严，保证宪法实施摆在突出位置，精心安排，周密部署，组织大讲堂专题辅导，促进宪法普及。修订出台了《左权县国家工作人员宪法宣誓实施办法》，进一步明确了国家工作人员向宪法宣誓的适用范围、宣誓流程等相关要求，推进宪法宣誓工作向“一府一委两院”及有关国家机关延伸，彰显了宪法权威。

常委会认真贯彻县委意图，做到县委中心工作推进到哪里，人大工作就跟进到哪里。坚持重大问题重大事项向县委请示报告制度，切实把党的领导贯穿于人大依法履职全过程。通过法定程序，把党委的决策部署变为人民群众的自觉行动。一年来就国民经济和社会发展执行情况、财政决算和财政预算执行情况、政府性债务及预算调整方案作出决议。共依法任免国家机关工作人员25人次（其中任职18人次，免职7人次），接受辞职1人次，先后举行宪法宣誓仪式7次，听取了县经济和商务粮食局、农业委员会、交通运输局、教育科技局等4个常委会任命的政府工作部门主要负责人履职情况报告，严格做到坚持党的领导、人民当家作主、依法治国有机统一。

二、突出监督重点，增强依法监督实效

常委会抓住转型发展、脱贫攻坚、民生改善、污染防治、法律实施等突出问题，听取和审议“一府一委两院”专项报告，促进了一批重点工作和人民群众关心的热点问题的改进与解决，让人民群众有更多的获得感。

经济运行监督常态跟进。围绕年度发展目标，开展集中视察、调研、审查等监督活动，作出审议意见建议，推动了全县经济高质量发展。围绕经济运行，听取审议了2018年上半年国民经济和社会发展计划执行情况报告。围绕转型发展，听取审议了县政府关于优化营商环境情况、生态文化旅游开发区建设情况、转型项目建设情况、安全生产情况报告，有针对性地提出了倾心倾力抓招商，不遗余力抓项目，集中精力保开工，突出重点抓在建等建议，并进行了满意度测评。常委会不断深化财政资金审查监督，进一步为人民看紧政府的“钱袋子”。依法听取审议了2018年上半年财政预算执行情况、2017年财政预算执行及其他财政收支审计工作报告，2017年财政预算执行及其他财政收支审计查出问题整改情况等工作报告，针对审计查出的问题，常委会持续跟踪，督促相关问题整改，提高了财政资金使用绩效。

民生领域监督不断加强。常委会牢固树立“以人民为中心”的发展思想，把民生工作做为人大工作的基本底色，把人民群众对美好生活的向往做为人大工作的努力方向。围绕群众关心的民生问题，听取审议了全县学前教育发展情况、土地确权工作情况、县城提质增效行动开展情况、生态建设情况、县法院执行工作情况、公安扫黑除恶专项斗争及执法规范化建设情况报告，进行了满意度测评，提出改进工作的建议，有效推动了相关工作的开展。组织开展了《人民调解法》《山西省河道管理条例》等法律法规贯彻执行情况检查，推动相关法律法规得到真正贯彻实施。围绕打好污染防治攻坚战，听取审议了全县环境保护工作情况报告，把打好污染防治攻坚战作为监督重点贯穿全年，配合省、市人大开展“三晋环保行”活动和“两法一条例”执法检查，用法治的力量推动美丽左权建设。对物业管理工作和基本公共卫生服务项目两项工作审议意见的落实情况进行“回头看”，进一步强化了相关部门的人大意识、履职意识、责任意识，推动了部门工作的落实。配合省人大对教育扶贫工作进行调研，市县人大上下联动对生态建设工作进行专题调研，形成高质量调研报告提交市人大，推动教育扶贫、生态建设再上新水平。全年共受理和督办群众来信来访13件，促进了矛盾的化解，维护了社会稳定。

脱贫攻坚监督持续发力。脱贫攻坚作为我县最大的政治任务和头号民生工程，也是一场必须打赢的硬仗。常委会紧紧围绕县委工作大局，自觉把脱贫攻坚作为重要工作任务，积极履职，主动作为。围绕六大工程、三十项行动，重点就易地搬迁、产业发展等扶贫政策、扶贫产业推进情况进行专题调研。听取和审议了县政府关于全县脱贫攻坚工作专项报告，并进行了满意度测评，作出审议意见，为县委、政府科学决策脱贫攻坚提供重要参考。这是本届人大一以贯之抓在手上的重要工作，体现了脱贫攻坚主战场上的人大作为。常委会不断引深“脱贫攻坚我建议我行动”主题活动，连续三年以代表小组为单位组织县乡人大代表开展“访民情、解民忧、促脱贫”“人大代表在行动”等不同内容的主题日活动，各代表小组围绕脱贫攻坚工作，针对危房改造、新型合作医疗、农村“四好”公路等群众关注的热点难点，开展调研和视察活动，提出意见建议56条，为全县推进脱贫攻坚提供了决策依据。组织召开了全县密切代表与人民群众联系、助推脱贫攻坚工作经验交流会。全县各级人大代表在各自的工作岗位上心系群众，一心为民，积极投身脱贫攻坚主战场，开展不定期走访选民、联系贫困群众、帮扶建档立卡贫困户等活动，把群众反映的热点、难点问题及时向代表小组反馈，并转交有关部门加以解决和改进，展现了我县人大代表情系百姓的精神风貌和无私奉献的为民情怀！

三、做好代表工作，着力发挥代表主体作用

常委会十分注重代表履职工作，以平台为依托，以活动为载体，以制度为保障，充分发挥了代表的主体作用。

强基础，搭建履职平台。常委会始终把阵地建设放在首位，注重打基础、抓关键，为代表活动搭建起平台。一是建强代表活动阵地。在去年创建以“六有四好三上墙”为重要内容的代表之家的基础上，对全县11个代表活动室、36个联络站进行整体提升，实现了有活动场所、有组织领导、有工作制度、有活动计划、有活动成效。二是注重代表小组活动。依托阵地平台，结合代表分布和职业特点，本着便于组织的原则，对市、县人大代表进行统筹划分，编成11个代表活动小组，全年集中开展代表小组活动2次。三是创新交流平台。为确保代表及时掌握民情、高效履职、利用现代自媒体手段，建立了人大常委会组成人员、市县人大代表、代表小组等网络交流平台，保持和加强了常委会与乡镇人大、代表小组与代表、代表与群众之间的沟通交流，畅通了群众反映问题的渠道。

抓规范，健全工作机制。常委会坚持以制度为保障，不断完善代表活动机制。一是健全联系机制。依据有关法律规定，结合左权实际修订了《左权县人大常委会组成人员联系本级人大代表办法》，进一步明确了常委会组成人员联系代表、代表密切联系群众的“双联”工作制度，搭建起党和人民之间的“连心桥”。二是提高代表履职积极性。注重让代表参与常委会各种活动，邀请和组织部分代表参加执法检查、专题调研等活动，列席常委会会议，提高代表履职水平，共安排市县人大代表列席县人大常委会21人次，参加常委会各种调研视察活动60人次。

重结果，提升办理质量。常委会把提升代表意见建议办理质量作为尊重代表和保障代表权利的重要体现，专门召开了常委会和“一府一委两院”联席会议，集中交办代表建议。十六届人大三次会议以来共收到代表建议118件，其中转交党委部门5件、交办政府113件，重点建议10件，办复率为100%，已经解决或列入计划逐步解决占85%，代表满意率和基本满意率达100%。特别是10件重点建议，常委会副主任牵头督办，及时掌握进度，持续跟踪办理，先后两次召开督办会，分管副县长、承办部门“一把手”、代表三方面对面，促进相关问题的解决和落实。

各位代表，加强自身建设对做好新时代人大工作至关重要。常委会主动适应新形势、新任务、新要求，认真贯彻落实习近平总书记在十九大报告中提出的“使各级人大及其常委会成为全面担负起宪法法律赋予各项职责的工作机关，成为同人民群众保持密切联系的代表机关”的定位和要求，全面加强自身建设，推动人大工作与时俱进。思想政治建设不断加强。常委会党组始终把思想政治建设放在首位，认真履行全面从严治党主体责任和领导干部“一岗双责”，充分发挥常委会党组在人大工作中的领导核心作用。健全常委会党组向县委请示报告制度，健全党组学习、议事、决策等制度机制，把党风廉政建设贯穿于依法履职全过程。严肃党内政治生活，带头严守纪律规矩，贯彻执行准则条例。支持第一派驻纪检监察组履行监督执纪问责职能。落实“三会一课”制度，强化机关“三基建设”，坚持开展集中学习，举办主题党日活动，进行专题研讨，不断提升党性修养和业务水平，营造风清气正、团结务实的良好局面。人大履职水平稳步提升。坚持科学确定议题，规范工作机制。组织常委会组成人员和机关干部参加各类专题培训，不断提升法治意识和履职水平。邀请具有相关专业知识的代表参与视察调研，执法检查，做到有的放矢、切中要害，增强监督工作的针对性和实效性。改进常委会会议组织方式，采取分组审议发言，提交审议报告等措施，提升常委会审议质量。加强对乡镇人大工作的指导，乡镇人大主席团均组织召开了年度二次人代会，县乡人大规范化建设水平不断提高。人大宣传工作有声有色。常委会切实加大宣传工作力度，借助新闻媒体和网络，讲好人大故事，传播人大声音，全方位、多层次、广角度地展示我县人大工作实践，共编印《左权人大》3期、播放《人大在线》18期，微信推送46条，收到了良好的效果。

各位代表，过去一年工作所取得的成绩，得益于县委的正确领导，得益于县“一府一委两院”及有关部门的密切配合，得益于常委会组成人员、全体代表和乡镇人大主席团的团结协作、砥砺奋进，得益于全县人民和社会各界的大力支持。在此，我代表县人大常委会向大家表示崇高的敬意和衷心的感谢！

回顾过去一年的工作，我们也清醒地认识到，面对新时代的期望、县委的要求、人民的重托，常委会工作还有一定差距，主要是：重大事项决定权的行使需要在实践中进一步探索；代表主体作用有待进一步发挥；代表意见建议办理工作有待进一步加强；“两个机关”建设整体水平有待进一步提高等。对此，我们将以改革创新精神，抓重点、补短板、强弱项，积极采取有力措施加以改进。

今后一年的主要任务

2019年是新中国成立70周年，是决胜全面建成小康社会的关键之年，习近平总书记在庆祝改革开放40周年大会上的重要讲话，向全党发出新时代改革开放再出发的动员令，县委十七届四次全会暨县委经济工作会议对新时代左权发展作出了总体部署。新形势新任务对人大工作提出了新要求，也给人大工作提供了广阔平台。县人大常委会工作的总体要求是：深入学习贯彻党的十九大精神，高举习近平新时代中国特色社会主义思想伟大旗帜，坚持党的领导、人民当家作主、依法治国有机统一，在中共左权县委的坚强领导下，按照“两个机关”的定位要求，坚定不移贯彻落实中央、省、市、县委决策部署，围绕中心、服务大局、改革创新、奋发有为，充分发挥地方国家权力机关作用，为全面拓展新时代左权高质量转型发展新局面，实现“全力晋位上台阶，全面脱贫奔小康”目标作出新的贡献。

一、坚持问题导向，在依法监督上求实效

牢固树立和贯彻落实新发展理念，坚

持以人民为中心的发展思想，加强对法律法规实施情况的监督和“一府一委两院”的工作监督，促进全县经济平稳健康发展和社会和谐稳定。一是围绕法律法规的贯彻实施，继续开展环境保护执法检查，就贯彻实施土地管理法和劳动争议调解仲裁法进行执法检查，持续加强宪法贯彻实施情况监督；加快建立规范性文件备案审查前期准备工作；做好来信来访工作。二是围绕统筹推进稳增长、促改革、调结构、惠民生、防风险各项工作，听取审议县政府关于计划执行、营商环境、转型项目建设、民营企业发展、生态文化旅游开发区建设、县乡医疗卫生机构一体化改革、“五居”县城建设行动、校长职级制改革、农村集体产权制度改革、道路交通安全等工作报告。三是围绕经济运行管理，加大对预算决算的监督力度，听取审议县财政决算报告、审计工作报告、预算执行情况报告、审计查出问题整改情况报告；落实政府向人大报告国有资产管理情况的制度；推进预算联网监督工作。四是围绕美丽乡村建设，听取审议县政府关于乡村振兴和脱贫攻坚工作专题报告。五是围绕促进司法公正，分别听取审议县法检“两院”关于商事审判、公益诉讼、县司法局社区矫正中心建设情况的报告。六是围绕民营经济发展，开展市县上下联动监督。

二、审慎决定重大事项，在民主决策上提水平

深入贯彻县委关于健全人大讨论决定重大事项制度、各级政府重大决策出台前向本级人大报告的部署要求，完善人大讨论决定重大事项制度，明确重大事项清单，围绕财政预决算审查监督和事关全局的重点工作，适时作出决议决定。

坚持党管干部原则，人大依法任免干部。健全完善对人大常委会任命干部的法律考试、供职发言、宪法宣誓等机制，增强任命人员的宪法意识、责任意识和公仆意识。推进干部任后监督常态化，继续做好常委会任命人员递交年度履职报告的基础上，再确定5名政府工作部门主要负责人向常委会报告履职情况。

三、丰富活动载体，在代表工作上创特色

尊重代表主体地位，不断创新代表工作的内容、方法和载体，活跃闭会期间代表活动。抓好代表履职专业知识培训，全面提升代表履职水平。继续拓展代表参与常委会活动的广度和深度。组织代表围绕事关全县改革发展大局和民生热点问题开展专题调研和集中视察，努力增强活动实效，使代表更好地参与地方国家事务管理。以代表履职管理系统规范运行为重点，进一步完善充实“六有四好三上墙”（“六有”即有场所、有牌子、有制度、有台账、有活动；“四好”即代表制度建好、代表活动开展好、代表作用发挥好、代表厦职效果好；“三上墙”即代表权利义务、代表活动制度、代表名单信息上墙）工作机制，推动代表联系人民群众工作向纵深发展。在持续加强代表活动室、代表工作联络站硬件建设的基础上，坚持软硬同抓、建管结合，不断完善功能，真正把“室”“站”打造成为学习培训的课堂、联系选民的桥梁、服务群众的窗口和民主法治建设的阵地。健全代表履职监督机制，完善代表履职档案、通报代表履职情况，探索代表考核制度，促进人大代表更好地接受人民群众监督。

把认真办理代表议案建议作为支持代表依法履职、充分发挥作用的关键举措，在继续坚持集中交办、对口督办、见面办理、通报反馈的基础上，重点在提高办理实效上下功夫。继续选择群众意见比较集中、社会关注度高的建议进行重点督办。积极推进代表建议和办理结果公示公开，探索代表建议办理问责制度，开展代表建议办理绩效评估，进一步推动建议办理工作提质增效。

四、提高履职能力，在自身建设上再加力

旗帜鲜明讲政治，增强“四个意识”，坚定“四个自信”，做到“两个维护”，坚持在县委的领导下开展工作，重大问题和重要事项及时请示报告。认真践行习近平总书记关于坚持和完善人民代表大会制度的重要思想，按照“十个坚持”的要求，不断加强政治建设、思想建设、组织建设、作风建设、纪律建设，进一步夯实依法履职基础。认真履行全面从严治党主体责任，严格遵守党章党规，加强常委会党组和机关党组建设，严肃党内政治生活，严守政治纪律规矩，严格落实中央八项规定精神和县委实施细则，力戒形式主义、官僚主义，保持良好政治生态。扎实开展“改革创新、奋发有为”大讨论。支持配合纪检监察组履行监督职责。充分发挥常委会党组在人大工作中把方向、管大局、保落实的领导核心作用。加强党性锻炼，始终做到忠诚干净担当。加强与乡镇人大主席团的工作联系，密切工作协同，共同推进全县人大工作。加强机关干部教育培养，强化能力提升，不断掌握新知识、开拓新视野、增强新本领，着力建设高素质专业化干部队伍。优化人大机构设置，完善人大工作制度，重视发挥专门委员会和工作机构的职能作用，努力使人大常委会成为全面担负起宪法法律赋予的各项职责的工作机关，成为同人民群众保持密切联系的代表机关。

各位代表！新时代赋予我们新使命，新征程激励我们新担当。人大工作大有可为，人大代表重任在肩。让我们更加紧密地团结在以习近平同志为核心的党中央周围，在中共左权县委的坚强领导下，团结和依靠全县人民谋发展之计、献改革之策、鼓实干之劲、造和谐之势，为夺取小康建设新胜利，谱写乡村振兴新篇章、实现全县人民对美好生活向往的夙愿而努力奋斗，以优异成绩迎接新中国成立70周年！

政府工作报告

——在左权县第十六届人民代表大会第四次会议上

中共左权县委副书记、县长　赵宏钟

（2019年3月2日）

一、2018年工作回顾

过去的一年，在中央和省、市的正确领导下，全面、准确、创新性地贯彻落实习近平总书记视察山西重要讲话精神，认真贯彻新发展理念，坚持稳中求进总基调，统筹总揽抓脱贫、坚定不移推转型、倾心尽力惠民生，历史性的攻坚战役全面打胜，经济社会各项事业有序推进。

（一）全县经济平稳增长。衡量县域经济发展的七项主要指标全部实现正增长。四项指标增幅超全市平均水平，地区生产总值增长7.3%，规模以上工业增加值增长9.2%，城镇常住居民人均可支配收入增长7%，农村常住居民人均可支配收入增长15.2%，其中农村和城镇居民收入增幅分别居全市第一、第二；两项指标好于预期，社会消费品零售总额增长8.1%，一般公共预算收入增长3%，分别高于2017年1.3个、2.6个百分点；固定资产投资增长1.7%，保持在合理区间。

（二）脱贫攻坚决战决胜。实行以“一周一乡镇”为主要内容的“九个一”（是指对扶贫工作实行“一周一乡镇、一周一主题、一月一调度、一月一通报、半年一述职”）工作制度，及时有效解决推进难题，贫困县退出14项指标高质量达标；从六个领域、12个方面扶持，新发展杂粮8000亩、设施蔬菜1000亩、中药材3.5万亩，带动农民人均可支配收入增幅领跑全市；扭住易地扶贫搬迁不放松，4个易地扶贫搬迁集中安置点当年投用，4500余人迁居温馨舒适新环境；实施扶贫就业实训基地工程，10个基地运行，2000余贫困劳动力有了新岗位；统筹整合财政涉农资金4.2亿元，累计投入14.6亿元，成为投入扶贫资金最足的一年。全年稳定脱贫15236人，贫困发生率降至0.32%，创造了年度减贫纪录。

（三）工业转型扎实推进。围绕转型聚合力，持续实施总投资超200亿元的“双十”项目（是指从全县建设项目库中择优选取10大产业转型项目和10大基础设施项目，简称“双十”项目，以带动全县产业转型升级），左权工业史上投资最大的东方希望左权氧化铝项目已选址，转型标杆工程中晋太行年产30万吨还原铁项目完成主体；大力推进传统产业升级改造，技改投资达2.3亿元，煤炭增加值占规上工业比重下降7.9个百分点，工业结构开始良性反转；积极培育新兴产业，新产业项目完成投资32.5亿元，占固定资产投资的61.4%，积蓄了工业倍增、结构优化的强劲动能。

（四）文旅产业风生水起。瞄准全国旅游业改革创新先行区目标，全方位加快文旅产业发展，努力打造太行旅游板块新高地。有序推进开发区建设，总体规划、修建性规划完成编制，文旅开发公司运营、“三化三制”（“三化”是指推进建设专业化、国际化、市场化管理团队；“三制”是指领导班子任期制、全员岗位聘任制、绩效工资制）体制搭建；率先铺开太行一号旅游公路建设，9条公路主体完工，完成投资3.98亿元，实现了与邢邯太行旅游圈联通；扎实推进龙泉公园二期等十大文旅工程，麻田自驾游营地开门迎客，低空通用机场等项目达成意向；加大非遗保护传承，“左权剪纸”等4个项目入选市级非遗名录；首办太行（左权）生态文化旅游活动季系列活动，成功举办2018中国生态庄园经济高峰论坛，国画大师陈硕石纪念馆开馆，左权太行旅游名声渐响，带动全县游客接待量、旅游综合收入分别增长25%、25.1%。

（五）城乡环境全面优化。扎实推进宜居县城建设，碧桂园等8个高品质住宅小区项目有序推进，启动5个片区“城中村”改造，新增住房面积40万平米；分层分类铺开绿色创建，石佛寺森林公园成型，沙河公园被评为三星级公园，左权成为省内拥有公园数量最多的县级城市之一，群众“绿色幸福感”明显增强；倾力推进贫困村提升工程，村均投入15万元，所有行政村旧貌换新颜；大面积推进绿化，全年造林5.69万亩，森林覆盖率连续3年年均增长1个百分点，持续领先全市；全面拉开“母亲河”清漳河治理大幕，投入1.6亿元，完成城南河道等3项工程，治理长度36公里，新增水保面积8万亩；清理取缔散乱污企业57家，县城“禁燃区”面积扩大到7.23平方公里，空气质量综合指数连续24个月稳居全市第一。

（六）民生福祉持续增进。财政用于民生事业支出占到一般预算支出的94%，连续5年年均增长1个百分点。新增城镇就业岗位2265个，转移农村劳动力3510人，新招聘左权籍机关事业单位工作人员62名，缺人少岗的沉疴得到缓解；大力改善办学条件，左权中学综合教学楼、5所村级幼儿园投用，羊角中学综合楼等主体完工。教育教学质量显著提升，4人被北大录取；实施65岁以上人群免费乘坐县城区公交车政策，1.7万老年人受益；坚定拓路畅民，完成“四好农村路”（是指乡镇和建制村全部通硬化路，具备条件的建制村全部通客车，养护和管理经费全部纳入财政预算，基本建成覆盖县、乡、村三级农村物流网络，做到管理有机构，养护无盲区，乡乡有站点，客运零距离、货运无缝隙，总体实现“建好、管好、护好、运营好”农村公路的总目标，建成“外通内联、通村畅乡、班车到村、安全便捷”的交通运输新路网）项目36个，实现挺进全省交通第一方阵目标，行路难得到根治。改造农村公交线路4条，所有建制村实现通公交车；新建日间照料中心 10 所，全县累计达到 61 所，供养老人 1200 余名；全县低保、五保数量增长 32%，城乡低保年人均分别提高 360 元、420 元，兜底保障实现数量、质量双提升；推进县乡医疗卫生机构“六统一”（实行行政、人员、财务、业务、绩效、药械“六统一”管理）管理，达标村级卫生室 196 个，10 万人享受到家庭医生签约服务；深入推进扫黑除恶专项斗争，打掉恶势力犯罪集团 3 个、犯罪团伙 2 个，全县刑事案件、治安案件发案率分别下降 21%、44%；在全市率先实行煤矿安全积分制管理，安全事故起数和死亡人数实现双下降，全县安全形势持续向好。

（七）自身建设不断加强。自觉接受人大法律监督、政协民主监督、社会舆论监督，依法办理人大代表议案和建议 113 件、政协委员提案 117 件；加大政务公开力度，公开信息 1 万余条，被省政府评为基层政务公开标准化规范化试点优秀单位；引深“13710”（是指“1”即当天要研究部署；“3”即 3 天内要反馈办理情况；“7”即一般性问题原则上 7 天内要落实解决；第二个“1”即重大问题包括一些复杂问题要在 1 个月内落实解决，确实解决不了的，要拿出解决的时间节点和方案；“0”即所有事项都要跟踪到底、销号清零，事事有着落，件件有结果）工作制度，全年督办重大决策部署事项 1752 项；实行“一个窗口受理、一站式办理、一条龙服务”，新登记各类市场主体 1124 户，市场主体累计注册资本达 139 亿元。

各位代表，过去的一年，我们敢于闯、勤于干，全年铺开各级各类试点工作十余项，省级健康县城试点启动，农林文旅康确定为省级试点县，省级农村垃圾治理试点县顺利通过验收，激活乡村土地资源等经验在省委调研信息推广交流，“四好农村路”接受省级两次现场观摩，扶贫项目审计全覆盖、风险报备、返贫险等改革工作得到省市相关部门肯定；我们跳起来摘桃、勤跑动争取，市政府支持左权生态文化旅游开发区建设“黄金 30 条”（2017 年 11 月，省政府批准设立左权生态文化旅游开发区。2018 年 7 月，市政府出台《关于支持左权县全域旅游发展暨生态文化旅游开发区建设的若干意见》，包括七方面、30 条，简称为“黄金 30 条”）出台，全年争取上级资金 14.6 亿元，同比增长 20.1%，居全市第一；我们主动拉高标线、全领域争创，荣获“中国最美生态文化旅游名县”“中国最佳红色文化体验旅游名县”“2018—2020 年度中国民间文化艺术之乡”，龙泉、桐峪通过国家卫生乡镇初验，龙泉国家森林公园荣膺“全国森林康养基地”，麻田被评为“全国生态文化村”，松树坪列为国家 3A 级景区，成为荣获省市荣誉最多、软实力增长最快的一年。

各位代表，过去的一年，面对脱贫考核之严、转型发展之难、风险挑战之多，我们保持定力、砥砺前行、奋发作为，较好完成了县十六届人大三次会议确定的目标任务，特别是众志成城打赢了具有划时代意义的脱贫攻坚硬仗，在决胜全面建成小康社会征程上迈出了坚实的一步。这是县委正确领导、人大政协监督支持的结果，是全县人民共同努力的结果。在此，我代表县人民政府向各位人大代表、政协委员，向全县工人、农民、知识分子和离退休老同志，向武警官兵、公安干警，向所有关心支持左权发展的各界朋友，表示衷心的感谢！

同时，我们清醒认识到，前进的道路上，我们还面临诸多困难挑战，发展中还存在不少问题：农业产业组织化、品牌化程度不高，农村居民收入与省市尚有不小差距，脱贫成果有待进一步巩固；新旧动能转换还不快，新产业支撑能力不足，传统产业占比依然较高，发展的质量和效益有待进一步提升；城乡基础设施还有历史性欠账，保障和改善民生仍需做大量的工作；深化“放管服”改革还不到位，企业和群众办事还存在不方便的地方，营商环境需进一步优化；县直部门职能转变尚不到位，一些干部适应经济发展新常态的能力不强，拼闯的劲头、担当的精神不足，工作效能有待进一步提高。对于这些困难和问题，我们一定勇于直面、迎难而上，采取有力措施，切实加以解决，努力把各项工作做得更好更扎实。

各位代表，中央和省市的一系列战略判断表明，当前面临着百年未有之大变局，经济社会发展的机遇期、窗口期、攻坚期叠加。我们要深刻领会“五个必须”规律性认识，把握战略机遇新内涵，聚焦全县发展新需求，化挑战为机遇，变压力为动力，就一定能打造发展新优势、开创左权高质量发展新局面！

二、2019 年工作安排

2019 年是新中国成立 70 周年，是左权脱贫巩固与小康建设、转型发展与快速增长衔接的关键之年。今年政府工作的总体要求是：以习近平新时代中国特色社会主义思想为指导，全面贯彻党的十九大精神和中央、省、市一系列重大决策部署，坚持稳中求进工作总基调，坚持新发展理念，坚持推动高质量发展，坚持供改和综改相结合，统筹推进稳增长、促改革、调结构、惠民生、防风险各项工作，不断提高经济发展的“含金量”“含新量”“含绿量”，增强人民群众获得感、幸福感、安全感，保持经济持续健康发展和社会大局稳定，为实现“全力晋位上台阶、全面脱贫奔小康”目标夯实基础，以优异成绩迎接中华人民共和国成立 70 周年。

主要预期指标是：地区生产总值同比增长 6.5%，规模以上工业增加值增长 6%，固定资产投资增长 7.5%，一般公共预算收入增长 4.4%，社会消费品零售总额增长 7.5%，城镇常住居民人均可支配收入增长 6.5%，农村常住居民人均可支配收入增长 10%。居民消费价格涨幅控制在 3%左右，城镇登记失业率控制在 4.2%以内。资源节约、民生改善方面约束性指标不折不扣完成市下达任务，环境质量指标保持全市领先。完成上述指标，重点是坚定“三个拓展”，抓好“九个专注”：

坚定拓展脱贫绩效。进一步强化脱贫

攻坚统揽经济社会发展的意识，把拓展脱贫绩效放在政府工作首位。转变扶贫工作重心，扶贫项目由重流程向重效益转变，特色产业由重规模向重产出转变，扶贫资金由重投资额度向重精准到人转变，努力让脱贫人群富起来；聚焦扶贫基础设施提升，集中投向村级薄弱环节，全面补齐基础短板，让农村美起来；促进特色产业提效，以现代农业园区为引领，壮大五大扶贫特色产业，厚植增收致富根基，让农业强起来，进而推动脱贫攻坚与全面小康有序衔接。

坚定拓展转型成效。坚持做大总量与做优结构并重，加快推动经济由工业主导型向多元驱动型转变。坚定不移推动产业结构调整，以省级生态文化旅游开发区建设为引领，提升现代服务业和特色农业发展规模和层次，构建特色鲜明的现代化经济体系；坚定不移推进发展方式转变，通过减量重组、释放先进产能、延展产业链条，推动煤铁等传统产业向绿色化、清洁化方向延伸，通过发展风电、光电、煤层气、氧化铝、还原铁等，不断培育壮大战略性新兴产业。

坚定拓展民生实效。围绕人民群众日益增长的美好生活需要，推动改革发展成果更多惠及全县人民，让政府工作更加贴近辽州百姓。要多做普惠的民生工作，加大投入力度，努力在幼有所育、学有所教、病有所医、老有所养、弱有所扶上不断取得新进展；要解决好人民群众关心的热点难点问题，统筹城市和乡村两个大局，以乡村振兴为抓手，带动全县农村居民生产生活条件有大改善。以棚户区和老旧小区“两区改造”为抓手，不断创优城市环境，带动县城宜居度大提升，切实增强人民群众的获得感、幸福感和安全感。

（一）专注项目建设，努力蓄积经济发展后劲。

做实推进举措。推行领办制，110 个重点项目全部明确包项目领导、责任单位、联络员；坚持月调度，每月调度重点项目、剖析问题项目，限时办结存在难题；实行“一表两卡”制（“一表”即“左权县重点工程项目计划表”；“两卡”指“重点工程管理明白卡”“固定资产投资明白卡”），逐月明确投资计划，逐项分解投资任务，确保重点项目完成年度目标；强化跟踪督办制，开展常态化督导，设立 200 万元项目奖励资金，对绩效显著的帮扶项目单位和乡镇给予奖励。

优化审批流程。开展“前期手续集中办理月”活动，实行“联审联办联批”，进一步优化环评、立项、土地等办理流程，确保新建项目如期开工；推进企业投资项目试行承诺制无审批管理，5 亿元以下备案项目全部实现承诺制管理，200 万元以下财政投资项目试行承诺制管理；提供保姆式代办服务，优先安排重点工程用地指标、优先办理审批手续、优先安排信贷资金、优先提供保障服务。

精准项目对接。绘制“招商图谱”，结合县域资源优势、产业特色，策划包装一批含金量高的新型产业项目，重点行业领域不少于5个项目、总投资不少于3亿元；组建招商团队，积极对标先进、对接龙头，扎实开展产业链招商，全年力争新引进项目50个，引资额度超150亿元；完善考核体系，加大考核权重，把招商引资工作纳入目标责任考核范围，重点考核签约项目开工率、资金到位率。

各位代表，项目是经济发展的硬支撑，是高质量发展的主引擎。我们要牢固树立项目为王理念，全员上阵、全情投入、全程服务，以项目的发力见效助力经济的转型升级。

（二）专注基础短板，确保脱贫与全面小康有效衔接。

开展扶贫攻坚行动。坚持靶向定位，瞄准石匣蒿沟、羊角磨沟2个贫困村，精准发力、精准施策，确保如期脱贫；增强造血功能，提质增效核桃6万亩，新发展设施蔬菜1000亩、杂粮2.5万亩、中药材2.5万亩；强化政策保障，扎实推进政策性担保、财政贴息等制度，有效缓解扶贫融资难题；完善资金投入、动态管理、兜底保障、驻村帮扶等机制，提升扶贫工作的有效性、持续性；跟进公共服务，设置农村劳务网点10个、规范提升电子商务网店100个，实现800人以上行政村全覆盖。

壮大特色现代农业。落实藏粮于地、藏粮于技要求，大力发展有机旱作农业，建设农机深松整地作业2万亩，创建丘陵山区农机化推进示范区2个，确保全县粮食产量稳定在5900万公斤以上；深化与山西农谷对接力度，扎实推进6大特色产业园区建设，东方希望生猪养殖园区、万安黑山羊文化园区争取开工，龙泉三教北沟驴养殖园区完成年度任务，拐儿九龙岗着重打造核桃文化园，麻田凤凰山申报国家核桃专类公园，芹泉现代农业产业园建成省级园区；实施品牌兴农战略，加快培育农产品加工企业，新布局中药材加工基地5个，争取晋煤核桃深加工项目复工、龙泉牛羊屠宰及肉类加工项目投运、即食小米营养粥项目量产，带动全县农产品加工销售收入突破4亿元；壮大新型经营主体，新发展家庭农场3个，培育精品生态庄园10家、各类示范社7家，培养农业职业经理人、经纪人50人。

补齐农村基础短板。以路、电、绿“三网”建设为突破，完善乡村功能，提升基础水平。筑路网，加快推进国道207线左权至黎城界新建工程，积极争取国道207线阳黎高速左权北出口至和顺县界段改建工程，力争国道207线左权段全部达到一级公路标准；织电网，积极争取特高压输电线路项目，构建晋电送冀输出系统，全力打造左权电力优势；构绿网，配合全县生态绿化工程，以村容环境提升为抓手，广泛开展“四旁”（路旁、沟旁、渠旁、宅旁）植树、“身边”增景行动，再创建绿色村庄80个，带动创建美丽宜居示范村15个。

提升乡村治理水平。健全农村生活垃圾收运体制，完成整治村生活垃圾分类治理40个，必保通过省级农村生活垃圾治理验收；完成麻田镇6个村污水治理工程，铺开石匣、寒王等6个乡镇所在地污水处理站和污水管网铺设，打造2个示范乡镇、10个示范村、1000个示范户，下力解决更多农村生活污水问题；发挥第一书记、驻村工作队等组织优势，加快建立自治、法治、德治相融合的乡村治理新体系，推动形成治安稳定、乡风文明、治理有效的农村治理新格局。

（三）专注转型升级，加快推进新旧动能转换。

振兴传统产业。坚定不移走“减”“优”“绿”之路，稳妥处置煤炭资源整合遗留问题，力保宏远、盘城岭、阜生、正珠煤矿正常生产，正行、正明、永兴、石港煤矿复工，鑫顺煤矿6月份联合试运转，释放在建煤矿产能，提高先进产能占比，全年煤炭产量突破500万吨；拉长产业链条，抢抓省化解电力企业遗留问题契机，争取太行低热值煤发电项目复工，力推恒诚、鑫宏源、飞宇、鼎盈等洗煤企业达产达效，力保100万吨/年焦化项目产能年内释放，努力形成多线多点受益的煤炭分级分质梯次利用格局，争当全省能源革命“排头兵”。同时，以中晋冶金还原铁生产示范基地投产来牵引上游铁矿企业发展，下力理顺铁矿企业股权，推动鑫瑞一矿、二矿，神头等矿井稳定生产。

集聚新兴动能。按照龙头带动、链式布局、集群发展的思路，加快培育百亿产业。扭住东方希望氧化铝重大转型标杆项目，分期配套下游产业链项目，加快形成年产氧化铝320万吨、石灰石160万吨、金属镓60吨等百亿产业集群，主体项目上半年开工，全年完成投资10亿元以上；推进太重芹泉风电、华能羊角风电、扬德集团分散式风电项目，加快形成装机容量达250兆瓦的风电集群；完工阜生、正珠瓦斯发电项目，完成国新能源煤层气开发、醇基燃料等项目主体，全年煤层气开采量突破5亿立方；开工金隅水泥100万吨砂石骨料、昭盛砂业石材加工、华海石材硅砂加工、玻璃产业园项目，复工汾西瑞泰煤机制造项目，建成一帆纸业年产60万吨高强度瓦楞纸、年产100万台散热器生产线，加快形成左权制造业集群。

力促民企倍增。深入落实支持民营经济发展“省30条”“市25条”“县22条”，实施“十强百企千户万人”培育工程，力争三年打造10户行业领军企业、100户优势企业，新发展1000户小微企业，新拉动就业1万人；深化商事制度改革，放宽市场准入，全年新创办市场主体1000户、培育小微企业300家。坚决减税降费，全面做到能减则减、应减尽减，全年为中小微企业减免各类税费5000万元；强化金融支持，建立政银企常态化对接机制，探索金融支持实体经济新模式，用好中小微企业应急周转金、融资创新奖励金、信贷风险补偿金等各类约1亿元资金，力推1家中小微企业“新三板”（是指允许合格的中小企业挂牌交易的全国股份转让系统）挂牌、3家完成股改、6家在山股交挂牌；构建“亲”“清”政商关系，完善领导干部联系民营企业制度，县领导每人联系2家民营企业，制定帮扶措施，明确帮扶目标，力推3家企业实现“小升规”(是指中小微企业营业收入达到2千万元以上，即可统计入库，进入规模以上企业行列)、2家企业进入市优秀行列。

(四) 专注“百千万”工程，着力打造最美开发区。

构建全域式景区。重点招商百里画廊项目，太行清漳河谷旅游营地项目完成基础设施，武军山风景区、中国电影小镇、太行民俗风情园等项目开工，紫金山景区、左权通用低空机场等项目落地。打造百处美丽乡村景观，启动诗文谷田园综合体项目，完成15个国家乡村旅游扶贫重点村打造；建设千里太行旅游公路，投资1.4亿元，合理布局旅游公路沿线驿站、营地、景观点，构建“快进慢游”旅游交通网。实施太行森林步道，完成主要景点和林区全线规划，创建“桃花红·杏花白”花海景观；推进万亩森林康养基地建设，龙泉森林康养基地、白堠康养运动基地开工，合玉药膳养生园、鲜淼葡萄园等争创省级森林康养基地。力争民歌村创建为3A级景区，启动日月星升4A级景区工作。

举办系列化活动。有序推进太行民歌会、祈福节等十大文旅活动，举办第二届太行（左权）生态文化旅游活动季，推动左权旅游持续升温；鼓励发展文化大院、民俗大院，引进高端旅游人才，选拔百名乡土导游；积极申办省级文化体育赛事，举办红色旅游连片区研讨会，打造“红三角”旅游圈，进一步提升左权旅游影响力。

开展多元化改革。启动全国旅游业改革创新先行区创建，加快推进“三化三制”，理顺景区管理机制，建立全县A级景区协作联动制度。明确开发区考核指标要求，严格投资强度、产出强度、税收强度考核，开展土地利用节约集约评价。规范运作华遨旅投公司，大力推行PPP融资，构建旅游产业融资新模式。

各位代表，左权生态文化旅游开发区是太行旅游板块唯一的生态文化旅游开发区，也是未来左权的新名片、新优势。今年要在开发区建管运上有大突破，努力在最美土地上绘出最靓画卷。

(五) 专注精管细建，力推县城扩容提质。

扩展县城构架。按照“老城中心区—东南商贸物流集散区—清漳河两岸滨水活力区—滨河新区”发展框架，进一步完善控制性详细规划、修建性详细规划编制，精准规划未来3—5年城市发展构架，推动县城区面积扩大到6平方千米；制定《左权县城市街区立面改造提升方案》，对街道两侧建筑立面、门店招牌、户外广告及建筑屋顶进行改造；出台夜景规划，全力提高县城立体观瞻效果；建立城市建设动态项目库，有序铺排城建项目，确保城建投资年均增长3个百分点。

增强承载功能。有序铺排城建16项工程，总投资超36亿元，当年完成6.6亿元。加快完善市政基础设施，公安业务技术用房开工，新建中医院、华澳大学争取落地；打造精品安居工程，确保阳光尚品、碧桂园等住宅项目顺利推进。以建设易居苑、安居苑幼儿园为突破，合理配建新区配套设施；统筹推进公用基础设施建设，新区供水、供热、供气管网等工程开工；完善公共服务设施，129大道完成主体，县城游客集散中心开工，构建与现代城市相匹配的服务体系。

精细管理县城。大范围植绿造绿，完成清漳河太子莲池生态综合治理、亚行清漳河生态综合治理等项目，建设城市小游园5个，县城绿地面积再增加10万平方米；全方位优化县城路网，改造万寿街中段、红军路、王家巷、辽阳街延伸段等街巷，畅通县城微循环；全面推行城管执法“三勤合一”（推行城市管理城管执法、公安交警、公安巡（特）警联勤联动执法模式），扎实推进棚改区域、车辆停放、施工工地、垃圾倾倒四个专项整治，构建智管、细管、众管的格局；树立“以克论净”（是指用克数衡量保洁的标准）理念，严格落实16小时保洁制，推进主街道机扫全覆盖，县城区街道实现“十净五无”（“十净”是指车行道净、步行道净、边角侧石净、井沟井盖净、树穴净、果皮箱净、路名牌净、候车亭净、护栏净、花木和绿化带净；“五无”是指无积存垃圾、无污泥积水、无烟蒂痰迹、无浮土积存、无乱贴乱画）。

（六）专注生态建设，全面塑造绿色品牌。

培植左权绿。大规模铺开公路沿线荒山绿化，力保森林覆盖率再提高1个百分点。启动国道207线生态廊道绿化工程，加快推进清漳河国家湿地公园，完成标志性、科普性、保护性、观赏性四大工程建设。扎实推进退耕还林、退耕还草工程，完成退耕还林1万亩、还草5000亩。全面完成龙泉国家森林公园、鳌峰公园、天松山三条百公里防火通道，筑牢森林防线。

涵养清漳碧。矢志不移推进以安民为主旨的清漳河全流域治理，实现“河畅、水清、岸绿、景美”。开工清漳河箕山至西黄漳段、泽城至麻田段、西源段等主河道治理工程，整治河道30.8千米；加快推进小流域治理，实施水保工程12个，新增水保面积10万亩；有序铺排城乡水源保护和环境改善示范项目，城南供水工程完成主体，城北供水工程开工，泽城村水电站项目落地；从严落实“河长制”，扎实推进小型水利产权制度、农业水价改革。

呵护辽州蓝。以2018—2019年秋冬季大气污染防治攻坚行动为契机，持续推进甲醇、空气能等清洁能源使用，改造燃煤锅炉50个；加快推进鑫源电厂粉煤灰治理，石港、鑫顺、永兴煤矿煤矸石治理等项目，实施金隅水泥年处理3万吨危险废物项目，切实解决工业固废历史堆存“老大难”问题；大力推进道路交通、建筑拆迁工地扬尘治理网络在线监控，必保全县空气质量优良天数稳定在250天以上，持续稳定走在全市前列。

各位代表，环境就是民生，青山就是财富，蓝天也是幸福。只要我们一起拼搏，一起奋斗，一起为左权做加法，“天蓝水碧地绿”的蓝图就一定会实现！

（七）专注改革创新，激发经济内生动力。

加快农业农村改革。引深农村承包地“三权分置”（是指形成所有权、承包权、经营权三权分置，经营权流转的格局）、集体林地、农业水价等产权制度改革，完成土地承包经营权确权登记颁证工作；扎实推进“激活农村资源、促进乡村振兴”攻坚行动，挖潜新增耕地700亩，开发土地1000亩、高标准农田2.4万亩；规范乡镇产权交易市场，培育新型农业经营主体，创建示范合作社，实现资源变资产、资金变股金、农民变股东。

推进国资国企改革。出台《县属国有企业发展混合所有制经济发展意见》，整合国有独资企业资产，实现经营性国有资产统一监管；积极吸纳社会资本入股二级国有公司，推动县属国有企业重组改制、合资新设、增资扩股、股权转让，发行企业债券5亿元；加大国有“僵尸企业”（是指丧失自我发展能力，必须依赖非市场因素即政府补贴或银行续贷来维持生存的企业）处置和亏损企业治理，健全市场化退出机制，清理退出鼎盛担保、昌泰、丈八煤业等公司，盘活闲置资产。

（八）专注平安建设，奋力营造和谐稳定环境。

守住安全红线。树牢安全发展理念，严格落实属地管理、部门监管、企业主体责任，全面开展主体责任落实巡查，切实把责任压到根、压力传到位；深入开展全领域安全专项整治和标准化达标，健全安全生产风险防控和隐患排查治理双重预防机制，坚决遏制较大安全事故发生；完善防火防汛、地质灾害等救援体系建设，提高风险预知预判预警能力和防灾减灾救灾能力；强化食药监管，让人民群众吃得放心、用得安心。

筑牢稳定防线。打造司法行政系统指挥中心，加快推进联网工作，实现可视化、扁平化指挥；完善公共法律服务中心，整合各类资源，窗口式管理、一条龙服务，面对面解决群众涉法难题；推进实体平台、热线平台、网络平台“三台融合”，形成覆盖城乡、普惠均等、便捷优质的现代公共法律服务体系；创新完善社会治安防控体系，推进重大部位、主要街巷、村庄入口视频监控全覆盖，进一步提升治安防控水平；完善社会矛盾纠纷多元化解机制，加大扶贫、涉军等各类利益诉求群体的信访维稳工作；完善社会稳定风险评估机制，有效防范生态环境、金融等领域风险，打好防范化解重大风险攻坚战；严格按照“六个进一步延伸”（向侦破大案、打财断血进一步延伸；向网络空间、新兴领域进一步延伸；向深挖幕后、打伞破网进一步延伸；向依法惩治、快诉快判进一步延伸；向综合整治、堵塞漏洞进一步延伸；向固本强基、铲除土壤进一步延伸）要求，推动扫黑除恶专项行动向基层拓展，全面优化左权社会治安环境。

（九）专注民生民利，不断增进群众福祉。

优先发展教育。统筹规划城乡教育资

源布局，编制全县“教育地图”，着力解决“大校额”“大班额”等问题，实现义务教育学校管理100%达标。完成思源实验学校配套建设，新建左权三中综合楼，不断改善办学条件；完成教师“县管校聘”管理改革；推进智慧教育、智慧校园、智慧课堂建设，加快教育现代化步伐。

扩大社会保障。继续实施“桃杏人才”招聘计划，开展技能提升“展翅行动”，做好高校毕业生、农民工、退役军人、城镇困难人员、易地扶贫搬迁人员就业，新增城镇就业2000人，转移农村劳动力3500人；推进企业工资保证金全覆盖，构建和谐劳动关系；持续提高城乡低保、五保标准，农村低保、医疗救助、临时救助继续向低收入群体倾斜，确保应纳尽纳、应保尽保；新建5所农村老年日间照料中心，投运县级社会福利中心；实施全民参保计划，推进自收自支事业单位养老保险制度并轨，加强社保征缴移交税务部门后的衔接。加大“两馆一站”免费开放力度，公益电影放映2500场。

提升全民健康水平。铺开省级健康县城创建，推进健康社区、健康学校、健康单位等“健康细胞工程”（是指通过实施机关、单位、学校、小区、企业、市民等城市细胞健康工程，让社会各个角落充满健康，进而推动城市整体上健康）；大力实施“136”（“1”即围绕全面提升医疗水平这一工作主线，“3”即全面推进领军临床专科、重点医学实验室和卓越医学团队三项重点建设，“6”即协同推进前沿医疗技术开发、医学装备保障、科技基础平台、国际医学协作、专病诊疗中心、产学研成果转化这6个基础项目实施，带动全省优质医疗资源发展壮大）兴医工程，实施新建左权县人民医院和石匣乡卫生院医养结合项目；规范县级医疗集团运行，家庭医生签约率再提高10个百分点，让老区群众在家门口享受优质医疗服务。与此同时，持续发展妇女儿童、老龄、慈善和红十字等事业，支持国防建设，加强双拥和退役军人服务管理。

各位代表，办好民生实事是政府最大的责任，今年将全力办好十件民生实事，让人民群众的生活一年更比一年好。一是大力气改造10个老旧小区，实现“物业服务、体育设施、停车位、绿化面积”四个增加；二是完成5个棚改项目，解决2000户群众住房问题；三是提升10条通村公路，改善2万农村居民出行条件；四是新改建户厕3000座，确保农村卫生厕所达标比例达70%以上；五是上马芹泉、上武、寒王3个110千伏变电站，改造老旧台区24个，提升3万农户用电保障能力；六是实施“雪亮工程”，完成10个乡级、100个村级1000台高清视频监控建设；七是推广建设智能化录播教室，实现乡镇所在地全覆盖；八是免费送戏下乡120场；九是实施全民技能提升工程，再培训1万人；十是发展农业保险，进一步扩大核桃、养殖保险覆盖面。

各位代表，我们要把目光聚焦到群众烦心事，把精力聚焦到民生细微处，民有所呼、政有所应，努力做到为人民服务、对人民负责、受人民监督、让人民满意！

三、全面加强政府自身建设

做好上述工作，必须切实加强政府自身建设。我们将以建设人民满意的服务型政府为目标，以优化营商环境为突破，当好企业和人民群众的勤务员。

打造运行高效的政务环境。下决心精简会议，严格落实会议审批和报备制度，没有实质性内容的会议一律不开，能合并召开的一律合并开，能开视频会的一律不集中开，能现场办公解决的一律不开；下决心改进督查，遵循“重实地、察实情、见实况”原则，创新“精准督查”机制，做到“说了”和“做了”、“开会研究了”和“问题解决了”之间零距离，让马上就办在左蔚然成风；下决心改进调研，大力倡导“四不两直”（是指不发通知、不打招呼、不听汇报、不用陪同接待、直奔基层、直插现场）调研方式，政府班子下基层调研不少于60天，坚决杜绝走过场、搞形式。政府班子成员要率先垂范、当好标杆，以政府落实的硬措施，换得基层干事的一身轻。

营造便捷有序的营商环境。坚持把营商环境建设放在首位，该放的放下去、该减的减下来、该提的提起来，打响“左权服务”品牌。以“放”为原则，以“不放”为特例，持续推进简政放权，放出活力、管出公平、服出效益；建立一体化网上政务服务平台，争取90%以上政务事项“网上办理”，实现线上“一网通办”；重构部门内部操作流程、跨部门跨层级跨区域协同办事流程，推动审批服务“一窗通办”，让企业和群众只进一扇门；全面推开“证照分离”“多证合一”（指营业执照、税务登记证、保险登记证、统计登记证等证整合，统一一个加载在营业执照上的社会代码。证照分离是指将企业经营所需要的营业执照和能分离的许可类证相分离，只要到工商部门领取一个营业执照，就可以从事一般性的生产经营活动，如果需要从事需要许可的生产经营活动，再到相关审批部门办理许可手续），开展“减证便民”行动，力争办事提供材料减少一半；引深“3545”（“3”，是申请新开办企业实现省级3个工作日内完成营业执照办理、涉税办理、公章刻制等事项；“5”，是指查封、抵押、注销登记等企业和群众关注度高的不动产登记年内压缩至5个工作日内，其他不动产登记逐步实现这一目标；“45”，就是年内一般性工业项目从立项到竣工验收的审批时限压缩至45个工作日内，此项改革近期将全面铺开）改革，大幅压缩企业开工、水电气网报装、银行信贷、不动产登记办理时间，让企业更方便、群众更舒心；构建营商环境评价体系，推行“三随机三公开”（“三随机”指随机抽取检查对象、随机选派执法检查人员、随机对执法情况进行抽查；“三公开”指公开检查事项和对象、公开检查过程和结果、公开抽查情况），组织居民和企业对本地营商环境进行评价；同等对待国有企业、民营企业，决不厚此薄彼，实现互促共进、协同发展。

维护风清气正的政治环境。深入推进政府系统党风廉政建设和反腐败斗争，切实履行一岗双责，让清廉从政、清正干事成为政府工作的鲜明底色；严格落实中央八项规定，大力整治不敬畏、不在乎、喊口号、装样子等形式主义和官僚主义，着力整治群众身边的“微腐败”；强化招投标、土地出让、政府采购、产权交易等重点领域监管，实行涉农项目审计全覆盖；严格议事决策法定程序，优化决策专家论证制度，最真实反映民意，最广泛集中民智；自觉接受人大法律监督和政协民主监督，主动接受新闻媒体监督和社会各界监督，习惯在约束中干事、在监督下履职。

构建积极向上的干事环境。完善容错纠错机制，全面推行重大改革创新风险备案制度，激发干事活力；探索建立澄清机制，还清白者清白、为担当者担当，让勇于担当成为习惯；完善干事激励机制，支持培育“李云龙式”干部，以干成事论英雄、以解决实际问题论能力；推行“电视问政”，适时公布重点工程项目、重大民生等事项推进情况，营造比学赶超氛围；扎实开展“改革创新、奋发有为”大讨论，进一步解放思想、凝聚共识，加快练就担当负责作为的宽肩膀、铁肩膀。

各位代表，使命呼唤担当，奋斗赢得未来。让我们紧密团结在以习近平同志为核心的党中央周围，在市委、市政府和县委的坚强领导下，凝心聚力、锐意进取、奋力搏击，以实际行动和优异成绩向中华人民共和国成立70周年献礼！

中国人民政治协商会议
第九届左权县委员会常务委员会工作报告

——在政协第九届左权县委员会第四次会议上

左权县政协主席 高儒林

（2019 年 3 月 1 日）

各位委员：

现在，我代表中国人民政治协商会议第九届左权县委员会常务委员会向大会报告工作，请予审议，并请列席会议的同志提出意见。

九届三次会议以来工作回顾

2018 年是我县决战决胜脱贫摘帽之年，是左权发展历史上从未有过的一年，县委、县政府团结带领全县干部群众在左权大地上谱写了决战贫困、加快发展的历史新篇。县政协常委会紧跟县委、县政府决策部署，围绕脱贫摘帽、经济转型、项目建设、民生改善等重要事项，主动、扎实开展工作，圆满完成了县政协九届三次会议确定的各项任务和县政协党组年初确定的各项重点工作，为我县摆脱贫困、加快发展、走向富裕做出了努力。一年来，常委会主要做了以下工作：

一、深入学习研讨，强化政治理论武装。

按照全国政协和省、市政协统一部署，组织开展了“习近平总书记关于加强和改进人民政协工作的重要思想学习研讨活动”。在活动中，我们坚持“学习研讨与推进工作紧密联系、规定动作和自选动作互相结合、机关委员和基层委员有所区别”的原则，将学习习近平新时代中国特色社会主义思想与学习中共十九大及十九届二中、三中全会精神，学习省、市、县委文件政策融合起来进行，要求政协机关工作人员和政协委员在活动中要分别做到读一本书、办一件扶贫实事、参加一次调研、提一条建议等，切实在学懂弄通上下功夫、在查找差距上下功夫、在推动工作上下功夫，对表对标完成了查摆问题、研讨交流等环节任务，形成 6 个方面 11 个问题清单和对应的整改清单、责任清单，完成专题论文 20 余篇，并进行了大会交流。全年还组织党组会议、主席会议、常委会议、专题研讨、培训讲座等 40 余次，深入政治学习，使广大政协委员和政协机关干部进一步增强了“四个自信”，树牢了“四个意识”，做到了政治理论学习与自身工作实际、与左权发展实际、与政协事业发展实践紧密联系，切实把思想和行动统一到了县委、县政府的决策部署上来，把智慧和力量汇聚到了“全力晋位上台阶、全面脱贫奔小康”的奋斗目标上来。

二、运用多种方式，全力推动脱贫攻坚。

一是认真组织脱贫攻坚专题协商和专项调研，积极向县委、县政府建言献策。九届三次全会期间，广大委员围绕脱贫攻坚主题进行大会发言、开展联组讨论，提出扶贫攻坚要做好产业培育、易地搬迁要注意搬得出稳得住等意见建议20余条；全年召开常委会议3次，均安排脱贫攻坚议题，先后听取扶贫办、庄园办介绍脱贫攻坚开展情况，进行协商议政；组织脱贫攻坚专题调研，深入各乡镇和贫困村走访贫困户，与驻村工作队员、第一书记、乡村干部、贫困农户座谈，倾听他们的意见、建议和呼声、心声，形成12000余字的《调研报告》，针对部分乡村干部对扶贫政策把握不一、一些贫困户瞒报收入不想摘帽、有的贫困户不愿易地搬迁、个别贫困户危房改造进度慢等问题，提出要正确引导群众消除怕摘帽心理、保持扶贫政策的稳定性、做好扶贫政策入户工作、解决搬迁户就业问题等意见建议，及时向县委、县政府及有关部门进行了反馈。二是倡导开展“我为扶贫尽心力，攻坚一线做贡献”活动，发动政协委员直接参与扶贫济困。九届三次会议上，向全体委员发出“我为扶贫尽心力，攻坚一线做贡献”倡议，广大委员积极响应，踊跃开展捐资助学、救济鳏寡、扶助病残、捐赠衣物、介绍就业、推销产品等扶贫济困活动。一年来完成扶贫实事好事308件，资助贫困户现金11万元、衣物用品260余件，为贫困户介绍就业103人，帮助销售农产品4万多斤，涓涓爱心汇入全县扶贫攻坚大潮。政协机关一年来进一步加大对包扶村龙泉乡坪上村的帮扶力度，3名扶贫队员常驻村里帮扶，全年帮助贫困户做实事好事86件，其中支持发展的联合养猪项目去年产生红利2.75万元，全部分红到户。三是扎实做好扶贫攻坚包保督导，及时发现存在问题并推动解决。按照县委、县政府统一部署，县政协4位主席全年对自己所联系乡镇脱贫攻坚情况进行不间断督导督查。四季度我县脱贫摘帽进入冲刺阶段，政协机关工作人员又积极参加全县脱贫攻坚督导，圆满完成担负任务，助推了全县脱贫攻坚。

三、开展调研视察，服务全县发展大局。

一是跟踪关注太行一号旅游公路建设，服务全域旅游发展。8月份，在太行一号旅游公路建设紧张推进之际，组织20余名委员深入一线进行视察，从进一步加快施工进度、施工中要注意生态保护和修复、旅游公路建设要同全域旅游开发相结合、公路配套设施要突出文化特色等不同方面提出意见建议，县委、县政府主要领导予以批示。二是深入视察重点工程项目建设，服务经济转型升级。12月底，各位主席和部分常委、委员共30余人，深入中晋冶金公司、姜家庄万亩生态造林工程、恭源常万头驴场、易居苑小区扶贫搬迁项目、三星制衣扩产项目等重点工程一线，实地了解建设情况，并与政府相关部门座谈，了解我县重点项目整体完成情况，提出强化项目监管服务、帮助项目建设单位拓宽融资渠道、跟踪推动项目达产增效等意见和建议，得到了县委、县政府及相关部门的重视和采纳。三是积极关注污染防治，服务环境保护工作。组织委员赴部分厂矿企业开展了环境保护专题调研，就我县环保经验做法形成调研报告报送省、市政协，得到重视和肯定，并在省政协常委会上进行了经验交流。四是认真调研扫黑除恶专项斗争，服务社会管理治理。组织常委、委员共30余人参与扫黑除恶调研，与县政法委、公安局、检察院、法院、司法局、城区等单位进行座谈，并组织部分委员赴榆社法庭现场旁听了扫黑除恶案件审判，深入了解我县扫黑除恶专项斗争开展情况，向有关部门提出扫黑除恶既要坚决打击又要依法办事、既要发挥政法机关职能作用又要充分发动群众参与等意见建议。此外，常委会在年内还听取了公安局、司法局工作汇报，对进一步加强公安司法工作，维护社会安全稳定等提出了积极的意见和建议。

四、围绕民生改善，抓好提案信息工作。

九届三次会议以来，委员们共提出提案129件，其中立案125件，我们通过召开提案交办会、跟踪督办重点提案、进行提案办理情况专题视察等方式，认真推动提案办理落实。125件立案提案目前已全部办复，委员满意和基本满意率达100%。其中《加快公路建设和改造的建议》《关于在政务便民中心增设银行营业网点的建议》《关于提升完善建设辽州森林公园的建议》等关系民生的提案均得到了有效办理和落实。尤其是对李彦明等委员多次提出的“关于保护石匣水库水源地”方面的提案，常委会予以高度重视，主席、副主席先后3次组织委员赴石匣水库水源上游实地视察，进行提案督办，并围绕水源保护问题与县政府分管领导及14个相关部门5次召开座谈会，提出禁止在道路上撒盐融雪、禁止危险运输品驶入水库上游、禁止在水库上游进行煤层气等地质勘探、禁止在水库上游乱扔乱倒垃圾、减少农药使用、搬迁下峧鸡场、适当补偿上游农户等意见建议，受到县委、县政府高度重视，推动了相关事项办理解决。在社情民意信息工作方面，进一步完善长效激励机制，更加注重队伍建设，对聘用的信息员进行了调整充实，邀请富有信息写作经验的市政协委员、市民盟信息中心主任冀鹏丞进行授课培训，对12名反映社情民意信息工作先进个人进行了表彰。全年共向省市政协报送信息180余条，多篇信息被省市政协采用。同时还认真编撰《政协之声》，全年编印《政协之声》10期，刊发信息50余条。

五、着眼资政育人，不断创新文史工作。

去年是政协文史工作自加压力、创新进取、成果丰硕的一年。一是广泛搜集文史资料，认真编辑《左权文史》。两辑《左权文史》共收编文稿20篇约36万字，其中《东岭碣石有佚篇——发现和抢救赵登禹将军夫人墓碑记》《李夫人墓碑的发现：揭开抗日英雄赵登禹将军一段尘封辽县的往事》两篇文章，拓展延伸了我县抗战文化研究领域。同时积极关注左权籍在外前辈、闻人史实，征集到张树藩《我对河南信阳事件的回忆》、张虎林《我的呼吁：进言党中央为农民种地免税》、宋树元《王家彦民间史话》等相关文史资料，出版了《左权文史——纪念张树藩同志专辑》。二是认真整理历届政协提案，编辑出版《百篇精品提案集》。从县政协一届一次会议到县政协九届三次会议2908件委员提案中，遴选出精品提案100篇编入书中。这些提案着眼全局、着眼长远、观察深刻、建议可行，通过这些提案以及答复、附记，从一个侧面展示了左权翻天覆地的变化，揭示了干部群众付出的艰辛努力和不懈探索，为今后委员撰写提案和履职尽责提供了范式参考，为部门办理答复提案提供了经验借鉴。三是深入挖掘红色文化，加快推进研究课题。与太行人民抗战研究院文史合作项目按计划顺利推进，《日军档案之中的太行抗战》《太行抗战老兵史迹调查》《杨家庄八路军兵工厂考察》《太行抗战时期珍稀报刊文献整理》等课题已基本完成，进入专家组审查阶段。四是积极组织相关活动，纪念改革开放40周年。配合市政协组织开展了“百名诗家左权行”和“太行精神书画写生”活动，同县委统战部联合举办了社会各界人士书画展，以不同形式展示了我县改革开放发展成就和各行各业新风貌。此外，我们还同县委宣传部、县文旅委等部门联合举办了皇甫束玉百年诞辰纪念大会、陈硕石艺术馆开馆仪式等活动，缅怀先辈事迹，激励后人奋发。

六、牢牢把握主题，广泛开展团结联谊。

常委会始终坚持团结民主两大主题，高度重视委员联谊工作。年内，各位主席分别带领政协机关工作人员，深入基层走访委员，了解他们工作生活情况，拉近政协机关和政协委员之间的感情，着力将政协打造成有温度、可信赖的“委员之家”。去年常委会还先后热情接待了寿阳县政协、徐州市云龙区政协、保定市徐水区政协等兄弟县市区政协50余人次来我县调研考察，增进了彼此友谊，架起了沟通桥梁，扩大了对外影响。同时，精心编印《委员风采》第二期，将目光聚焦于脱贫攻坚主题，将镜头对准基层一线，全方位展示政协委员形象、传播政协能量，激励带动更多人为全县经济社会发展做贡献。

七、强化自身建设，不断提升履职效果。

认真贯彻落实上级政协关于全面加强政协党的建设的要求，不定期对机关干部进行廉政约谈，开展党规党纪教育，坚定不移地把抓党建贯彻到政协工作的方方面面。不断加大委员培训力度，先后邀请市政协副主席邓明、上海油画雕塑院领导王欣、县纪委监委派驻纪检监察组负责同志等为委员培训授课，组织4批委员赴全国政协培训中心集中培训，委员能力素养进一步提升。进一步完善履职机制，制定了《县政协2018年度重点工作计划及安排》，要求主席、副主席、常委、工委主任分别牵头开展专题调研、民主监督、考察视察、社情民意信息撰写等工作，全体政协委员人人参与。严格落实《政协委员履职管理考核办法》，对政协委员日常参会、撰写提案、报送信息、参加调研活动等情况定期进行通报，规范了履职行为，保证了履职效果。不断改进工作作风，抓住市委巡察组进驻左权巡察和县委巡察组进驻政协机关巡察的契机，对政协机关纪律作风进行集中整顿，促进各项工作更加规范有序。

各位委员，县政协一年来的工作，是习近平新时代中国特色社会主义思想科学指引的结果，是中共左权县委正确领导的结果，是县人大、县政府及各部门和社会各方面大力支持的结果，是广大政协委员以及政协工作者共同努力的结果。在此，我代表县政协常委会，向所有重视、关心、支持和参与政协工作的领导和同志表示衷心的感谢！

在总结工作的同时，我们清醒地认识到，工作中还存在一些不足，如对重点问题的调查研究还不够深入，民主监督的实效性还需要进一步增强，团结联谊的功能还有待拓展，委员履职积极性还有待进一步提高等等。这些都需要认真研究，切实改进。真诚希望广大政协委员、社会各界人士对常委会工作提出意见和建议，齐心协力推进我县政协事业不断取得新进步、实现新发展。

2019 年工作部署

2019 年是新中国成立 70 周年、人民政协成立 70 周年，是我县巩固脱贫攻坚成果、决胜全面建成小康社会的关键一年。新的一年里，县政协工作的总体要求是：以习近平新时代中国特色社会主义思想为指导，深入学习贯彻党的十九大和十九届二中、三中全会精神，在中共左权县委领导下，认真贯彻落实县委十七届四次全会暨县委经济工作会议精神，紧紧围绕县委、县政府确定的“四力”“四新”（指市委常委、县委书记王兵在县委十七届四次全会暨县委经济工作会议上讲话中提出的激发活力、增添动力、提升效力、深挖潜力和打造新优势、倒逼新升级、夯实新基石、擦亮新底色）和“三个拓展”（指县委副书记、县长赵宏钟在县委十七届四次全会暨县委经济工作会议上讲话中提出的拓展脱贫绩效、拓展转型成效、拓展民生实效）“七项行动”（指县委副书记、县长赵宏钟在县委十七届四次全会暨县委经济工作会议上讲话中提出的有效衔接行动、转型攻坚行动、民企倍增行动、最美开发区建设行动、“五居”县城建设行动、基础提升行动、深化改革行动）等重点工作，凝心聚力，履职尽责，改革创新，奋发有为，为促进全县经济社会高质量发展、加快实现“全力晋位上台阶、全面脱贫奔小康”奋斗目标贡献智慧力量，以优异成绩迎接中华人民共和国成立 70 周年，迎接人民政协成立 70 周年。全年要着重抓好五方面工作：

一、进一步加强对习近平新时代中国特色社会主义思想和中央及省、市、县委有关精神学习，牢牢把握政协工作正确政治方向。

继续深入学习贯彻习近平新时代中国特色社会主义思想，深入学习贯彻习近平总书记在庆祝改革开放40周年大会上的重要讲话精神、视察山西重要讲话精神，增强“四个意识”，坚定“四个自信”，践行“两个维护”，不断巩固人民政协团结奋斗的共同思想政治基础。深入贯彻落实中央及省、市、县委各项工作部署，进一步把思想和行动统一到中央和省、市、县委的各项决策上来。当前，要按照省委、市委、县委以及省、市政协部署要求，扎实开展好“改革创新、奋发有为”大讨论活动。在已对全体委员进行动员部署的基础上，下一步要紧紧围绕“六个破除”“六个着力”“六个坚持”任务，做好学习研讨、深入实践、巩固提升等环节规定动作，积极创新自选动作，通过大讨论活动推动思想再解放、改革再深入、创新再发力、工作再抓实，使广大政协委员和政协机关干部更加坚定改革不能落后的信念，筑牢创新发展的理念，增强勇于担当的自觉，确保政协工作始终坚持在正确的轨道上，始终行进在改革创新的潮流中，始终保持好奋发有为的进取状态。

二、紧紧围绕全县中心工作献计献策，努力推动县域经济社会持续健康发展。

县政协要始终与县委和县政府想在一起、谋在一起、干在一起。新的一年，常委会要带领全体政协委员紧扣县委、县政府“两全”奋斗目标和“四力”“四新”工作思路以及“三个拓展”“七项行动”等重点工作，开展有针对性的调查研究和民主监督，重点从如何更好地激发发展活力、增强发展动力、提升脱贫效力、挖掘旅游潜力，如何更好地拓展脱贫绩效、拓展转型成效、拓展民生实效等方面向县委、县政府提供切实可行的意见和建议。在建言献策、履行委员职责的同时，广大委员要坚持双岗奉献，结合本职工作带头落实县委、县政府工作部署，按照“改革创新、奋发有为”大讨论活动方案要求，深入开展“千名干部入企进村”等活动，积极承担巩固脱贫成果、开展招商引资、推动转型发展等具体任务，努力为县域经济社会全面发展做出更大贡献。

三、认真做好联系和服务群众工作，积极促进民生改善和社会和谐稳定。

政协委员生活在群众中间，要始终对群众身边的热点难点问题给予关心关注。常委会要紧扣就业、收入、教育、住房、医疗等涉及群众切身利益的实际问题确定课题，组织委员深入调研，努力提出可行性强的意见和建议，为提升民生福祉发挥积极作用。要充分用好政协社情民意信息直通车渠道，将事关群众切身利益，以及带有苗头性、倾向性的问题，及时向有关方面反映。结合县委、县政府部署，今年要重点对扫黑除恶专项斗争、县城老旧小区改造、农村社会化改革等工作进行跟踪调研，在维护社会安全稳定、推动民生改善方面积极发声。

四、广泛开展团结联谊活动，为左权发展汇聚合力。

县政协要始终着眼团结，努力扩大团结。要通过全委会议、工委会议等及时向广大委员宣传县委、县政府的决策部署，使广大委员团结一心，对左权发展形成最大共识度；要鼓励广大委员以提案、调研报告、社情民意信息等形式进行民主监督，在充分发扬民主中不断夯实团结奋斗的共同思想政治基础。广大委员要自觉当好县委、县政府工作部署的宣传者、实践者、推动者，以自己的言行引领和带动广大群众为左权发展共同奋斗。今年要继续办好《委员风采》，宣传委员先进事迹。继续编撰好《左权文史》，发挥好政协文史存史、资政、团结、育人等作用。要进一步加强与省市政协的沟通联系，加强与兄弟政协的交流合作，广泛宣传左权，为左权发展赢得更多、更高、更广的关注度、支持度和美誉度。

五、不断强化自身建设，进一步提升履职能力。

要严格按照政协章程要求，扎实推进政协工作制度化、规范化、程序化建设，使履职尽责的内容更加明确，方法更加多样，程序更加规范。要认真落实全国政协和省、市政协关于加强政协系统党建工作的要求，认真落实党风廉政建设主体责任，加强学习教育，强化正风肃纪，努力形成以党建带队伍、促工作的良好局面。要更加重视委员主体作用发挥，不断加强委员队伍建设，继续组织委员开展学习培训，更加完善委员履职考核和通报制度，提高委员责任意识，增强履职的主动性。要进一步加强政协机关建设，落实制度规定，强化制度执行，确保事事有章可循，人人遵章办事，促进政协机关的学风、会风、文风和工作作风不断改进。

各位委员、同志们，回首过去，左权走过了不平凡的光辉历程；展望未来，左权改革发展之路将越走越宽广。站在新时代，立足新起点，展现新作为，人民政协的责任更重大，使命更光荣。让我们在中共左权县委的坚强领导下，凝心聚力，履职尽责，改革创新，奋发有为，朝着“全力晋位上台阶、全面脱贫奔小康”目标努力工作，以优异成绩迎接中华人民共和国成立70周年，迎接人民政协成立70周年！

大事记

1月

3日

山西省人力资源和社会保障厅、山西省党史研究室联合发文，对全省党史系统先进集体和先进工作者进行表彰。左权县史志研究室获全省党史系统先进集体荣誉称号，是晋中市唯一受表彰的先进集体。

8日

左权县委常委（扩大）会议召开，市委常委、县委书记王兵主持并讲话，县委副书记、县长赵宏钟传达省委经济工作会议精神。县委副书记王宏昌、政协主席高儒林及其他副县级领导和县直综合部门负责人参加了会议。

是日，赵宏钟主持召开县长办公会，学习传达省委经济工作会议和全省企业家大会精神，听取全县易地扶贫搬迁、培育“小升规”企业等相关工作推进情况汇报，研究讨论左权县“百名”优秀大学毕业生招聘计划和春节元宵节期间禁止垒旺火及控制燃放烟花爆竹工作方案等。

8日至9日

山西省督导考评第四工作组在左权县开展“四好农村路”示范县建设和交通扶贫工作推进情况年终现场考核检查。对“四好农村路”示范县创建中的综合、建设、养护、管理、运营和扶贫工作涉及的建设、管养、客运等项工作进行了严格的督导考评。

10日

左权县地税局为金隅水泥有限公司开具金额5606元的水资源税票，这是水资源费改税后县地税局成功开具的第一张水资源税票，标志着全县水资源费改税工作实现平稳过渡。

11日

左权县举办2018年“左权大讲堂”第一讲开讲，主讲专题为《意识形态工作面临的形势与任务》。

12日

左权县召开党（工）委书记抓党建工作述职评议会。王兵讲话，市委组织部副部长张宝贵进行点评，赵宏钟、王宏昌等领导出席。会上，11 位乡镇（城区）党（工）委书记进行述职发言，县直各党（工）委、非公和社会组织工委、金隅水泥公司党委进行了书面述职，并开展了民主测评。

是日，左权县妇联在妇女儿童活动中心举行音响设备发放仪式，为 25 个农村（社区）“妇女之家”配备便携式音响设备。

13 日

左权县卫生和计划生育局、左权县计划生育协会和辽阳镇政府、城区管委会联合举办 2018 年“情暖留守家庭”公益活动，以关爱女孩成长，关注留守儿童、老人健康，关心流动人口生活，实现全县流动人口基本公共服务均等化为主题。并为贫困留守人员发放慰问品，为流动人口发放健康保健箱。

16 日

左权县召开春节元宵节期间“禁火控炮”加强大气污染防治动员会。

17 日

左权县与扬德集团举行项目对接座谈会，王兵与扬德集团董事长黄朝华等领导出席。双方就瓦斯发电项目落地开工建设相关事宜及风力发电、生态农业项目意向投资进行了洽谈。

18 日

左权县举办县域公用品牌战略发布会，推出山西省首个县域多产业公用品牌——“左权”，“左权”品牌价值诉求提炼为“太行之巅，左权聚好”。省、市商务部门领导、专家，县四大班领导以及省市媒体记者，共同见证了左权品牌的诞生。

是日，山西省商务厅总经济师赵贵全一行在左权县调研电商扶贫工作。

22 日

晋中市委宣传部、市文明办主办的“最美晋中人”颁奖大会举行。左权县创业模范原红芳、农村支部书记典型郭应林、乐于助人的白衣战士张海霞荣获“最美晋中人”称号。

23 日

赵宏钟主持召开县长办公会，听取全县易地扶贫搬迁、城中村改造、2018 年重点工程项目和八普及一创建等工作推进情况汇报，研究讨论生态文化旅游开发区“三化三制”实施方案和县煤矿安全监管积分制管理试行办法等。

24 日

王兵主持召开县委常委会，会议传达学习了中央经济工作会议精神和习近平、李克强、汪洋在中央农村工作会议上的讲话；通过了进一步贯彻落实中央八项规定精神的实施细则，追授羊角乡原党委副书记、乡长巨彦军同志“全县优秀共产党员”称号的决定和“两节”群众文化活动实施方案；听取了接管省属 3 大煤炭集团 9 座煤矿属地监管工作汇报。

25 日

左权县召开春节、元宵节群众文化活动安排会，活动以“走进新时代　圆梦奔小康”为主题，分别为节日美化亮化、春节联欢晚会、街头文艺游行、社火定点表演、戏剧专场演出、精品文艺汇演、“太行明珠”杯民歌大赛、第六届李有才板话表演、惠民节目巡演、宣传贯彻中共十九大精神暨脱贫攻坚图片展。

是日，左权县平台公务车辆统一安装ETC系统，并全部正常使用。

29日

赵宏钟主持召开县长办公会，听取全县易地扶贫搬迁、生态文化旅游开发区、扶贫工作第三方评估等工作推进情况汇报，研究讨论县公安局关于开展金盾专项行动的实施方案。

30日

王兵与晋中市副市长任忠等领导，到龙泉乡敬老院、堡则村贫困户家中，开展访贫问寒走访慰问活动，并送上慰问金，为贫困群众送去了党和政府的温暖及新春的祝福。

是日，左权县召开全民所有自然资源资产有偿使用制度改革联席会议第一次会议。

31日

左权县召开亚行贷款山西城乡水源保护和环境改善示范项目启动考察会议。

是月，左权县“李有才板话”十九大精神文艺宣传队赴京慰问演出。

是月，国家能源局与国务院扶贫办联合下达“十三五”第一批光伏扶贫项目计划，涉及山西省35个县，左权县位列其中。

2月

1日

左权县新编晋剧现代戏《黄土岭上》首演。

2日

王兵主持召开县委常委会议，会议学习了习近平、赵乐际在十九届中纪委二次全会上的讲话和《中国共产党党务公开条例》，传达了中央政治局民主生活会、中央政法工作会、全国扫黑除恶专项斗争会议和省政协十二届一次会议精神。

是日，晋中市“三下乡”活动启动仪式在左权县桐峪镇下武村举行。

是日，左权县开展以“湿地——城镇可持续发展的未来”为主题的第22个“世界湿地日”宣传活动。

是日，山西省人民医院7名专家深入县人民医院，就对口帮扶工作进行调研。

3日

左权县召开2017年度全面深化改革年度考核第三方评估专题汇报会。

6日

赵宏钟主持召开县长办公会，听取2017年度重点工程和招商项目考核，以及“两节”期间安全生产、市场供应、物价稳定、森林防火等工作情况汇报，研究讨论转型项目建设年工作方案和关于建立转型项目储备库的实施意见等。

7日

王兵主持召开县委常委会议。会议要求，县委常委要率先垂范，以身作则，切实担负起党风廉政建设主体责任，各级各单位要认真贯彻落实中央八项规定精神和廉洁自律各项规定，严防“四风”问题。同时，要牢固树立安全生产红线意识，全力做好“两节”期间安全生产工作，为广大人民群众欢度佳节创造良好环境。

是日，晋中市委宣传部主办的文化、科技、卫生“三下乡”活动在芹泉镇大南庄村举行。

8日

左权县脱贫攻坚第三方评估结果反馈会召开。

11日

由县委宣传部主办，县广播电视台、文化局、农商银行承办的2018年春节联欢晚会在宣传文化中心上演。县电视台进行现场直播，并同步进行网络直播，17.5万多人通过左权电视台微信公众号观看直播。

23日

王兵主持召开县委常委会议，传达学习市委经济工作会议及省、市纪委全会精神，对王兵在县委经济工作会议上的讲话、赵宏钟在经济工作会上的报告以及政法、宣传、组织、纪检、人武、统战工作报告进行研究讨论，对2017年度目标责任考核结果、进一步深化监察体制改革试点工作行动方案、转型项目建设年工作方案、2018年主要经济指标安排建议等进行研究。

是日，晋中市考核组对左权县2017年度工作进行综合考核，王兵、赵宏钟、王宏昌、郑春华、高儒林等四大班子领导出席，县直党政工作部门和乡镇、城区主要负责人参加。王兵代表县委班子及个人进行述职述廉报告，参会人员进行了民主测评和推荐。

是日，“脱贫攻坚看左权”——左权县学习宣传贯彻中共十九大精神暨脱贫攻坚纪实摄影图片展开展仪式举行。

24日

山西省委农村工作暨脱贫攻坚会议在太原召开，王兵代表左权县委、县政府在会上就脱贫攻坚经验进行交流发言，赵宏钟出席会议。

是日，左权县召开纪委监委派驻纪检监察组工作动员会，会议对县纪委监委派驻纪检监察机构全覆盖工作进行动员和部署。

是日，左权县2018年“太行明珠杯”民歌大赛落下帷幕，通过海选、复赛、决赛，共决出成人组、少儿组一等奖各一名、二等奖各两名、三等奖各三名、优秀奖若干名。

25日

左权县2018年新春专场招聘会在将军广场举行，招聘会由县人社局、总工会、团县委、妇联和残联联合举办，共有省内外75个企业参加招聘，提供220余个工种5000多就业岗位。现场应聘人数达9000余人，3000余人达成初步就业意向。

27日

左权县召开扫黑除恶专项斗争动员会议，会议就开展“风暴”“利剑”“拍蝇”“强基”四项系列行动进行了安排部署。

3月

1日

左权县委经济工作会议召开，王兵讲话，赵宏钟总结部署全县经济工作，王宏昌主持。会议深入学习贯彻习近平新时代中国特色社会主义经济思想，中央、省委、市委工作会议和省“两会”精神，总结2017年工作，安排部署2018年工作。

是日，左权县召开2018年脱贫摘帽誓师大会。王兵、赵宏钟在会议上讲话；王宏昌主持；县四大班子领导出席。省、市驻村工作队大队长，脱贫攻坚领导小组成员单位负责人及其他县直单位（城区）负责人，乡镇党委书记、乡（镇）长，分管副乡（镇）长，扶贫站长，省、市、县驻村工作队队长、第一书记，全县所有贫困村支部书记、村委主任等参加。会议宣读了关于进一步充实完善专项扶贫行动小组的通知、从严加强驻村帮扶工作暂行办法、2018年脱贫摘帽行动计划；王兵为脱贫攻坚专项督导组授了战旗；与会人员进行了集体宣誓；县农委、住建局、芹泉镇、石匣乡一把手及麻田镇泽城村支部书记、羊角乡武家坪村第一书记分别作了表态发言。

2日

中共左权县委工作会议召开，王兵讲话，赵宏钟主持，王宏昌、郑春华、高儒林等县四大班子领导出席。会议传达了中央、省、市会议精神和决策部署，听取了统战、政法、宣传、组织、人武工作报告，总结2017年县委各项工作，安排部署2018年党务工作任务。

是日，中共左权县第十七届纪律检查委员会召开第三次全体会议，王兵、王宏昌、郑春华、高儒林等县四大班领导出席。会议传达学习了中央、省、市纪委工作及县委全会精神，总结2017年全县纪检监察工作，研究部署2018年任务，审议通过了县纪委常委会工作报告和全会决议（草案）。

是日，左权县决定将每年的3月2日作为全县“森林防火警示日”。

5日

晋中市委副书记、代市长赵建平在左权县下下线与松店线交汇处、羊角—十字岭—山庄旅游公路改造项目现场、中晋冶金公司气基还原铁技术研发及生产示范基地，就经济社会发展和旅游公路、转型项目建设等情况进行调研，并召开座谈会。

6日

赵宏钟主持召开县长办公会、党组会，传达赵建平代市长左权调研指示精神，听取2018年经济工作责任分解、重点工程项目、易地扶贫搬迁等工作推进情况汇报，研究讨论森林防火春雷护绿行动方案、旅游公路主体建设实施方案等。

是日，山西省人社厅、省扶贫开发办公室发布《关于表彰2017年全省脱贫攻坚奖的决定》，全省40人分别被授予脱贫攻坚奋进奖、贡献奖、奉献奖和创新奖。羊角乡原党委副书记、乡长巨彦军获贡献奖。

7日

王兵主持召开县委中心组学习会议，集中学习中央农村工作会议，全国组织部长会议，省委、市委经济工作会议，省委农村工作暨脱贫攻坚会议讲话精神，以及中央关于加强和改进党的新闻舆论工作的意见、中央巡视工作规划，全省万名干部大调研总结报告、大调研中纠正“四风”

加强作风建设的情况报告。赵宏钟、王宏昌、高儒林等四大班子领导出席。

是日，左权县妇联举办寻找“最美家庭”活动启动仪式暨县乡村妇干培训会。市妇联主席吉爱玲和王宏昌等市县领导出席并为获得山西省巾帼建功标兵和巾帼文明岗称号的个人和单位授牌。

8日

左权县召开2018年春季森林防火暨“春雷护绿行动”动员会。

9日

左权县召开转型项目建设年动员大会暨创优营商环境部署会。

13日

赵宏钟主持召开县长办公会，听取易地扶贫搬迁、煤矿安全、“三个清单”（基础工作清单、重点工作清单、亮点工作清单）编制以及农业、旅游、城建招商引资座谈会成果等工作情况汇报，研究讨论了促进工商企业持续健康发展的实施办法、96个贫困村28.8兆瓦联村村级光伏扶贫电站项目合作协议。

14日

左权县残疾人联合会第七次代表大会召开，会议通过县残联第六届主席团工作报告；选举产生县残联第七届主席团主席、副主席；提名聘请了名誉主席、副主席；提名推举了残联第七届执行理事会理事长、副理事长、理事，出席市残联代表大会代表及主席团委员候选人，五个残疾人专门协会主席、委员；审议通过了第六届主席团工作报告。

15日

十七届左权县委第三轮巡察工作动员会召开，王兵出席并讲话。会议宣读了县委第三轮巡察工作方案和对三个巡察组组长授权的决定。县纪委、监委就开展本次统筹巡察工作进行了动员部署。

16日

左权县召开志愿服务联合会成立大会并举行“扶危济困、助力脱贫”志愿服务活动启动仪式，市、县有关领导出席。会议审议通过了志愿服务联合会章程及各项内部管理制度；选举产生了联合会第一届理事会理事、监事以及会长、副会长、秘书长。

22日

左权县召开脱贫攻坚专项述职大会，王兵出席并讲话，赵宏钟主持。10个乡镇主要负责人依次述职，27个县直部门书面述职，并接受县党代表、人大代表、政协委员的现场质询和提问。会上宣读了《2017年度全县乡镇脱贫攻坚工作评价及工作情况通报》。

是日，山西省眼科医院一行5人在拐儿镇故县村建档立卡贫困户文亮家中，为其刚满3岁的儿子进行“看得见的希望”项目资助的白内障手术，为左权县享受该项目的第一例。

26日

赵宏钟主持召开县长办公会、政府常务会，听取易地扶贫搬迁、全县扫黑除恶专项斗争、红色文化红色旅游建设军民融合项目等工作推进情况汇报，研究讨论了鼓励引导社会资本参与土地整治的实施意见和环保重点工作指标及推进措施。

28日

左权县史志研究室在左权将军殉难处举行“山西省党史教育基地”挂牌仪式。县委常委、宣传部部长刘二萍为基地挂牌，县文物局等相关部门20余人参加仪式。

30日

左权县市场和质量监督管理局开展“12331”食品药品投诉举报主题宣传日活动。

左权县召开第一次扶贫小额信贷联席会议。

31日

左权县辽阳镇西长义村辽冀惠民服装厂举行开工典礼仪式。该厂为县委统战部、县工商联和团县委帮助引进的服装代加工项目，预计年可产生利润20余万元。

是月，左权县妇联组织开展了“点亮心灯，为爱行动，助力脱贫”主题慰问活动，按照规定程序，对各乡镇、城区筛选出的45名符合条件的特困妇女进行了救助，共计发放救助金2.25万元。

是月，左权县自行车运动协会成立仪式暨首骑行活动在捷安特左权单车俱乐部举行。

4月

2日

晋中市委书记王成，市政协副主席、市委秘书长鹿建平等领导，在桐峪镇下武村、麻田镇泽城村、寒王乡石港口村和一帆纸业公司，就扶贫脱困、基层党建等工作进行调研，并召开落实主体责任压力层层传导座谈会。

是日，晋中市人大常委会副主任陈水泉率市观摩组在左权县，就“拆治提”城乡环境大整治攻坚行动进行观摩。

3日

左权县开展“缅怀革命先烈，培育文明新风”清明节主题活动，晋绥抗战研究会、省红军后代联谊会、北京星河基金会负责人以及县老红军后代代表参加。

8日

左权县举行2018年全民义务植树活动启动仪式，赵宏钟、王宏昌、郑春华等县四大班领导出席，并同县直机关干部300余人分别在鳌峰公园和石匣湖现代农业园区参加义务植树活动。

8日至10日

政协第九届左权县委员会第三次会议召开。会议审议通过了政协第九届左权县委员会常务委员会工作报告的决议、提案审查情况报告（草案）、九届二次会议以来提案工作情况报告的决议（草案）、第三次会议政治决议（草案）。会议期间，全体委员列席县十六届人民代表大会三次会议，听取并讨论了《政府工作报告》及其他报告。会上，县政协发出“我为扶贫尽心力，攻坚一线做贡献”的倡议，号召全体委员做脱贫攻坚的动员者、建言者、践行者。

9日

赵宏钟主持召开县长办公会，听取太

行旅游板块左权旅游公路主体建设、易地扶贫搬迁、贫困退出指标、重点工程项目问询制度落实等工作推进情况汇报，专题研究指导辽阳、粟城、羊角等乡镇2018年脱贫攻坚工作。

9日至10日

左权县图书馆编辑的《农民科技文摘》在石匣乡上会村、寒王乡寒王村发放。

9日至11日

左权县第十六届人民代表大会第三次会议召开。会议听取和审议了左权县人民政府工作报告，左权县人大常委会工作报告及法检两院工作报告；审查了左权县2017年国民经济和社会发展计划执行情况与2018年国民经济和社会发展计划草案的报告、左权县2017年财政预算执行情况和2018年财政预算草案的报告，并表决通过关于以上6个报告的决议。依法表决产生了人大法制委员会、财政经济委员会两个专门委员会。

10日

武警部队政治工作部文工团在八路军总部旧址所在地麻田村进行文艺汇演。

11日

赵宏钟主持召开政府党组会。会议讨论研究了2018年《政府工作报告》重点工作责任分解、成立县政务督查工作领导组的通知、落实“三个三”工作法强化政务督查工作的实施意见。

12日

2018年“左权大讲堂”第二讲开讲，举办了乡村振兴战略和全国“两会”精神专题讲座。

是日，左权县召开政法综治工作暨扫黑除恶专项斗争工作会议。

是日，左权县电子商务进农村第五期农村电商带头人培训班在电子商务创业园开班。

14日

左权县第四届“赏春节”暨非遗和史志成果进景区活动在莲花岩启动。主要活动有史志成果进景区、非遗进景区展演、时装秀、县开花调艺术团专场演出、“春到莲花岩”专场文艺演出、“莲花岩之春”篝火晚会、“爱上莲花岩”卡通秀灯展、“花开莲花岩”精品刺绣展览等系列活动。

15日

左权县政法委组织开展全民国家安全教育日宣传活动。

16日

陈硕石艺术馆开馆协调会召开。

17日

晋中市宣传中共十九大精神文艺宣传队下基层巡演先后在左权县段峪村、石匣村举行。

17日至18日

香港华革会名誉会长吴祺光、李筱玲夫妇率香港华革会狮子山下合唱团成员再次到左权县，看望受助的贫困学生，与左权中学、宏远学校、左权职业中学的受助学生座谈、联欢，并对援建的拐儿镇寺坪小学进行回访，为四所学校捐赠了图书款。

19日

左权县以“关注小环境·共享大健康”

为主题的第30个爱国卫生月集中宣传活动在宣传文化中心举行。

20日

左权县召开整治群众身边腐败问题工作推进会，王兵、赵宏钟等领导出席。会议安排部署了信访工作，通报了群众身边腐败问题典型案例，扶贫办和石匣乡代表全县部门和乡镇作了表态发言。

21日至23日

左权县在中国新型旅游产业发展大会上，通过游客认知度调查、网上投票、专家评审等环节，被授于“中国最美生态文化旅游名县”和“中国最佳红色文化体验旅游名县”称号。

23日

左权县举行2018年“书香左权·经典同行”阅读季活动启动仪式，活动为“亲圪蛋书架”进行挂牌；放映了“乡土文化”专题纪录片，举办了“从书中看花戏”讲座。

25日

赵宏钟主持召开县长办公会，听取易地扶贫搬迁、脱贫摘帽重点工作对接情况、散乱污企业整治、非煤矿山企业开复工、“太行黑山羊”产业发展规划等工作推进情况汇报。

是日，太行一号旅游公路左权段开工仪式在拐儿镇举行。省交通厅副厅长唐晋、副市长郝向明等出席。赵宏钟在太行一号旅游公路左权分会场，代表左权县在黄河长城太行三大板块旅游公路开工仪式上作表态发言。

26日

王兵主持召开扫黑除恶专项斗争领导组扩大会议，传达中央、省市扫黑除恶专项斗争会议精神，通报县纪检、组织、公安部门扫黑除恶工作进展情况，并对下一步工作进行安排部署。

27日

左权县举办学习中共十九大精神和纪念“五四运动”99周年党团知识竞赛。来自全县各乡镇、各党委的18支代表队参赛。

是月，左权县召开《太行奶娘》电视剧剧本征求意见座谈会。

是月，“红色左权”旅游形象宣传参加首届中国西安国际旅游博览会。宣传以“红色左权　太行画卷”为主题，推荐“红色左权、绿色家园、歌舞之乡”三张旅游名片，介绍左权县重点景区景点、精品旅游线路等，发放宣传资料5000余份，接受咨询1400余人次。

是月，左权县导游员李淑锐在山西省首届“大槐树杯”百名金牌导游员大赛中，荣获“山西省金牌导游员”称号。

是月，左权县燃气公司联合中国建设银行左权支行在将军广场举行“左权县天然气网络缴费系统启动仪式”。

5月

1日

左权县志愿服务联合会与县交警队、环卫站，组织开展了维护清洁城区道路护栏志愿活动。

4日

左权碧桂园奠基开工。该项目位于县城太行路与宏远街交汇处，占地面积6.62公顷，总建筑面积16.5万平方米。

7日

王兵主持召开县委常委会议，郑春华列席。会议传达学习骆惠宁在省委常委会议上研究山西省贯彻落实《地方党政领导干部安全生产责任制规定》的意见时的讲话精神；研究成立教育工委事宜；听取全县扫黑除恶工作情况和意识形态领域形势汇报；传达了省市扫黑除恶专项斗争和全市网络意识形态工作培训会议精神。

8日

赵宏钟主持召开县长办公会，听取易地扶贫搬迁和后续产业发展意见、旅游公路建设及推进会方案、东方希望集团左权氧化铝项目推进等工作情况汇报，研究讨论了激活农村资源、促进乡村振兴攻坚行动方案。

10日

晋中市委副书记尹乃明在帮扶联系点左权县芹泉镇大南庄村调研，指导推动精准扶贫工作。

是日，左权县召开2018年35岁至64岁农村妇女“两癌”免费检查动员会。

11日

晋中市推进农村集体产权制度改革工作动员视频会议召开。市委副书记、市长赵建平出席并讲话，市委副书记尹乃明主持，王兵、赵宏钟在左权分会场参加会议。

是日，左权县精神文明建设表彰大会召开，会议表彰了文明乡镇2个、文明村67个、文明单位标兵8个、文明单位22个、文明社区2个、文明服务窗口4个、文明景区2个、文明校园9个及文明家庭22户。

是日，左权县召开“激活农村资源、促进乡村振兴”攻坚行动动员会，赵宏钟出席并讲话。

12日

左权县举办以“行动起来——减轻身边的灾害风险”为主题的“防震减灾日”集中宣传活动。

12日至13日

左权县文联举办以“推动乡村振兴，创造诗意生活”为主题的“晋中诗人看左权”采风活动。

14日

晋中市委第二督查组赴左权县督促检查巡察工作情况。

15日

赵宏钟主持召开县长办公会，传达了2018年26个计划退出贫困县分析研判会与全省易地扶贫搬迁运城现场推进会议精神，听取了易地扶贫搬迁、旅游公路建设、近期招商引资和5月份项目调度会安排事项落实情况汇报，研究讨论了扶贫调度会和脱贫攻坚第二轮一周一乡镇方案。

是日，晋中市人大常委会副主任陈水泉率调研组到左权县开展优化营商环境调研，走访了国税地税联合办税服务大厅、县创业孵化示范基地等企业。

15日至18日

左权县教育系统在思源实验学校和宏远学校召开“珍爱生命，预防学生沉迷网络”教育培训会。

16日

“左权大讲堂”特邀淘宝大学企业导师赵进涛教授，就县域电商的内容和范围，电商扶贫的内容和方式，电商如何在县域落地以及电商工作存在的问题和对策等举办讲座。

17日

山西省政府专题研究左权县申报创建国家级旅游业改革创新先行区工作。副省长张复明出席并讲话，省政府副秘书长丁纪岗、省旅发委主任盛佃清、副市长任忠、县长赵宏钟等参加。会上，左权县汇报了创建国家级旅游业改革创新先行区工作推进情况。

18日

左权县龙泉乡堡则村污水处理厂项目开工建设，该项目建设规模为120立方米/天，总投资216.5万元。

19日

皇甫束玉诞辰100周年纪念活动在思源实验学校举办“山情水怀——皇甫束玉作品朗诵演唱会”。

是日，左权县卫计局组织县疾控中心、博爱医院和各乡镇卫生院分别在人员密集场所，集中开展以“家庭医生：我承诺、我服务”为主题的宣传活动。

22日

赵宏钟主持召开县长办公会，会议集中传达学习王成在市扫黑除恶专项斗争领导小组会议上的讲话和省政府专题研究左权县创建国家级旅游业改革创新先行区会议精神，听取了易地扶贫搬迁、太行一号旅游公路、创建国家级旅游业改革创新先行区以及石匣乡和麻田镇脱贫攻坚等工作进展情况汇报。

是日，左权县“老年体协太极拳健身项目推广展示大联动”启动仪式在祝融公园举行。

23日

晋中市全面创建国家卫生城镇工作推进电视电话会议召开。赵宏钟等领导在左权县分会场参加。

是日，山西省干部驻村帮扶工作推进电视电话会召开，王宏昌、高儒林等领导在左权县分会场收听收看。

是日，左权县政协组织部分委员开展民间文化与全域旅游融合发展专题调研。

24日

王兵主持召开县委全面深化改革领导小组会议，王宏昌、郑春华、高儒林出席。会议通报了左权县全面深化改革第三方评估报告；研究讨论了关于全面深化改革第三方评估反馈意见的整改情况报告；传达学习了市委全面深化改革领导小组第26次会议（组长专题会）纪要精神和市委全面深化改革领导小组2018年工作要点。

是日，晋中市纪委监委和左权县纪委监委深入辽阳镇东沟村开展警示教育“走出去”宣传活动。

25日

左权县召开建设健康县城、创建国家卫生乡镇暨推进“厕所革命”工作会议。

是日，左权县农机中心在寒王乡蒲峪村玉泉山庄园药材基地举办植保无人机操作演示。

26日

山西省防汛抗旱工作电视电话会议召开。王宏昌等领导在左权分会场参加会议。

28日

左权县人大常委会召开县十六届人大三次会议代表建议交办会。郑春华等领导出席。会上，县人大将113件代表建议交县政府研究办理。

29日

晋中市委书记王成深入左权县桐峪镇晟铭农产品购销专业合作社和拐儿镇秋林滩村，就脱贫攻坚及核桃树受灾情况进行调研，王兵等市县领导参加调研。

31日

晋中市政协系统“深入开展习近平关于加强和改进人民政协工作的重要思想”学习研讨活动电视电话动员会召开，高儒林等领导在左权县分会场参加会议。

是月，左权县图书馆在拐儿镇开展“精准扶贫送科技图书进农村”活动。特邀省农科院专家举办“小杂粮高产栽培技术”培训讲座，免费发放种植、养殖类图书160册。

是月，中国外文局资助建设的寒王乡里长村肉鸭养殖场建成投产，年出栏总量约50万羽，利润可达80余万元。

是月，县总工会、县文明办、志愿者服务联合会在县将军广场举办“情随衣动、衣暖人同”爱心驿站募捐活动，现场募捐衣服及日常生活用品达4000多件，参与群众100余人。

是月，山西省第三批国防教育基地在左权县桐峪镇晋冀鲁豫边区临时参议会旧址纪念馆举行挂牌仪式。

6月

1日

王兵主持召开县委常委会议，郑春华、高儒林列席，会议研究讨论了关于调整县委常委分工的通知、强化县四大班子领导包保责任制的决定、落实全面从严治党主体责任的行动计划、完善领导干部接访约访包案工作制度的意见、信访储备周转资金使用办法、调整县信访工作联席会议组成人员的通知、深化统计管理体制改革提高统计数据真实性的实施办法等相关事项。

是日，王兵主持召开四大班子领导会议，研究讨论《左权县关于组织动员社会各界积极参与光彩事业助力脱贫攻坚募捐活动的方案》，就贫困户“五洁净和六要六有”（“五洁净”即院内净、卧室净、厨房净、厕所净、个人卫生净；“六要六有”即住房要安全、要有玻璃和纱窗，庭院要规整、要有大门和围墙，室内要亮堂、要有床和桌椅，电器要添加、要有电视和电话，内力要激发、要有自信和自立，陋俗要革除、要有好的习惯和家风）达标工作及信访维稳工作进行安排部署。

是日，山西省委统战部在左权县鲜淼酒庄和康复医院就非公企业党建工作进行调研。王宏昌参加调研。

是日，晋中市副市长辛琰在左权县清漳河国家湿地公园调研。

2日至3日

左权县体育运动中心和象棋协会共同举办的2018“泰山圣母杯”中国象棋公开赛在泰山圣母庙举办。

4日

左权县总工会举办“中国梦·劳动美——学习贯彻习近平新时代中国特色社会主义思想和党的十九大精神”职工演讲比赛。

5日

太行（左权）生态文化旅游活动季新闻发布会在麻田八路军总部纪念馆召开。

是日，旅游巡回法庭、派出所、工商所挂牌成立。

是日，“春舟劲渡归太行”杨力舟、王迎春夫妇画作捐赠举行。著名画家、国家一级美术师杨力舟、王迎春夫妇，将早年创作的反映太行人民抗战的四幅中国画原作高清仿真作品《太行铁壁》《太行烽火》《太行浩气传千古》《火线上的姐妹》以及105幅《小二黑结婚》连环画仿真作品，捐赠给麻田八路军总部纪念馆和小二黑结婚民俗旅游开发有限公司。

6日

晋中市委新时代晋中干部大学堂举办专题讲座，特邀对外经贸大学公共管理学院原院长、博士生导师彭向刚教授，就增强狠抓落实本领、提升工作执行力作专题辅导报告。王宏昌、郑春华、高儒林等县四大班子领导在左权县分会场收听收看。

是日，《辽州古阁展》在辽阳街三元阁开展。

7日

山西省委党校副巡视员刘建华率调研组到左权县委党校，调研干部教育培训工作。

是日，晋中市双拥办到左权县检查指导国家双拥模范县城创建工作。

8日

左权县第六期电子商务乡村服务站带头人培训在电子商务创业园举办。

是日，山西省旅发委联合山西日报传媒集团举办“山西旅游品质榜”颁奖仪式。左权县太行龙泉旅游区荣获“2017年度山西品质旅游景区”称号。

11日

赵宏钟主持召开县长办公会、党组会，学习习近平在全国生态环境保护大会上的重要讲话精神和《2018年省对市年度目标责任考核指标体系》《区域经济转型升级指标体系》等文件精神，听取了外出考察招商、贫困退出指标完成、扫黑除恶、太行一号旅游公路建设、重点项目开复工等工作推进情况汇报，研究讨论了农村集体产权制度改革实施方案、脱贫攻坚工程建设流程、企事业单位公务用车制度改革实施意见等。

是日，左权县召开太行生态文化旅游活动季动员大会。

12 日

山西省人民医院医联体创新模式推进会在左权县医疗集团人民医院召开。

是日，左权县电子商务物流运营中心揭牌运营。

13 日至 14 日

山西省总工会党组成员、副主席韩丽珍一行到左权县调研指导。

19 日

山西省残疾人辅助器具资源中心 6 名工作人员到左权县为 21 名肢体残疾人进行假肢适配。

20 日

赵宏钟主持召开县长办公会，传达学习习近平关于扶贫工作的指示精神，听取“三个清单”、易地扶贫搬迁、太行一号旅游公路、太行（左权）生态文化旅游活动季、全市 4 月至 5 月空气质量情况通报和 2018 年农业经济主要指标完成情况等工作汇报，研究讨论了移民小区配建扶贫培训中心相关事宜。

是日，左权县新的社会阶层人士联谊会第一次会员大会暨成立大会召开。会议审议通过了联谊会章程，选举产生了第一届理事会。

是日，左权县“国家基层高血压防治管理指南线下培训班”开班。

21 日

王兵主持召开县委常委会，传达学习全省攻坚深度贫困现场推进会，中央、省、市统战会，全市贯彻落实省督导组指示意见做好扫黑除恶专项斗争整改工作，法制晋中建设工作暨乡村法制建设推进会等会议精神。

是日，晋中市年度目标责任考核领导组办公室公布全市 2017 年度综合考核等次评定结果，左权县位列优秀等次，成为全市获得优秀等次的三个县之一。

22 日

晋中市政府召开专题会议，对 207 国道左权至黎城界南沁线左权桐峪至河北涉县界公路新建工程 PPP 项目实施方案涉及有关事宜进行审议，原则同意该公路新建工程 PPP 项目实施方案。该工程被列入交通运输部“十三五”中期调整规划，工程全长 60.50 千米，批复概算投资 31.5 亿元，采用 PPP 模式建设。

24 日

左权县 2018 年普通高考成绩揭晓。二本 B 类以上达线 536 人，其中大文大理类 470 人（理科应届生 229 人，文科应届生 86 人，理科往届生 97 人，文科往届生 58 人），体育类 10 人，艺术类 56 人。达一本线 158 人，其中大文大理类 141 人，体育类 4 人，艺术类 13 人。理科 600 分以上 8 人，最高分 645 分；文科 600 分以上 3 人，最高分 613 分。

26 日

太行（左权）生态文化旅游活动季在太行龙泉旅游区启动。解放军军事科学院军队政治工作研究院院长沈志华，省委宣传部副部长郭建、省旅发委副主任王琳，市委常委、宣传部部长任秀红，市委常委、县委书记王兵，县委副书记、县长赵宏钟和革命先辈后人及延安鲁艺校友会代表等出席启动仪式。启动仪式上，左权县与军科院军队政治工作研究院签订了“左权红色文化建设军民融合项目八路军测绘历史研究论证及展陈合作协议”。还分别与新源现代农业科技、尧玺影视、珍贵德华（北京）通用航空等公司签订了中国电影小镇、合玉药膳养生园、左权县田园综合体、左权游客集散中心、低空通用机场建设、百里红色生态走廊等项目开发协议书，签约金额达120亿元以上。

是日，红色文化和生态文化旅游发展交流研讨会在左权县举行。军事科学院军队政治工作研究院领导和专家、省市相关领导、抗战研究学术界专家、省市县史学研究者、八路军研究会及太行人民抗战研究院专家、太行板块区域涉旅单位及旅游行业专家和革命后代等100余人参加。

是日，国家外文局副局长王刚毅一行到左权县开展扶贫工作调研。调研组在思源实验学校举行了中国外文局智力扶贫项目——“复兴书屋”揭牌仪式。

是日，“走进红色左权、唱游秀美太行”精品线路推介活动在左权县日月星风景区举行。

27日

左权县召开纪念中国共产党成立97周年暨“两优一先”表彰大会，对全县20个先进基层党组织、40名优秀共产党员和20名优秀党务工作者进行了表彰。

27日至28日

以“大美左权　唱响太行”为主题的“翻山越岭俺寻你来——太行民歌会”在左权县“桃花红·杏花白”民歌传承基地上演。民歌会分开幕式演唱会、左权民俗文化展演、著名歌手演唱会和唢呐展演，来自全国各地的民歌歌手同台献艺。

28日

晋中市委书记王成就领办整改事项，在左权县调研督导脱贫攻坚工作，先后深入太行龙泉旅游区、易居苑移民小区、辽阳镇西长义村辽冀惠民服装厂、石匣乡红都村民歌传承基地调研。

是日，左权大讲堂举办“企业投资项目承诺制改革”专题讲座。

是日，晋中市“传承红色基因·争做时代新人”主题教育活动在左权县启动。市县领导为“晋中市关心下一代党史国史教育基地”揭牌。

是日，晋中市总工会组建入会攻坚行动现场推进会在左权县召开。

是日，新华网、人民网、光明日报、山西电视台等26个国家、省级主流媒体组成的“爱上晋中·走进晋商故里——纪念改革开放40周年媒体晋中行”采风团在左权县，就脱贫攻坚情况进行采访。

是日，左权县在鲜淼酒庄召开“电商云集左权、助力脱贫攻坚”农产品洽谈会，与各大网络平台签订《战略合作框架协议》。

29日

赵宏钟主持召开县长办公会、党组会。通报市政府常务会议通过的《关于支持左权县全域旅游发展暨生态文化旅游开发区建设的若干意见》，研究讨论左权县公共租赁住房管理实施细则和关于 65 岁以上老年人免费乘坐城市公交车实施方案。

30 日

龙泉乡丈八沟 17.6 兆瓦、石匣乡前上峧村 30 兆瓦两座集中式光伏扶贫电站并网发电。丈八沟电站总投资 1.14 亿元，前上峧电站投资 2.1 亿元，两个电站可帮扶全县 3900 多户贫困户脱贫，每户每年光伏收益不少于 3000 元。

7 月

1 日

以“乡村振兴”为主题的“2018 中国最美村镇”评选活动启动，经评选活动组委会审定，麻田镇柴城村入围“中国最美村镇”候选名单。

2 日

左权县公安局联合治安、网安、交警、消防等部门在将军广场开展“一网通一次办”平台宣传活动。该平台涵盖了 254 项公安审批服务项目，其中，95%以上的项目可实现“一次办”，85%以上的项目可实现“一网通”，实现了公安业务省域全覆盖，线上线下无差别办理。

3 日

晋中市委副书记尹乃明在帮扶联系点芹泉镇大南庄村，就危房改造、产业帮扶等开展驻村调研。

是日，2018 年山西省第十五届运动会“龙泉杯”公路自行车决赛在左权县太行龙泉风景区拉开帷幕。

5 日

中国少年先锋队左权县第四次代表大会召开。会议听取并审议通过中国少年先锋队左权县第三届委员会工作报告；选举产生左权县第四届少工委委员、主任和副主任以及出席晋中市第四次少代会代表。

是日，左权县文化部门为 45 个贫困村各配送了价值 2 万元的卡拉 OK、户外音响、拉杆音响及各类鼓、铙、钹、镲、锣、二胡等文化设备。

6 日

左权县第一期科级干部学习贯彻习近平新时代中国特色社会主义思想读书班开班，读书班为期 2 周，100 余乡科级干部参加。

8 日至 9 日

晋中市纪委监委、市委宣传部联合打造的廉政晋剧《打虎记》在左权县演出两场。

9 日

赵宏钟主持召开县长办公会，听取 26 项扶贫专项行动、光伏扶贫项目、脱贫攻坚“一周一乡镇”、城中村改造、防汛减灾、创建国家卫生乡镇、省环保督察“回头看”反馈问题整改等工作情况汇报，研究讨论了《全省旅游公路建设左权现场会实施方案》。

9 日至 10 日

郑春华率领由市县人大代表组成的生态建设上下联动监督调研组，到麻田凤凰山核桃示范基地、武军山省级永久性公益林保护区、下武村村庄绿化现场、谷车沟生态庄园、姜家庄万亩生态造林工程、左权清漳河国家湿地公园进行调研。

11 日

山西省国土厅在左权县开展废弃矿井专项整治督察。

是日，左权县开展多项活动纪念第 29 个“世界人口日”。

12 日

王兵主持召开县委常委会，研究讨论《关于深入推进全县平安乡村建设的实施意见》《中共左权县委全面深化改革领导小组 2018 年工作要点及工作领导小组建议名单》等，传达学习省委办公厅关于学习贯彻中办印发的《关于进一步激励广大干部新时代新担当新作为的意见》的通知、《中共中央国务院关于打赢脱贫攻坚战三年行动的指导意见》、全国组织工作会议及省市扫黑除恶领导组专题会议精神，并专题研究了安全生产工作等。

13 日

左权县政府与山西农谷管委会签订农业科技战略合作框架协议。

16 日

赵宏钟主持召开县长办公会，集中学习传达市政府关于支持左权县全域旅游发展暨生态文化旅游开发区建设的若干意见精神，听取安全巡视组反馈意见及下一步整改方案、脱贫攻坚“一周一乡镇”芹泉镇、一周一主题易地搬迁工作进展、2018 年高考等情况汇报，研究讨论《全县光伏扶贫电站收益分配方案》。

17 日

2018 中国生态庄园经济高峰论坛在左权县鲜森葡萄酒庄举行。山西省改革创新研究会名誉会长吕日周，浙江大学中国农村发展研究院教授顾益康，中国城市和小城镇改革发展中心副理事长乔润令，省智库协会副会长田宇，省生态庄园经济协会顾问耿怀英、名誉会长孙光堂，市委常委、县委书记王兵，副市长任忠等出席。省社科院副院长宋建平主持论坛，县长赵宏钟作主旨发言。

18 日

中共十七届左权县委第四轮巡察工作动员会召开。会议传达了中央、省、市贯彻落实《中央巡视工作规划（2018—2022 年）》推进会精神，宣读了巡察组组长授权决定和本轮巡察工作实施方案。本轮巡察从 7 月 22 日开始，至 9 月 22 日结束。

是日，左权县总工会在政务大厅、税务大厅、烟草公司举行户外劳动者“爱心服务站”揭牌仪式。

19 日

左权县组织召开“7·19”洪灾反思暨清漳河全流域治理座谈会。

20 日

山西省服装协会提档升级工作左权三星制衣研讨会暨“中国首届纺织品非遗推广大使——李爱萍传习所”授牌仪式在县迎宾馆举行。

是日，国家税务总局左权县税务局挂牌成立，原国税、地税机构职责、业务工作等由新组建的税务局统一管理。

是日，左权县与市林业局共建左权生态文化旅游开发区林业合作框架协议签署仪式在榆次举行。

22日

山西省卫计委主办，省人口宣教中心、市卫计委、县卫计局承办的“闻道启智、圆梦太行”关爱女孩行动启动仪式在左权县将军广场举行。

23日

第五期“左权大讲堂”开讲，特邀全国文化名人纪连海现场作“新解乾隆朝三大名臣”专题讲座。

是日，国画大师陈硕石艺术馆开馆仪式在陈先生的家乡左权县拐儿镇天门村举行。

24日

赵宏钟主持召开县长办公会。学习传达骆惠宁在全省开发区改革创新发展推进会上的讲话、市政府专题会议纪要精神，听取了脱贫攻坚“一周一乡镇”麻田镇、城中村改造项目、落实环保督察回头看督导会议精神、扫黑除恶等工作推进情况汇报，研究了“并村简干”工作实施方案、年度目标责任制考核奖励、关于承接市政府《关于支持左权县全域旅游发展暨生态文化旅游开发区建设的若干意见》责任分解等有关事宜。

是日，中国农大人文与发展学院老井村“学生实践基地”挂牌仪式举行。

24日至25日

左权县采取“现场观摩+会议”的形式组织召开2018年中期述职考评会议。

25日

晋中市委意识形态工作督导组在左权县督导调研。

是日，左权县被省交通运输厅命名为2017年度“四好农村路”省级示范县。2017年，左权县共铺开各类农村公路改造工程101项，其中91项已完工，完成投资3.2亿元，改造提升路网373.8千米，占全县路网总里程的24.4%，带动全县公路通车总里程达到1531千米，公路密度达75千米/百平方千米。

26日

左权县在将军广场举行“7·28纪念唐山大地震42周年”宣传活动。

是日，左权县麻田镇岭南村柴鸡养殖扶贫项目主体完工。

27日

左权县委统战部、工商联举办光彩助学惠民行动资助百名贫困大学生助学金发放仪式。

26日至27日

晋中市离退休干部党组织标准化建设暨“一创双争三整治”活动推进会在左权县举行。

30日

山西省种子管理总站、省农科院及市农委专家到左权县新世纪农业科技公司，就脱毒马铃薯推广和培育工作进行检查指导。

是日，左权县连壁村28.8兆瓦联村村级光伏扶贫电站建成并网，至此，全县129个贫困村村级电站实现全覆盖。

31日

晋中市副市长任忠在左权县社区走访慰问伤残退伍军人。

是日，左权县组织开展“情系职工·清凉一夏慰问暨尊老椅摆放”活动。

8月

9日

王兵主持召开县委理论学习中心组学习会。集体学习《关于打赢脱贫攻坚战三年行动的指导意见》《正确认识妥善应对中美经贸摩擦》等文件和学习材料，传达了骆惠宁在全省扫黑除恶专项斗争推进会上的讲话精神，并对全县扫黑除恶、环境保护、扶贫攻坚等重点工作进行了安排部署。

10日

山西省水利厅厅长常书铭就清漳河全流域治理、东山供水工程、安全防汛等到左权县调研。

是日，左权县召开纪念改革开放四十周年全民文化活动月协调安排会。

是日，晋中市投促局、左权县政府相关领导赴上海东方希望集团总部，就东方希望左权氧化铝项目投资合作协议相关事宜进行洽谈，双方同意将原2×120万吨氧化铝生产线调整为2×160万吨氧化铝生产线，相关的立项、环评、可研等工作做相应的调整，项目年内开工建设。

14日

山西省心血管病医院与县人民医院举行心脏专科联盟签约授牌仪式。

14日至15日

山西省森林康养调研组深入左权县祝融公园、红都民歌基地、鲜森葡萄庄园、日月星生态庄园、清漳河国家湿地公园等地考察调研。

15日

晋中市副市长辛琰一行到左权县麻田八路军总部纪念馆、莲花岩风景区、太行龙泉旅游区等地，就生态文化旅游开发区建设、全域旅游等工作进行调研。

16日

王兵主持召开县委议军会议，听取人武部上半年工作情况和乡镇党管武装工作述职汇报，分析人武工作和建设形势，研究解决左权县国防后备力量建设的有关问题。赵宏钟、王宏昌等领导出席。

是日，左权县召开“三基建设”推进会暨基层党组织标准化建设动员会。

18日

左权县委、县政府组织相关人员赴浙江上虞，看望何云烈士唯一的女儿——92岁高龄的徐如珍老人。

21日

赵宏钟主持召开县长办公会，会议听取寒王乡脱贫攻坚、易地扶贫搬迁工作情况汇报，研究《关于调整2017年部分统筹整合财政涉农资金用途的建议》有关事宜，并就项目建设、环保督查、环境整治、审计整改等工作进行安排部署。

是日，山西省财政厅纪检组组长胡志国率队到左权县调研扶贫移民搬迁工作。

21日至25日

左权县280名农民在山西交通技术学院参加（第一期）新型职业农民培训。

22日

赵宏钟会见全国人大代表、山西蓝焰煤层气集团总经理田永东一行，共同研究解决企业发展和项目建设存在的困难和问题，并就进一步加快项目建设、深化地企合作等进行座谈交流。

是日，左权县举办第六期“左权大讲堂”暨县委中心组理论学习（扩大）会议，邀请市国安局和市保密技术检查中心人员就国家安全和保密工作做专题讲座。

23日至27日

山西省脱贫攻坚第七督导组到左权县督导，并召开反馈会。

25日至26日

北京中医药大学管理学院健康管理高级研修班、太行人民抗战研究院等机构联合举办的“大爱红色左权·情系老兵健康”公益活动在左权县举行。

28日

赵宏钟赴太原与山西煤炭进出口集团进行项目对接，山煤集团党委书记、董事长赵建泽出席，双方就晋中智能物流中心、铁路专用线等项目建设推进工作进行沟通交流，并达成共识。

是日，赵宏钟主持召开县长办公会，传达骆惠宁在省委十一届六次全会上的讲话精神和全省推进转型项目建设现场会精神，通报了市委、市政府2017年县级党委、政府脱贫工作成效考核情况，听取了棚户区改造、太行一号旅游公路、新增公共服务项目等工作进展情况汇报。

31日

左权县召开基层政务公开标准化规范化试点验收工作会。

是日，左权县第三届晋冀鲁豫边区红色文化旅游节开幕。

是月，左权县教科局杜旭恩、县示范小学教师吴保兰夫妻赴新疆支教。

是月，左权县石匣乡卫生院副院长原向东赴新疆进行为期一年的援疆工作。

9月

3日至4日

中国铁路总公司党组副书记甄忠义率国务院第十三脱贫攻坚督查组到左权县麻田镇、石匣乡进行督查。

4日

王兵主持召开扫黑除恶专项斗争领导小组工作会，贯彻落实9月1日中央督导山西扫黑除恶工作动员会议精神，就左权县扫黑除恶工作进行再安排再部署。

5日

乡土文化纪录片《边村》首映式在左权县举行。该片是一部反映左权传统文化、艺人、民居、村落、古建等地方特色、打捞乡村记忆的地方文化纪录片。

5日至6日

左权县总工会开展“劳模看劳模、互促争上游”观摩活动。

7日至9日

山西省晋中市诗词学会组织的纪念改革开放40周年革命老区采风活动在左权县

启动。采风团先后在辽州森林公园、太行冰酒小镇、日月星风景区等处参观采风。

11日

晋中市委常委、组织部部长张志刚，市委常委、县委书记王兵率市转型项目观摩组成员在一帆纸业一期工程、中晋冶金有限公司建设工地视察。

12日

左权县政府与东方希望集团在市政府举行建设循环经济产业园合作协议签约仪式。晋中市委书记王成，市长赵建平，市委常委、副市长王建忠，市委常委、县委书记王兵，市政协副主席、市委秘书长鹿建平，左权县政府县长赵宏钟，东方希望集团董事长刘永行等出席。循环经济产业园项目总投资约75亿元，建成达产后预计年营业收入90亿元，年平均利润总额约17亿元，缴纳各项税费约10亿元，可直接解决就业岗位1200余个，提供相关配套就业岗位5000余个。

是日，中国流动科技馆左权县巡展启动仪式在宏远学校举行，科技馆在左权县巡展2个月。

14日

“如歌岁月，奋进篇章——左权县纪念改革开放40周年苗世明精品报展”在宣传文化中心开展。

15日至16日

团省委、省少工委牵头，省少先队事业发展中心、省少年儿童公益事业促进会、山西广播电视科教频道《小郭跑腿》栏目组、山西行知研学旅行公司承办，市少工委和县委、县政府协办的“红领巾研学行”活动之《巍巍太行小八路》在左权县开机拍摄。

17日

《保密法》颁布实施30周年纪念日宣传活动在将军广场举行。

18日

左权县脱贫摘帽决战大会在县城召开。会议传达了省脱贫攻坚领导小组暨巡视整改专题会议精神；通报脱贫督查发现的问题；宣读了决战行动方案和驻村帮扶考评办法。

是日，左权县政府与软通智慧科技有限公司、山西超森科技有限公司就共建大数据及智慧城市建设达成合作意向。

是日，山西省农业机械化技术专家到县昌丰农机专业合作社和安庆荣农机专业合作社，就合作社建设、农作物种植、农业机械购置和新技术推广等情况进行调研，并对示范区新购置的玉米联合收割机操作进行了技术指导。

19日

晋中市人大常委会主任冯建平率省市人大代表到左权县年产60万吨高强度瓦楞纸生产项目、中晋太行气基还原铁研发与生产示范基地建设项目等处进行调研。

20日

山西省曲艺团到左权县麻田镇大林口村举行“宣传党的十九大·精准扶贫曲艺行”下乡慰问演出活动。

21日

左权县第十一次妇女代表大会召开。大会审议通过县妇联第十届执行委员会工作报告，选举产生新一届常委会组成人员，主席、副主席、兼职副主席及市妇代会代表。

26日

晋中市城乡市容市貌和环境卫生管理考评领导组，在晋中日报公布各县（区、市）7月至8月城乡市容市貌和环境卫生管理考评结果，左权县以94.78分的总成绩名列全市第一。

28日

晋中市委副书记尹乃明到左权县大南庄村调研脱贫攻坚工作。

29日

晋中市富硒功能农产品展示暨左权县第二届“红不落”富硒产品推介活动在将军广场举行启动仪式。

是日，左权县麻田村正式挂牌“全国生态文化村”。为山西省6个上榜村之一。

30日

中华英烈褒扬事业促进会指导发起，英促会抗战英烈褒扬基金、左权县委县政府举办的“9·30”抗战英烈公祭暨太行英烈公祭活动在左权将军殉难处麻田十字岭进行。

是月，左权县拥军路建成通车。该路是左权县城市基础设施工程采用政府和社会资本合作（PPP）模式建设的示范工程。北起和榆高速石匣出口，南终省道319线，全长1155米，总投资8676万元。

10月

1日

左权县广播电视台《太行之声》正式开播。

9日

赵宏钟主持召开县长办公会，听取脱贫攻坚、易地扶贫搬迁、城中村改造、农民人均可支配收入、东方希望左权氧化铝项目等情况汇报，研究讨论县城管理区域开展相对集中行政处罚权工作、整合涉农资金项目审计、成立政府投资工程建设领导组、65岁以上老人免费乘坐公交车等事宜。

10日

山西省省长楼阳生到包扶的左权县麻田镇泽城村，就精准扶贫精准脱贫成效进行考察。

10日至15日

左权县芹泉镇下庄村举办首届蔬菜“丰收节”。

11日

左权县召开易地扶贫搬迁集中安置住房分配大会。

是日，第四批全国森林康养基地试点建设名单公布，山西省9个景区上榜，左权太行龙泉旅游区名列其中。

12日

晋中市副市长任忠到左权县中晋冶金科技有限公司气基还原铁研发与生产示范

基地、红土垴易地扶贫搬迁安置点及扶贫联系点寒王乡石港口村，就脱贫攻坚、重点项目建设进行调研指导。

15日

左权县举行易地扶贫搬迁住房分配摇号仪式，县长赵宏钟宣布住房分配摇号系统启动。

16日至22日

“爱上晋中·牵手深圳”晋中市文旅推介暨招商宣传周活动在深圳锦绣中华民俗村举行。其间，左权县与珍贵德华（北京）通用航空公司签订了总投资20亿元的左权县通用航空机场项目。

17日

左权县交通扶贫暨65周岁以上老年人免费乘坐县城区公交车仪式启动，恒益公交公司运营的城区7条线路36辆车，为老年人提供安全便捷的乘车服务。

是日，晋中市人大常委会副主任、总工会主席赵春雷一行，到左权县职工心灵驿站、左权职中“职工之家”调研。

18日

晋中市委巡察一组巡察左权县工作动员会召开。本轮巡察为期三个月。

19日

左权县举行城乡水资源和环境改善示范项目、恭源常农牧有限公司万头驴场建设项目、国道207廊道绿化项目、国道207左权至黎城界及南沁线左权桐峪至河北涉县界公路新建项目、国道207线左权至黎城界段改建工程5个项目集中开工仪式。

25日

“新时代晋中干部大学堂”举行第五期专题讲座，邀请国内知名区域经济规划专家董锡健教授，就《把握国内外经济发展机遇，驱动区域与产业经济高质量发展》作辅导报告。王兵、赵宏钟、王宏昌、郑春华、高儒林等县领导及乡镇、部门负责人在左权县分会场参加学习。

26日

左权县庆祝山西省第二十二届环卫工人节大会在职业中学举行。对31名优秀环卫工人进行表彰。

是日，太行山抗日根据地党史研究联络机制启动仪式在黎城县举行，确定了合作原则、联络机制、活动形式等内容，左权、黎城、潞城、武乡、涉县党史研究单位参加。

29日

国家外文局率人民日报、新华社、人民网、中国网、融媒体中心等多家中央主流媒体，深入左权县开展为期三天的“脱贫攻坚看左权”采风活动。

是日，山西省关心下一代党史国史教育基地在麻田八路军总部纪念馆揭牌。

30日

山西省副省长王一新带领省督导检查组一行深入左权县，就基层党建、集体经济发展、生态文化旅游开发等情况进行实地调研。

31日

左权县青年联合会第二届委员会第一次全体会议召开。大会选举青联第二届委员会主席和副主席；审议通过了县青联一届委员会工作报告和《左权县青年联合会工作规则》。

11月

1日

王兵主持召开县委常委会议，研究县委常委班子对照市委第四轮巡察发现共性问题未巡先改自查发现问题清单和整改方案、关于落实中央督导要求开展边督边改专项活动的工作方案等；传达学习习近平在广东调研时的讲话精神、骆惠宁在全省机构改革动员会上的讲话及《中国共产党纪律处分条例》《中华人民共和国监察法》《山西省农村扶贫开发条例》，郑春华、高儒林列席。

8日

左权县召开第十九个记者节大会。

13日

全国义务教育发展基本均衡县国家教育督导复查组在左权县督导检查。

是日，左权县科学技术协会第五次代表大会召开，审议通过县科协第四届委员会工作报告，选举产生新一届领导班子。

14日

王兵主持召开县委常委会议，学习习近平视察山西重要讲话精神，传达学习中央生态环境保护督察组交办问题调查处理工作的通知、晋中市扫黑除恶专项斗争领导小组第16次会议暨中央扫黑除恶督导反馈问题整改任务安排部署会议精神；研究了关于落实省委《中央第十五巡视组巡视山西省反馈意见整改工作方案》整改任务清单、干部政治素质考察办法（试行）、发展壮大村级集体经济三年行动方案等，并安排部署了相关工作。

16日

赵宏钟主持召开政府党组会议，集中学习了朱之鑫、黄润秋、骆惠宁、楼阳生在中央第二生态环境保护督察组对山西省开展“回头看”工作动员会上的讲话、《中央第十五巡视组巡视山西省反馈意见整改工作方案》整改任务清单的通知、楼阳生在全省秋冬季大气污染综合治理攻坚行动电视电话会议上的讲话。

是日，赵宏钟主持召开县长办公会，听取脱贫攻坚一周一乡镇石匣乡、一周一主题易地扶贫搬迁市脱贫攻坚领导组下达责任清单落实工作进展、农村客运线公交化提质改造等情况汇报。

19日

国道207线左权至涉县新建工程暨左权至黎城改建工程开工仪式在左权县下武村举行。两条干线道路总投资34.1亿元，全长93.39千米。

是日，“左权大讲堂”举办《宪法修正案》专题讲座。

20日

王兵主持召开县委常委会议，听取“三个清单”任务落实情况汇报；研究省政府办公厅驻村工作队挂职事宜和二中、三中校长职级制改革事宜。郑春华、高儒林列席会议。

是日，中共十七届左权县委第五轮巡察工作动员会召开，从2018年11月20日至2019年1月20日开展新一轮巡察工作。

21日

晋中市委书记王成到左权县调研督导脱贫攻坚工作。

22日

东方希望集团董事长刘永行一行专程到左权县就东方希望左权氧化铝项目进行考察。

27日

赵宏钟主持召开县政府党组会议，听取2017年度脱贫攻坚政策落实及扶贫资金分配管理使用审计问题整改情况报告。

是日，左权县导游员李淑锐代表山西省参加为期7天在上海举行的2018年全国红色故事讲解员大赛。

29日

晋中市委常委、市纪委书记、监委主任丁利军深入左权县，就贯彻落实习近平总书记视察山西重要讲话精神、市纪委全会精神、深挖彻查涉黑涉恶腐败和“保护伞”以及2018年的重点和亮点工作进展情况进行调研。

29日至30日

中国外文局副局长刘大为到左权县调研精准扶贫工作。

是月，左权县史志研究室主编的《左权改革开放40年图志》内部出版发行。

12月

4日

王兵主持召开县委常委会议，郑春华、高儒林列席。会议传达学习习近平总书记在民营企业座谈会上的讲话精神，《中国共产党支部工作条例（试行）》《中央扫黑除恶第2督导组督导山西省反馈意见整改工作方案》《关于在全市深入开展集中整治形式主义、官僚主义的通知》，以及全市深化专项治理扶贫领域腐败和作风问题工作推进会精神，听取左权县“关于强化政治意识，抓牢意识形态主体责任”督导调研反馈意见的整改情况报告，研究落实“三个清单”考核办法，安排部署了全县脱贫攻坚考核验收等相关工作。

5日

香港华革会吴琪光夫妇资助左权县学生助学金发放仪式在左权中学举行。

6日

晋中市委常委、县委书记王兵，副市长任忠，先后深入左权县七里河村清河源种养农民专业合作社、一帆纸业公司年产60万吨高强瓦楞纸生产项目一期工程、顺康天然农产品开发公司，开展大调研活动。

10日

左权县召开迎接省扶贫检查验收安排动员会。

12日至14日

王兵深入全县10个乡镇，就省级脱贫

考核验收准备工作进行督导调研，并按照省委要求，开展县委书记遍访贫困村活动。

13 日

王兵主持召开信访联席会议，听取信访局关于市级领导“包案”化解重点信访事项进展情况汇报，研究安排左权县疑难信访问题化解工作。

14 日

晋中市政协副主席杨定旺率民营企业专题调研组在左权县调研。

17 日

左权县召开贫困县退出第三方评估验收工作对接会。

25 日

左权县政协、县委统战部联合举办的社会各界人士庆祝改革开放四十周年书画展开展。

28 日

左权县十六届人大常委会召开第二十二次会议，人大常委会主任郑春华出席并讲话。会议听取审议了县政府关于全县脱贫攻坚工作、环境保护工作、2018 年财政预算调整情况、2017 年财政预算执行和其它财政收支审计查出问题整改情况报告以及法院关于执行工作情况的报告等，并对有关工作进行了满意度测评。会议还任命陈谦南为县人民政府副县长、公安局局长；马斌为县人民政府副县长（挂职）。

是月，左权县成功挂牌出让位于县城北大街的两宗国有建设用地使用权，出让面积分别为 0.65 公顷和 0.20 公顷，由左权县安信房地产开发有限公司和晋中康利房地产开发有限公司分别竞得，出让金合计 1106 万元。

是月，左权县 4 个企业参加全市品牌创新成果评价和重点质量攻关项目评选，其中鲜森酒庄在商业模式创新成果类别中被评为三等成果、左权生态文化旅游开发区在文化创新类别中被评为三等成果，山西将军虎民俗文化传播有限公司在文化创新类别中被评为四等成果，并分别获得 5 万元、5 万元、2 万元补助资金；左权金隅水泥有限公司申报的“降低生料成本”在全市重点质量攻关项目中被评为 C 类等级，获得 2 万元补助资金。

县情概貌

历史 地理

【位置】 左权县位于山西省东部边缘，太行山山脊中段，清漳河中游。地理坐标为北纬 36°45′~37°17′，东经 113°06′~113°48′。北连和顺，南邻黎城、武乡，西接榆社，东与河北省邢台、武安、涉县三县市毗连。 （宋丽 禹文涛）

【政区沿革】 左权县历史悠久，县城北新石器时代文化遗址和桐峪马家坪黄龙洞出土文物，标志着4000年前我们的先人即在此繁衍生息。夏时属冀州之域。春秋，属晋。战国时先属韩，后属赵。秦属上党郡。西汉时，属涅氏县，隶属上党郡。东汉延康元年（220）始置轑河县，治所轑阳故城，属乐平郡。三国时属魏，隶属于乐平郡。西晋泰始元年（265）易名为轑阳县，属乐平郡。东晋十六国战乱时期，隶属变换频繁，建兴四年（316）属汉（前赵）；大兴二年（319）属赵（后赵）；升平二年（358）属燕（前燕）；太和五年（370）属秦（前秦）；太元十一年（386）属后燕，二十一年（396）属魏（北魏）。南北朝时期，北魏太平真君九年（448）废轑阳县并入乡县（今武乡）；孝昌二年（526）恢复县置，将“轑”改为“辽”，即辽阳县，属乐平郡；北齐天宝五年，再度并入乡县。隋时，开皇十年（590），复置县，改名为辽山县，属并州；十六年（596），境内新置交漳县，是年始置辽州（治所辽阳故城），辖辽山、交漳二县；大业二年（606）废州，撤交漳县并入辽山县，属并州。唐代仍为辽山县，随州治变化先后隶属于辽州、箕州、仪州、乐平郡、仪州。五代十国时期，县置未变，后梁开平三年（909），仪州复名辽州，辽山县属辽州；十国时，辽州为北汉国十二州之一，辽山属辽州。北宋熙宁七年（1074），废辽州，降平城、和顺二县为镇，入辽山县，隶平定军；元丰八年（1085），复置辽州，辽山属辽州。金时县置未变，辽山属辽州，隶属河东南路。元代县置未变，辽山属辽州，隶属晋宁路。明洪武元年（1368）裁辽山县并入辽州，隶属山西布政使司，升辽州为直隶州，辖榆社、和顺二县；清雍正九年（1731），山西恢复道制，辽州隶属冀宁道。中华民国元年（1912）废州，辽州改名为辽县；民国3年（1914），隶冀宁道；民国16年（1927）废道，直隶山西省政府。1937年抗日战争爆发，辽县隶属山西省第三行政公署。1939年7月，日军占据县城，辽县抗日民主政府移驻西黄漳村，隶属太行第三专区。1941年9月，晋冀鲁豫边区政府决定：以平辽公路为界划县境西北部置辽西县，县抗日政府驻蒿沟村，隶属太行三专区。1942年5月，八路军副参谋长左权在反“扫荡”战斗中于县境内麻田十字岭壮烈牺牲，为纪念左权将军，是年9月经晋冀鲁豫边区政府批准，辽县易名左权县。1943年，辽西县改属太行二专区；1945年4月，县城光复，辽西县政府迁回县城。同年11月，左权、辽西两县合并为左权县，隶属于太行二专区。1949年1月，太行第二专区易名左权专区，同年9月1日，山西省人民政府成立，撤销左权专区，左权县隶属于榆次专区。1958年10月，左权、和顺合并为和顺县。1959年6月，恢复左权县置，属山西省晋中地区。2000年10月晋中撤地建市，左权县隶属山西省晋中市。2018年未变。

（宋丽　禹文涛）

【行政区划】　2018年，左权县设县城区、5镇（辽阳镇、拐儿镇、芹泉镇、桐峪镇、麻田镇）、5乡（寒王乡、石匣乡、粟城乡、羊角乡、龙泉乡）、1个省级开发区（左权生态文化旅游开发区）。辖8个社区、203个行政村。（宋丽　禹文涛）

【地质】　左权县境内是华北地层大区山西地层区太行山分区的一部分。出露地层按层序由老至新有：上太古界五台系；中元古界长城系；下古生界寒武系、奥陶系；上古生界石灰系、二叠系；中生界三叠系；新生界上第三系、第四系。地层分布，除新生界地层外，中东部上太古界地层呈南北向出露，中元古界之后三叠系地层西部由东向西、由老至新依次出露；东部由西向东依次为中元古界—下古生界渐次出露。地层总体倾向为西部向西南、东部向东倾斜。县境内岩浆岩不甚发育，主要分布于本县东部地区的五台系、长城系及寒武系地层出露区。按时代成因可分为太古代变质超基性岩、伟晶岩，元古代晚期辉绿岩和新生代玄武岩。左权县处于沁水坳陷和太行断裂（断折带）隆起两构造单元接壤部分，两单元在本区大致以和顺—左权—襄垣三县城连线为界。两者中的次级构造迥然有别。沁水坳陷以平缓褶皱为主，太行断折带以断裂为主。

（宋丽　禹文涛）

【地貌】　太古代时期，左权县地处大洋之中。元古代初期为东北—西南走向的浅海海峡。在早古生代处于海水较浅的碳酸盐台地环境；晚古生代早期，处于滨海平原环境。之后逐渐远离海洋，处于内陆河湖环境，到距今1亿年前后，山西大地褶皱隆起。后来，河北平原不断下陷，使这里遭受剧烈侵蚀、剥蚀，逐渐形成西、北、东三面高，中南部低下的地势形态。西北部海拔大部在1200米以上，最高海拔为2141米。东南部地势低，海拔大部在1000米左右，最低处仅650米。相对高差1491米。全县仅清漳流域有少面积的平川地外，山地和丘陵面积占到总面积的90%。全境地形区域可分为土石山区、深石山区、山间河谷区三部分。全境内有大小山峰420余座，均为太行山脉的分支。主要山脉有香烟岭、老寒岭、武乡岭、十字岭、界石岭、界碑山、武军山。

（宋丽　禹文涛）

【自然资源】　左权县内自然资源丰富。全县国土总面积为20.22万公顷，其中，耕地1.72万公顷，占全县总面积的8.46%。土壤大体分为山地草甸土、褐土、草甸土三个土类。境内海拔高差较大，自然条件不同，植被群落、种类及其地理分布也比较复杂。县内河多泉广，常年径流量为1.40亿立方米。地下水资源量7686万立方米/年。地下水可开采量984万立方米，地表水可利用量8400万立方米。地下矿产资源类多质优量丰，境内矿产31余种，其中能源矿产2种、金属矿产6种、非金属23种。（宋丽　禹文涛）

经济和社会发展

【经济总量】　2018年，左权县生产总值58.66亿元，比2017年增长7.3%。其中，第一产业增加值4.14亿元，同比增长8.1%；第二产业增加值28.80亿元，同比增长7.3%，其中工业增加值为21.41亿元，同比增长8.4%；第三产业增加值25.71亿元，同比增长7.1%。三次产业比例由2017年的7:49.5:43.5调整为7:49.2:43.8。人均生产总值3.50万元。（宋丽　禹文涛）

【农林牧业】　2018年，左权县全县农作物播种面积为13497公顷，比2017年增加661公顷，其中：粮食播种面积为1.13万公顷，在粮食播种面积中，玉米种植面积7513.8公顷，比2017年减少43.9公顷。在其他作物播种面积中，油料种植面积331.4公顷，比2017年增加38公顷；蔬菜种植面积为592.6公顷，比2017年增加20.3公顷。

全年粮食总产量6万吨，比2017年增加1413吨，同比增长2.4%。其中，夏粮产量57.5吨，同比增长2.1%，秋粮产量6万吨，同比增长2.4%。全年全县农林牧渔总产值完成7.68亿元，同比增长10.89%。其中农业产值4.96亿元，同比增长8.19%；林业产值5453.2万元，同比增长11.28%；牧业产值1.95亿元，同比增长20.61%；渔业产值513.1万元，同比增长4.76%。主要农产品中，小麦总产量为57.5吨，比2017年增长2.1%；玉米总产量为4.84万吨，比2017年增长1.7%；谷子总产量为6405.3吨，比2017年增长0.8%；豆类总产量为1348.5吨，比2017年增长7.5%；薯类总产量为1.47万吨，比2017年增长17.5%；油料总产量为504.5吨，比2017年增长

24%；蔬菜总产量为2.55万吨，比2017年增长3.3%；水果总产量为548.3吨，比2017年减少21.2%。

2018年，全县在抓好护林防火工作的同时，大力开展全民义务植树造林，全年植树造林面积4071公顷，新增育苗36.55公顷，四旁植树78.5万株。

2018年，全年肉类总产量6825.42吨，同比增长49.1%。其中猪肉产量2231.27吨，牛肉产量532.18吨，羊肉产量2407.02吨，禽肉产量1606.05吨，禽蛋产量6014.27吨。年末大牲畜存栏616头，同比增长9.6%；猪存栏18603头，同比下降1.9%；羊存栏12.72万只，同比下降9.8%；禽存栏57.52万只，同比下降12.2%。（宋丽　禹文涛）

【工业】　2018年，左权县规模以上工业企业实现工业总产值45.56亿元，同比增长19.2%；完成工业增加值18.66亿元，同比增长9.2%。其中：煤炭开采和洗选业完成工业增加值11.14亿元，比2017年增长6.3%；铁矿采选业完成工业增加值2202万元，比2017年增长4.2%；电力、热力供应业完成工业增加值6.56亿元，比2017年增长21.4%；水泥制造完成工业增加值7327万元，比2017年增长11%。

主要工业产品产量中，原煤产量296.1万吨，同比下降10.7%；洗精煤产量197万吨，同比下降28.8%；铁精粉产量9.5万吨，同比增长11.1%；发电量60.05亿千瓦时，同比增长25.4%；水泥产量120.4万吨，同比增长4.5%。

全县规模以上工业企业主营业务收入39.91亿元，同比增长10.7%；实现税金2.70亿元，同比增长8.5%；利润总额为-4.60亿元；亏损企业亏损额5.47亿元，同比增长55.1%。（宋丽　禹文涛）

【固定资产投资】　2018年，左权县全年全社会固定资产投资在库项目114个，完成投资52.86亿元，同比增长1.7%。其中，五千万以上项目47个，占全部项目个数的比重为41.2%，完成35.58亿元，同比增长73.3%；五千万以下项目61个，占全部项目个数的比重为53.5%，完成12.37亿元，同比下降55.1%。

按构成和控股类型完成情况分，建筑、安装工程完成投资36.57亿元，同比增长10.9%；设备、工具、器具购置完成投资8.08亿元，同比下降8.4%；其他费用完成投资8.21亿元，同比下降19.3%。按产业分，第一产业完成投资12.07亿元，同比下降1.2%；第二产业完成投资17.33亿元，同比增长17.4%，占全部投资比重的32.8%；第三产业完成投资23.45亿元，同比下降6.2%。

2018年，转型项目投资力度日趋加大，并成为全县固定资产投资的主要力量。全县转型项目投资完成34.81亿元，占全县固定资产投资比重65.9%，其中，新兴产业投资完成32.51亿元，占全县转型项目投资比重93.4%；传统产业升级改造投资完成2.30亿元，占全县转型项目投资比重6.6%。

2018年，全年房地产开发投资4.91亿

元，同比增长26%。房屋施工面积36.54万平方米。（宋丽　禹文涛）

【批发贸易　餐饮业　旅游业】　2018年，左权县实现社会消费品零售总额16.57亿元，比2017年同期增长8.1%。分区域看，城镇零售额实现10.63亿元，乡村零售额实现5.94亿元，分别比2017年同期增长8.4%、7.6%。按销售行业看，批发零售业实现13.17亿元，同比增长8.0%；住宿和餐饮业实现零售额3.40亿元，同比增长8.8%。旅游业仍保持强劲快速增长。

2018年，全县一共接待旅客达438.39万人次，旅游综合收入达37.64亿元。

（宋丽　禹文涛）

【交通邮电】　2018年，左权县境内公路通车里程达1261.57千米，其中：县道10条，226.37千米；乡道74条，683.57千米。村道240条，340.78千米，专用道1条，10.84千米。

2018年，全县民用汽车拥有量为2.39万辆，比2017年增加1307辆，其中：载客汽车2.07万辆，比2017年增加1208辆；载货汽车2231辆，比2017年增加91辆；其它汽车326辆，比2017年同期减少93辆。

2018年，全县邮电业务收入完成9383.4万元，同比下降2.83%，其中：邮政业务收入1130.4万元，同比下降3.66%；电信业务收入8253万元。电话用户总数达16.08万户，其中：固定电话用户1.13万户；移动电话用户14.95户。全县宽带接入用户达4.14万户。（宋丽　禹文涛）

【财税】　2018年，左权县财政收入压力加大。全县财政总收入完成7.82亿元，同比增长8.7%，占年度预算8.30亿元的94.2%，其中：一般预算收入完成4.69亿元，占年度预算任务4.60亿元的102%，同比（同口径）增长3%。2018年主体税种增值税、营业税、企业所得税、个人所得税四个税种收入达到全县税收收入的55.5%。

全年全县一般预算支出执行19.28亿元，比2017年增长9.9%；教育支出2.67亿元，同比增长9.4%；社会保障与就业支出1.96亿元，同比增长5.6%；医疗卫生支出9160万元，同比增长14.8%；节能环保支出6736万元，同比增长10%；农林水事务支出6.86亿元，同比增长21.7%。

（宋丽　禹文涛）

【金融】　2018年，左权县金融机构贷款增幅高于存款增幅。全年全县金融机构各项存款余额累计126.03亿元，较年初增加12.80亿元。其中住户存款78.94亿元，较年初增加6.79亿元，占到全部存款余额的62.6%；非金融企业存款39.95亿元，较年初增加5.73亿元，占到全部存款余额的31.7%；广义政府存款7.14亿元，较年初增加2810.2万元，占到全部存款余额的5.7%。年末金融机构各项贷款余额74.18亿元，较年初增加5.62亿元。

（宋丽　禹文涛）

【教育和科学技术】　2018年，左权县教育事业迅猛发展。教育资源进一步优化整合，义务教育水平全面提高，县城中小学生占全县中小学生总数比例高达69.81%，民办教育、企业办教育也迈出了较大步伐。全县各类学校在校学生人数26166人（包括幼儿），其中：普通高中在校学生2250人，职业高中在校学生1457人，初中在校学生5660人，小学在校学生11972人，幼儿园60所，4827人，小学适龄儿童入学率达100%，高考达线536人。

2018年，科技水平大力发展。左权县培育高新企业1个，引进先进设备13台，投资额794.03万元，技术合同交易总额5000万元，科技成果供给登记15条，需求登记20条。（宋丽　禹文涛）

【文化和卫生】　2018年，左权县文化事业健康发展，左权小花戏享誉国内外，文艺表演团体40个。全社会馆藏图书达到8.7万册，电视综合人口覆盖率达100%，有线电视用户达1.12万户。

2018年，卫生事业进一步发展。县级医疗卫生机构7个，乡镇卫生院10个，分院5个，农村卫生所达到204个。县乡村三级医疗机构达标率分别为100%、100%、100%。病床位495张，卫生技术人员490人。2018年全县农民有137155人参加了新型农村合作医疗，参合率99.63　%，覆盖率达到100%。农村社会养老保险8.6万人。（宋丽　禹文涛）

【城市建设】　2018年，左权县城市建成区面积6.08平方千米，城市房屋建筑面积318万平方米。年末建成区绿化覆盖率40.43%，城区有公园5座。（宋丽　禹文涛）

【资源　环境】　2018年，左权县石匣水库（中二型）蓄水总量1514.6万立方米，全年全县总用水量3368万立方米，其中工业用水731万立方米，城市生活用水674万立方米，万元工业增加值耗水量34.2立方米/万元，同比下降7.1%。

全年全县二级以上天气253天，二氧化硫浓度31微克/立方米，同比下降31.1%；氮氧化物浓度43微克/立方米，同比上升10.3%；PM10浓度101微克/立方米，同比上升23.2%；PM2.5浓度49微克/立方米，同比上升14%；CO百分位数浓度1.8微克/立方米，同比上升38.5%；臭氧百分位数浓度81微克/立方米，同比上升76.1%。清漳河麻田断面水质平均浓度一直稳定在二类水质标准。（宋丽　禹文涛）

【安全生产】　2018年，左权县共发生各类安全事故6起，死亡6人。全部为道路交通事故，工矿商贸无事故。亿元GDP生产安全事故死亡率为0.1%，同比下降0.1个百分点。（宋丽　禹文涛）

【人民生活和社会保障】　2018年，左权县总人口167353人；其中：男性87047人，女性80306人。当年出生人口1755人，死亡人口1055人，人口出生率10.51‰，死亡率6.02‰，人口自然增长率4.49‰。城镇人口77306人，乡村人口90047人，城镇化率达到46.19%。

全县城镇居民可支配收入2.71万元，同比增长7%，农民人均可支配收入6056元，同比增长15.2%，城镇居民恩格尔系数3.16%，农民恩格尔系数3.14%。

全县企业参加基本养老保险人数为20054人，参加失业保险人数为16165人，全县共有城镇居民921人和农村居民10701人得到政府最低社会保障。

（宋丽　禹文涛）

机构设置及其负责人名录

中共左权县委员会

书　记：王　兵
副书记：赵宏钟　王宏昌
　　　　王晓睦（2018.05始）
常　委：李左红（至2018.12）
　　　　刘二萍（女）　李学文
　　　　史彦忠　孟玲珑　史泽生
　　　　李健（2018.05始）

左权县人大常务委员会

主　任：郑春华
副主任：赵世伟　刘玉明
　　　　韩叶青（女）　高左军

左权县人民政府

县　长：赵宏钟
常务副县长：孟玲珑
副县长：刘二梅（女）
　　　　张　圣（至2018.12）　张世华
　　　　吕爱鸿　张雪东
　　　　陈谦南（2018.05始）
　　　　王　洋（挂职，至2018.09）
　　　　王　勇（挂职）　郭磊石（挂职）
　　　　温慧贤（挂职，2018.09始）
　　　　常　青（挂职，至2018.12）

政协左权县委员会

主　席：高儒林
副主席：程俊斌　邵锦绒（女）
　　　　王向东

中共左权县纪律检查委员会（左权县监察委员会）

纪委书记：李学文
监委主任：李学文
纪委常务副书记：刘晋才
监委副主任：刘晋才
副书记：常　亮
监委副主任：常　亮
纪委常委：刘晋才　常　亮　郭彦刚
　　　　　武美英（女）　牛　鸣
　　　　　曹英明
监委委员：牛　鸣　曹英明　巨晓东
　　　　　侯东明
纪委监委办公室主任：霍志宏
纪委监委信访室主任：张云飞
纪委监委第一纪检监察室主任：李剑钊
纪委监委第二纪检监察室主任：
　　　　耿叶青（2018.02始）
纪委监委第四纪检监察室主任：
　　　　关世飞（至2018.02）
　　　　荆存利
纪委监委第五纪检监察室主任：陈军伟
纪委监委第六纪检监察室主任：王玉兵
纪委监委案件管理室主任：王晓燕（女）

纪委监委干部监督室主任：李丽萍（女）
纪委监委党风政风监督室主任：张燕（女）
纪委监委案件审理室（申诉复查室）
主　任：刘俊秀（女）
派驻机构事业人员管理中心主任：
李　红（2018.02 始）
主任科员：李治忠　刘宪江　郭彦刚
武美英（女）
牛　鸣　曹英明
关世飞（2018.02 始）
董庆红（2018.02 始）
皇甫旭成（2018.02 始）
副主任科员：孙翠莲（女，2018.02 始）
巨旭强（2018.02 始）
副科检查员：高玉华
县政风行风评议办公室主任：王　军
县纪委审计中心主任：李红（至 2018.02）
刘彦斌（2018.02 始）
第一派驻纪检监察组组长：
赵秀芳（女，2018.02 始）
第一派驻纪检监察组副科检查员、监察员：
刘爱荣（2018.02 始）
第二派驻纪检监察组组长：
牛彦瑞（女，2018.02 始）
第二派驻纪检监察组副科检查员、监察员：
冯跃宏（2018.02 始）
第三派驻纪检监察组组长：
郝冬霞（女，2018.02 始）
第三派驻纪检监察组副科检查员、监察员：
原秀良（2018.02 始）
第四派驻纪检监察组组长：
王世军（2018.02 始）
第四派驻纪检监察组副科检查员、监察员：
冯旭琴（女，2018.02 始）
第五派驻纪检监察组组长：
孟红艳（女，2018.02 始）
第五派驻纪检监察组副科检查员、监察员：
王壮伟（2018.02 始）
第六派驻纪检监察组组长：
霍亚斌（2018.02 始）
第六派驻纪检监察组副科检查员、监察员：
常红艳（女，2018.02 始）
第七派驻纪检监察组组长：
任俊华（2018.02 始）
第七派驻纪检监察组副科检查员、监察员：
韩红梅（女，2018.02 始）
第八派驻纪检监察组组长：
赵献江（2018.02 始）
第八派驻纪检监察组副科检查员、监察员：
张彦平（女，2018.02 始）
第九派驻纪检监察组组长：
王桂英（女，2018.02 始）
第十派驻纪检监察组组长：
王丽娟（女，2018.02 始）
第十派驻纪检监察组副科检查员、监察员：
赵保平（2018.02 始）
第十一派驻纪检监察组组长：
成晓颖（女，2018.02 始）
第十一派驻纪检监察组副科检查员、监察员：
刘彦宏（2018.02 始）
第十二派驻纪检监察组组长：
高晓平（2018.02 始）
第十二派驻纪检监察组副科检查员、监察员：
杜文珍（女，2018.02 始）

第十三派驻纪检监察组组长：

夏铭华（2018.02 始）

第十三派驻纪检检察组副科检查员、监察员：

巩林祥（2018.02 始至 2018.08）

纪委监委派驻纪检监察组副科级干部：

王国华（2018.02 始）

刘海龙（2018.02 始）

左权县委巡察办

主　任：张东伟

副主任：孙　芳（女）

巡察组巡察专员：张秀琴（女）

温海亮　赵治平

主任科员：王俊亮

副主任科员：江珊珊（女，2018.02 始）

左权县人民检察院

检察长：张晓玲（女，至 2018.08）

宁利峰（女，2018.08 始）

常务副检察长：赵风林（至 2018.08）

副检察长：李原同　陈文光

政治处主任：王志琴（女）

纪检组长：高晋忠（至 2018.02）

专职监察委员会委员：陈少英（女）

李献伟

案件管理中心主任：陈　健

办公室主任：张海明

侦查监督科科长：赵仁东

县检察技术服务中心主任：李建芳（女）

副主任科员：左海滨

左权县人民法院

院长：高学军

常务副院长：赵豫山

副院长、正科审判员：王建华　赵立明

执行局局长：马新瑞

专职审判委员会委员：张献英（女）

副科审判员：李建林　高文庆　赵德华

杨彦东　柳天青（女）

李建明

副主任科员：李海平

孟信垴省级自然保护区管理处

主　任：高跃华

县委工作部门

县委办

主　任：巨建华

副主任：张彦忠（兼 610 办主任）

王旭斌（2018.02 始）

范建生（2018.02 始）

张东庆（兼信访局局长）

机要保密国家密码管理局局长：

路小琴（女）

主任科员：王维红（至 2018.02）

副主任科员：王海燕（女，2018.02 始）

白　娟（女，2018.02 始）

县委信息化中心主任：原　军

副主任：王旭斌（至 2018.02）

李　栋（2018.02 始）

巨　涛（2018.02 始）

县委组织部

部　长：史彦忠

常务副部长：王锁明

副部长：李振国

部务委员：崔海珍

非公经济组织和社会组织工委书记：
李振国（兼）
专职副书记：杨晓斌
主任科员：刘　栋（2018.02 始）
张红波（2018.02 始）
行政效能中心（考核办）主任：刘国荷
人才办主任：刘　栋（至 2018.02）
青飞飞（2018.02 始）
党员电化教育中心主任：魏李军
大学生村官办主任：李君（女）

县委宣传部

部　长：刘二萍（女）
常务副部长：张峰
副部长：李　岩　程向军（2018.02 始）
主任科员：李四新（2018.02 始）
副主任科员：陈浩（2018.02 始）
县八路军总部纪念馆馆长：冯耀武
副馆长：霍韶华
县委新闻中心（县政府新闻办公室）
主任：陈晓文
副主任：王炯锐
副主任科员：李华（女，2018.02 始）
精神文明指导委员会办公室主任：
王　彬（女）
副主任：邢　星
县互联网信息办公室主任：张亚俊

县委统战部

部　长：王宏昌
常务副部长：曹卫锋
副部长：石建光（至 2018.02）
石海燕（女，2018.02 始）
主任科员：朱权忠　石建光（2018.02 始）
副主任科员：石海燕（女，至 2018.02）

县委政法委

书　记：李左红（至 2018.12）
李　健（2018.12 始）
常务副书记：赵军峰
副书记：何剑虹（至 2018.02）　杨晓宇
冯晋芳（女，2018.02 始）
综治办主任：杨晓宇
副主任：赵淑萍（女，2018.02 始）
主任科员、政治部主任：
冯晋芳（女，至 2018.02）
主任科员：李广平（2018.02 始）
国家安全办公室副主任：
李广平（至 2018.02）
王海波（2018.02 始）
矛盾纠纷排查调处办公室主任：
郭　锐（2018.02 始）
社会服务管理指导中心主任：王　勇

县机构编制委员会办公室

主　任：孙建文
副主任：王振文（至 2018.02）
杨　燕（女，2018.02 始）
主任科员：王振文（2018.02 始）
县事业单位登记管理局局长：
杨　燕（女，至 2018.02）
李　丹（女，2018.02 始）
县机构编制电子政务中心主任：樊亮亮

县委老干部局

局　长：崔海珍
副局长：赵海燕（女）
义卫东（2018.02 始）
主任科员：孙彦华　王俊斌

县委直属事业单位

县委党校

校　长：王宏昌

常务副校长：王丽琴（女）

副校长：王显明　刘翠平（女）

校务委员：樊华俊（女，至 2018.02）

纪检组长：张红波（至 2018.02）

副主任科员：王兰香（女）

　　　　　　樊华俊（女，2018.02 始）

县史志研究室

主　任：张俊平（女）

副主任：宋　丽（女，2018.02 始）

　　　　岂雪峰（2018.02 始）

县委信访局

局　长：张东庆

副局长：杜红伟（至 2018.02）

　　　　霍凯亮（2018.02 始）

主任科员：杜红伟（2018.02 始）

副主任科员：吴志英（女，至 2018.02）

　　　　　　张树芳（女，2018.02 始）

县信访信息中心主任：

　　　　　　　　秦国军（至 2018.02）

左权县人大常务委员会工作机构

办公室主任：霍彦明

副主任：霍全胜（2018.02 始）

财经工作委员会主任：李彦言

法律工作委员会主任：袁庆华

副主任：范凤珍（女，至 2018.10）

农业代表工作委员会主任：张润民

人事代表工作委员会主任：刘建军

信访室主任：张婧兰（女）

教科文卫工作委员会主任：王跃珍（女）

城乡建设环境保护工作委员会主任：

　　　　　　　　　　　　苏　涛（女）

人大代表联络中心主任：常晓亮

主任科员：魏丽俊（女）　赵兰翔

政府组成部门

县政府办公室

办公室主任、应急办主任：孙建宏

办公室副主任、法制办主任：陈春雨

办公室副主任：李中华

人防办专职副主任：李双伟

主任科员：程靖宇

县政府电子政务管理办副主任：

　　　　　　　　　　　　岂海霞（女）

县政务中心主任：朱向恒

副主任：孙　涛

县治超办主任：刘志军

副主任：赵　伟

县发展和改革局

党组书记（主持工作）：刘林忠

副局长：张东明　常彦军　郝军青

纪检组长：高晓平（至 2018.02）

主任科员：李晋宁　王建荣

县公安局

局　长：张　圣（至 2018.12）

　　　　陈谦南（2018.12 始）

政　委：郝耀新（至 2018.12）

常务副局长：宋献华

副局长：郭应林　于雷明

　　　　孙永光（兼任 610 办副主任）

纪检书记：夏铭华（至 2018.12）
主任科员：李爱琪　李艳芳（女）
　　　　　张志庆　岳玉平
　　　　　药美燕（女）　王文骅
　　　　　程丽琴（女，至 2018.02）
副主任科员：张春明　李建华
副科级干部：李建国
政工监督室主任：朱献国
110 指挥中心主任：赵瑞宏
治安管理大队大队长：李永飞
教导员：李瑞红
刑事侦查大队大队长：李彦波
教导员：刘　杰
法制室主任：杜春飞
教导员：范国红
国内安全保卫大队大队长：高玉忠
看守所所长：李彦明
教导员：王春雨（女）
辽阳派出所所长：马建光
指导员：魏建光
寒王派出所所长：杨　岗
指导员：魏陆宏
石匣派出所所长：王　峰
指导员：赵维智
粟城派出所所长：李桂龙
指导员：郭晨瑞（至 2018.08）
龙泉派出所所长：苗世田
指导员：赵晓芬（女）
桐峪派出所所长：李司南
指导员：邢爱军
麻田派出所所长：王小平
指导员：李建云
芹泉派出所所长：张海燕
指导员：于得水
拐儿派出所所长：李　骏
指导员：李旭峰
羊角派出所所长：冯正亮
县交警队大队长：李东晓
主任科员：张彦斌
副主任科员：董昇荫（女）　秦永红

县民政局

局　长：侯新华
副局长：赵世清　李树青
纪检组长：常红艳（女，至 2018.02）
双拥办主任：刘　翱
低保所所长：张火旺
红军光荣院院长：郝宏伟
婚姻登记所所长：李　梅（女）

县司法局

局　长：赵瑞峰
副局长：赵太英（女）　王建军
纪检组长：孟红艳（女，至 2018.02）
公证处主任：孙瑞德
主任科员：孙向东
副主任科员：马彦平（女，至 2018.04）
县法律援助中心主任：朱瑞丽（女）

县教科局

局　长：巨维华
纪检组长：霍保华（至 2018.02）
总工程师：赵风楼
主任科员：王世兴
副主任科员：郝向廷
县政府教育督导室主任：孙旭明

正科督学：张庆宏
副科督学：韩文瑞　康子荣　王瑞红
　　　　　皇甫素雅（女）
县进修校校长：霍国平
县文化旅游发展委员会
主　任：何君兰（女）
副主任：郭宏伟
县体育中心主任：程旭彪
副主任：霍剑锋　秦志宏
纪检组长：张彦平（女，至 2018.02）
副主任科员：宋亚强
县电视台台长：冯春瑞
副台长：李先明
纪检组长：王丽娟（女，至 2018.02）
县文物局局长：刘晋海
县卫生和计划生育局
局　长：秦国英（女）
副局长：李中平　张双贵　孙俊义
副主任科员：赵云生
计划生育协会常务副会长：许志胜
县爱国卫生运动委员会办公室主任：
　　　　　　　　　　　　　　　李　海
副主任：程旭东
副主任科员：岂晋华
县卫生监督所所长：田建强
县疾控中心主任：鹿守斌
副主任：杨生江　霍志明
县医院（中医院）院长：程建东
副院长：申海云　程渊文
　　　　王玉彬　樊利军
纪检组长：霍亚斌（至 2018.02）

县农业委员会
主　任：郑拉晖
副主任：魏淑伟　李华荣　吴志鸿
纪检组长：刘泽敏（至 2018.02）
总农艺师：马淑贞（女）
主任科员：赵天年
县农技推广中心主任：孙秀萍（女）
县农业行政综合执法大队队长：闫梓鸿
县蔬菜产业技术服务中心主任：刘翁铭
县农业广播电视学校常务副校长：赵向东
县畜牧兽医中心主任：周建华
副局长：巨光明　李旭玲（女）
纪检组长：任俊华（至 2018.02）
县农机中心主任：梅世明
副主任：李立华（至 2018.02）
　　　　韩旭彦（女）
纪检组长：耿叶青（至 2018.02）
县农村经济经营管理中心主任：窦俊秀
副主任：张海珍（女）　成建文
纪检组长：王世军（至 2018.02）
副主任科员：侯素芳（女）
县农村产权流转交易中心主任：李瑞红
县扶贫中心主任：巨维荣
副主任：霍亚军　杨晓莉（女）
副主任：王建光（挂职）
　　　　刘志芳（女，挂职）
纪检组长：张建平（至 2018.02）
主任科员：孙丽峰　李占斌
县林业局
局　长：刘俊彦
副局长：刘文斌　药文生
纪检组长：王桂英（女，至 2018.02）

总工程师：关晓东
主任科员：张建伟　崔树恩　杨岳峰
副主任科员：郝爱萍（女，至 2018.05）
森林防火指挥部办公室主任：王树文
县绿化委员会办公室主任：赵金光
干果经济林产业中心副主任：郝炳伟
李　燕（女）
县林权管理服务中心主任：耿建明
国有林场场长：郭爱斌

县水利局

局　长：侯秀英（女）
副局长：赵志强　李建强
主任科员：韩立军
副主任科员：霍改琴（女，至 2018.04）
石匣水库管理处主任：冯春斌
副主任：王瑞民　李彦明
纪检组长：范建生（至 2018.02）
水资源管理办公室主任：郑彦如
县移民办主任：王建华（2017.10 始）
县农业引进外资管理办主任：霍建斌
副主任：何文涛

县人力资源和社会保障局

局　长：胡德荣
副局长：张彦云　马庆田　李维光
纪检组长：赵秀芳（女，至 2018.02）
副主任科员：原世伟　皇甫锐宁
社会劳动保险事业所主任：马少英（女）
副主任科员：岳　鸿
社会医疗保险管理服务中心主任：程宏亮
合医办主任：义成河
人事培训考试中心主任：张明英（女）
县人才开发交流服务中心主任：赵永军

县住房保障和城乡建设管理局

局　长：焦耀英
副局长：李云魁　袁晋军
纪检组长：侯林栓（至 2018.02）
总工程师：禹庆中
主任科员：禹庆中
副主任科员：崔兰田
县市政局局长：赵建军
副局长：路保军
县园林局局长：程鸿飞
副局长：贾虎鸣　张晓华
纪检组长：王国华（至 2018.02）
县供暖供气公司总经理：侯军华
县自来水公司经理：刘　峰
副经理：李焕江　王　凯
县住房保障工作办公室主任：程志刚

县国土资源局

局　长：郝建忠
副局长：陈金水　杨俊清（2018.03 始）
总工程师：李效瑞
纪检组长：杨俊清（至 2018.02）
主任科员：李玉朝（至 2018.03）
副主任科员：巨建芳（女）
执法监察大队队长：董跃军
土地收购储备中心主任：李红宇

县环境保护局

局　长：王新权
副局长：张书华　巨如生
纪检组长：郝冬霞（女，至 2018.02）
副主任科员：刘建东
县环保监察大队大队长：王永华

县统计局
局　长：刘玉根
副局长：张向琴（女）　曹丽芳（女）
总统计师：李　华（女，至 2018.02）
纪检组长：史凤岗（至 2018.02）
县城乡社会经济调查队队长：王俊珍（女）
县统计调查监测中心主任：王明山
县统计普查中心主任：李先梅（女）

县经济和商务粮食局
局　长：郝建国
副局长：霍志光　霍全胜（至 2018.02）
　　　　范亚军　牛少华
总工程师：王国英（女）
纪检组长：李德厚（至 2018.02）
总经济师：刘瑞宏
副主任科员：马贵江
县商务粮食综合执法大队大队长：王建平
县粮食储备中心主任：程建胜
副主任：李左荣
县中小企业服务中心主任：刘德荣
副主任：吕三怀　李建军
纪检组长：冯跃宏（至 2018.02）
主任科员：刘林忠
副主任科员：张永生

县交通运输局
局　长：薛宏伟
副局长：尚旭红　霍晋荣
纪检组长：刘爱荣（至 2018.02）
总工程师：霍跃南
副主任科员：王爱民
县交通战备办主任：卢晋伟
副主任：李彦宏
县道路运输管理所所长：赵左华

县安全生产监督管理局
局　长：郝济明
副局长：范建彪（兼安监执法大队大队长）
　　　　郭斌华　乔瑞华
纪检组长：刘彦宏（至 2018.02）
总工程师：窦俊生
副主任科员：施奋林　杨生龙
　　　　　　杜东红（女）
主任科员：桑献林
县煤矿安全监管巡察队队长：陈晋生

县财政局
局　长：范建明
副局长：薛瑞文　崔万珍　李爱君
纪检组长：韩清华（至 2018.02）
总会计师：王翠英（女）
主任科员：赵丽萍（女）
县财政投资评审中心主任：王建国
县国库集中支付中心主任：李素华（女）
副主任：王月升
县农业综合开发中心主任：陈瑞国
行政事业单位资产管理中心主任：
　　　　王维红（2018.02 始）
副主任：杨国峰

县审计局
局　长：梅廷华
副局长：杨海燕（女）　崔玉军
总审计师：赵爱平
纪检组长：赵献江（至 2018.02）
副主任科员：韩志玉

县市场和质量监督管理局
局　长：王宏宇

副局长：韩彦忠　刘志斌　高少波
纪检组长：赵保平（至 2018.02）
总检验师：王晓飞
副主任科员：赵彦芳（女）

县政府直属事业单位

县政府采购中心
主　任：义卫红
副主任：马兰先（女）
副主任科员：张　华
县供销合作社
主　任：宋瑞峰
副主任：刘　文　李晓红
监事主任：郝红东
纪检组长：冯旭琴（女，至 2018.02）
县机关事务管理局
局　长：曹永宏
副局长：贺瑞斌　赵向军　吴进军
主任科员：禹建新
县档案局
局　长：巨琼瑛（女）
副局长：李永红　郭立明
主任科员：赵桂林
副主任科员：巨巧芳（女）
县老龄委员会
主　任：樊立波
副主任：李　勇
副主任科员：陈国英（女）
县地震局
局　长：杨海芳（女）
副局长：常东红（女）
县旅游开发服务中心
主　任：李　飞（2017.11 始）
县循环经济工业园区管理委员会
主　任：孙向峰

左权县政协机关

秘书长、办公室主任：赵爱军
办公室副主任：范志强
提案工作委员会主任：赵林芳（女）
文史学习和宣教文卫工作委员会主任：张玉德
社会法制和民族宗教外事工作委员会主　任：韩文跃
农村工作委员会主任：刘首毅
经济和人口资源环境委员会主任：王俊萍（女，至 2018.04）
政协信息中心主任：程远

群众团体

县总工会
主　席：王向东（兼）
常务副主席：刘春丽（女）
副主席：张建强　侯峻岭
主任科员：杜立春（2018.02 始）
副主任科员：李彩霞（女）
共青团左权县委员会
书　记：常　新
副书记：郝志英（女）　张宋心
少工委主任：侯晓平（女，2018.10 始）
县妇女联合会
主　席：刘瑞琴（女）

副主席：李文芳（女，至 2018.02）
　　　　刘立波（女）
　　　　李　敏（女，2018.02 始）
县妇儿工委办主任：
　　　　李素红（女，至 2018.02）
　　　　石建芳（女，2018.02 始）
县科学技术协会
主　席：韩世红
副主席：禹彩凤（女）　董瑞萍（女）
　　　　李文芳（女，2018.02 始）
县残疾人联合会
理事长：范海龙
副理事长：苗世鹏
县红十字会
专职副会长：巨维忠
县工商业联合会
常务副主席：曹卫锋
副主席：曹志忠
县文学艺术界联合会
主　席：孟振先（女）
副主席：王治红

垂直部门管理机构

县国税局
局　长：马海军（至 2018.11）
副局长：刘晋忠（至 2018.11）
　　　　赵旭岗（至 2018.11）
　　　　张晋生（至 2018.11）
　　　　孙　燕（女，至 2018.11）
纪检组长：路双锁
县地税局
局　长：李　涛（至 2018.11）
副局长：张鸿雁（至 2018.11）
　　　　宋建文（至 2018.11）
　　　　王云红（至 2018.11）
纪检组长：王富强（至 2018.11）
国家税务总局左权县税务局
局　长：马海军（2018.11 始）
副局长：刘晋忠（2018.11 始）
　　　　张鸿雁（2018.11 始）
　　　　赵旭岗（始 2018.11 始）
　　　　宋建文（2018.11 始）
　　　　张晋生（2018.11 始）
　　　　王云红（2018.11 始）
　　　　孙　燕（女，至 2018.11 始）
中国人民银行左权县支行
行　长：常向阳
副行长：霍治清　王文峰
纪检组长：张建新
中国银行左权县支行
行　长：张　晶（女，至 2018.07）
　　　　李元珍（2018.07 始）
副行长：郭　义
农业银行左权县支行
行　长：杨忠
副行长：药红亮
工商银行左权县支行
行　长：原晋平
建设银行左权县支行
行　长：刘钟鸣
农村商业银行
董事长：李亚军（至 2018.11）
　　　　邸保国（2018.11 始）

行　长：邸保国（至 2018.11）
　　　　石建国（2018.11 始）
监事长：巨振前
副行长：刘玉林　关向明　赵爱军
　　　　霍效全（2018.11 始）
行长助理：彭旭波

邮政局

总经理：赵耀光（至 2018.09）
　　　　秦大伟（2018.09 始）
副总经理：赵莉莉（女）

公路段

负责人：温照熙（至 2018.02）
　　　　宋新荣（2018.02 始）
书　记：王亭文
副段长：巨永红　王永强　赵小光

武装部

部　长：史泽生；

消防中队

大队长：薛志强

左权县各乡镇（城区）负责人名录

寒王乡

党委书记：张雪平
党委副书记、乡长：赵治宏
人大主席：郝晓阳
党委副书记：王晋
纪检书记：任　浩
武装部长：石海滨
组织委员：郭　敏（至 2018.09）
副乡长：冯海青（女）　刘翠英（女）
　　　　武　帅　郭晓东
主任科员：卢宇波

石匣乡

党委书记：王　飞
党委副书记、乡长：雷建红
人大主席：王爱华
党委副书记：白从宇
纪检书记：徐巍巍
武装部长：郭　峰
组织委员：王立波
副乡长：霍云平（女）　巨海英（女）
　　　　王世军　郝少华
主任科员：王书平

辽阳镇

党委书记：张彦红
党委副书记、镇长：张俊恩
人大主席：曹建红
党委副书记：李保忠
纪检书记：王晓军
武装部长：李　鹏
组织委员：苏　瑞
副镇长：程妙华（女）　白丽军
　　　　宋英海（女）　刘宏飞
主任科员：刘彦忠　申瑞英（女）

龙泉乡

党委书记：巨晓华
党委副书记、乡长：朱万文
人大主席：刘立斌
党委副书记：李红伟
纪检书记：陈美芳（女）
武装部长：李　英
组织委员：王　丰（女）
副乡长：侯新宇　范红伟　张志　苏钦波
主任科员：张东升

桐峪镇
党委书记：张文伟
党委副书记、镇长：冯瑞斌
人大主席：路俊华
党委副书记：赵治国
纪检书记：连国平
武装部长：赵　强
组织委员：石　磊
副镇长：岂现丽（女）　杨勇　王卫国
　　　　吴瑛瑛
主任科员：裴建军

麻田镇
党委书记：崔波
党委副书记、镇长：王少华
人大主席：任喜彬
党委副书记：张国强
纪检书记：韩晓亮
武装部长：张建飞
组织委员：王　鑫
副镇长：郭　强　赵　恺　韩振芳（女）
　　　　马　静（女）
主任科员：王建光

粟城乡
党委书记：裴丽华
党委副书记、乡长：程利宏
人大主席：樊智国
党委副书记：宋从东
纪检书记：张建峰
武装部长：王永亮
组织委员：韩晓梅（女）
副乡长：王瑞俊　赵瑞雪　赵宪兵
主任科员：刘志芳（女）

芹泉镇
党委书记：张　勇
镇　长：王　珍（女）
人大主席：曹国清
党委副书记：郑建波
纪检书记：程志高
武装部长：李昭东
组织委员：王亚波
副镇长：王晓燕（女）　王　斌
　　　　冯海斌　赵　龙

拐儿镇
党委书记：程振华
党委副书记、镇长：曹志强（2018.10 始）
党委副书记：李　波
纪检书记：张慧斌
武装部长：常　勇
组织委员：范军伟
副镇长：杨丽琴（女）　王军丽
　　　　曹志萍（女）　常晓威

羊角乡
党委书记：申继红
党委副书记、乡长：王红亮（2018.10 始）
党委副书记：李守忠
纪检书记：王　玥
武装部长：张晓强
组织委员：于　洋
副乡长：马彦锋（女）　胥晓春　王　勇

县城区
党工委书记：杜常青
主　任：雷　虹
党委副书记：曹轶芳（女）
副主任：石伟宏　王瑞琴（女）　原彦峰

（青飞飞）

中国共产党左权县委员会

重要会议

【县委经济工作会议】 2018年3月1日，县委经济工作会议召开，总结2017年工作，安排部署2018年工作。动员全县上下以更加振奋的精神、更加实干的作风、更加有力的举措，全面夺取2018年各项工作的新胜利，为实现“全力晋位上台阶，全面脱贫奔小康”打下坚实基础。市委常委、县委书记王兵讲话，县委副书记、县长赵宏钟总结部署全县经济工作，县委副书记王宏昌主持会议，县人大常委会主任郑春华，县政协主席高儒林等四大班子领导出席。会议还对2017年度目标责任考核获得优秀、良好等次的7个乡镇、59个县直部门、18个垂直管理部门进行了通报表彰。 （魏俊）

【县委工作会议】 2018年3月2日，县委工作会议召开，会议传达贯彻落实中央、省委、市委会议精神和决策部署，总结2017年县委各项工作，安排部署2018年党务工作任务，动员全县各级党组织和广大党员干部以时不我待的干劲、敢为人先的闯劲和一抓到底的韧劲，高标准高质量完成县委各项目标任务。王兵在会议上讲话，赵宏钟主持会议，王宏昌、郑春华、高儒林等县领导出席。王宏昌、李左红、刘二萍、史彦忠、史泽生分别作统战、政法、宣传、组织、人民武装工作报告。

（魏俊）

【脱贫摘帽誓师大会】 2018年3月1日，左权县2018年脱贫摘帽誓师大会召开，动员全县上下正式进入战时状态和决战模式，把工作重心转移到攻坚战场上，把干部力量集中到攻坚战场上，把资源要素聚集到攻坚战场上，集中攻坚，以决战决胜之势坚决打赢脱贫摘帽攻坚战。王兵、赵宏钟在会议上讲话，王宏昌主持会议，郑春华、高儒林等县领导出席会议。省、市驻村工作队大队长，脱贫攻坚领导小组成员单位负责人及其他县直单位（城区）负责人，乡镇党委书记、乡（镇）长，分管副乡（镇）长，扶贫站长，省、市、县驻村工作队队长、第一书记，全县所有贫困村支部书记、村委主任等共计650余人参加会议。（魏俊）

【脱贫攻坚摘帽决战大会】 2018年9月18日，左权县召开脱贫摘帽决战大会。深入学习贯彻习近平扶贫思想，认真落实省脱贫攻坚领导小组暨巡视整改专题推进会和市脱贫攻坚推进会议精神，动员全县上下立即进入冲刺状态，聚焦目标冲刺一百天，坚决打赢全县脱贫摘帽决胜战。市委常委、县委书记王兵和副市长任忠在会议上讲话。市政府党组成员、市扶贫办主任侯文亮传达省脱贫攻坚领导小组暨巡视整改专题会议精神，赵宏钟主持会议，王宏昌、郑春华、高儒林等四大班子领导出席。会上，通报了左权县脱贫工作督查发现的问题，宣读了脱贫摘帽决战行动方案和驻村帮扶工作考评办法。（魏俊）

县委重要决策

【全面推进乡村振兴战略实施方案】 2018年，县委、县政府决定全面启动乡村振兴战略，提出并制定此方案。方案以习近平新时代中国特色社会主义思想为指导，全面贯彻落实中共十九大和习近平视察山西重要讲话精神，紧紧围绕乡村振兴战略，坚持农业农村优先发展，按照“产业兴旺、生态宜居、乡风文明、治理有效、生活富裕”的总要求，打造新农村建设升级版，建立健全城乡融合发展体制机制和政策体系，加快推进农业农村现代化，建成经济富裕、山川秀美、社会文明、人民幸福的美丽乡村。要通过实施农业质量提升、美丽乡村建设、乡村文化繁荣、治理体系完善、农民收入提高等工程，到2020年，乡村振兴取得重要进展，制度框架和政策体系基本形成，各方面的示范效应初步显现；到2022年，乡村振兴取得阶段性进展，制度框架和政策体系基本成熟；到2035年，乡村振兴取得决定性进展，农业农村现代化基本实现，建成乡村振兴示范县；到2050年，乡村全面振兴，农业强、农村美、农民富全面实现。以产业兴旺为重点，发展现代特色农业；以生态宜居为关键，建设美丽乡村；以乡风文明为保障，推进乡村文化繁荣；以治理有效为基础，完善乡村治理体系；以生活富裕为根本，提高农民收入水平。（魏俊）

【农村集体产权制度改革实施方案】 2018年，根据中共中央、国务院《关于稳步推进农村集体产权制度改革的意见》、中共山西省委、山西省人民政府《关于印发〈山西省推进农村集体产权制度改革实施方案〉的通知》和市委、市政府印发的《晋中市农村集体产权制度改革实施方案》精神，左权县结合实际，制定本实施方案。农村集体产权制度改革，要坚持农村土地集体所有，坚持家庭承包经营基础性地位，以明晰农村集体产权归属、维护农村集体经济组织成员权利为目的，以推进集体经营性资产改革为重点，以发展股份合作等多种形式的合作与联合为导向。通过全面开展集体资产清产核资，强化农村集体资产管理，科学确认农村集体经济组织成员身份，将集体经营性资产折股量化到本集体经济组织成员，赋予农民集体资产股份权能，发挥农村集体经济组织功能作用，多种形式发展壮大农村集体经济，引导农村产权规范流转交易，逐步构建归属清晰、权能完整、流转顺畅、保护严格的中国特色社会主义农村集体产权制度，保护和发展农民作为农村集体经济组织成员的合法权益，发展新型农村集体经济，建立符合市场经济要求的集体经济运行新机制，促进集体资产保值增值，落实农民的土地承包权、宅基地使用权、集体收益分配权和对集体经济活动的民主管理权利，形成有效维护农村集体经济组织成员权利的治理体系。（魏俊）

【落实全面从严治党主体责任的行动计划】（1）强化政治引领。自觉以习近平新时代中国特色社会主义思想为指导，以党的政治建设为统领，把党的政治建设摆在首位，提高政治站位，增强政治担当，全面推进党的各项建设的重大决策部署在全县落地生根。（2）压紧靠实责任。各级党组织要认真履行全面从严治党主体责任，加强党的全面领导，坚持以政治建设为统领，全面推进党的各项建设，构建横向到边、纵向到底的主体责任体系，推动主体责任落实。（3）严肃党内政治生活。严格执行《关于新形势下党内政治生活的若干准则》，加强和规范党内政治生活，增强党内政治生活的政治性、时代性、原则性、战斗性，推动实现党内政治生态持久风清气正。（4）发挥一把手“关键少数”引领作用。县乡党委书记要充分发挥“一把手”示范引领作用，当好落实主体责任的“施工队长”，强化一把手责任担当，坚持书记抓、抓书记，推动形成一级抓一级、一级带一级的鲜明导向，推动主体责任落实。（5）加强党员队伍教育管理。坚持把加强党员队伍教育管理作为夯实党的执政基础的根本之策和抓基层打基础的核心任务，在实处做工作，在严上下功夫，着力打造一支党性强、能力优、作风硬的党员队伍，充分发挥党员的先锋模范作用。（6）服务基层服务群众。把党建重心转到服务基层、服务群众上来，不断强化基层党组织的横向统筹协调功能，努力健全县乡村三级党组织联动体系，形成“横向到边、纵向到底”的乡村治理和服务网络。（7）深入推进“三基建设”。始终把“三基建设”作为关乎全局、关乎长远、关乎根本的重要工作和重大任务来抓，牢固树立“大抓基层、狠抓基层”的鲜明导向，创新思路、真抓实干，推进基层党建工作全面进步、全面过硬，夯实各级党组织落实主体责任的“基本功”。（8）改进考核评价。充分发挥考核“指挥棒”作用，加大党建考核比重，完善充实考核内容，改进优化考核方式，注重考核结果运用，达到以考督责、层层压责的工作局面。（9）形成强大震慑。县委进一步加强对反腐败工作的领导，成立了县委反腐败领导小组，认真落实《中共左权县委关于加强党对反腐败工作全过程领导常态化制度化长效化的实施方案（试行）》，推动全面从严治党向纵深发展，努力实现政治生态持久的风清气正，让制度优势更好地转化为治理效能。（10）完善工作机制。坚持以制度抓党建、制度促党建，以制度为依托管人、管事、管权，加强工作机制的创新和完善，推动基层党建更加科学规范，持续提升基层党建工作的实效性和长效性，不断增强党组织影响力和战斗力。

（魏俊）

【关于坚决打赢精准脱贫攻坚战三年行动的实施方案】 2018年，左权县结合实际，制定此方案。坚决打赢全县脱贫攻坚战三年行动，以习近平新时代中国特色社会主义思想为指导，全面贯彻中共十九大精神，认真践行习近平总书记扶贫工作重要论述，坚决落实中央、省、市工作部署，坚持精准扶贫精准脱贫基本方略，将脱贫奔小康工程与推进乡村振兴战略统筹结合，以重点脱贫攻坚工程和到村到户帮扶措施为抓手，示范带动与整体推进并举，产业发展与基础改善并重，强化支撑保障体系建设，加大政策落实力度，集中力量攻克难关，确保2018年年底实现整县脱贫摘帽，2019年、2020年巩固提升脱贫成果，与全市全省一道全面进入小康社会。（1）继续实施产业扶贫巩固提升行动。围绕“五有（有脱贫产业、有带动主体、有合作经济组织、贫困户有增收产业项目、有劳动能力的有技能）”，加快发展特色龙头产业，延伸产业链、提升价值链、构建稳定脱贫链。（2）继续实施安居扶贫巩固提升行动。严格落实国家和省市易地扶贫搬迁政策，完善提升深度贫困村整村搬迁质量和水平。（3）继续实施教育扶贫巩固提升行动。以保障义务教育、促进教育均衡发展为核心，全面落实教育扶贫各项政策。（4）继续实施健康扶贫巩固提升行动。以深化医药卫生体制改革为动力，以提高人民群众健康水平为核心，统筹改革与发展，优化医疗卫生资源配置，全面建成县乡两级、乡村一体、防治结合、分工合理的医疗卫生服务体系。（5）继续实施生态补偿扶贫行动。持续推进生态扶贫“五个一批”（发展生产脱贫一批、易地搬迁脱贫一批、生态补偿脱贫一批、发展教育脱贫一批、社会保障兜底一批）。（6）继续推进培训就业扶贫行动。实施就业扶贫行动计划，以精准就业培训、精准就业服务、精准劳务输出为主要抓手，推动就业意愿、就业技能与就业岗位精准对接，提高劳务组织化程度和就业脱贫覆盖面。（7）继续推进兜底特殊贫困群众保障行动。强化综合保障性扶贫，建立以社会保险、社会救助、社会福利制度为主，社会帮扶、社工助力为辅的综合保障体系。（8）继续开展扶志与扶智相结合行动。深入开展扶志扶智扶德教育活动，防止政策养懒汉、助长不劳而获和“等靠要”等不良风气。（9）不断夯实精准识贫帮贫脱贫基础。进一步加强建档立卡工作，强化扶贫信息的精准和共享，夯实精准扶贫精准脱贫基础性工作。（10）持续做好脱贫摘帽后乡村振兴工作。脱贫摘帽工作不是脱贫攻坚工作的终点，而是实施乡村振兴战略的起点。确保贫困群众长期稳定增收、安居乐业，必须持续加强农村基础设施、公共服务和农村环境整治提升工作。（魏俊）

【脱贫摘帽行动计划】 2018年，左权县为确保年底前贫困户、贫困村稳定退出，贫困县摘帽任务完成，提前退出国定贫困县行列，成为全省脱贫攻坚示范县，结合实际，制定行动计划。脱贫摘帽行动，坚持以习近平新时代中国特色社会主义思想和扶贫开发重要战略思想为指引，进一步落实习近平总书记视察山西重要讲话精神，深入学习贯彻中央、省、市农村工作和脱贫攻坚工作会议精神，以“集中一切智慧、调动一切力量，决战一八、决胜脱贫”为主线，围绕脱贫摘帽“三大目标”，实施“六大工程”，开展“三十项重点工作”，为全县脱贫摘帽提供硬支撑、强保障，坚决打赢打胜打好脱贫攻坚战。2018年，全面实施“地域特色、兜底保障、强基固本、提质塑形、合力攻坚、提档升级”六大工程，着重开展30项重点工作。(1)实施地域特色工程，突出优势、树立标杆，形成左权特色脱贫产业。包括做强农业特色产业，突出生态脱贫拉动，注重文化旅游带动3项具体工作。(2)实施兜底保障工程，织牢“兜底网”、打好“组合拳”，实现本质脱贫。包括实施五保、低保兜底保障，实施返贫保险兜底保障，实施光伏扶贫兜底保障，实施医疗、救助兜底保障，实施易地搬迁兜底保障，实施教育扶贫兜底保障6项具体工作。(3)实施强基固本工程，夯实数据、建立机制，拉高脱贫标线。包括夯实建档立卡数据信息，加大建档立卡政策宣传，建立稳固利益联结机制，“五洁净”“六要六有”达标全覆盖，高标准规范完善档案资料5项具体工作。(4)实施提质塑形工程，增技创业、鼓励干事，营造争先脱贫氛围。包括加强基层组织建设，启动全民技能提升工程，加大贫困劳动力转移就业，强化宣传教育4项具体工作。(5)实施合力攻坚工程，强化意识、五比五看，凝聚攻坚力量。包括县四大班领导包村责任全覆盖，县直部门包指标项目全覆盖，贫困户排查全覆盖，督促检查全覆盖，监督执纪监察全覆盖，落实驻村帮扶全覆盖，集中社会力量帮扶，扎实开展“五比五看”活动8项具体工作。(6)实施提档升级工程，整合力量、补齐短板、建设美丽新农村。包括实施贫困村提升工程，推动农村基础设施提档升级，推进文明乡村建设，改善农村人居环境4项具体工作。（魏俊）

巡　察

【主体责任履行】 2018年，县委书记出席每轮巡察工作动员部署会议并做重要讲话，亲自过问和研究巡察工作，做到了“四个亲自”，即重要工作亲自部署、重大事项亲自过问、重要环节亲自协调、重要问题亲自督办。主持召开书记专题会议，听取巡察情况报告，针对问题提出明确具体的指导意见，坚持每轮巡察期间到巡察组调研指导，起到了以上率下的示范作用。县委巡察工作领导小组作为具体组织实施巡察监督的领导机构，多次召开会议研究五年规划、年度计划、巡察工作方案，审定每轮巡察报告，协调解决巡察办机构人员配备、福利待遇等问题。2018年，左权县共召开县委常委会会议5次，书记专题会议4次，16次县委巡察工作领导小组会议专题研究巡察工作，县委主要领导2次到巡察组工作地点调研指导，及时研究解决巡察工作中遇到的各种难题。（江珊珊）

【政治巡察】 2018年，左权县共开展4轮常规巡察，全年共完成对30个党组织的巡察任务。2017年11月至2018年3月，完成了县委第二轮对寒王乡、县交通局、县总工会、县安监局、县人社局、县科协、桐峪镇、县林业局、县残联9个单位党组织的巡察工作；2018年3月中旬至6月底，完成了县委第三轮对拐儿镇、县文旅委、粟城乡、县经商粮局、羊角乡、县民政局6个单位党组织的巡察工作；2018年7月中旬至10月底，完成了县委第四轮对县卫计局，县卫生监督所，县妇计中心，县审计局，县老龄委，县文物局，县市场局，县农经中心，县水资办9个单位党组织的巡察工作；2018年11月下旬，启动县委第五轮对县人大机关、县爱卫办、县老干局、县委党校、县政协机关、县史志研究室6个单位党组织的巡察工作。三轮巡察（不含第五轮）共发现问题线索30件，发现“六围绕一加强”方面的共性问题286个，巡察期间移交单位边巡边改问题169个，巡察监督的震慑效应正在逐步形成。（江珊珊）

【市县巡察统筹】 2018年，是实行市县巡察统筹工作的第一年，也是不断总结、完善市县巡察统筹实践各项制度的一年，在多次调整充实“三库人员”（巡察组长库、巡察工作人员库、巡察专业人员库），不断优化巡察队伍的基础上，左权县向榆次、寿阳、昔阳、和顺、灵石、榆社等县（区）派出巡察工作人员37名，3名同志被评为优秀组长和优秀巡察干部。（江珊珊）

【巡察整改督办】 2018年，左权县继续强化巡察整改督导督查，全年共使用联动卡16份；建立未巡先改、边巡边改和全面整改工作机制，4月2日，县委巡察工作领导小组印发了《关于印发〈左权县巡察边巡边改实施办法〉和〈左权县巡视巡察未巡先改实施办法〉的通知》，将未巡先改和边巡边改作为一项制度长期执行，与巡察结束后的全面整改制度搭配使用，构建起全链条巡察整改制度体系，做到“为治有体”“施治有序”；全力搭建和运用“以案说纪　以案施教　以案促改”巡察整改平台，着眼于教会被巡察单位“怎么做”“如何改”，7月26日，县委在芹泉镇召开“以案说纪、以案施教、以案促改”工作会议扶贫专场，8月3日、12月

29日，2019年1月4日，县委分别在县人社局、县卫计局、县市场局召开“以案说纪、以案施教、以案促改”工作会议巡察整改专场，通过督查发现问题单位深度剖析问题产生的根源，分管县领导直击要害谈心式点评，相关部门解读政策，参会人员谈感受认识，共商整改之策。（江珊珊）

办公室工作

【资料信息工作】 2018年，左权县委办公室完成领导讲话、工作汇报等各类文字材料70万余字。全年撰写调研文章10余篇。全年编辑《左权信息》普刊80期，上报市级信息240余条，被采用150余条，上报约稿16篇；编发、上报《双日要情》147期。处理市领导批办的社情民意件13件，有效化解了群众矛盾纠纷。

（魏俊）

【督查工作】 2018年，左权县委办公室协助市委巡查组、督查组完成5次对全县“三个清单”任务的督查、反馈、整改等各项工作。9月下旬和11月下旬对全县各乡镇、城区，各重点工作、亮点工作牵头单位以及市级短板问题涉及单位进行了两轮实地督查，下发《关于对全县“三个清单”任务落实情况的督查通报》，及时将督查过程中发现的问题反馈到相关单位和责任人，保证了全县57项重点工作和5项亮点工作全部按照时序进度顺利推进。

（魏俊）

【机要保密】 2018年，左权县收发电报1296份，其中共发出A报143份、收到A报612份，发出明报18份、收到明报523份，其中紧急重要电报259份。加强了对计算机传输系统和印刷系统的保密检查，对重点涉密科室和岗位进行管理督查。开展了涉台宣传教育和对台交流活动，进一步扩大了对台交流合作渠道，维护了台胞台属权益。落实防范措施，有效防范和遏制了邪教活动，维护安全和谐的政治局面。（魏俊）

组　　织

【新思想新理论学习】 2018年，左权县委组织部围绕培养高素质专业化干部队伍目标，制定印发全县干部学习培训方案，全方位、大规模开展以学习贯彻习近平新时代中国特色社会主义思想为中心内容的干部教育培训。7月份完成第一期科级干部学习贯彻习近平新时代中国特色社会主义思想读书班，全县98名科级干部参加培训。期间带领参训学员赴右玉县开展延伸培训，实地学习右玉精神，同时邀请省委、市委党校教授和县纪委书记举办5期专题讲座。全县各级基层党组织以“三会一课”、主题党日活动等方式，深入学习习近平新时代中国特色社会主义思想。

（青飞飞）

【干部选拔任用】 2018年，左权县委组织部在干部选拔任用工作中，坚持把政治标准放在首位，重实绩，重基层，重民意，严把资格标准关，进一步形成能者上、庸者下、劣者汰的选人用人导向。先后分5批次对县乡空缺岗位及乡镇林业站进行调整配备，涉及22人。其中，提拔4人、平调3人、重用2人、兼职3人、免职10人。起草完成《2018年选拔培养年轻化科级领导干部工作方案》，加大年轻干部选拔力度，经过广泛摸底、层层推荐、反复比选、严格考察，1名34岁乡镇人大主席走上乡镇长岗位，成为全县正职岗位上最年轻的干部。同时，根据少工委工作需要，从基层选拔1名33岁团干充实到少工委主任岗位。（刘栋）

【干部教育培训】 2018年，左权县委组织部重点抓好党员理想信念教育、县乡村干部依法治国、机关干部专业能力提升三个培训全覆盖。举办法院审判业务能力提升培训班，培训干部28人；通过“好干部”在线学习平台，开展“习近平新时代网络专题学习培训”，人均完成90学时以上；选派50名中青年干部到中国外文局参加第14期中青年干部培训班；邀请省委党校教授举办“推进党的建设、提高党建质量”“新时代乡村振兴战略和实施路径”两个专题讲座，培训干部240人；完成中组部、省组部、市组部调训任务，累计调训干部192人次。（青飞飞）

【“三基建设”345工作机制】 2018年，左权县委组织部认真贯彻落实市委工作举措，建立“三基建设”345工作机制。“3”即三个清单明责，建立基础工作、重点工作和亮点工作清单，明确责任单位、工作措施、完成时限，确保任务到岗、责任到人。“4”即四支队伍督导，县委常委每人联系1个示范党组织、1个软弱涣散党组织；组工干部包联基层党委、党支部；各党（工）委向所辖支部派出党建指导员；组建“三基建设”督导组，对重点任务一月一督查、一查一通报。“5”即五项制度考核，建立月报告、季督查、半年观摩、党建专项述职和年度目标考核体系，对推进慢、效果差的党组织书记进行约谈，年终排名通报。（岂雪峰）

【党组织标准化建设】 2018年，左权县委组织部以“一突出八规范一创建”（“一突出”即：突出政治建设；“八规范”即：规范组织体系设置、规范班子队伍建设、规范党员教育管理、规范党内组织生活、规范便民服务体系、规范活动场所建设、规范工作运行机制、规范基本工作保障；“一创建”即：开展“十星双评”标准化创建，每年定期对基层党组织进行星级评定、分类定级）为主要内容，制定党组织标准化建设三年行动方案、百分制评分细则，确保每个类型党组织都有一套标准化建设任务台账，每个党支部都有1名党建指导员蹲点指导。是年，全县打造示范党组织104个、达标党组织187个，涌现出离退休干部党委、桐峪镇下武村党支部、营盘社区党支部等一批十星级党组织。7月26日至27日，全市离退休干部党组织标准化建设暨“一创双争三整治”活动推进会在左权县成功召开。（岂雪峰）

【软弱涣散农村党组织整顿】 2018年，左权县严格落实“一联四包”（每个软弱涣散农村党组织都有一名县级领导联系，一个县直部门、一名党委书记、一个工作组、一名第一书记包联整顿）责任，对于班子不健全的及时调整到位，对于组织生活不规范的派驻党建指导员，对于经济薄弱的帮助制定发展规划，对于矛盾问题多的重在解决问题。全年全县整顿软弱涣散农村党组织22个，调整党组织书记2名，约谈2名，处理矛盾纠纷11件，确立帮扶项目19项。（岂雪峰）

【村级集体经济发展壮大】 2018年，左权县采取精准摸底建台账、因村而宜定措施、三级包联压责任、月报告季督查等举措，大力实施村级集体经济“破零”行动。建立村集体经济三级领导包保责任制，坚实走好自主经营、财政扶持、资产租赁、入股企业、光伏发电和集体经济扶持贷款六条“破零”路径。至年底，全县203个行政村集体收入全部“破零”且达到1万元以上，其中，1万元至5万元60个村，占30%，5万元以上143个村，占70%。（岂雪峰）

【党组织带头人队伍建设】 2018年1月，左权县分两批次举办村（社区）“领头雁”学习中共十九大精神暨履职培训，培训干部610人次，实现村（社区）两委主干、第一书记、乡镇党务干部和大学生村官全覆盖。完善两委主干管理办法，推行坐班值班制度，实行县委组织部备案管理制度。注重优化队伍结构，发展农村35岁以下年轻党员59人、致富带头人党员82名，培养村后备干部604名，113名本土人才返乡创业，为党组织积蓄后备力量。（岂雪峰）

【乡镇机关工作生活条件改造升级】 2018年，左权县对照晋中市“五要五有五规范”（“五要”指办公区域要科学设置、办公设备要应配尽配、办公标识要规范醒目、办公场所要整洁干净、办公环境要绿化美化；“五有”指有宿舍、有食堂、有澡堂、有活动室、有阅览室；“五规范”指实施规范的办公布置、建设规范的服务中心、建立规范的制度体系、完善规范的考评机制、健全规范的资料档案）标准，全面推进乡镇机关工作生活条件改造升级。对干部宿舍、办公用房中有危房的，进行维修改造，消除安全隐患。对“五小”（食堂、澡堂、水冲厕所、图书阅览室和文体活动室）设施不完善的，加大新建或改造力度。对设施设备不健全的，配齐办公设施、电器设施和文体设施。是年底，全县10个乡镇全部通过市级验收。（岂雪峰）

【“三基建设”及精准帮扶云平台建设】 2018年，左权县委组织部探索“互联网+党建”模式，建设“三基建设及精准帮扶云平台”，紧扣党员管理、干部培训、脱贫攻坚要素，用好大数据、云服务等技术，设置“三会一课”、精准扶贫等模块，逐步解决流动党员管理难、“三会一课”跟踪难、驻村队员监管难等问题，为党员干部搭建“网上支部、掌上党校”。

（岂雪峰）

老干部

【概况】 2018年，左权县共有离退休干部1546名。其中：按离退休分：离休干部20名，退休干部1526名；按居住地分：居住在县城的离退休干部1259名，居住在乡镇村的离退休干部287名；按职务分：实职性副县级以上离退休干部24名，其他离退休干部1526名。全县共有离退休干部党员647名，其中，离休干部党员20名，退休干部党员627名。

2018年2月，左权县委老干部局被山西省委组织部、省委老干部局、省人社厅授予“全省老干部工作先进集体”，左权县离退休干部党委被授予“全省离退休干部先进集体”；2017年度目标责任考核中获“县直党群部门良好等次”；4月，被晋中市委老干部局授予“宣传信息工作先进单位”；5月，被县精神文明建设指导委员会授予“文明单位”；“七一”前离退休干部党委被县委授予“先进基层党组织”荣誉称号；7月26日至27日，全市离退休干部党组织标准化建设暨“一创双争三整治”“一创”（创建离退休干部示范党支部）、“双争”（争当离退休干部标准型党支部、争做五好离退休干部党员）、“三整治”（整治松散支部、瘫痪支部和应建未建单位）活动推进会在左权县召开；9月28日，全市基层党建观摩团在左权县老干部活动中心进行观摩指导。（赵海燕）

【党组织标准化建设】 2018年，左权县委老干部局加强离退休干部党组织标准化建设，开展“一创双争三整治”加强党委基础设施建设，对党委办公室进行装修，制作《荣誉墙》《制度栏》《机构图》《分布图》等版面，整理归档10大类100余本基础资料；楼道内悬挂《新时代》《学习园地》《党建标语》等版面；院内摆放版面架，充分展示左权县离退休干部党建特点、日常活动、做法经验等。打造四个示范党支部，完善崖山社区的老干部第十四党支部、钟鼓楼社区的老干部第十六党支部、公安局宿舍区的老干部第八党支部办公设施，新增营盘社区老干部第十五党支部活动场所，将这四个党支部打造为“离退休干部示范党支部”，树标杆，立榜样。7月26日至27日，全市离退休干部党组织标准化建设推进会在左权县召开，左权县离退休干部党建工作受到省、市老干部局、兄弟县市的高度赞赏；9月28日，全市基层党建观摩团对左权离退休干部党建标准化工作进行了观摩指导。左权县实施“42233”（“四统一”管理：统一转入组织关系，统一设置组织机构，统一建立健全制度，统一提供服务管理；“双五好标准”引领：以《离退休党组织标准化考核验收十项标准》为遵循，争创“五好离退休干部党支部”，以《离退休干部党员及支部书记考核细则》为依据，号召广大离退休干部党员争当“五好离退休干部党员”；“两支队伍”带动：充分发挥离退休干部党支部书记和小组长两支队伍“带头讲政治、讲党性、讲大局、讲奉献”作用，以身作则，示范引领，带动广大离退休干部离岗不离党，退休不褪色；“三大活动”支撑：开展主题教育活动，开展党员志愿服务活动，开展义务监督活动；“三措并举”保障：领导重视；部门支持；阵地优势）模式推进离退休干部党组织标准化建设的典型做法刊登在《山西日报》《晋中日报》《老友导报》。（赵海燕）

2018年7月26日，晋中市离退休干部党组织标准化建设暨“一创双争三整治”活动推进会在左权县召开

【离退休干部政治待遇和生活待遇】2018年，左权县老干局全面落实离退休干部“两项待遇”（离退休干部政治待遇和生活待遇），离休干部“三个机制”（离休费保障机制、医疗费保障机制、财政支持机制）规范运行，离休干部特需费和离退休干部活动经费由县财政全额保证；加大对特殊困难离退休干部帮扶力度，全年共帮扶46人，帮扶资金2.3万元；为全县离退休干部每人征订一本《山西老年》，夫妇双方的另订一本《爱你》；坚持每月15日的老干部通报会，由县委、县政府领导轮流向老干部代表通报分管工作，并听取老同志的意见和建议；组织离休及实职性副县级以上退休干部进行体检、视察全县重点工程、参加重要会议和重大活动；在春节、重阳节等重要节日前，县领导带队走访慰问离退休干部，送去慰问品和慰问信。（赵海燕）

【学习教育活动】2018年，左权县老干局通过16个老干部党支部，组织全县离退休干部党员，学习中共十九大精神和习近平总书记视察山西重要讲话精神，学习达到全覆盖。发挥老同志的优势，组建宣讲团深入群众中进行宣讲。开展纪念改革开放40周年有奖征文活动。开展形式多样的主题党日活动。离退休干部党委组织支部书记、小组组长及机关党员到大寨开展“不忘初心，牢记使命”主题党日活动；第一党支部向老同志们致信，号召大家以实际行动共庆党的生日；第十一、十二党支部书记为老党员们讲党课，话党恩；第十三党支部组织党员到左权烈士陵园，重温入党誓词，缅怀革命先烈；第十五党支部开展“法律服务进社区”主题党日活动。“七一”、重阳节前组织举办文艺汇演。参演的老同志年龄最大83岁，平均年龄65岁，以自己的方式来展示夕阳风采，弘扬主旋律。（赵海燕）

【活动阵地建设】2018年，左权县老干局对老干部活动中心的台球室、乒乓球室进行了维修，铺设了运动地板，购置了新台球桌；及时更换象棋、扑克、乒乓球等活动器具；院内进行绿化美化，楼道

进行粉刷；在院内、楼道内悬挂反映党建工作的各类版面等。为老年大学合唱班聘请了职业中学专业教师，为各班配置教学道具，在原有课程的基础上，新开设了晋剧班。（赵海燕）

宣　传

【概况】　2018年，左权县宣传思想文化工作坚持以学习宣传习近平新时代中国特色社会主义思想为主线，深入贯彻落实中共十九大和习近平总书记视察山西重要讲话精神，围绕市委工作思路和举措，做好新思想武装头脑、强化意识形态管理、构筑主流舆论强势、践行社会主义核心价值观、推进文化改革发展等各项工作，为实现“全力晋位上台阶　全面脱贫奔小康”奋斗目标提供思想保证和舆论基础。

（李恒）

【理论宣传】　2018年，左权县委宣传部扎实推进习近平新时代中国特色社会主义思想宣传普及。（1）持续推动中共十九大精神及十九届二中、三中全会精神进企业、进农村、进机关、进校园、进社区、进军营、进网站。集中宣讲中共十九大精神420余场次，以乡镇、党委为单位开展普及宣讲20余场次，受众达1万余人次。（2）拓展理论宣传阵地，通过在县电视台、县广播电台开设“学理论、谋发展”专栏，依托左权微信公众号、政务微博微信等平台，加大《习近平新时代中国特色社会主义思想三十讲》的普及学习宣传，推动理论宣传活动深入开展。（李恒）

【理论研究】　2018年，左权县委宣传部开展对习近平新时代中国特色社会主义思想研究阐释。（1）组织开展2018年省市社科重点课题研究、“聚焦中心工作深化改革创新”主题调研征文、晋中市文化软实力建设领题调研征文、庆祝改革开放四十周年理论征文、纪念马克思诞辰200周年理论征文等活动，收集上报优秀课题成果29篇。其中“聚焦中心工作深化改革创新”主题调研征文获市级一等奖2篇，三等奖3篇，集体荣获优秀组织奖；重点课题获市级三级资助2篇。（2）围绕全县中心工作，以找准关系全县长远发展的重大问题、社会高度关注的热点问题和群众反响强烈的问题为着力点，统筹开展学习贯彻习近平新时代中国特色社会主义思想——“决战一八　决胜脱贫”领题调研活动，共收到县四大班、各乡镇（城区）党（工）委书记和县直各单位主要负责人调研报告80余篇。（李恒）

【外宣工作】　2018年，左权县委宣传部整合新闻资源、壮大宣传合力，全面提升对外宣传水平。（1）推进传统媒体与新兴媒体融合发展。开通“左权广播电视台”微信公众号，完成2018年春晚、2018年社火节游行、2018年太行（左权）生态文化旅游活动季启动仪式、纪连海《新解乾隆朝三大名臣》等4场视频直播，收视人数分别达到35.58万、94.58万、3.26万、1.22万人次。恢复开通左权广播电台——“太行之声”。（2）持续加大新闻策划推介力度。组织开展“太行（左权）生态文化旅游活动季新闻发布会”“爱上晋中　走进晋商故里”纪念改革开放四十周年主流媒体左权采风、《山西日报》和山西电视台脱贫攻坚专题采访、中央主流媒体“脱贫攻坚看左权”采风、中国科教频道《中国影像方志》采风采访等活动。全年在《光明日报》、《经济日报》、新华社、人民网、《山西日报》等中央和省级主流媒体刊发各类稿件70余篇，市级报刊发表新闻稿件456篇，晋中电视台《晋中县区特别报道》播出《今日左权》篇132期800多分钟，《晋中新闻联播》播出左权县新闻170多条。（李恒）

【文化文产】 2018年，左权县委宣传部统筹推动文化事业与产业齐头并进，持续推进社会主义文化繁荣兴盛。（1）推动文艺创作。完善重点文艺创作项目筛选和资助办法，对《大洪拳在上武》《乡土记忆乡土情》《树盘上的过往》《我的桐峪我的家》《辽阳石窟春秋》等作品给予7.5万元补助。重点打造电视剧《太行奶娘》、歌舞剧《核桃树下》、晋剧《黄土岭上》等精品剧目。其中，电视剧《太行奶娘》主创与山西影视集团达成初步意向。歌剧《太行奶娘》获得2017年度国家艺术基金管委会的宣传交流推广资助项目，在全国各地进行巡演32场。乡土文化纪录片《边村》在龙城太原首映。召开左权县作家协会第二次会员代表大会。（2）发展文化产业。项目申报方面，申报2018年市级文化产业重点项目6个，申报2019年省级文化产业重点项目4个。文化产业补助资金方面，太行龙泉旅游景区（二期）工程和扩建葡萄酒酿造及生态旅游养生基地建设项目分别享受省级资金30万元，民歌基地建设项目享受市级资金40万元，电视剧《太行奶娘》剧本创作享受省级资金100万元、市级资金20万元。参加第十四届深圳文博会。参与“爱上晋中　牵手深圳”晋中市文旅推介暨招商宣传周，举办左权文旅专场推介活动，成功签约项目1个，达成初步意向项目2个。与中国人民解放军军事科学院政治工作研究院签订红色文化建设军民融合项目意向书，年内重点开展了八路军总部测图室左权县麻田镇苏公村峧沟村旧（遗）址考证、《八路军测绘简史》研究等工作，就《八路军总部测图室左权县麻田镇苏会村峧沟村旧（遗）址考证报告》《八路军测图简史（1937–1945）》两项成果进行了交接，并对继续深入合作达成协议。（李恒）

【公共文化服务】 2018年，左权县委宣传部以创建国家公共文化服务体系示范区建设为契机，持续提升全县公共文化服务水平。（1）推动公共文化服务体系建设。加强县级“两馆一院”（图书馆、文化馆、电影院）升级管理，实现县图书馆、文化馆的对外免费开放，在乡镇建立图书分馆3个、文化分馆10个。（2）繁荣群众文化生活。围绕“走进新时代　圆梦奔小康”活动主题，举办春节联欢晚会、文艺游行、文化惠民演出、精品节目展演等十大板块“两节”群众文化活动。举办“陈硕石国画艺术馆”开馆仪式和“春舟劲渡归太行”杨力舟、王迎春夫妇画作捐赠仪式。（3）实施文化惠民工程。组织开花调艺术团、盲宣队、李有才板话文艺宣传队深入基层开展中共十九大精神宣传巡演40余场次。围绕“太行（左权）生态文化旅游季活动”，举办“翻山越岭俺寻你来”民歌演唱会、《太行奶娘》红色足迹巡演等活动。围绕庆祝改革开放四十周年，举办“放歌新时代、唱响新征程”扶贫助学消夏晚会、“百姓大舞台”消夏晚会、盲宣队成立八十周年纪念晚会、《太行奶娘》电影展演、晋剧《黄土岭上》公演等五大系列群众文化活动。实施农村公益电影放映活动，在203个行政村放映2380场，在4所农村寄宿制学校放映公益电影126场。

（李恒）

精神文明建设

【概况】 2018年，左权县精神文明建设工作抓住培育和践行社会主义核心价值观这个根本，推进思想道德建设，深化精神文明创建活动，强化理想信念教育，推进居民素质和社会文明程度整体提升。是年，全国文明单位有左权县国税局，全国文明乡镇有桐峪镇、辽阳镇，全国文明村有桐峪镇上武村；省级文明单位有8个，分别为左权县供电公司、左权县市场和质量监督管理局、左权县地方税务局、左权县交通运输局、左权县公安局交通警察大队、山西左权农村商业银行股份有限公司、左权县人民检察院、左权县公安局；省级文明乡镇有左权县粟城乡、左权县麻田镇；省级文明社区有左权县皇母圣社区居民委员会。

（陈浩）

【理想信念教育】 2018年，左权县持续开展习近平新时代中国特色社会主义思想和中国梦学习宣传教育，助推社会主义核心价值观落细落小落实。5月25日左权将军殉国日，组织开展了山西省第三批国防教育基地揭牌、爱国主义教育、纪念左权将军殉国76周年祭扫、纪念皇甫束玉诞辰100周年、八路军总部纪念馆社会宣传等主题纪念活动5项；6月26日，举办“左权红色文化和太行生态文化旅游发展交流研讨会”，邀请革命后代、生态文化专家等30余人就挖掘和传承红色基因，培育和发展文化旅游建言献策；9月30日，在麻田十字岭举行“抗战英烈公祭暨太行英烈公祭活动”，中华英烈褒扬事业促进会、抗战老战士的代表、烈士家属的代表、革命后代的代表、全县各界人士共300余人共同缅怀在抗战中牺牲的英雄烈士们。

（陈浩）

【公民道德建设】 2018年，左权县文明办开展了“最美晋中人”“最美左权人”系列评选活动，左权县推荐的马红丽、李淑锐、王军凯、郭应林、梁志坚、魏建忠等6人获得“最美晋中人”称号；王文江、乔叶、巨世峰、吕步胜、赵利萍等5人获得“最美晋中人提名”称号；在脱贫攻坚战场殉职的羊角乡原乡长巨彦军获得“最美晋中人特别奖”称号。“最美左权人”系列评选活动共收集十大系列 38 名候选人，网络参与投票人数达 48031 人。开展社会主义核心价值观优秀公益广告征集评选活动，共征集社会主义核心价值观主题公益微电影、微视频 13 件。开展社会主义核心价值观示范点创建工作，在全县机关、企业、医院、景区、学校、农村、社区打造社会主义核心价值观示范点 12 个。在全市率先成立“左权县志愿服务联合会”，加强对全部志愿服务活动的日常管理，并组织培训班对全县 300 余名志愿者进行培训，开展“善行左权　助力脱贫”“缅怀革命英烈　培育文明新风”“情随衣动”、助力“太行（左权）生态文化旅游活动季”等系列活动 30 余次，参与志愿服务达 1200 人次。新建中央公益彩票基金支持乡村学校少年宫 2 所，自建乡村学校少年宫 2 所。开展“我们的节日”系列活动和“清明祭英烈”“端午邻里送粽子”“中秋敬老院里话团圆”、非物质文化展示、小花戏比赛等活动。（陈浩）

【群众性精神文明创建】　2018 年，左权县以巩固省级文明县城创建成果为龙头，进一步深化文明县城、文明村镇、文明单位、文明家庭、文明校园“五大创建”工作。5 月，召开精神文明建设表彰大会，对 138 个 2016 年—2017 年度县级精神文明建设先进典型进行表彰；是年，左权县乡镇 3 个、村 1 个、单位 9 个、社区 1 个、1 个景区获得 2016 年—2017 年度省级精神文明创建先进典型荣誉称号，同时新推荐申报 2018 年—2019 年度省级文明单位 1 个；组织实施了市级文明创建先进典型申报评选活动，新推荐申报市级各类先进典型 29 个，并于 11 月通过市里验收；加强乡风文明建设，在全县 10 个乡镇优先打造 10 个高质量的农村示范点，带动核心价值观推广普及。（陈浩）

2018 年左权县获得山西省精神文明创建先进典型一览表

类　别	单位名称
文明县城	左权县
文明乡镇	粟城乡
文明乡镇	桐峪镇
文明乡镇	麻田镇
文明村	桐峪镇上武村
文明单位标兵	左权县国家税务局
文明单位	左权县交通运输局
文明单位	左权县市场和质量监督管理局
文明单位	左权农商银行
文明单位	左权县地方税务局
文明单位	国网左权县供电公司
文明单位	左权县公安局交警大队
文明单位	左权县人民检察院
文明单位	左权县公安局
文明社区	左权县皇母圣社区
文明景区	麻田八路军总部纪念馆

【左权县志愿服务联合会】　2018 年 3 月，左权县志愿服务联合会成立，16 日，召开第一次会员大会，审议通过联合会

《章程》及《会员大会制度》《财务管理制度》等10项管理制度，依法选举第一届理事会理事、监事、会长、副会长、秘书长。王云岗当选为左权县志愿服务联合会会长，赵运涛、刘志宏、李亮当选为副会长。全年共举行各类志愿服务活动50次，参与人数6000人次，志愿服务时长1.1万小时，服务对象8000人次，捐款捐物价值16.2万元。（陈浩）

统一战线

【概况】 2018年，左权县委常委会研究部署统一战线工作2次，县委中心组专题学习培训统战理论政策2次，召开县委统一战线工作领导小组会议2次。召开党外科级领导干部述职述廉会议、工商联九届三次执委扩大会议、新的社会阶层人士联谊会成立大会和宗教工作专题会议大型会议4次。组织统战成员开展主题党日活动、“军事日”活动，开展“不忘创业初心、接力改革伟业”主题教育、庆祝改革开放四十周年座谈会、“奋进新时代、书画颂党恩”书画展大型主题活动5次。开展走访慰问统一战线退休老干部4名、侨胞侨眷5户、结对帮扶贫困村贫困户140余户。对全县宗教场所及代表人士、工商联会员企业运行及党建状况开展走访调研。分6批次组织非公经济代表人士、新的社会阶层代表人士、党外干部和党外知识分子共25人分别赴大连理工大学、厦门大学、青岛大学、晋中社会主义学院等院校培训学习。是年，县委统战部被授予全市实施“双百”（“双百”工程：光彩助学资助100名贫困大学生，金侨工程资助100名贫困学生，100名贫困学生中有70名高中生、30名大学生）工程助力脱贫攻坚先进单位、全市统战宣传工作先进单位和全市统战理论政策研究先进单位，县委统战部（县工商联）机关被评为县级文明单位。（曹志忠）

【社会各界助力脱贫攻坚】 2018年，左权县委统战部牵头组织开展社会各界助力脱贫攻坚募捐活动，190个单位企业6615人捐款438.86万元。持续推进“民企帮村联户”和“百千百”行动，42个民营企业通过产业、就业、公益、技能四种帮扶措施累计投入资金1233万元，帮扶142个贫困村8685个贫困人口。资助贫困学生“双百行动”实现全县建档立卡贫困户就读大二年级学生的全覆盖，50万元资金惠及168名大学生和70名高中生。（曹志忠）

【党外代表人士统战工作】 2018年，左权县委统战部以《中国共产党统一战线工作条例》为统领，健全联络联谊制度，做好党外人士联谊交友工作，制定党员领导干部与党外代表人士联系交友、集中走访、考察调研、谈话谈心办法制度。通过调研摸底，核实完善统一战线党外代表人士数据库589人，其中：大学本科学历348人，研究生学历8人；中级职称403人；副高职称58人；从年龄结构上，35周岁以下118人，35~45周岁164人，45

周岁以上307人；从实职安排及政治安排等情况，县处级干部3名，副科以上34名，人大代表中有党外人士52名，占总数153人的34%，政协委员中有党外人士78名，占总人数129名的60.5%。分批选派3名党外处级领导干部赴四川大学，2名科级和3名科级以下党外干部在晋中市委党校（市社会主义学院），8名党外非公经济人士赴大连理工大学、厦门大学培训学习。是年3月，推荐选拔2名党外35岁以下女干部担任副科职务。

【宣传和理论研究】　2018年，《左权统战》信息简报印发5期6000份，“左权统一战线”微信平台发送工作动态80条，对外推送各类宣传动态信息72条，其中被《中华工商时报》等国家级媒体采用14条，被《山西日报》、晋联通等省级媒体采用36条，被《晋中日报》《晋中统一战线》等市级媒体采用22条。县委统战部2018年再次荣获“全市统战宣传工作先进单位”，王宇被县委宣传部授予“优秀基层通讯员”。全县统一战线成员全年撰写调研报告70余篇，16名统战成员撰写的15篇统一战线宣传和理论研究成果获晋中市委统战部通报表彰，县委统战部荣获“全市统战理论政策研究先进单位”。

（曹志忠）

【建言献策】　2018年，左权县委统战部牵头安监局、中小企业服务中心等有关部门召开统一战线专题交流协商季度座谈会4次，就安全生产、非公经济发展等方面开展讨论交流，征集意见建议。县人大、政协两会期间，统战各领域中的人大代表和政协委员中，20名非公经济人士人大代表提交建议28件，44名党外人大代表提交建议60件；15名非公经济人士政协委员提交提案18件，58名党外政协委员提交提案58件，就加快左权县经济社会各项事业发展主题参政议政，建言献策。

（曹志忠）

【民族宗教】　2018年，左权县委统战部调整和充实左权县民族宗教工作领导小组，与11个乡镇（城区管委会）签订宗教目标责任书，构建起县、乡、村三级宗教管理网络，开展民族团结进步创建活动和和谐寺观教堂创建活动，配合市宗教局在辽阳镇紫会村开展五大宗教公益慈善系列活动。

4月23日至25日，县工商联在天门寺工作调研

左权县共有佛教、道教、基督教宗教活动场所9处，其中佛教6个（寒王乡石港村清泉寺、辽阳镇井沟村石佛寺、龙泉乡太行龙泉景区内龙窑寺、龙泉乡丈八村永佛寺、麻田镇南窑村圣圆寺、拐儿镇天门村天门

寺）、道教1个（龙泉乡太行龙泉景区内十龙神祠）、基督教2个（城区民圣巷李云珍家庭活动点、麻田镇下口村张献芳家庭活动点），登记备案的宗教教职人员6人（佛教界3人、基督教3人）。（曹志忠）

【新的社会阶层人士联谊会成立】 2018年6月20日，左权县新的社会阶层人士联谊会第一次会员大会暨成立大会召开，市委统战部副部长田跃峰、知联办主任刘丽红、县委副书记、统战部部长王宏昌出席，左权县新的社会阶层人士联谊会全体会员以及新闻媒体共计80余人参会。会议审议通过《左权县新的社会阶层人士联谊会章程》，选举产生左权县新的社会阶层人士联谊会第一届理事会。左权县恒益公共交通有限责任公司总经理王海文当选为第一届理事会会长，石建光、连军、王云岗、国和平、马瑞新、曹少卿、郝红跃7人当选为副会长，左权在线董事长刘朝当选为秘书长，国晓飞、赵星当选为副秘书长。

（曹志忠）

2018年6月20日，左权县新的社会阶层人士联谊会第一次会员大会暨成立大会召开

信　访

【概况】 2018年，左权县信访形势总体平稳可控，来县访426批6746人次，比2017年同期总批次增长32.71%，总人次下降6.31%；到市访6批56人次，比2017年批次下降45.45%，比2017年人次增长43.59%；赴省访25批113人次，比2017年批次增长150%，比2017年人次下降36.16%；进京访14批77人次，比2017年批次持平，比2017年人次增长67.39%，其中非访1批1人次，比2017年批次下降85.71%，比2017年人次下降87.5%；网上信访共93件，比2017年增长55.36%；网上投诉40件，比2017年增长25.22%；复查信访案件13件，比2017年增长44.44%。

2018年，来县访的426批6746人次，除现场口头答复和重复访外，按程序转交到责任单位办理的信访事项共152件，已办结137件，办结率达90.13%。高出化解率考核指标85%。（江华）

【网上信访受理平台建设】 2018年，左权县各乡镇（城区）和县直重点部门全面接入山西省网上信访信息系统，确保县、乡全应用，实现接待来访、办理来信、督查督办、网上投诉等基本业务全覆盖，把受理、办理和结果等重要环节通过网络公开，实现信访事项的“可查询、可跟踪、可督办、可评价”，引导群众多上网、少走访，让“数据多跑腿，群众少跑路”，逐步把网上信访作为解决信访问题的主渠道。是年，全县网上信访93件，比2017年增长55.36%，至年底已办理92件，正在办理中1件；其中来信访共53件，比2017年增长35.89%，已办理53件，中央巡视组交办案件24件，全部办结；网上投诉40件，比2017年增长25.22%。（江华）

【专项整治】 2018年，左权县信访局开展信访积案化解集中攻坚专项活动和扶贫领域信访问题专项整治。县信访联席办将《关于开展信访积案化解集中攻坚实施方案》《关于开展扶贫领域信访问题专项整治的实施方案》等文件印发各单位（部门），同时将排查梳理出的信访积案和扶贫领域信访案件全部交办到各责任单位，交办的信访案件化解率达到100%。

（江华）

【机制创优】 2018年，左权县信访局完善领导干部接访约访包案制度。6月1日，市委常委、县委书记王兵主持召开县委常委会议，研究通过《关于完善县级领导干部接访约访包案工作制度的意见》，明确规定县级领导干部接访、约访、包案工作要求，将责任落实到具体人，着力解决群众反映的信访问题。建立信访储备周转资金长效机制，出台《左权县信访储备周转资金使用办法》。落实信访事项简易办理办法，诉求简单明了的信访事项，简化程序受理，缩短时限办理，县领导每月按照领导接访安排表到信访局接访，特别是在重大敏感时期，坚持无假日接访。全年，在重大敏感期间，县级党政领导共接待来访群众31批775人次，占信访总量的11.7%，其中办结28件。（江华）

【扫黑除恶专项斗争】 2018年3月，左权县信访局按照县委扫黑除恶专项行动的工作要求，成立以局长为组长的工作领导组，设立扫黑除恶举报窗口，同时对10年来的信访案件进行起底排查。是年共上报“十年大起底”线索4条，群众举报线索9条。（江华）

党　校

【教学宣讲】 2018年，左权县委党校走出校门，到各单位、企业、农村社区，送教上门，向广大干部党员宣讲党的理论政策。1月，全县农村（社区）换届选举工作结束后，党校配合县委组织部门，对全县203个村民委员会、8个社区居民委员会的两委干部600余人，开展为期一个月的“领头雁”培训。3月，配合县直工委举办入党积极分子暨预备党员专题培训班1期。4月至12月，选派教师深入县直各党委、厂矿企业，宣讲党课22场，受训1000余人次；配合县妇联会，宣传部、农委，赴各乡镇、社区、重点村宣讲乡村振兴、中共十九大精神以及习近平视察山西的重要讲话精神20多场，受训3000余人次。7月，配合县委组织部门，举办全县科级干部学习贯彻习近平新时代中国特色社会主义思想读书班（第一期）15天，参加人数100人。（赵立琴）

2018 年 7 月，左权县举办第一期科级干部学习贯彻习近平新时代中国特色社会主义思想读书班

【科研资政】 2018 年 6 月，左权县委党校参加县政协举办的加强人民政协工作座谈会，撰写《关于加强和改进人民政协工作的几点思考》论文 1 篇，为政协工作建言献策。撰写《贯彻新发展理念，建立现代化经济体系》纪念改革开放 40 周年征文 1 篇。围绕县委、县政府中心工作，以基层党组织建设为主题，选定抓党建促脱贫攻坚，乡村振兴研究方向，组织开展调研活动，7 月，完成《强化基层党建、引领脱贫攻坚助推乡村振兴》《关于“互联网+”党建工作的研究与思考》调研报告 2 篇。（赵立琴）

【办学体制改革】 2018 年 6 月，左权县出台《中共左权县委党校（行政学院）办学体制改革方案》，方案着眼于提高党校办学水平，满足全县党员干部日益增长的培训需求。方案采取“两步走”的办法，（1）改造建设现有的党校，从硬件和软件两方面逐步提高党校办学水平；（2）筹建麻田干部学院，全面促进党校的建设和发展，计划到 2020 年基本形成系统配套、协调发展充满活力的县委党校教学体制。同年，投入 50 余万元，实施基础设施维修改造工程，对教学楼进行修缮，更新完善会议室、培训室部分教学设施设备。

（赵立琴）

【教学基地建设】 2018 年，左权县委党校继续加强党性教育基地现场教学点建设，完成麻田八路军总部、左权将军殉难处、西河头 129 师师部、桐峪晋冀鲁豫临参会旧址、太行新闻烈士纪念碑、中共中央北方局旧址 6 个红色革命遗址的教学内容编制工作。继续依托太行抗战研究院，联合南开大学、青岛大学等高等院校的专家学者，共同研发太行抗战教育课程体系，《太行抗战教育读本》初稿编写完成。是年，党校在麻田八路军总部共举办各类党性教育培训班次 11 期，参训人员 1000 余人。（赵立琴）

【师资队伍建设】 2018 年，左权县委党校向县委组织部门争取，分别调任专职教师 1 人、借用兼职教师 1 人，为学校师资队伍注入新活力。至年底，共有专职教师 6 人，兼职教师 3 人，其中高级讲师职称 1 人，中级职称 4 人，初级职称 1 人，全部达到大专以上学历，本科以上学历占比达到 89%，党校师资队伍整体素质和教学水平得到进一步提升。选派教师外出培训学习，全年先后有 5 名教师到昔阳县大寨学院、太行干部学院培训学习 3 次，1 名教师赴省委党校参加为期一个月的第 6 期全省骨干师资培训班和晋中市委党校组织的课程演讲，1 名副校长参加市委党校

一周专题培训，1名年轻干部参加县委组织部的中青班培训，1名教师参加统战部门组织的学习培训，有效提高了在职教师整体专业水平。全年邀请省市委党校学者教授来左权县党校授课3次，开展交流研讨，取长补短，提升了党校教师综合素质和培训能力。（赵立琴）

史　志

【概况】　2018年，左权县史志研究室完成《左权年鉴（2018）》编纂出版工作，落实志鉴“两全”目标；纪念改革开放40年，出版《左权县改革开放40年图志》1部；继续对基层志书编纂从理论和实际操作层面进行具体指导，全年，部门志出版2部，分别为《左权县交警志》《左权县财政志》；开展史志成果进机关、进校园、进农村、进景区活动；完成省、市供稿和信息上报工作；挖掘整理地方史志资料服务县委、政府工作；开发利用红色文化资源，建设军民融合红色文化、红色旅游项目。（李花）

【《左权年鉴（2018）》出版】　2018年11月，由左权县史志研究室编纂、方志出版社出版、山西史志印刷厂印刷的《左权年鉴（2018）》出版。全鉴近60万字，采用分类编排法，设条记述。前置彩面13版，正文设特载、大事记、县情概貌、县委、人大常委会、政府、政协、纪律检查委员会　监察委员会、群众团体、法治、军事等28个类目，下设分目137个，次分目51个、条目1032个。在乡镇中增设了特色村，脱贫攻坚升格为类目重点记述。全面、客观记述了左权县2017年政治、经济、社会、文化等方面的发展变化情况。

（李花）

《左权年鉴（2018）》出版

【《左权改革开放40年图志》出版】
2018年11月，左权县史志研究室编纂的《左权改革开放40年图志》出版，图志编纂依据地方志的体例要求，以类系事，共分城乡建设、环境保护、交通电力、邮政电信、农业经济等14个部分，每部分下设无题简述，志前设序、凡例、目录、概述，志末设后记。收录照片500余张，文字5万余字。每幅图片配以简要的文字说明，全书以丰富、详实、生动的图片资料如实反映改革开放40年左权县在政治、经济、社会、文化等方面取得的辉煌成就。

（李花）

2018年11月，《左权改革开放40年图志》出版

【《左权县财政志》出版】 2018年12月，左权县财政局编纂的《左权县财政志》由山西出版传媒集团、山西人民出版社出版发行。全志共5编35章155节，195万字，上限溯及有史料记载之时或事物发端，下限为2015年末，横列左权县财政相关门类，纵述事物缘起、更迭和发展过程。全志由概述、大事记、正文、附录等部分组成，采用述、记、志、图、表、录等体裁，以志为主，客观记述左权县在财政收入、财政支出、财政管理、组织机构、财政人物等方面的发展变化，反映了左权县财政由弱到强、不断壮大的发展历程。（李花）

【《左权县交警志》出版】 2018年11月，《左权县交警志》出版。该志书上限1987年7月交警大队成立，下限2017年12月，记载了左权交警建队30年的奋斗历程。全书共12章52节计40万字，全部按志书体例编纂，在晋中交警系统尚属首家。编纂过程中，县史志研究室给予业务指导。（赵乃江）

【红色文化项目】 2018年，左权县史志研究室和县委宣传部多次赴京与军事科学院军队政治工作研究院解放军党史军史研究中心沟通协调，共同探索军地联合研究开发红色资源，协力打造教育基地，传承红色基因。6月28日，党史军史研究中心与左权县签署合作建设左权红色文化项目意向书、八路军测绘历史研究论证及展陈合作协议书。（李花）

【史志宣传】 2018年，左权县史志研究室开展了史志成果进机关、进校园、进农村、进景区等活动，发放史志图书

2018年4月14日，左权县第四届〝赏春节“暨非遗和史志成果进景区活动在莲花岩举办

100余册。4月14日，在莲花岩举办左权县第四届“赏春节”暨非遗和史志成果进景区启动仪式，并在景区设立史志成果专柜；4月底，和团县委合作开展党史团史知识竞赛活动，作为奖品发放志书40余册；撰写《八路军前方总部测图室的组建》一文，4000余字，发表于2018年

《党史文汇》第9期；年内，在县图书馆内建立方志馆，并挂牌史志山西，永久藏书左权馆，编写麻田总部纪念馆史实内容，在《军事历史》杂志封二登载。（李花）

【红色史料挖掘】 2018年，左权县史志研究室和县委宣传部一起赴浙江绍兴上虞区对《新华日报》（华北版）社社长唯一的女儿——徐如珍进行采访。由于历史原因，徐如珍作为何云的女儿没有从法理上得到确认，经过左权县、上虞区两地党委、政府共同努力，9月18日，浙江省民政厅为徐如珍老人办理了《烈士遗属优待证》。（李花）

【党史研究联络机制启动】 2018年，县史志研究室作为发起单位之一，10月31日，在黎城县城召开了由左权、涉县、黎城、潞城、武乡5个县（区）党史部门参加的太行山抗日根据地党史研究联络机制启动仪式，以加强太行山抗日根据地所属地区党史研究机构与人员间的联络交流，进一步推动太行革命根据地历史的深入研究。（李花）

【县情资料和信息报送】 2018年，县史志研究室组织6位县处级老干部完成原省党史办编撰《改革开放40年实录》供稿任务，约4万余字；完成市史志研究院县域改革开放供稿任务，提供专题内容6个，约6万余字为中共《山西年鉴》《山西年鉴》《晋中年鉴》提供县情资料1万余字；全年在省委党史研究院（省地方志研究院）微信公众号登载信息4篇，在《晋中日报》报道3篇，在左权发布公众号登载信息6篇。（李花）

【山西省党史教育基地挂牌】 2018年3月，“山西省党史教育基地”挂牌仪式在左权将军殉难处举行。至此，县境共有山西省党史教育基地3处，另2处分别为麻田八路军总部、左权烈士陵园。

（李花）

机构编制

【事业单位登记管理】 2018年，左权县永久库登记事业单位264个，新设立登记1个，变更登记87个，注销登记6家，废止8个。提交2017年度报告公示的131个。3月31日前完成130个事业单位的年度报告公示工作，公示率为100%。

（李丹）

【统一社会信用代码赋码工作】 2018年，左权县机关类统一代码发放46个，垂管机关类统一代码2个，群团类统一代码发放7个。（李丹）

【“放管服”改革】 2018年，左权县对应取消11项行政审批事项相关证照年审年检，保留16项行政审批事项相关证照年审年检，保留1项政府指定培训；完成5个领域和10个乡镇的权责清单整理、公示；对相关单位的办理证件清单、中介服务、三年办件为零的行政许可进行了梳理。全年，审核单位36个。（李丹）

左权县人民代表大会常务委员会

重要会议

【左权县第十六届人大常委会第十六次会议】 2018年2月27日，左权县第十六届人大常委会第十六次会议在政府前四楼会议室举行，会期半天，县人大常委会副主任韩叶青主持会议。

会议听取审议了县委常委、县人民政府常务副县长孟玲珑代表县人民政府作的《关于县十六届人大二次会议代表建议意见办理情况的报告》，并进行了满意度测评；书面审议县人大常委会信访室《关于2017年人大信访工作情况报告》，听取了常委会任命的四名政府工作部门负责人履职发言，最后郑春华作了讲话。

此次会议应出席常委会组成人员30人，实出席28人。

列席会议的有：政府常务副县长孟玲珑，政府副县长、公安局局长张圣，法院院长高学军，检察院检察长张晓玲，政府办主任孙建宏，发展和改革局主要负责人、财政局局长、人力资源和社会保障局局长、农业委员会主任、住房保障和城乡建设管理局局长、交通运输局局长、卫生和计划生育局局长、林业局局长、教育科技局局长、民政局局长、司法局局长、文旅委主任、统计局局长、安全生产监督管理局（煤炭局）局长、水利局局长、审计局局长、经济和商务粮食局局长、环境保护局局长、市场和质量监督管理局局长、国土局局长、扶贫办主任、农经中心主任、畜牧中心主任、交警队大队长，各乡镇人大主席，列为重点建议的10名领衔县人大代表、县人大常委会各委室中心正、副主任。

（霍全胜）

【左权县第十六届人大常委会第十七次会议】 2018年3月23日，左权县第十六届人大常委会第十七次会议在政府后五楼会议室举行，会期半天，县人大常委会副主任刘玉明主持会议。

会议审议通过左权县人大常委会《关于召开左权县第十六届人民代表大会第三

次会议的决定》（草案），根据县人大常委会主任郑春华的提请，县人大常委会人事代表工委对拟任人员进行了初步审查和法律知识考试，听取审议了拟任人员的供职发言，郑春华为新任命人员颁发任命书，新任命人员进行了宪法宣誓，会议作出补选代表的决定。

此次会议应出席常委会组成人员 30 人，实出席 26 人。

列席会议的有：政府副县长王洋，法院院长高学军，检察院副检察长赵风林，政府办主任孙建宏，发展和改革局、财政局主要负责人，各乡镇人大主席、县人大常委会各委室中心正、副主任。（霍全胜）

【左权县第十六届人大常委会第十八次会议】 2018 年 4 月 3 日，左权县第十六届人大常委会第十八次会议在政府后五楼会议室举行，会期半天，县人大常委会副主任赵世伟主持会议。

会议听取审议了代表资格审查委员会《关于左权县第十六届人大补选代表资格的审查报告》；审议通过了左权县第十六届人民代表大会第三次会议有关建议名单、草案、《县人大常委会工作报告（报告稿）》。

本次会议应出席常委会组成人员 30 人，实出席 28 人。

列席会议的有：政府副县长郭磊石，县法院院长高学军，县检察院检察长张晓玲，政府办主任孙建宏，县发展和改革局、财政局负责人，县纪委副书记监委副主任常亮，县纪委监委第一派驻纪检组赵秀芳，各乡镇人大主席，县人大常委会各委、室、中心正副主任。（霍全胜）

【左权县第十六届人民代表大会第三次会议】 2018 年 4 月 10 日至 11 日，左权县第十六届人民代表大会第三次会议在县人武部西三楼会议室召开。

4 月 10 日上午，大会举行第一次全体会议，应出席代表 150 人，实出席代表 142 人。由大会主席团常务主席、执行主席、县人大常委会主任郑春华主持。

会议议程：（1）县长赵宏钟向大会作《政府工作报告》；（2）会议审查了县政府《关于左权县 2017 年国民经济和社会发展计划执行情况及 2018 年国民经济和社会发展计划草案的报告》；（3）会议审查了县政府《关于左权县 2017 年财政预算执行情况和 2018 年财政预算草案的报告》；（4）大会通过了此次大会《选举办法》；（5）表决通过了县十六届人大专门委员会主任委员、副主任委员、委员人选的表决办法；（6）表决通过了县十六届人大法制委员会主任委员、副主任委员、委员名单，县十六届人大财政经济委员会主任委员、副主任委员、委员名单；（7）新当选的两个专门委员会组成人员进行了宪法宣誓。

晋中市四届人大左权代表，不是县人大代表的县级领导、人武部政委、孟信垴自然保护区管理处主任、政府工作部门负责人、县法院副院长、县检察院副检察长、出席县政协九届三次会议的政协委员、县委所属部门及其下属党组织负责人、群团负责人、县人大工作机构负责人、乡镇及城区管委会主要领导、县政府所属工作部门负责人、垂直管理部门负责人、县规模以上工业企业负责人列席此次大会。

4月10日下午，县第十六届人大财政经济委员会举行首次会议，会议由财经委员会主任委员高左军主持。会议审查了《左权县2017年国民经济和社会发展计划执行情况与2018年国民经济和社会发展计划草案的报告》及2018年国民经济和社会发展计划草案，《关于左权县2017年财政预算执行情况和2018年财政预算草案的报告》及2018年财政预算草案。经过审查，会议形成计划和预算两个审查报告，决定提交大会主席团表决。

4月11日上午，大会举行第二次全体会议。会议由大会主席团常务主席、执行主席、县人大常委会副主任韩叶青主持。会议议程：（1）县人大常委会主任郑春华作《左权县人民代表大会常务委员会工作报告》；（2）县人民法院院长高学军作《左权县人民法院工作报告》；（3）县人民检察院检察长张晓玲作《左权县人民检察院工作报告》。

4月11日下午，大会举行第三次全体会议。会议由大会主席团常务主席、执行主席、县人大常委会主任郑春华主持。会议议程：（1）表决通过关于左权县人民政府工作报告的决议（草案）；（2）表决通过关于左权县2017年国民经济和社会发展计划执行情况与2018年国民经济和社会发展计划的决议（草案）；（3）表决通过了关于左权县2017年财政预算执行情况及2018年财政预算的决议（草案）；（4）表决通过了关于左权县人大常委会工作报告的决议（草案）；（5）表决通过了关于左权县人民法院工作报告的决议（草案）；（6）表决通过了关于左权县人民检察院工作报告的决议（草案）。郑春华主任作闭幕讲话。（霍全胜）

【左权县第十六届人大常委会第十九次会议】 2018年6月28日，左权县第十六届人大常委会第十九次会议在政府后五楼会议室举行，会期半天，县人大常委会副主任刘玉明主持会议。

会议听取审议了县人民政府关于全县优化营商环境情况的报告、《关于〈中华人民共和国人民调解法〉贯彻实施情况报告》、关于全县学前教育发展情况的报告、关于全县物业管理工作情况的报告；县人大常委会执法检查组《关于对〈中华人民共和国人民调解法〉执法检查情况报告》；书面审议了全县优化营商环境情况调研报告、学前教育发展情况调研报告和物业管理工作情况调研报告。会议以投票表决的方式对县人民政府《全县优化营商环境情况的报告》《全县学前教育发展情况的报告》《全县物业管理工作情况的报告》进行满意度测评；测评结果均为满意。会议根据县人民法院院长高学军的提请，表决通过免去焦宝东人民陪审员职务的决定。郑春华作了讲话。

此次会议应出席常委会组成人员30人，实出席25人。

列席会议的有：县政府副县长张世华，县监察委员会副主任刘晋才，县人民法院院长高学军，县人民检察院检察长张晓玲；县政府办主任孙建宏，县纪委监委第一派驻纪检监察组组长赵秀芳，发改局、经济和商务粮食局、市场和质量监督管理局、国土局、环保局、编办主要负责人；政务中心、司法局、教育科技局、住建局主要负责人及分管副职；城区管委会主任，各乡镇人大主席、两名县人大代表，县人大常委会各委、室、中心正副主任。（霍全胜）

【左权县第十六届人大常委会第二十次会议】 2018 年 8 月 31 日，左权县第十六届人大常委会第二十次会议在政府后五楼会议室举行，会期半天，县人大常委会副主任韩叶青主持会议。

会议听取审议县人民政府《关于 2018 年上半年国民经济和社会发展计划执行情况报告》《关于 2017 年度县本级财政预算执行和其他财政收支的审计工作报告》《关于全县生态建设情况的报告》《关于全县土地确权工作情况的报告》《关于全县基本公共卫生服务项目审议意见落实情况的报告》；听取和审议了县人民政府《关于 2017 年财政决算草案和 2018 年上半年财政预算执行情况报告》《关于政府性债务情况及 2018 年预算调整方案草案的报告》、县人大常委会财经委员会《关于 2017 年财政决算草案的审查报告》《关于县人民政府政府性债务情况及 2018 年预算调整方案草案的审查报告》；会议根据县长赵宏钟的任免职务提请，听取审议温慧贤供职报告，根据检察长张晓玲的任职提请，听取审议宁利峰供职报告；会议还书面报告了县人民政府贯彻实施《山西省永久性生态公益林保护条例》情况报告，县人大常委会执法调研组《关于〈山西省永久性生态公益林保护条例〉》执法检查报告，县人大常委会调研组关于左权县生态建设专题调研报告、关于左权县土地确权工作调研报告、关于开展全县基本公共卫生服务项目审议意见落实情况“回头看”的调研报告。经过会议审议表决，通过了《关于批准左权县 2017 年财政决算的决议》草案、《关于批准左权县政府性债务情况及 2018 年预算调整方案的决议》草案。会议以投票表决的方式对县人民政府《关于全县生态建设情况的报告》《关于全县土地确权工作情况的报告》和《关于全县基本公共卫生服务项目审议意见落实情况的报告》进行了满意度测评，测评结果均为满意。会议以投票表决的方式通过对温慧贤任左权县人民政府副县长的任命，免去王洋左权县人民政府副县长职务。会议以投票表决方式通过宁利峰任左权县人民检察院副检察长的任命；会议通过张晓玲因工作需要辞去左权县人民检察院检察长职务的请求，并作出相关决定；会议根据县人大常委会的提请，表决通过关于宁利峰代理县人民检察院检察长决定。郑春华为新任命人员颁发了任命书，新任命人员进行了宪法宣誓，最后郑春华作讲话。

此次会议应出席常委会组成人员 30 人，实出席 24 人。

列席会议的有：县政府副县长吕爱鸿，县政府党组成员温慧贤，县监察委员会副主任常亮，县人民法院院长高学军，县人民检察院党组书记宁利峰，县人民检察院副检察长陈文光，县政府办副主任陈春雨，县发改局、财政局、审计局、林业局、农经中心、卫计局主要负责人及分管领导，各乡镇人大主席，县人大常委会各委室中心正、副主任，县人大代表两名。

（霍全胜）

【左权县第十六届人大常委会第二十一次会议】 2018年10月30日，左权县第十六届人大常委会第二十一次会议在政府后五楼会议室举行，会期半天，县人大常委会副主任高左军主持会议。

会议审议和表决了县人大常委会关于修改《左权县组织实施宪法宣誓的意见》的决定（草案），听取和审议了县公安局关于扫黑除恶专项斗争与执法规范化建设情况报告、县人民政府关于全县安全生产工作情况报告、关于县城提质增效工作情况报告，并对各专项报告进行了满意度测评。会议听取了县人民政府关于《山西省河道管理条例》贯彻实施情况报告、县人大常委会执法检查组关于对《山西省河道管理条例》执法检查情况报告，书面审议了关于左权县生态文化旅游开发区建设情况报告。郑春华作了讲话。

此次会议应出席常委会组成人员30人，实出席24人。

列席会议的有：县政府副县长、公安局局长张圣，县人民法院院长高学军，县人民检察院代理检察长宁利峰，县监察委员会副主任常亮，县政府办副主任陈春雨，县公安局、水利局、住建局、安监局、文旅委主要负责人及分管领导，各乡镇人大主席，县人大常委会各委室中心正、副主任，县人大代表两名。（霍全胜）

【左权县第十六届人大常委会第二十二次会议】 2018年12月28日，左权县十六届人大常委会召开第二十二次会议，县人大常委会副主任赵世伟主持会议。

会议听取和审议县政府脱贫攻坚工作情况报告、环境保护工作情况报告、县人民法院执行工作情况报告，并对各专项报告进行满意度测评，审查批准县政府2018年财政预算调整草案，表决通过县人民法院人民陪审员名额的决定，决定将左权县人民法院人民陪审员名额确定为45名，听取审议2017年财政预算执行和其它财政收支审计查出问题整改情况报告，书面审议县政府转型项目建设情况报告。会议通过人事任免事项，决定任命马斌为左权县人民政府副县长（挂职），同意免去张圣左权县人民政府副县长职务、县公安局局长职务，决定任命陈谦南任左权县人民政府副县长、县公安局局长。新任命人员进行了宪法宣誓。

此次会议应出席常委会组成人员30人，实出席23人。

列席会议的有：县政府副县长张雪东，县人民法院院长高学军，县人民检察院代理检察长宁利峰，县政府党组成员马斌、陈谦南，县政府办主任孙建宏，县监察委员会副主任常亮，县人民法院常务副院长赵豫山，县发改局、财政局、审计局、扶贫办、环保局主要负责人及分管领导，县人民法院执行局负责同志，各乡镇人大主席，县人大常委会各委室中心正、副主任，县人大代表两名。（霍全胜）

主要工作

【概况】 2018年，左权县人大常委会听取审议“一府两院”专项工作报告24项，作出决议决定5项，形成审议意见15件，进行专题调研14次，执法检查2次，市县人大上下联动监督调研2次，集中视察1次，依法任免地方国家机关工作人员25人次，转交办代表建议118件。

是年，左权县出台了《健全人大讨论决定重大事项制度、各级政府重大决策出台前向本级人大报告的意见》，修订《左权县国家工作人员宪法宣誓实施办法》，进一步明确国家工作人员向宪法宣誓的适用范围，宣誓流程等相关要求。（霍全胜）

【监督工作】 经济运行监督。2019年，左权县人大常委会开展优化营商环境监督，分别深入辽山森林公园、国税地税联合办税服务大厅、县创业孵化示范基地、便民政务大厅、中晋太行有限公司30万吨/年直接还原铁配套100万吨/年焦炉煤气项目等地，对左权县开展优化营商环境开展专题调研，在第十九次常委会会议上听取县政府全县优化营商环境工作情况报告，进行了满意度测评。开展转型发展监督，深入山西新源现代农业科技有限公司合玉药膳养生项目、太行明珠农业科技有限公司太行明珠全营养即食小米粥类产品生产基地项目、左权县恭源常农牧开发有限公司万头驴场建设项目、左权县万安实业有限责任公司现代全自动屠宰加工生产线项目等项目基地，对全县转型项目进行了调研视察，在第二十二次常委会会议上审议了县政府转型项目建设情况报告。对生态文化旅游开发区建设情况、安全生产情况报告进行调研，听取审议工作报告，有针对性地提出意见建议，并进行了满意度测评。加强对财政资金使用的监督，听取审议了县政府2018年上半年财政预算执行情况、2017年财政预算执行及其他财政收支审计工作报告，2017年财政预算执行及其他财政收支审计查出问题整改情况等工作报告，督促政府提高财政资金使用绩效。

民生事业监督。2019年，左权县人大常委会围绕群众关心的热点问题，在开展调研的基础上，对物业管理工作和基本公共卫生服务项目两项工作审议意见的落实情况进行“回头看”，听取审议全县学前教育发展情况、土地确权工作情况、县城提质增效行动开展情况、生态建设情况、县人民法院执行工作情况、公安扫黑除恶专项斗争及执法规范化建设情况报告，进行了满意度测评，提出改进工作的建议，有效推动了相关工作的开展。

两大攻坚战监督。2019年，左权县人大常委会围绕脱贫攻坚六大工程、三十项行动，重点就易地搬迁、产业发展等扶贫政策、扶贫产业推进情况进行专题调研，听取和审议了县政府关于全县脱贫攻坚工作专项报告，并进行了满意度测评，作出审议意见，为县委、政府科学决策脱贫攻坚提供重要参考。围绕打好污染防治攻坚战，开展环保工作调研，听取审议了全县环境保护工作情况报告；与市人大上下联动对生态建设工作进行专题调研，配合省、市人大开展“三晋环保行”活动和“两法一条例”执法检查，持续推动检查发现问题的跟踪落实。

执法检查监督。2019年，左权县人大常委会对《人民调解法》《山西省河道管理条例》贯彻执行情况进行执法检查，在常委会上听取审议了县政府对上述法律法规贯彻实施情况报告。（霍全胜）

【决定任免】 2018年，左权县人大常委会就国民经济和社会发展执行情况、财政决算和财政预算执行情况、政府性债务及预算调整方案作出决议。共任免国家机关工作人员25人次（其中任职18人次，免职7人次），接受辞职1人次，先后举行宪法宣誓仪式7次，听取了县经济和商务粮食局、农业委员会、交通运输局、教育科技局4个常委会任命的政府工作部门主要负责人履职情况报告。（霍全胜）

【宣传工作】 2018年，左权县人大常委会组织编印《左权人大》杂志3期、在县电视台播放《人大在线》18期，左权人大微信公众号发布信息46条。（霍全胜）

代表工作

【履职平台建设】 2018年，左权县人大常委会对全县10个代表活动室、31个人大代表联络站进行整体提升。开展代表小组活动，全县11个代表小组，分别开展引深“脱贫攻坚我建议我行动”主题活动，代表建议督办2次代表小组活动。用好微信新媒介，建立了人大常委会组成人员、市县人大代表、代表小组等网络交流平台，加强了沟通交流，畅通了群众反映问题的渠道。（霍全胜）

【人大代表履职】 2018年，左权县人大常委会结合左权实际修订《左权县人大常委会组成人员联系本级人大代表办法》，进一步明确了常委会组成人员联系代表、代表密切联系群众的“双联”工作制度。邀请和组织安排市县人大代表列席县人大常委会21人次，参加常委会各种调研视察活动60人次，提高了代表履职积极性。（霍全胜）

【代表建议办理】 2018年，左权县人大常委会组织召开代表建议集中交办会，县政府领导及各相关建议办理单位参加会议，对十六届人大三次会议收到的118件代表建议进行转交办，其中转交党委部门5件、交办政府113件，重点建议10件，办复率为100%，已经解决或列入计划逐步解决占85%，代表满意率和基本满意率达100%。对于重点建议，常委会副主任牵头督办，及时掌握进度，持续跟踪办理，先后两次召开督办会，分管副县长、承办部门“一把手”、代表三方面对面，促进相关问题的解决落实。（霍全胜）

左权县人民政府

综　述

【概况】　2018年，左权县经济持续保持总体平稳、稳中有进。衡量县域经济发展的七项主要指标全部实现正增长，四项增幅超全市平均水平。农村和城镇居民两项收入指标高位增长，增幅分别达15.2%、7%，分别居全市第一、第二。

（靳鹏飞）

【脱贫攻坚】　2018年，左权县核桃、杂粮、设施蔬菜、中药材种植分别达2.47万公顷、5733.33公顷、866.67公顷、6666.67公顷，14项贫困县退出指标高质量达标。全年退出贫困村47个，稳定脱贫6015户、15236人，贫困发生率降至0.32%。（靳鹏飞）

【经济结构】　2018年，左权县全年储备项目110个，总投资410亿元，其中转型项目89个，总投资387.4亿元，转型项目数量、投资占比均超80%；带动转型项目完成投资43.4亿元，占固定资产投资的82.1%，其中新兴产业投资36.9亿元，占转型项目投资的85%；大力发展非煤工业，煤炭增加值占规上工业比重同比下降7.9个百分点，工业结构开始良性反转；持续推进民企倍增计划，新登记市场主体1267户；十大农业示范园有序推进，园区化面积比重达20%，农产品加工销售收入3.6亿元，占农业总产值的46%；服务业对经济的贡献率达到41.5%，带动经济增长同比上升3个百分点。（靳鹏飞）

【基础建设】　2018年，左权县完成道路项目45个，建设总里程217千米，完成投资4.5亿元，“双十字、六循环”交通格局初步形成；全面展开清漳河治理，投入1.6亿元，完成城南河道等3项工程，治理长度36千米，新增水土流失治理和保护5333.33公顷；坚定靓村惠民，投入3117万元，村均投资15万元，推进“五洁净”“六要六有”，创建省级示范村2个、省级美丽宜居集中连片示范区1个、市级美丽宜居示范村12个，城乡市容市貌

考核全市第一。（靳鹏飞）

【民生工作】 2018年，左权县财政用于民生事业支出占到一般预算支出的94%，连续五年年均增长1个百分点。更换新能源车99台，共享单车使用率达25万次，65岁以上老年人坐上了免费公交车。新建日间照料中心10所，全县累计达到61所，居全市第一；达标村级卫生室196个，达标率100%，10.15万人享受到家庭医生签约服务；全县低保、五保达到12878人，增长32%，城乡低保年人均分别提高360元、420元，增长6.6%、11%，兜底保障实现数量与质量的双提升；新招聘左权籍机关事业单位人员62名，安置公岗和见习岗72人，新增就业岗位2665人。（靳鹏飞）

第十六届人民政府常务会议

【第12次常务会议】 1月15日，县政府第12次常务会议召开。会议集中学习了《山西省构建内陆地区对外开放新高地实施意见》《山西省转型项目建设年（2018）行动方案》，以及山西省委书记骆惠宁、省长楼阳生关于打造能源革命排头兵的指示要求，听取了易地扶贫搬迁、县乡医疗一体化改革、风力发电项目、林业工程验收、三类工队吸纳贫困户劳务工资兑现、2017年指标完成情况暨2018年指标建议和项目盘子预安排等工作推进情况汇报，研究讨论了《左权县关于进一步加强安全生产工作的意见》。（李海波）

【第13次常务会议】 2018年3月26日，县政府第13次常务会议召开。会议听取了全县扫黑除恶专项斗争工作进展情况汇报，研究了煤矿减量重组及脱困发展实施方案。（李海波）

【第14次常务会议】 2018年4月3日，县政府第14次常务会议召开。会议研究讨论了拟提交县十六届人大三次会议审议的《政府工作报告》《左权县2017年国民经济和社会发展计划执行情况与2018年国民经济和社会发展计划草案的报告（讨论稿）》《左权县2017年财政预算执行情况和2018年财政预算草案的报告（讨论稿）》，听取了全县重点工程在建项目入库、2018年林业重点工作、打击私挖滥采排查行动、太行旅游文化节活动、恢复左权县人民广播电台、桐峪镇脱贫攻坚暨创建乡村振兴示范镇工作计划等相关工作情况汇报。（李海波）

【第15次常务会议】 2018年8月31日，县政府第15次常务会议召开。会议听取了实施百千万工程行动方案、激活农村资源促进乡村振兴、“双十项目”、生态文化旅游开发区行政管理权限下放等相关工作情况汇报，研究讨论了《左权县生态文化旅游开发区联席会议制度》《关于推进转型左权——项目引领计划第一批（2018）重大项目建设的实施方案》《左权县2018年核桃减收补救工作实施方案》《左权县教育科技局关于幼儿园布局调整及变更的请示》《左权县教育科技局关于调整义务教育阶段中小学布局的请示》。（李海波）

【第16次常务会议】 2018年11月27日，县政府第16次常务会议召开。会议听取了脱贫攻坚一周一乡镇拐儿镇、城中村改造项目进展、全市环保暨重点行业专项督查发现问题整改、2018年整合涉农资金项目审计全覆盖工作进展、东方希望集团左权氧化铝项目推进、交通重点工程、安全生产等相关工作情况汇报，传达了省政府安委会第四次会议暨全省安全生产工作会议精神，研究讨论了左权县调整城区供水价格及“阶梯式”水价听证方案。

(李海波)

政府信息公开

【概况】 2018年，左权县开展创建省市基层政务公开标准化、规范化、精准化试点工作，围绕安全生产、国资国企、全域旅游、开发区建设、扶贫救灾、农村危房改造6个领域，探索形成“35456”(三大目标、五大保障、四个注重、五个体系、六个转变)工作法，促进了法治政府、创新政府、透明政府、服务政府、廉洁政府建设。是年，左权县被评为全省基层政务公开试点优秀单位。

35456工作法“三大目标”分别为：确定以公开促落实，以公开促规范，以公开促服务，以公开促廉洁；形成公开事项标准化，公开流程规范化，公开服务便捷化，公开工作制度化；打出地方品牌，使群众在政务公开工作中拥有体验感、获得感、参与感。

五大保障：组织保障上，县乡两级均成立基层政务公开标准化规范化精准化工作领导小组，形成一级抓一级、层层抓落实的工作格局；经费保障上，列支2万元政务公开专项工作经费，帮助信息化中心、政务大厅分别争取62.5万元政府网站集约化建设、8.9万元大厅升级改造经费；人员保障上，督促试点单位和乡镇明确分管领导、承办人具体负责政务公开工作；业务保障上，邀请省政府信息办秦子龙主任进行业务培训；宣传保障上，在政府网站开设试点专栏，及时更新发布政策文件及工作动态。

四个注重：注重顶层设计，召开推进会、协调会4次，印发通知通报20多份；注重沟通对接，将与上级部门沟通对接贯穿于试点工作全过程；注重部门联动，协调各牵头部门主动履职、相互配合，合力推动试点任务落实；注重示范带动，积极培养乡、村试点，提供可复制借鉴经验。

五个体系：围绕公开什么，建立内容标准体系，动态调整试点领域权责清单、公共服务事项清单，编制形成公开事项清单、负面清单；围绕如何公开，建立流程标准体系，建立健全制度规范9项，编制流程图5个；围绕在哪公开，建立方式标准体系，建立健全制度规范11项，形成切合实际的分级分类公开方式；围绕公开效果，建立监督标准体系，建立健全制度规范7项，通过多种方式适时开展监督评价；围绕保障运行，建立管理标准体系，建立健全制度规范13

项，对政务服务进行规范管理。

六个转变为：推动公开方式向多元化转变、政策解读向通俗化转变、政务信息向公开化转变、反映渠道向透明化转变、政务决策向科学化转变、政务服务向高效化转变，真正让群众看得见、听得懂、易获取、好参与、能监督、更便捷。

（李海波）

政务督查

【政务督查领导组成立】 2018年，左权县成立常务副县长任组长的强化政务督查领导组，将县纪委监委派驻纪检监察组、考核办、服务联系副县长工作人员全部纳入领导组成员，出台《左权县政府督查员管理办法（试行）》，择优选聘兼职督查员24名，合力推动县政府重大决策部署事项落实。（王妤）

【督办事项】 2018年，左权县落实县政府重大决策部署，县共督办事项1752项，完成率99.3%。“13710”督办系统共办理各类任务103项，办结率100%。

创新代表建议、委员提案办理方式。重新明确办理格式。印发《关于做好县十六届人大三次会议代表建议和县政协九届三次会议委员提案办理工作的通知》《县十六届人大三次会议代表建议办理要求》《县政协九届三次会议委员提案办理要求》，将办理工作细化为自行甄别、内部交办、与代表见面办理并面商代表、正式答复代表、报告办理情况、公开办理结果等7个环节，重新明确了时限、格式等要求。首创了见面拍照留档方式。各承办单位与代表见面、沟通时留下照片资料，与答复资料一并报县政府审查存档。全年，共办理代表建议113件（重点建议10件）、委员提案117件（重点提案10件），见面率、把关率、答复率、满意率均为100%。首次层层审核公开。按照“可公开、不可公开”的分类原则，将建议办理情况梳理分类、总结归纳，单位一把手、政府办主任、县政府分管领导、主要领导层层审核把关。全年，在政府门户网站公开代表建议91件、委员提案办理情况93件。（王妤）

【群众关心的热点难点问题办理】 2018年，左权县共办理“12345”便民热线41件，县长信箱46件，按时办结率、答复率为100%。（王妤）

应急管理

【应急预案完善】 2018年，左权县政府印发《左权县人民政府办公室关于做好应急预案编制（修订）和应急演练工作的通知》和《左权县人民政府办公室关于印发2018年全县应急管理工作要点的通知》，开展专项预案18项和部门预案修订工作23项。（李海波）

【应急培训演练】 2018年9月28日，左权县政府系统召开“三基建设”督查、应急岗位专业能力培训会议，各乡镇（城区）、县直各单位分管领导和具体承办人参加。省政府总值班室应急值班室杨继恺主任，就应急管理相关知识进行集中讲授。年内，全县开展综合性演练1次，各部门有针对性地进行各类应急演练34次。（李海波）

【信息工作】 2018年，左权县应急工作不断强化首报意识，坚持即发即报、边核边报，做到重大、特大、较大突发事件力争在事发后30分钟内向县政府值班室报告，1小时内书面报告。建立健全各乡镇（城区）、重点单位应急管理工作联络制度和信息互通制度，做到应急信息专人负责报送。（李海波）

县政务大厅

【概况】 2018年，左权县政务中心印发《左权县开展"六最"营商环境建设年活动实施方案》《关于印发左权县投资项目并联办理实施办法（试行）的通知》一等文件，优化营商环境。在推进企业投资项目"五统一"（统一现场踏勘、统一会审、统一公示、统一监管、统一验收）工作中，县政务中心组织窗口首席代表在联合踏勘的基础上，召开联合预审会议19次，实现"统一初评"。所涉企业投资审批事项的受理条件、申报材料整理成册，实现"统一告知"。依托晋中市"10360"政务服务平台，8月全部政务服务事项录入系统，推进"一网通办"。在推进政府热线"一号通"工作中，县委办、县政府办建立咨询投诉举报通道联席会议制度，县政府热线实现全天24小时电话受理，县政务中心全天24小时网上受理。是年，新增财险、公章刻制、打字复印、联社4个便民服务事项。工商窗口开展预约服务，企业设立网上申报更加成熟，发改、住建、新农合窗口开展了延时服务，综合窗口尝试帮办服务。年底，进驻政务大厅部门31个，窗口46个。（樊春燕　李淑珍）

【行政事项办理】 2018年，左权县政务中心对行政审批项目实行动态管理，对政务服务事项进行流程优化，所有事项按"一项一单一流程"的要求，编制完成岗位、时限、环节、投诉四位一体的流程图和全要素实施清单（包括收费目录清单），统一规定所有政务服务事项的办理程序不超过"受理、审核、审批、办结"四个环节，办理时限压缩为法定时限的50%。年内，有50项事项只跑一次即可办结，事项办理更快捷，群众和企业满意度持续提高。全年办件6.96万件。

（樊春燕　李淑珍）

【建设项目联审】 2018年8月5日，左权县政务中心制定印发《左权县政务中心企业投资项目承诺制服务工作细则》和《左权县政务中心关于企业投资项目值班主任工作制度》。制定企业投资项目超时默认制、缺席默认制、容缺受理制等三项制度，确定12个试点项目，按照统一清单告知、统一现场勘察、统一联合预审、统一承诺公示的"四统一"流程，变先批后建为先建后验，变过去多部门多次审批为联审会一次通过，提高了审批效率，推进了项目落地。全年受理47件，召开预审会议19次。（樊春燕　李淑珍）

【行政审批制度改革】　2018年，左权县涉及审批职能的27个部门，具有管理服务类项目的17个部门，开展“两集中、两到位”行政审批制度改革，进行审批职能归并。全县34个审批服务股，110人，90项审批事项，81项服务事项进驻政务大厅，精简部门内室机构，下放审批权限，刻制行政审批专用章22枚，改过去多人多层审批，为两人两层审批。职能部门进行窗口整合，县民政局低保中心、财险大病补偿股室、县新农合、县医保中心整体进驻政务大厅。至年底，县城乡医保中心累计发放医药费用补偿资金2880万元，受益28319人次；财险窗口发放补偿资金191万元，补偿834人次；民政窗口发放医疗救助资金193万元，救助1282人次。8月1日，政务大厅增设税务窗口。

（樊春燕　李淑珍）

【优化审批程序】　2018年，左权县政务大厅依托县政府门户网、触摸屏、LED彩屏、宣传版面、一次性告知单等公开平台，对全县的271项政务服务事项（许可128项、公共服务139项、便民服务4项），推行阳光操作，实现“七公开”服务，即审批事项名称公开、审批程序公开、审批依据公开、申报材料公开、承诺时限公开、收费标准公开、投诉电话公开。是年，在政务公开试点工作中，制作窗口二维码21个，政务公开进一步智能化。

（樊春燕　李淑珍）

机关事务管理

【公共机构节能】　2018年，左权县机关事务管理局倡导为全社会营造节能降耗的良好氛围，继续组织节能人员远程培训，开展“节能降耗，保卫蓝天”“提升气候变化意识，强化低碳行动力度”主题日大型宣传活动，动员社会各界积极参与节能低碳行动。

【车辆平台管理】　2018年，左权县机关事务管理局完善公车平台管理的各项规章制度，实行规范化管理。1月25日，平台车辆统一安装ETC（高速公路不停车收费系统），并全部正常使用。提高公务用车的使用透明度，3月11日，平台车辆实行了标识化管理。是年，共管理平台车辆39辆，调派公务用车2700余次、累计行程67万多千米。（崔素珍　王倩）

政府网站

【概况】　2018年，左权县政府网站开通“领导之窗、政务公开、互动交流、政务服务、人文左权、专题报道”等栏目。全年发布各类信息5653条，图片320幅。其中，《今日左权》专栏发布304条，各类专题报道发布756条，信息发布3940条，政务公开专栏发布452条，政府信息公开专栏发布180条。（郭英）

中国人民政治协商会议左权县委员会

重要会议

【主席会议】 2018年3月14日，政协第九届左权县委员会第十六次主席会议召开，协商讨论政协左权县委员会九届三次会议准备工作，讨论会议时间、日程、报告人员名单等相关事宜。

4月2日，政协第九届左权县委员会第十七次主席会议召开，决定政协第九届左权县委员会第三次会议召开时间、提案报告和全委会两个报告人等有关事项；研究决定政协第九届左权县委员会第九次常委会议相关事宜；通过王晓华、陈文娟二人辞去政协委员职务请求的决定；审议通过《县政协2018年度重点工作计划及安排》；协商讨论《政府工作报告》、法院、检察院工作报告。

5月9日，政协第九届左权县委员会第十八次主席会议召开，研究讨论政协第九届左权县委员会第十一次常委会议时间、主持人、参会人员等相关事宜。

9月25日，政协第九届左权县委员会第十九次主席会议召开，研究讨论政协第九届左权县委员会常务委员会第十二次会议时间、地点、主持人等相关事宜，并安排视察拐儿镇农业农村工作、信息培训等事宜。

10月31日，政协第九届左权县委员会第二十次主席会议召开，研究关于借调人员有关事宜。

11月26日，政协第九届左权县委员会第二十一次主席会议召开，讨论决定2018年度提案视察时间、人员、路线等相关事宜；研究讨论机关人事问题。

12月24日，政协第九届左权县委员会第二十二次主席会议召开，讨论纪念改革开放四十周年书画展、生态旅游常委会协商、重点工程视察等相关事宜；研究提请县委出台的《关于加强人民政协协商民主建设的实施意见》文件。 （张玉德）

【常委会议】 2018年，左权县政协围绕事关全县阶段性重点工作，以常委

（扩大）会议形式，吸收政协各工委主任列席，与相关部门开展重点协商4次，向县委、县政府提出建议和意见30余条，为助力全县相关工作推进和落实发挥参谋和助手的作用。

4月3日，左权县政协九届九次常委会议在迎宾馆召开。县委副书记、县长赵宏钟，县政协主席高儒林，县委常委、常务副县长孟玲珑及政协常委出席会议；县政协各专委会主任、乡镇副书记、县纪委监委第一派驻纪检监察组组长和部分政协委员列席会议。协商讨论了《政府工作报告》（征求意见稿），县长赵宏钟针对提出的意见建议作了说明，从项目转型、生态文化旅游区建设、民歌小花戏传承基地建设、森林覆盖、环境保护、清漳河治理、“四好”公路建设、扶贫攻坚、城市提质、争优创建十个方面介绍了2017年的政府工作；并从脱贫攻坚、项目建设、产业转型、开发区建设、乡村振兴等方面介绍了政府2018的工作安排和重点；对县政协在集思广益，参政议政中发挥重要作用给予肯定，希望县政协和广大政协委员要紧紧围绕县委、县政府的中心，共同做好“脱贫摘帽”，协力做好项目转型，献智对接民生改善。会议听取讨论了法院、检察院工作报告起草情况说明。会议作出召开政协第九届左权县委员会第三次会议的决定，审议通过政协第九届左权县委员会第三次会议有关事项和王晓华等两名同志辞去政协委员职务请求的决定，讨论了《县政协2018年度重点工作计划及安排》。

4月10日，左权县政协召开九届十次常委会议。县政协主席高儒林主持会议，会议听取全委会分组讨论情况汇报；审议通过关于政协第九届左权县委员会常务委员会工作报告的决议草案；审议通过关于政协第九届左权县委员会常务委员会关于九届二次会议以来提案工作报告的决议草案；审议通过政协第九届左权县委员会第三次会议政治决议草案。

5月10日，左权县政协召开九届十一次常委会议。县政协主席高儒林及政协常委出席会议。县政协各工委主任、部分委员列席会议。会议邀请县纪委监委第一派驻纪检监察组、公安局、县司法局有关负责人参加。县政协副主席邵锦绒主持会议。会议听取《当前形势下如何准确理解把握全面从严治党工作》的报告；听取县公安局、县司法局工作情况通报；县政协常委围绕县公安局、司法局工作情况通报发表意见和建议。县政协委员代表就县政协发出的《我为扶贫尽心力，攻坚一线做贡献》倡议进行表态发言；审议通过《县政协2018年度重点工作计划及安排》（征求意见稿）、《左权县政协反映社情民意信息工作考核细则》（征求意见稿）。

9月28日，左权县政协在芹泉镇日月星生态庄园召开政协第九届左权县委员会第十二次（扩大）会议。县政协副主席王向东主持会议，政协机关全体人员、乡镇职务委员及反应社情民意特聘信息员共50余人参加会议。与会人员在会前实地视察了拐儿镇旧寨百亩核桃种植园、拐儿镇清漳河“7·19” 水毁灾后扎坝133.33公顷新造滩田，以及陈硕石艺术馆。听取了拐儿镇《关于镇当前农村工作情况汇报》，县政协领导就加强农业基础设施建设、发展产业坚持自然规律与市场规律、加强管理、解决内生动力后劲不足提出改进建议和意见。听取了县扶贫办《全县脱贫攻坚工作情况汇报》及县生态庄园办公室《左权县生态庄园情况汇报》，县政协常委、工委主任等对两个专题汇报进行点评建言，提出建设性的意见和建议100余条。（张玉德）

【全委会议】 2018年4月8日至10日，左权县政协召开第九届左权县委员会第三次会议，通过听取报告、大会发言、民主协商、联组讨论等，向县委和县政府及全县各级各部门提出建设性的意见和建议200余条。全会审议通过政协第九届左权县委员会常务委员会工作报告的决议（草案）、提案审查情况报告（草案）、九届二次会议以来提案工作情况报告的决议（草案）、第三次会议政治决议（草案）。会议期间，全体委员列席县十六届人民代表大会，听取并讨论《政府工作报告》及其他报告，组织大会发言和联组讨论。高儒林在开幕大会上作工作报告。会议期间，根据大会秘书处总体安排，进行了政府工作报告联组讨论；组织以“决战一八、决胜脱贫”为主题的大会发言和书面发言，提出建议和意见40余条，12名各界委员代表，提出涉及重大事项和民生问题的建议和意见50余条；大会秘书处报道组通过县电视台对委员大会发言向全县做了实况录播。闭幕大会上向全体委员发出开展“我为扶贫尽心力，攻坚一线做贡献”履职实践活动的倡议书。（张玉德）

【专题会议】 2018年5月18日，左权县政协组织政协机关全体委员和职工参加省政协党组召开的中心组（扩大）学习电视会，听取了全国政协理论研究会常务理事、中国政协《理论研究》执行主编原冬平作的《深入贯彻学习习近平关于加强和改进人民政协工作的重要思想》专题讲座。

5月24日，左权县政协召开九届三次会议提案交办会。县政协主席高儒林、县委常委、常务副县长孟玲珑出席会议，县政协副主席邵锦绒主持会议。会议交办了县政协九届三次会议125件提案，其中会议期间提案124件，闭会期间提案1件。其中，转交县委办理8件，转交县政府办理117件。会议期间提案，按类别划分，有关经济建设方面27件，占立案提案21.6%；政治建设方面6件，占立案提案4.8%；文化建设方面24件，占立案提案19.2%；社会建设方面51件，占立案提案40.8%；生态文明建设方面17件，占立案提案13.6%。经政协主席会议研究，并与县政府主要领导协商，“关于实施乡村振兴战略中重视畜禽养殖场所规划建设的建议”等10件提案被列为重点提案。县委常委、政府常务副县长孟玲珑出席会议并讲话：就提高政治站位、注重协商沟通、压实工作责任、加强协同配合、强化跟踪督办和有效利用政府“13710”平台加强对提案办理的跟踪督办和县政协进行了协商对接。

6月26日，左权县政协组织政协常委、机关全体委员和部分委员，召开政协左权县委员会专题学习研讨会，就习近平总书记关于加强和改进人民政协工作的重要思想学习研讨活动进行研讨，并请市政协副主席邓明作《政协理论学习中应注意的几个问题》的专题辅导讲座和学习辅导。

7月20日，左权县政协召开听取全县“扫黑除恶”专题调研座谈会，听取专项斗争工作推进情况通报。（张玉德）

【党组会议】 2018年2月6日，左权县政协党组召开民主生活会，党组书记高儒林代表政协党组作政协班子对照检查材料汇报，政协党组成员相互开展批评与自我批评。

7月20日，左权县政协召开党组扩大会议，传达学习中共政协山西省委员会党组（晋协党发4号）文件《关于阳泉市部分政协领导干部和部分政协委员违纪违规问题通报》精神。

9月8日，左权县政协党组和县政协机关党组联动召开专题学习扩大会，传达学习中共中央《关于加强新时代人民政协党的建设工作的若干意见》。（张玉德）

主要工作

【概况】 2018年，左权县政协重点开展了培训学习、履职建言、提案办理、信息反映、文史征编、专题纪念、联谊交流、专委活动、扶贫帮扶、机关建设等工作，委员参与率达100%。其中，通过各种渠道培训委员300余人次，撰写和提交反映社情民意的调研、视察报告、专题研讨会报告和大会发言70余篇，办理提案118件，上报社情民意信息170余条，提出各类有针对性和前瞻性的建议和意见900余条，被上级政协及县委、县政府采用250余条，编辑出版《左权文史》第十二辑20万字，组织和参与各级纪念改革开放书画展和征文等专题活动4次。（张玉德）

【委员考核】 2018年4月8日，政协第九届左权县委员会第三次会议预备会议，对委员上年度主要履职情况采用通过形式公布考核情况。121名委员撰写了提案121件。王媛等128委员撰写反映社情民意信息222条，其中上报信息180余条，其中8条信息被全国政协综合采用，40余条信息被省市政协采用。（张玉德）

【培训学习】 2018年，左权县政协有针对性组织委员参加县市级集中培训。4月至6月，县政协分期分批组织县政协工作人员和县政协委员赴秦皇岛北戴河全国政协干部中心参加了“全国政协第115、116、123、124期地方政协干部（委员）培训班”。9月28日，县政协在芹泉镇日月星生态庄园举办2018年度“左权县政协反映社情民意信息培训会”。12月6日至7日，县政协组织部分县政协委员参加市政协反映社情民意信息培训班。（张玉德）

【履职建言】 2018年4月8日至10

日，政协第九届左权县委员会第三次会议开展重点协商建言和整体协商讨论4次，提出修改报告意见和建议70余条。联组讨论中委员提出涉及重大事项和民生问题的建议和意见50余条；大会发言和书面发言中委员提出建议和意见50余条。

（张玉德）

【视察监督】　2018年，左权县政协组织主席、副主席和常委、委员，开展全县重点工程、生态水源保护、农村改厕、乡村振兴、生态文化旅游开发区建设视察。1月17日，对左权县水库饮水周边环境现状和水质状况进行视察，并向县委和县政府提交了《关于重视和加强石匣水库饮用水源地整治保护的调研报告》。5月28日至30日，县政协主席、副主席分别在所包乡镇的龙泉乡、石匣乡、辽阳镇、羊角乡、麻田镇就农村脱贫攻坚工作进行督促检查。提出建议和意见20余条。6月16日至25日，县政协就农村改厕工作进行视察，向市政协报送《对左权县农村改厕情况进行民主监督的总结报告》，提出建议6条。9月28日，县政协以乡村振兴为知情专题，组织政协机关全体人员、乡镇党委副书记及反应社情民意特聘信息员视察拐儿镇旧寨百亩核桃种植园、拐儿镇清漳河“7·19”（2017年7月19日）水毁灾后扎坝133.33公顷新造滩田，天门村陈硕石艺术馆，并就加强农业基础设施建设、发展产业坚持自然规律与市场规律、加强管理、解决内生动力后劲不足提出改进建议和意见100余条。11月14日，县政协组织民族宗教和法律工作委员会委员及机关工作人员，与县公安局、人民法院、人民检察院、司法局、县综治办、县城区党工委召开“扫黑除恶”专题调研座谈会。政协委员提出意见和建议20余条。11月27日，县政协对九届三次会议以来提案办理落实情况进行视察。期间，提案承办单位负责人做相关提案办理落实的现场汇报。提案视察后在麻田镇政府召开座谈会。承办单位负责人就提案协商办理情况同县政协进行再沟通再协商，政协委员就进一步做好提案办理落实提出意见和建议20余条。12月29日，县政协对全县转型重点工程建设情况进行视察，在龙泉乡政府召开座谈会。听取副县长张世华关于全县2018年重点工程项目完成落实情况通报。视察人员就做好项目后续的可持续推进提出意见和建议。

（张玉德）

【专题调研】　2018年1月，左权县政协以农村土地承包中存在问题为调研专题，通过信息“直通车”向省市政协报送《解决当前农村土地承包中存在问题的建议》的调研报告，提出4条建议。3月，以加强中小学社会主义核心价值观教育为调研专题，形成《加强中小学社会主义核心价值观教育的建议》的调研报告，提出7条建议，通过《政协之声》向县委、县政府和有关部门进行社情反映。5月16日，以振兴全县传统产业为调研专题组成调研考察小组，赴河北省武安市新峰水泥有限公司、河北兴华钢铁有限公司进行调研，向县委和县政府提交《振兴全县传统产业为调研考察报告》。5月23日，以民间文化与全域旅游融合发展为调研专题进行调研。完成《关于左权县民间文化与全域旅游融合发展的调研报告》的室外调研和室内资料整理的前期准备工作。8月上旬，以脱贫攻坚为调研专题，组织入村进户进行调研，提交《左权县脱贫攻坚调研报告》。8月上旬，以乡村振兴为调研专题，组织部分政协委员赴汾阳市贾家庄村乡村旅游园、汾阳皇米业有限公司小杂粮食加工基地进行调研取经，并通过《政协之声》向各级各部门进行情况通报和意见反馈。（张玉德）

【提案办理】 2018年，政协左权县委员会第三次会议期间，共收到委员提交的提案125件。其中集体提案3件。在委员所提交提案中，涉及经济和社会等六方面，其中经济建设方面27件，政治建设方面6件，文化建设方面24件，社会建设方面51件，生态建设方面17件，经县政协与县委、县政府协商，于5月24日，三方共同召开九届三次会议提案交办会，其中转交县委办理8件，县政府办理117件。10件提案被列为重点提案，实行主席、副主席分工督办；115件作为一般提案归口办理。（张玉德）

【信息工作】 2018年，左权县政协执行信息报送批办制度。3月，制定全年信息工作计划，对政协常委、特邀委员、特约信息员和机关工作人员的报送条数进行考核；调整信息队伍，增聘特约信息员。4月，召开反映社情民意信息员座谈会，《政协之声》全年编发共10期。（张玉德）

【文史工作】 2018年1月20日至21日，左权县政协赴京同北京外文局就2017年启动的太行抗战文献史料整理事宜进行协商洽谈。4月，《左权文史》第二十辑编印出版。4月22日至26日，县政协组织赴京走访左权籍已故闻人侯恺、陈硕石、张树藩、皇甫束玉等亲属，征集《我对河南信阳事件的回忆》（张树藩）、《往事漫忆》（侯恺）等文字6万余字。11月，县政协完成“左权文史系列丛书”之《张树藩回记录》编辑工作。（张玉德）

【联谊交流】 2018年5月13日，徐州市云龙区政协主席李学东一行，到左权县调研小会村彩吊非物质文化遗产保护情况，并到麻田八路军总部接受红色传统教育。7月27日，寿阳县政协机关党组、机关党支部组织机关工作人员，到麻田八路军总部及纪念馆、左权将军殉难处接受革命传统教育并重温入党誓词。（张玉德）

【重要活动】 2018年5月19日，县政协、县委宣传部主办的县籍东隘口村教育文艺家、出版家、诗人皇甫束玉纪念活动，在县思源实验学校多功能厅举行。同时进行“山情水怀——皇甫束玉作品朗诵演唱会。”9月28日，县政协在芹泉镇日月星生态庄园举办传承红色基因主题宣讲报告会。邀请上海市油画雕塑院原党支部副书记王欣作《感悟太行精神，践行传承之路》主题宣讲报告。（张玉德）

中国共产党左权县纪律检查委员会 左权县监察委员会

综　述

【概况】　2018年，左权县纪委监委履行执纪监督监察职责，推行监察体制改革，集中整治群众身边“微腐败”，推进正风肃纪反腐，加强干部队伍自身建设，推动全县纪检监察工作取得新突破新成效。6月，省委常委、省纪委书记、省监委主任任建华在左权县调研时对县纪检监察工作给予充分肯定。全年，县委常委会、专题会议先后研究部署反腐败工作18次，研究相关议题30个。县纪委监委召开会议46次研究安排部署工作，并层层以线索处置会、监督检查会、审查调查会、室务会等推进落实。调整组建县纪委监委党总支和3个党支部，规范开展组织生活。常态化开展“政治体检”，对党的路线方针和上级党委纪委政策要求等执行情况进行监督检查。严把“党风廉洁意见回复关”，先后廉政审查766人次，其中提拔重用人选46人次。指导督促10个乡镇、80个县直部门和单位细化责任清单，逐步构建责任清晰、任务明确、部门联动的责任体系。年内集体约谈全县纪检监察干部93人次，县纪委监委班子成员一对一约谈乡镇纪委书记、派驻纪检监察组长和机关室主任以上干部。落实“一案双查”，对履行管党治党主体责任和监督责任不力的单位和领导干部实施问责，全年共问责52案56人14个党组织，推动各级党委（党组）切实担负起管党治党政治责任。年内完成派驻机构全覆盖工作，采用综合派驻和单独派驻相结合的方式，设立13个派驻纪检监察组，选配28名派驻干部；成立派驻机构事业人员管理中心，选调10名事业干部到派驻纪检监察组工作。深化乡镇监察工作，在配备21名派驻监察员和31名助理监察员的基础上，选聘203名村级监察信息员。全覆盖建立科级干部廉政档案和监督监察对象廉洁档案，精准描绘党员干部“廉情画像”，将监督监察的“探头”布设到基层。开设县乡纪委微信举报“一码通”，建立“来访、信件、电话、短信、微信、网站”六位一体举报平台。先后按要求查办中央巡视组交办的问题线索11件，给予党纪政务处分13人。集中力量查办市纪委监委指定的“4·25榆社涉黑保护伞相关腐败问题”案件，采取留置措施2人，移送司法机关2人，立案审查调查20人，党纪政务处分2人。坚持零容忍惩治腐败，全县纪检监察机关共受理信访举报67件；处置问题线索739件，其中谈话函询345件，初步核实356件；立案191件（涉及乡科级20人、一般干部45人、其他人员126人）；结案152件，给予党纪政务处分150人（其中党纪处分143人，政务处分12人，双重处分5人，立案后给予组织处理4人，撤职以上重处分25人），挽回经济损失108.42万元。（霍志宏　杨震武）

重要会议

【中共左权县第十七届纪律检查委员会第三次全体会议】　2018年3月2日，中国共产党左权县第十七届纪律检查委员会第三次全体会议召开。出席会议的县纪委委员14人，列席215人。会议由县纪律检查委员会常务委员会主持。会议以习近平新时代中国特色社会主义思想为指导，深入贯彻落实中共十九大和十九届二中全会精神，认真贯彻中央纪委二次全会、省委十一届五次全会、省纪委三次全会、市委四届五次全会精神、市纪委三次全会精神，总结回顾2017年全县纪检监察工作，研究部署2018年任务。审议通过李学文同志代表县纪委常委会所作的《正风反腐不松劲，创新深化再出发，奋力谱写左权全面从严治党新篇章》的工作报告和《中国共产党左权县第十七届纪律检查委员会第三次全体会议决议》。（霍志宏　杨震武）

主要工作

【思想政治建设】　2018年，左权县纪委监委以习近平新时代中国特色社会主义思想和习近平总书记视察山西重要讲话精神统揽工作全局，与学习贯彻中共十九大精神结合起来，推动全县纪检监察工作沿着正确方向前进。（1）坚定政治领导。坚决扛起“两个维护”根本政治责任，把自己摆进去，带头贯彻落实关于加强和维护党中央集中统一领导的相关规定和决策部署，主动做好向市纪委监委和县委的请示报告，自觉维护党的领导。严格执行民主集中制，先后组织召开46次县纪委监委会议研究安排部署各项工作，并层层以线索处置会、监督检查会、审查调查会、室务会等推进落实。（2）强化政治监督。坚守职能职责，对党中央大政方针和党章党规执行情况，党中央和省委、市委重大决策部署贯彻落实情况开展经常性监督检查，严肃查处违反政治纪律和政治规矩的问题。监督全县各级各部门召开肃清流毒影响工作专题民主生活会，力促党员干部从违纪违法案件中汲取教训、引以为戒。严把党风廉洁意见回复关，先后廉政审查499人次，其中提拔重用人选 46 人次。（3）压实政治责任。建立完善基础工作、重点工作、亮点工作“三个清单”。持续采取“联督、联动、联考”三联工作机制，通过签字背书、层层约谈、建立台账、述职亮责、年终考核等常规手段。组织召开派驻纪检监察组落实监督责任推进会，落实“九个一（开展一次党纪法规集中学习、开展一次廉政警示教育、重温一次入党誓词、开展一次自查活动、撰写一篇个人学习体会、组织一次思想汇报、签订一份“十条禁令”承诺书、印发一份家属助廉倡议书、形成一份工作报告)”工作任务。坚持失责必问、问责必严，严肃处理落实全面从严治党“两个责任”不力等问题，先后问责党组织 14 个和党员干部 56 名。

（霍志宏　杨震武）

【监察体制改革】　2018 年，左权县纪委研究制定《左权进一步深化监察体制改革试点工作行动方案》（1）实现党对反腐败工作的统一领导。成立以县委书记为组长的反腐败领导小组，制定加强党对反腐败工作全过程领导常态化、制度化、长效化方案，健全完善一系列配套制度。县委常委会先后部署反腐败工作 18 次，市委常委、县委书记王兵作出管党治党批示 99 次。县委反腐败领导小组先后召开会议 4 次研究规则、听取汇报、解决问题、凝聚合力、推动工作，全面强化党的领导。（2）实现监督监察范围全覆盖。按照省市要求推开并完成派驻机构全覆盖工作，采用综合派驻和单独派驻相结合的方式，向全县 80 个党政机关单位派驻了 13 个纪检监察组，选配选调 36 名干部，成立派驻机构事业人员管理中心。深化乡村监察，在加强乡镇监察工作基础上，选聘了 203 名村级监察信息员。全覆盖建立了科级干部廉政档案和监督监察对象廉洁档案。（3）实现纪法衔接更加高效。根据《中华人民共和国监察法》和省纪委监委“四个一”（“四个一制度”即《山西省纪委监委执纪监督监察工作制度》包括：1.山西省纪委监委执纪监督监察工作实行办法。2.山西省纪委监委审查调查措施使用规范。3.山西省纪委监委直接监督监察工作流程图。4.山西省纪委监委执纪监督监察常用文书）工作制度等最新规定，逐步完善执纪监督监察工作流程，出台《关于进一步加强基层纪检监察审查调查工作的通知》等制度。审查调查工作主动适应以审判为中心的证据标准，以更高标准、更严要求，规范调查职务犯罪的取证行为。主动邀请检察机关对 2 件移送起诉案件的相关证据和程序进行了审查把关。（4）实现改革效果逐步显现。监察体制改革带动了查办案件数量质量的双提升，派驻纪检监察组以开展“九个一”活动为契机，提升派驻监督质量，立查案件工作实现全面“破零”，共立查案件 20 件。全县纪检监察机关全要素运用 12 项调查措施，其中使用谈话 518 人次，讯问 43 人次，询问 179 人次，查询 140 次，冻结 1 次，调取 46 次，查封 1 次，扣押 11 次，搜查 5 次，勘验检查 1 次，鉴定 1 次，留置 3 人。（霍志宏　杨震武）

【作风建设】 2018年，左权县纪委监委落实中央八项规定精神，紧盯节点、瞄准重点，以越往后执纪执法越严的原则刹“四风（形式主义、官僚主义、享乐主义和奢靡之风）”、改作风。（1）强化查纠问责力度。全年查处违反中央八项规定精神问题20件，党纪政务处分17人，组织处理23人。集中开展形式主义、官僚主义问题专项整治，严肃处理慵懒散漫、为官不为的人和事，发现并督促整改苗头性、倾向性问题38条，查处案件29件，给予党纪政务处分27人，组织处理21人。（2）健全完善工作机制。严格按照《关于全面加强联动协作的工作方案》要求，加强与财政、税务、审计等部门协同配合，持续健全完善立体监督体系，坚持实行月报告制度，及时移送有关问题线索。同时规范受理程序，优化处置流程，固定问题证据，保证发现查处的时效性和实效性。（3）探索容错免责机制。探索监督约束干部与保护激励干部齐抓共管、协同推进的方法措施，全年，从轻处分3人，有效激发了基层党员干部担当干事的工作劲头。

（霍志宏　杨震武）

【纪律建设】 2018年，左权县纪委监委认真履行监督第一职责，既发现问题、纠正偏差，又坚决查处、从严执纪，做到真管真严、敢管敢严、长管长严，推动纪律建设得到全面加强。（1）以实效教育强化法纪意识。深入挖掘左权革命老区廉政教育资源，着手升级改造“临参会”廉政教育基地；充分运用党校培训和各级党委（党组）理论中心组学习开展党纪法规教育；持续运用“左权县全面从严治党在线学习平台”，常态化推动“关键少数”学用法纪常态化、实效化。（2）以震慑预防问题蔓延。持续引深和扩大“以案说纪、以案施教、以案促改”工作制度的作用和效能，在芹泉镇、人社局、卫计局等单位召开了典型案件通报会，既剖析案例、指明问题，又讲清法纪、教会方法，不仅起到触动心灵、警示教育的现场效果，而且起到举一反三、建章立制的延伸效应。发挥乡村监督监察和派驻机构“探头”作用，综合运用参加会议、重点谈话等方式，把监督寓于被监督单位日常工作，精准有效行使监督权。用好监察建议“利器”，发出建议书26份，瞄准案发单位突出问题，深剖析、戳痛点、列清单、提良策，推动问题整改解决。通过“三联”方式，即县纪委监委监督检查室联系、派驻纪检监察组联组、乡镇纪委联片，有效破解了基层力量薄弱、查办案件人手不足的问题。三是以“四种形态”（经常开展批评和自我批评、约谈函询，让“红红脸、出出汗”成为常态；党纪轻处分、组织调整成为违纪处理的大多数；党纪重处分、重大职务调整的成为少数；严重违纪涉嫌违法立案审查的成为极少数）教育多数干部。全年纪检监察机关运用“四种形态”处理533人次，其中第一、第二、第三、第四种形态分别占比71.5%、23.3%、3.0%、2.2%，逐步实现由“惩治极少数”向“管住大多数”拓展。

（霍志宏　杨震武）

【政治巡察】 2018年，左权县纪委监委牢牢把握巡察的政治属性，坚持问题导向，聚焦党的领导、党的建设、全面从严治党，检视偏差疏漏，推动严纠实改。(1) 强化基础支撑。制定完善《十七届左权县委巡察工作规划》。建立县级巡察组长库、工作人员库和专业人员库，将各单位下属事业单位的工程、财务等专业人员纳入其中。积极探索机构定位、人员管理等方面规范，制定《左权县巡察组组内人员管理制度》《左权县巡察工作手册》，保障巡察工作规范高效运转。(2) 加大巡察力度。配合落实市县巡察统筹工作，完成四轮巡察，起步开展十七届县委第五轮巡察，先后对7个乡镇和29个县直单位进行巡察，通过听取汇报、个别谈话、受理群众信访举报等方式，发现问题线索23件并移交相关单位处理，督促整改共性问题286个。(3) 提升整改实效。执行向被巡察党组织及主要负责人“双反馈”机制，严格落实未巡先改、边训边改、全面整改的要求，引入县领导扛起巡察捆绑责任，既抓好当下问题的“改”，又抓好长久制度的“立”，共督促15个单位细化整改措施347项。 (霍志宏　杨震武)

【审查调查】 2018年，左权县纪委监委坚持无禁区、全覆盖、零容忍，坚持重遏制、强高压、长震慑，坚持受贿行贿一起查，更加有效地遏增量、减存量，清除腐败“污染源”。(1) 坚持有案必查、有腐必惩。开设纪检监察机关微信举报“一码通”，建立“来信、来访、来电、短信、微信、网站”六位一体涉纪信访举报平台。是年，全县纪检监察机关共受理涉纪信访举报67件，处置问题线索815件，立查案件212件，党纪政务处分150人，挽回经济损失108.42万元。全面查结中央巡视组交办的11个问题线索。严肃查处左权县小水电管理所原所长陈某违纪违法案。集中力量查办市纪委监委指定的榆社县“4·25涉黑保护伞相关腐败问题案”。加强案件审理工作，严格规范审理流程和制度，严把案件质量关。(2) 坚持安全办案、文明办案。切实筑牢审查调查安全底线、强化安全责任意识，加强留置陪护队伍管理，执行3批150余天的陪护任务，进行专业化消防安全培训和实践演练，出台《左权县纪委监委执纪监督审查调查安全制度汇编》等，建立以制度管人管事的机制，推动审查调查安全工作规范化、制度化、科学化。县纪委监委案管室不定期开展审查调查安全检查，对发现的问题立即予以指出，能当场整改的要求即刻整改，需要后续整改的责令限期整改，消除安全隐患，确保不留死角。全年未发生一起审查调查安全事故。 (霍志宏　杨震武)

【群众身边腐败和作风问题整治】 2018年，左权县纪委监委坚持以人民为中心，加大力度整治群众身边腐败问题，切实提升人民群众的获得感、安全感、幸福感。(1) 严肃查处惠民政策落实中的腐败问题。开展问题线索攻坚行动，通过对信访举报、监督检查、巡察等情况进行汇总分析，梳理民生领域问题线索，并建立台账，以问题反映集中的社保低保、集体“三资”（资产、资源、资金）管理和惠农补贴等领域为阶段治理重点，利用突破整治带动全面整治。共查处群众身边腐败案件180件335人。（2）扎实推进扶贫领域监督执纪问责工作。立足“决战一八、脱贫摘帽”实际，完善了《关于深入开展扶贫领域腐败和作风问题专项治理的实施方案》，打造“九查九问、三到三访”（“九查九问”即查责任清单，问脱贫责任落实是否到位；查识别程序，问脱贫对象是否到位；查项目建设，问脱贫项目效益是否到位；查资金管理，问脱贫资金使用是否到位；查公示公开，问脱贫政策落实是否到位；查驻村帮扶，问帮扶制度执行是否到位；查干部行为，问帮扶作风建设是否到位；查关键人群，问廉政风险防范是否到位；查问题整改，问腐败漏洞堵塞是否到位。“三到三访”即到贫困村，访问民情；到贫困户，访察民意；到信访举报户，访排民忧）精准左权模式升级版。健全由党风政风监督室综合协调、案件监督管理室等科室配合，财政、农业等部门共同参与的工作机制。全年共查处扶贫领域案件75起131人。（3）坚决惩处党员干部涉黑涉恶腐败问题。通过把扫黑除恶专项斗争与反腐败斗争、与基层“拍蝇”、与扶贫领域“清风行动”相结合，出台《关于在扫黑除恶专项斗争中深挖黑恶势力“保护伞”严惩涉黑涉恶的实施方案》，压紧压实相关职能部门和单位的责任。全县纪检监察机关共处置涉黑涉恶问题线索39起，责任追究23人。（霍志宏　杨震武）

【队伍建设】 2018年，左权县纪委监委调整组建县纪委监委党总支，下设3个党支部，把党组织标准化建设与推进省级文明单位创建结合起来，开办道德讲堂，开展志愿服务，探索开展以重温入党誓词、赠送生日贺卡、发表生日感言、实施践诺行动等为主要内容的党员“政治生日”活动，力促党员干部不忘初心、牢记使命。全年先后调整纪检监察干部4批26人次。新录用公务员2名。组建审查调查人才库，按程序将60名干部充实入库。注重能力提升，全员参加山西干部在线学院、国家工作人员学法用法及考试平台学习，组织理论中心组学习9次、党支部集中学习7次、周一纪法讲堂15次、专家学者讲座2次、外出培训6批21人次、轮岗培训32人次。全年通过开展层层谈心谈话、全员家访等活动，激发和保护纪检监察干部的积极性主动性创造性。强化集体决策、健全内控机制、严格审批权限、严明“三条禁令”（“山西省纪检监察干部三条禁令”严禁泄露监督检查、审查调查工作秘密；严禁未经批准擅自接触被审视调查人、涉案人员及其特定关系人；严禁打听案情、过问案件、为涉案人说情打招呼。对违反上述规定之一者，一经查实加重处理，并限期调离纪检监察系统），先后严肃处理纪检监察干部2名。（霍志宏　杨震武）

群众团体

左权县总工会

【左权县总工会十二届二次全委会】 2018年4月13日，左权县总工会十二届全委会召开，会议总结了2017年工会工作，安排部署了2018年的重点工作；通过经费审查工作报告。 （赵静）

【促进就业活动】 2018年，左权县总工会与县人社、县团委、县妇联等单位联合举办以“搭建供需平台、促进转型就业、助力脱贫攻坚”为主题的2018年新春专场大型招聘会，75个省内外企业参加，提供就业岗位5000余个，工种220余个，现场达成就业意向400余人。 （赵静）

【扶贫济困送温暖】 2018年，左权县总工会如期将中央、省、市、县财政帮扶慰问困难职工的生活救助9.89万元，医疗救助21.9万元，慰问困难企业2个10万元，困难劳模帮扶及春节慰问4.22万元，米面油等慰问品1.95万元发放到全县困难职工手中。年初，县总工会开展“情暖回家路”农民工平安返乡活动投入9500余元，将在左权务工的河北、河南、陕西等地400余名农民工送上回家路，以解决春节期间农民工返乡难、购票难、出行难等问题。夏季，组织开展“夏送清凉”活动，慰问环卫、交警、建筑等一线职工1100余人，送去消暑物品10万余元；组织开展“金秋助学”活动，发放助学金1.9万元，资助7名困难职工子女圆梦大学；左权县第十期职工大病医疗互助共救助101人，补偿金额49.4万元。第十一期职工大病医疗互助金参加互助达10563人，收缴互助金38.6万余元。全年，县总工会帮扶困难职工39人，发放慰问金24.9万元。慰问全国、省劳模春节金及困难帮扶金5.6万元。

春节元宵节“两节”期间，县总工会为西河头、武军寺村贫困户送去米面油慰问品1.8万元，“六一”为西河头村51名学生送去4000余元的校服，“中秋节”为贫困户送去1000余元的节日慰问品。年内先后投入4000余元，帮助贫困户整理院落、修缮门窗等，掌握贫困户的生活工作身体现状，制定巩固提升脱贫成效举措，承接县委社会扶贫行动任务，全年实施了500余名贫困农民工技能提升免费培训。（赵静）

【劳模示范引领活动】 2018年9月5日至6日，左权县总工会开展“劳模看劳模，互促争上游”助力脱贫攻坚活动，鼓励劳动模范积极投身脱贫攻坚主战场，做产业兴旺的引领者、精准扶贫的践行者、和谐稳定的维护者、乡风文明弘扬者、乡村善治的参与者，带动建档立卡贫困户早日脱贫。该活动在《晋中日报》进行了专版报道。（赵静）

【技能竞赛活动】 2018年5月14日，左权县总工会与县卫计局、县医疗集团人民医院联合举办了纪念“5·12”国际护士节暨医护技能竞赛活动，全县各乡镇卫生院以及县直医疗卫生机构单位60余名医护人员参加。6个医疗单位荣获全科医疗城市组、农村组团体等奖次，授予14名医护人员“医护技能标兵、技能能手”荣誉称号。6月29日，县总工会、左权燃气有限责任公司联合举办2018年“安康杯”安全知识竞赛。公司安全运行部、生产技术部等6支参赛代表队，50余人参加活动。9月26日，晋中市“五小”竞赛活动督查座谈评审会在左权县召开。全年，县总工会组织各类技能竞赛活动50多次，参赛单位160多个，职工4000余人次，提出合理化建议2350条，职工科技创新、发明创造成果50余项。荣获晋中市第五届“五小”竞赛活动一等奖2个、二等奖2个，三等奖7个，获奖项目数量跃居全市前列。盘城岭煤业有限公司禹彦峰职工创新工作室荣获“安全示范班组”。（赵静）

【爱心驿站项目】 2018年5月12日至13日，左权县总工会、县文明办、志愿者服务联合会共同举办“情随衣动、衣暖人间”爱心驿站募捐活动，现场募捐衣服及日常生活用品达4000多件，参与群众达100余人。每周六、周日为“爱心驿站”募捐日，在城内主要干道、商场超市、楼宇小区等人群集聚区，设立流动和固定募捐服务点。活动先后被新华社、中国工会在线、山西省人民政府网站、新华每日电讯、《工人日报》等30多家媒体专题报道。山西省总工会副主席辛旭光批示发动省总机关人员捐赠衣物985件，省总副主席张亚琳出席了捐赠仪式。同时对31个户外爱心服务站进行清理整顿，并新建市级爱心服务站3个。为维护女职工的权益，县总工会开展妈咪小屋规范化建设，示范小学荣获“省级妈咪小屋”荣誉称号。（赵静）

【职工心理健康咨询示范基地建设】 2018年8月，左权县总工会先后投入40余万元，在县职业技术中学建成约500平方米的集心理健康咨询室、心理测评室、音乐放松室、沙盘室、宣泄室、个体（团体）辅导室等为一体的综合型职工心理健康教育服务阵地，开展针对性的心理健康知识普及、心理评估、心理行为训练、专题培训等活动。9月10日，举办了团体心理辅导及健康教育讲座活动，县直机关、乡镇（社区）、企业等基层工会组织负责人400余人参加。是年，左权县职工心灵驿站被省总工会评为唯一一家县级“山西省总工会职工心理健康咨询示范基地”。

（赵静）

【维权行动】 2018年，左权县总工会开展维权行动，全年签订集体合同92份，覆盖企业69个，覆盖职工1.43万人；女职工权益保护专项集体合同92万份，覆盖女职工0.21万人；县总工会常年聘请法律顾问1名，建立了10个乡镇、8大社区法律援助维权服务机构和劳动争议调解委员会；全县应建厂务公开和职代会制度的企事业单位295个，已建280个，建制率达到95%。

（赵静）

【工会组织规范化建设】 2018年5月9日，左权县总工会召开全县基层工会经费管理暨审计监督培训会，各行政事业单位、乡镇、社区等基层工会财务干部160余人参加培训。会议邀请晋中市总工会经审委员、太谷县总工会财务部长赵成晨进行授课。6月28日，晋中市工会组建入会攻坚行动现场推进会在左权县召开，各县（区、市）、系统工会、开发区工会工委、市直工委等100余人参加。县总工会在会上作典型发言。至年底，全县工会组织310个，会员38993人，其中女职工8827人，农民工20651人。新组建工会29个，发展会员1695人，其中农民工1618人。全县五大系统工会、行政事业单位、乡镇（社区）等基层工会换届全部完成，工会组织规范化建设不断提升。

县总工会深化改革创新，在建机制、强功能、增实效上下功夫。是年，县困难职工帮扶中心更名为职工服务中心，乡镇工会联合会村级工作组建设全面铺开，农民工集中入会数量和服务质量不断提高。年内，县总工会组织开展以“建功新时代、讴歌劳动美”为主题的走进十大劳模宣传活动；“不忘初心永向党、建功左权铸辉煌”大型职工文艺汇演；“最美劳动者”职工手机微拍大赛；“中国梦、劳动美”退休职工个人书画展；“时代主力、阳光生活、健康家园”首届职工趣味运动会；“中国梦、劳动美”学习贯彻习近平新时代中国特色社会主义思想和中共十九大精神职工演讲比赛等主题文体活动。在全国第六届“书香三八”活动中，左权县荣获个人优秀奖3个；全省“传承优秀家风、涵养时代新风”活动中，左权县参赛作品《妈》荣获省级微电影类三等奖；参加晋中市“中国梦、劳动美”学习贯彻习近平新时代中国特色社会主义思想和中共十九大精神职工演讲比赛活动，荣获二等奖。

（赵静）

共青团左权县委员会

【脱贫攻坚工程】 2018年，团县委多措并举实施共青团助力脱贫攻坚工程。联合县人社局等单位举办“青春兴晋”专场招聘会，共达成就业意向1200余人；成立山西省农村青年经纪人协会左权工作站；联合城区管委会和县电商办举办80余名青年参加的青年电商微商实操培训会；举办25户农村青年参加的“甜蜜丝路”养蜂技术培训和158名贫困青年参加的青年就业创业培训；联系农商行、农行帮助95名贫困青年创业贷款373.9万元；联系榆次团区委、山西文心书院举行“手写春联大义卖，城乡少年手拉手”活动，共筹得善款5855元，在下庄学校建起“文心书屋”；联合青年志愿者协会深入粟城乡开展“青苗助学助困”慰问活动，资助粟城乡6名建档立卡贫困少年每人1000元；联合青年文明号单位和青少年事务社工协会为石匣幼儿园的贫困儿童捐赠了文具、图书、玩具，为石匣敬老院的孤寡老人表演节目并且由专业社工师与石匣幼儿园的小朋友进行心灵的沟通；继续联系江苏萤火虫爱心社开展助学活动，资助19名贫困学生1.78万元；向辽阳镇8个贫困村爱心超市捐赠价值6万元的西裤300条；开展“同心助学”精准扶贫活动，为全县所有义务教育阶段学校捐赠创客空间3D打印机3台、学生平板电脑60台、文房四宝500件、教师教学软件500套；联合县妇联发出行动倡议书，并率先垂范，深入辽阳镇刘家窑村、芹泉镇五里铺村、寒王乡段峪村开展“五洁净”“六要六有”活动；帮助扶贫村西长义党建工作提档升级，获全市先进基层党组织，并组建成立左权县辽冀惠民服装厂；开展元旦走访慰问、春耕送化肥和文化、卫生下乡惠民活动；圆满召开全县精准扶贫档案资料推进西长义现场会。

（常新）

【青少年思想政治教育】 2018年，团县委举办“学习党的十九大精神，党团知识竞赛”活动；先后开展学雷锋团日活动、“清明祭英烈　共筑中华魂”祭扫活动、“红领巾相约中国梦　听党的话　做好少年”入队仪式、“争做新时代好队员——集结在星星火炬旗帜下”主题队日活动、“缅怀先烈　学会感恩”主题游学夏令营和宪法学习宣传教育主题团队日活动。（常新）

【青年工作】 2018年，团县委联系不同领域的团员青年建立了台账、微信群；坚持大宣传大调研制度，每月深入基层通过实地调研、召开座谈会、主题团日、志愿服务等形式与青年面对面接触，拉近与青年距离；在“五四”当天举行了“不忘初心　青春起航”庆“五四”徒步活动；建立机关开放日活动制度，组织开展团县委机关开放日活动2次；进行了青联换届；召开以“青年婚恋交友”为主题的共青团与人大代表、政协委员面对面活动。（常新）

【共青团建设】 2018年，团县委利用“青年之声”、新媒体平台联系服务青年，继续巩固提升“晋中左权青年”微信平台功能，有效开通“左权青春故事会”栏目；加强网上青年志愿者注册，本年度新增218名；在华能电厂、营盘社区、社工协会等10个单位建起青年之家，营盘社区青年之家被评为省标准化青年之家，并依托下拨资金先后举办社区青年团体心理辅导、趣味运动会、小花戏培训等。

（常新）

【新型服务主体】 2018年，团县委在2017年成立青少年事务社工协会的基础上，成立青年志愿者协会，并在扶贫助困、爱心帮扶、生态旅游、自行车赛活动中奉献力量；社工协会也开展了慰问老山前线老兵、防艾、自护、用电宣传等活动；在全县15所中小学开展禁毒防艾宣讲教育10场、“阳光自护”团体心理辅导70场和五防安全教育110场。真正构建起团干部+青年志愿者+青少年社工的新型服务主体。（常新）

【理论业务培训】 2018年，团县委以加强思想政治素质、工作基本理论为目标，紧抓中共十九大精神和习近平总书记系列重要讲话精神学习贯彻，落实团委书记团建第一责任人责任，推行基层团组织负责人向上级团组织作团建工作述职制度；完善以《团章》为统揽的团内制度体系，严肃团内政治生活，建立防止和克服“四化”（机关化、行政化、贵族化、娱乐化）问题的长效机制；持续开展“两学一做”学习教育，使其更加常态化和制度化，组织团干深入廉政教育基地、党性锻炼基地等开展实践学习教育，确保团干部作风建设取得明显实效。（常新）

【团队组织建设】 2018年，团县委严把团员入口关，严格按照10%、30%、60%的入团比例，发展团员442人；严格落实“三会两制一课”制度，创新团的组织生活方式，严肃团的组织生活，加强和改进团员关系接转等基础团务；借少工委换届之际，推进少先队改革，严格代表比例，指导各学校选出少工委主任，并和辅导员一同颁发了聘书；按照上级要求规范团队标识、标志及使用。（常新）

左权县妇女联合会

【学习教育活动】 2018年1月，左权县妇联系统举办学习贯彻中共十九大精神宣讲会，邀请县委宣讲团成员周丽芳主讲，县妇联全体执委参加。3月，举办县乡村三级妇干培训班，邀请山西财经大学副教授马国柱主讲。11月，开展“晋中市宣讲习总书记重要讲话和中国妇女十二大精神左权县专场”活动，邀请晋中市妇联主席吉爱玲、榆次区妇联主席魏荣华、怡美佳董事长李毅敏三人在左权县进行宣讲。是月，组织县妇联全体执委开展晋中市四次妇代会宣讲，深入学习贯彻市委书记王成重要讲话和会议精神。（李敏）

【创业创新巾帼行动】 2018年2月，左权县妇联联合县人社局在左权县将军广场举办以“搭建供需平台，促进转移就业，助力脱贫攻坚”为主题的“左权县2018年新春专场招聘会”，设立女性就业咨询台，发放妇女创业就业政策宣传材料500余份，接受咨询100余人。5月，在麻田、芹泉、辽阳、拐儿、羊角6个乡镇分别开展了1期“一乡一业、一村一品”妇女创业就业技能培训，参训235人，其中建档立卡贫困妇女90人。8月，推荐孙朝霞参加省妇联举办的“乡村振兴巾帼行动”农村电商骨干培训班，带领3名家政服务人员参加市妇联举办的“晋嫂”家政服务技能大赛。9月，推荐昶安家政服务公司的4名育婴员参加省妇联举办的“贫困地区妇女就业技能培训班”，举办剪纸培训班1期，参训妇女66人，其中建档立卡贫困妇女18人。11月，依托昶安家政服务公司开展家政技能培训1期，参训妇女77人，其中建档立卡贫困户31人。（刘立波）

【乡村振兴巾帼行动】 2018年，左权县妇联开展的典型示范助力乡村振兴工程，推选左权县市场和质量监督管理局法制股等5个单位科室为巾帼文明岗；推选县扶贫办副主任刘志芳和县第一幼儿园园长康云燕2人为市级巾帼建功标兵；推选李爱萍和程珍珍等8人为乡村振兴巾帼领头雁；推选辽西人家农家乐和东方红农家乐等13户农家乐为市级巾帼农家乐；推选县昶安家政服务基地申报“三晋巾帼脱贫（家政）示范基地”；推选嘉东中药材种植加工项目和昶安家政服务项目参加市妇联妇女创业创新项目展评助力乡村振兴活动。深化妇联改革，推动改革中县乡村三级妇联兼职副主席切实发挥好引领和带动作用，是年，县乡村三级689名兼职副主席“一人一实事”全部完成。其中，50名兼职副主席，发挥示范引领作用，在各自工作领域领办实事，为妇女群众排忧解难，为乡村振兴贡献巾帼力量，引领广大妇女干部和妇女群众积极投身“乡村振兴”生动实践。是年，全县10个乡镇、城区分别成立宣讲队伍，成员涵盖党政领导、党校讲师、基层妇干、“最美家庭”“最美女性”、优秀调解员等。县乡村三级妇联干部精心筹备，合理统筹，组织实施。全县共举办110余场宣讲活动，共5200人次受益。（刘立波　李敏　石建芳）

【巾帼脱贫行动】 2018年，左权县妇联承接省、市、县政府民生实事之一，为8601名35至64岁农村妇女开展“两癌”免费检查。至年底，乳腺癌检查8607人，宫颈癌检查8603人。3月，发放2017

2018年左权县召开35至64岁农村妇女“两癌”免费检查动员会

年度全国妇联贫困妇女“两癌”救助金17万元，救助17名农村建档立卡妇女人均1万元。实施省妇联开展的“紫气东来·幸福起航——为三晋妇女儿童送健康”公益活动，救助拐儿镇患有乳腺癌的常树红和寒王乡患有宫颈癌的宋芝兰2名妇科癌症患者每人2000元。开展“点亮心灯　为爱行动　助力脱贫”贫困妇女儿童救助活动，共发放救助金5.15万元。其中救助45名特困妇女，每人500元，共2.25万元；救助29名困境儿童，人均1000元，共计

2.90万元。（刘立波　石建芳）

【家庭文明建设】　2018年3月，左权县2018年寻找“最美家庭”活动正式启动，211个村（社区）实现全覆盖，通过扩大活动覆盖面和参与率，提高活动吸引力和影响力。2018年，全县共评选出村级“最美家庭”508户、乡级“最美家庭”210户、县级“最美家庭”80户，择优推送市级“最美家庭”10户。全年，发挥县妇联家庭教育教师团的独特作用，举办家庭教育公益巡讲进乡村、进社区、进学校活动50场，受众7000余人次。是年，开展“书香左权　经典同行”阅读季活动，全县中小学、幼儿园、家教家风创新实践基地、亲子阅读实践基地通过发放“幸福女人·书香家庭”倡议书，“手拉手传爱心”关爱农村留守儿童图书捐赠公益活动、“我读书我快乐”“放下手机陪孩子一起悦读”百日诵读活动等，参与和受益达10000余人次。（石建芳）

【妇女儿童合法权益】　开展系列普法活动。2018年，左权县妇联开展“以案说法·法官讲法”进乡村普法宣传活动10场；组织城乡妇女干部20人次到县法院旁听案件审理2场，强化了她们婚姻家庭和邻里纠纷调解法律知识；组织动员广大妇女和家庭积极参与“宪法进家庭·法治伴我行”和“全家总动员·禁毒知识我来答”网上有奖答题活动；在“3·8”“6·26”“12·4”等重大节日之际，组织巾帼志愿者开展维权、安全、禁毒、宪法等知识宣传活动，共发放宣传资料1万余份。开展典型评选活动。从参与各类矛盾纠纷调解的队伍中，评选出优秀女性调解员15名。结合全县开展的“寻找最美家庭”活动，在全县所有行政村和社区开展创建“平安家庭”示范户活动，推荐8户申报市级平安家庭。开展关爱儿童成长主题活动。5月，邀请晋中市妇联家庭教育讲师团团长王建花在左权县5个学校举办农村留守儿童心理辅导讲座，参与2000人次。“6·1”期间，省市县各级驻村帮扶单位、企业、左权县志愿者联合会及社会各界爱心人士，深入各学校进行慰问，受助2500余名儿童约42万余元。8月，举办“爱心圆梦”助学活动，发放救助金2万元，县妇联兼职副主席、爱心妈妈张彦青救助10名贫困大学生每人2000元。健全妇女议事机构。为激发广大妇女群众民主参与、民主议事的积极性、主动性、创造性，拓展妇联工作服务妇女群众的渠道，建立妇联组织服务妇女群众的机制，在全县所有乡镇（城区）、农村（社区）成立妇女议事机构，共建立妇女议事机构222个，为妇女参政议政，民主议事搭建了平台。推动实施妇儿发展“两纲”（妇女纲要、儿童纲要）“两规”（妇女规定、儿童规定）。是年，县妇儿工委办大力宣传男女平等基本国策和儿童优先原则，发挥组织、协调、督导、检查的职能作用，加强与各成员单位之间的沟通联系，创新工作思路和工作方法，为推动“两纲”“两规”顺利实施努力做好服务和跟踪问效工作。推动妇儿活动中心提档升级。是年，县妇联有效利用省级专项资金，强化中心提档升级、规范管理。结合实际进行修缮维护，添置设备，组织开展了“放下手机，陪孩子一起悦读”百日亲子阅读诵读和亲子系列活动等，受到家长、学生一致好评。（刘立波　石建芳）

【妇联改革】（1）加强组织领导。2018年3月，左权县妇联配齐配强了领导班子，调整了妇联改革工作领导小组。9月21日，县第十一次妇女代表大会召开。大会采用无记名投票方式，选举产生33名左权县妇联第十一届执行委员会委员。随后召开的左权县妇联第十一届执行委员会第一次会议，选举产生县妇联第十一届执行委员会常委会、妇联主席、副主席和6位妇联兼职副主席。选举产生出席晋中市第四次妇女代表大会代表。（2）夯实基层组织基础。2018年，全县90%的机关事业单位建起妇联组织，33个有条件的非公和社会组织建起妇联组织。通过改革，把妇联的组织链条和工作触角向各个单位、各个组织、各个领域渗透和延伸，形成“上面千条线、下面一张网”的工作格局。（3）规范基础工作。“两簿一册”使用常态化。4月召开专题会议，推动县乡村三级妇联组织规范化使用“两簿一册”。是年，《基层妇联组织活动纪实簿》使用1285次，《执委联系妇女群众工作纪实簿》使用3464次，《工作例会记录手册》使用2223次。通过这一举措，提高了全县妇女工作的工作效率和妇联组织的凝聚力战斗力。（4）注重示范引领。2018年，按照“哪里的妇女群众集中，就把‘妇女之家’建到哪里，把妇女工作做到哪里”的工作思路，县妇联党组认真谋划，结合各系统妇委会工作实际，全年共打造“妇女之家”示范点5个，分别是城区康宁社区、龙泉乡堡则村、龙泉乡松树坪村、县市场质量监督管理局、县志愿服务联合会。注重“网上妇女之家”建设。是年，县妇联通过“左权女性E家”、微信工作群，全方位、多渠道、宽领域地服务妇女儿童，亮出妇联旗帜，发出妇联声音，提高做好妇联工作的能力水平。（李敏）

2018年度山西省级“五好”家庭获得者一览表

序号	级别	家庭名称	所在单位、所在村（社区）	备注
1	市级	吴建伟	芹泉镇上庄村	
2	市级	李　云	寒王乡平王村	
3	市级	梁晨霞	城区管委会康宁社区	
4	市级	程彦波	寒王乡下其至村	
5	市级	汤云霞	岩山社区	
6	市级	程建琴	龙泉乡松树坪村	
7	市级	孙海滨	麻田镇上麻田村	
8	市级	郝变珍	石匣乡川口村	
9	市级	魏树红	桐峪镇东隘口村	
10	市级	安海珍	拐儿镇秦家庄村	

左权县残疾人联合会

【概况】2018年，左权县残联以加快推进残疾人社会保障体系和服务体系建设为目标，以加强基层残疾人工作、改善残疾人基本生活状况为重点，以保障和改善民生为落脚点和出发点，围绕全面建成小康社会目标，进一步健全残疾人权益保障机制，推进残疾人康复服务、教育就业、文体宣传、扶贫解困、法制维权、组织建设等工作，使残疾人有更多的获得感和幸福感。（李腾飞）

【康复工作】 2018 年，左权县残联完成贫困残疾人成人助听器免费验配 53 人；共发放手杖、腋杖、轮椅、坐便器等各类辅助辅具 365 件；为 13 名残疾儿童申报“阳光伴我行”儿童轮椅项目；为 4 名肢体残疾人免费安装了大、小腿假肢；是年，县残联“残疾人康复体育关爱家庭计划”，筛选了 100 户建档立卡贫困残疾人，为其提供康复体育器材 134 件，资助金额 3.50 万元。（李腾飞）

【残疾预防和康复】 2018 年，左权县残联完成 9 名初筛阳性 0~6 岁儿童复筛和残疾诊断服务工作；对已办理残疾人证的 0–6 岁各类残疾儿童，残联采用电话通知、入户宣传的方式，对每一名残疾儿童的监护人讲解抢救性康复服务有关政策，鼓励和帮助其申报对应康复项目，由县残联转介到上级残联及其各自指定的定点康复机构具体执行手术、康复、训练，全年完成 44 名残疾儿童抢救性康复任务；运行了县残疾儿童康复中心，为左权县 17 名残疾儿童进行抢救性康复服务项目。

（李腾飞）

【教育就业培训】 2018 年，左权县残联开展助学项目。完成省级彩票公益金大学生助学 4 人，发放助学金 1.40 万元；市级彩票公益金大学助学 10 人，每人 1500 元；市级高中助学 11 人，每人 1000 元；县级高中助学 42 人，每人 300 元，大专助学 7 人，每人 400 元。

是年，县残联对 42 名农村贫困残疾人进行核桃树实用技术培训并为其发放核桃树管护工具，为全县有培训需求的 41 名残疾人培训种植业、养殖业、电子商务等实用技术；向省市残联输送 17 名残疾人进行面点制作、盲人按摩等项目的培训，向省残联输送 4 名残疾人进行职业技能竞赛；全年全县城镇新增就业 8 人，农村新增就业 19 人。（李腾飞）

【社会保障工作】 2018 年，左权县残联实施农村“基层党组织助残扶贫工程”，确定 55 户符合条件的贫困残疾人，且选取了切实可行的增收脱贫项目，帮扶贫困残疾人家庭发展养殖 22 户，核桃树种植 5 户，大棚种植 2 户，零售商店和加工作坊服务 26 户，每户发放帮扶资金 3000 元。

2018 年，左权县残联结合当地核桃发展现状，开展了贫困残疾人家庭核桃园“提质增效、低产低效林改造”项目，利用核桃产业为贫困残疾人提供稳定增收的渠道，项目实施期限为两年。根据左权县贫困残疾人核桃树种植的实际情况，在麻田镇选取 100 户有劳动能力、有就业愿望并愿意实施核桃树种植“提质增效、低效林改造”项目的贫困残疾人家庭，进行核桃树管理产业帮扶，每户帮扶资金 3000 元。在实施核桃树产业扶贫的同时，开展“公司+农户”模式的葡萄种植产业助残扶贫项目，在左权县鲜淼葡萄开发专业合作社的周边三个乡镇筛选 100 户有劳动能力、有就业愿望的贫困残疾人，把 100 户贫困残疾人每户 3000 元的市助残帮扶资金融资到合作社，合作社利用帮扶资金进行生产盈利，期限为 3 年，三年里合作社保证带资入企的贫困残疾人每年兜底收入 200 元，同时根据企业经营情况进行分红分利，此外合作社还要对有劳动能力的残疾人优先雇佣就业，如采摘、看护、除草、施肥等杂工。

是年，县残联为 28 户有需求的贫困残疾家庭实施无障碍改造项目，改造内容包括地面平整及坡化、低位灶台、房门改造、安装卫生间热水器、坐便器、扶手或抓杆以及能够改善残疾人居家环境、提高生活质量的其他设施。

左权县残联高度重视重度残疾人护理补贴发放工作，采取按季度发放的形式进行发放，全年共有 2330 名持证重度残疾人，领到每月 50 元的重度残疾人护理补贴，全年共支出 125.18 万元。

是年，县残联采取居家托养（上门服务）的方式，利用家政服务公司为全县 4 个乡镇的 90 名智力、精神残疾人提供居家托养服务。（李腾飞）

【宣传文体活动】 2018 年 3 月 3 日是第 19 次全国“爱耳日”，左权县残联就“听见未来、从预防开始”主题开展宣传体

2018 年 5 月 21 日，县残联在将军广场举办第二十八次助残日活动

验活动。在微信平台上就此次“爱耳日”活动主题进行宣传，号召大家“早发现、早干预、早预防”；在县医院耳鼻喉科进行听力测验活动；5 月 18 日上午，县残联在左权县将军广场举行“全面建成小康社会，残疾人一个也不能少”的主题宣传活动，为南街小学培智班 9 名残疾儿童发放衣服、运动鞋、书包等用具，对残疾学生表示慰问和鼓励，同时还发放关于如何办理残疾证、如何申领辅具等宣传资料 500 余份，在助残日期间慰问左权盲人宣传队，送去盲用电磁炉、电话、盲杖、盲人手表等盲人用品；8 月 25 日，在县将军广场举办“国家残疾预防日”活动，发放关于精神病防治、《残疾预防和残疾人康复条例》政策、县残联惠农政策等宣传资料 300 余份。（李腾飞）

左权县工商业联合会

【概况】 2018 年，左权县工商联围绕“全力晋位上台阶、全面脱贫奔小康”

目标，紧扣促进非公经济健康发展、促进非公经济人士健康成长“两个健康”工作主题，履行统一战线人民团体和民间商会的职能，对广大会员进行团结、服务、引导、教育，在全县经济转型发展和脱贫攻坚两场战役中展现新作为，做出新贡献。（曹志忠）

【教育实践活动】 2018年，左权县工商联坚持政治建会，常态化教育培训强化政治引领，深化理想信念教育实践活动。4月、8月、11月分三批组织12名工商联副主席、执委、企业家参加市工商联在长沙、大连、厦门举办的民营企业家专题培训。6月25日，组织15名民营企业家在河北省涉县“一二九师司令部旧址”开展“不忘初心做先锋、牢记使命谱新篇”主题党日活动。7月5日，组织12名民营企业家在长治市武乡县八路军总部纪念馆开展“不忘创业初心、接力改革伟业”理想信念教育活动。8月17日、25日，第九届工商联执行委员40余人，分别在鱻森酒庄和武装部军事教育基地召开纪念改革开放40周年座谈会和开展国防教育“军事日”活动。（曹志忠）

【非公经济助力脱贫攻坚】 2018年，左权县工商联坚持团结立会，建平台畅渠道，团结和引导非公经济人士发挥“光彩”精神，以精准帮扶助力脱贫攻坚为着力点，多形式多渠道引深“惠民行动”。“五一”期间，民营企业源泰商贸、鸿兴鱻森公司出资赞助全县中小学生运动会和职业中学文化艺术周。“六一”儿童节、中高考期间，通宝煤化、岗田农机、新东方旅游等15个民营企业20余名非公经济代表人士开展“儿童节送关怀”“民企助力中高考”活动。6月21日，工商联牵头组织动员社会力量助力脱贫攻坚募捐，190个单位企业6615人捐款438.86万元。7月27日，工商联开展资助贫困大学生光彩助学“惠民”行动，为全县137名2018年9月升入大二年级（二本B类及以上学校）建档立卡贫困大学生发放助学金27.4万元，实现大二年级建档立卡贫困学生资助全覆盖。全县42个民营企业根据企业特点和生产经营状况参与“企业帮村联户”脱贫攻坚，通过产业、就业、公益、技能四种帮扶措施帮扶133个贫困村8433个贫困人口，投入帮扶资金累计达1119万元。（曹志忠）

【营商环境优化】 2018年，左权县工商联坚持服务兴会，开展调研交流构建合作机制，优化营商环境促进企业转型升级。3月、11月分别牵头协调组织政府有关部门深入民营企业开展调研，广泛听取民营企业家要求、意见和建议，为企业家鼓劲打气，提振转型发展的信心和决心。配合上级工商联做好“全国上规模民营企业”“民营经济观测点”“民营经济运行”等调研工作。着眼民营经济转型发展开展联谊交流，组织考察。3月14日，召开“凝聚创业梦、共铸新辉煌”创业创新联谊交流活动。5月10日，召开工商联九届三次执委扩大会议。4月、8月、11月分三批组织12名工商联副主席、执委、企业家赴长沙、大连、厦门专题培训考察。6月25日，组织15名工商联（总商会）民营企业家主席、副主席（副会长）和部分优秀民营企业家赴河北省涉县开展企业转型发展考察，与河北省涉县工商联缔结友好工商联，构建长期交流合作机制。10月17日，与河北省徐水区知识分子联谊会开展交流活动。12月，推动出台《关于深入推进领导干部联系民营企业工作的通知》，以实际行动贯彻落实习近平总书记在民营企业座谈会上重要讲话精神和省市支持民营企业发展大会精神，构建新型政商关系，推动民营经济实现高质量发展。（曹志忠）

【左权县九届三次工商联扩大执委会召开】 2018年5月10日，左权县工商联召开九届三工商联扩大执委会，通过《提信心、强服务、凝共识、促发展，在新征程中再创民营经济辉煌》工作报告，增补了县工商联九届执行委员，向全县非公经济人士发出《助力脱贫攻坚、展现民企风采》倡议书。（曹志忠）

5月10日，左权县工商联（总商会）召开九届三次执委扩大会议

【基层商会建设】 2018年，左权县工商联坚持改革强会，巩固提升全国“五好”（领导班子好，会学发展好，上回发展好，作用发挥好，工作保障好）县级工商联成果。制定并下发《左权县工商联开展“四好”以班子建设好、团结教育好、服务发展好、自律规范好商会建设工作方案》，促进基层商会健康发展，开展“四好商会”评选和推荐工作。县工商联机关在完善与统战部合署办公机制后，增强了凝聚力、影响力、执行力。3月，被左权县文明委评为县级文明单位。是年，推荐民营企业家参评晋中市文明委组织的“最美晋中人”评选活动，马红丽获2018年度“最美晋中人”之“最美创业者”荣誉。（曹志忠）

左权县文学艺术界联合会

【《左权文学》出版】 2018年初，《左权文学》在市文化局取得内部资料准印证，标志着《左权文学》获得正式出版发行资格，由试行转为规范化出版。是年，《左权文学》全年出版4期，共计40余万字，另出版诗歌特刊1期。（李婷婷）

【协会活动】 2018年初，左权县文联组织举行县摄影培训创作基地揭牌仪式。2月9日，组织县书法爱好者到麻田镇下口村开展“春联送吉祥文明进万家”志愿服务活动。2月23日，在县市政广场举行了“脱贫攻坚看左权”——左权县学习宣传贯彻中共十九大精神暨脱贫攻坚纪实摄影图片展。5月19日，举办左权县朗诵艺术协会纪念皇甫束玉诞辰一百周年作品朗诵演唱

会。6月17日，组织县诗歌协会和朗诵艺术协会举办端午诗词主题学习交流会。8月中旬，县诗歌协会组织会员赴内蒙扎鲁特大草原采风。12月14日，主持召开左权县作家协会第二次会员代表大会，选举产生新一届领导班子。12月25日，县书画协会在县宣传文化中心举行纪念改革开放四十周年书画展。12月29日，《诗意左权　畅想未来》2019年新年诗会在县宣传文化中心举行。诗会共分为“红色情怀”“家国情”“回味经典”“有为新时代”“迎春曲”五个篇章，立足左权特色，传颂经典文化，展示左权风貌，弘扬中华美德，在大力弘扬社会主义核心价值观、弘扬左权精神同时，热情讴歌了新时代、新左权、新作为。　（李婷婷）

【对外文化交流】　2018年5月12日至13日，左权县文联特邀晋中诗人举办“晋中诗人看左权”采风活动。活动以“推动乡村振兴，创造诗意生活”为主题，来自全市各县的56名诗人先后到左权县抗战纪实馆、太行冰酒小镇、太行龙泉旅游区进行采风，感受红色左权的深刻内涵，饱览生态左权的风光魅力。活动结束后，将收到的近三百首诗歌汇编成《左权文学》诗歌特刊。7月23日至24日，在左权县日月星生态庄园举办了为期两天的“京晋两地书画交流活动”，来自北京湖社画会，省市书协、美协的60余名艺术家与左权本土书画人士汇聚一堂，以笔会友。8月18日，县文联在县城召开诗歌创作研讨会，专门邀请全国著名诗人张二棍等一行六人为县诗歌协会会员点评诗歌，提升全县诗歌创作水平。9月7日至9日，山西省、晋中市、左权县三级诗词学会，共同举行纪念改革开放四十周年革命老区左权采风行活动。参观了辽县抗战纪念馆、麻田八路军总部纪念馆、十字岭左权将军纪念亭、辽州森林公园、红都民歌村，并创作大量诗作。10月11日，县文联举办“新时代新晋中——纪念改革开放40周年书画作品左权巡展”。10月30日，赵树理研究学者加藤三由纪（日本）和中国赵树理研究会会长赵魁元等一行5人从晋城来到左权，在县文联、县作协领导的陪同下，先后到《李有才板话》原型人物李有才故居麻田镇峧沟村李家岩、《小二黑结婚》素材地——芹泉镇横岭村进行实地走访。　（李婷婷）

2018年5月12日至13日，县文联特邀晋中诗人举办“晋中诗人看左权”采风活动

【“爱上晋中”系列丛书发行】　2018年10月，晋中市委宣传部“爱上晋中”系列丛书出版发行，丛书共有《印象晋中》《品读晋中》《品味晋中》《品悟晋中》《品鉴晋中》五册。左权县文联承担了丛书中左权板块编撰任务，共提供文字稿件3.68万字，相关照片67幅。　（李婷婷）

法 治

政法与社会治安综合治理

【概况】 2018年，左权县政法和社会治安综合治理工作进一步提升维护社会政治稳定能力，全面开展扫黑除恶专项斗争，健全立体化社会治安防控体系，完善矛盾纠纷多元化解机制，推进严格公正执法，提升政法队伍素质，为全县经济社会发展提供安全稳定的社会环境。

（李广平 王娇）

【维稳工作】 2018年，左权县以维护国家安全和政治稳定作为首要职责，以“两节”“两会”和上合峰会安保为重点，着手从重点人事物上全力搜集研判涉稳信息、落实稳控措施，强化反恐和对敌斗争，共收集情报信息758条，开展线索核查91次；摸排各类不稳定隐患70条，稳控各类重点人员639人次，稳控涉军群体和特殊利益诉求群体337人次，调解关注人员互殴案件1件，收缴各类反宣资料1800余份，督导检查重点目标单位42个，开展反恐演练2次，社会政治保持持续稳定。

（李广平 王娇）

【扫黑除恶专项斗争】 2018年1月，根据中共中央、国务院发出的《关于开展扫黑除恶专项斗争的通知》，左权县紧密结合工作实际，围绕政治站位、依法严惩、深挖彻查、综合治理、组织建设、组织领导六个方面，全面开展扫黑除恶专项斗争。成立由市委常委、县委书记王兵担任组长、县长赵宏钟担任第一副组长、县委常委政法委书记李左红担任常务副组长的“左权县扫黑除恶专项斗争领导小组”，县党政主要领导针对中央省市各级扫黑除恶决策部署和工作安排作出批示30余次。县委常委会议、县政府常务会议先后17次传达学习相关会议精神，研究部署全县扫黑除恶专项斗争工作重大事项；县扫黑除恶专项斗争领导小组召开15次会议，及时通报工作开展情况，协调解决困难和问题，贯彻落实市委和县委的相关会议精神；县乡两级党政领导集中开展了履责督导谈话，谈话人数共计500多人次。

以张贴公告和宣传漫画、悬挂横幅、书写固定标语等形式宣传；发动乡镇包村干部、第一书记、驻村工作队，组织两委干部、党员代表及网格长进村入户宣传；利用网站、电视台、公众号等各种新媒体进行宣传报道。县文化部门编创《扫黑除恶保平安》《扫黑除恶亮利剑》等快板剧，以群众喜闻乐见的形式进行宣传。结合脱贫攻坚、经济普查等工作，将线索摸排走访入户与扶贫入户走访、领导干部带案（信访案）下访相结合，统筹兼顾，摸排线索，形成扫黑除恶的强劲态势。

将群众反映强烈、最深恶痛绝的黑恶势力作为打击重点，全年通过各种渠道共摸排登记案件线索121条，完成核查102条。成功打掉恶势力犯罪集团3个、恶势力犯罪团伙2个。根据中央“有黑扫黑、无黑除恶、无恶治乱”的要求，共打击整治黄赌毒枪爆案件30起；打击治理重点领域、重点行业违法违规行为226起。排查管控各类重点人群1787人。全县“打伞”与“扫黑”同步进行。县纪委监委共对21名公职人员进行查处。为铲除黑恶势力滋生土壤，强化基层组织建设，全县确定软弱涣散基层党组织22个，并对2个党组织书记不称职的村，调整了党组织书记；对2个“两委”班子不团结、内耗严重的村，乡党委约谈村“两委”主干。（李广平　王娇）

【基层社会治理】　2018年，左权县委出台《关于学习推广新时代“枫桥经验”提升全县城乡基层社会治理现代化水平的实施方案》，要求将学习推广“枫桥经验”与实施乡村振兴战略相结合，与深化平安左权、法治左权建设相结合，与开展扫黑除恶专项斗争相结合，进一步健全党委领导、政府负责、社会协同、公众参与、法治保障的基层社会治理体制。在全县各乡镇（城区）、村（社区）和基础网格开展学习推广“枫桥经验”主题创建活动，全面提升全县城乡社会治理现代化水平。年内，县级综治中心进行单独选址建设，对相关综治职能部门进行大整合，包括“一办六中心”，即：县综治办（矛盾纠纷排查调解办公室）、网格中心、信访接待中心、矛盾纠纷调解中心、法律援助中心、心理咨询中心、社区矫正中心。全年，县综治中心共收到并处理网格长通过手机终端上报的各类矛盾纠纷、治安问题、风险隐患和利益群体诉求等各类事件1238件，其中矛盾纠纷类事件415件，治安问题517件，各类风险隐患268件，利益群众诉求38件。乡级综治中心普遍设立群众接待厅、矛盾纠纷调处室、心理咨询室、监控研判室等场所或窗口，全县11个乡镇（城区）综治中心建设基本完成并正常运行，麻田综治中心与公安派出所已实现视频监控联网，辽阳、石匣、寒王等乡镇联网工程已启动。通过资源整合，村级综治中心主要以一室多用、综合服务为主进行建设。其中，21个示范村综治中心建设已高标准建设完成并开始使用，剩余村综治中心建设基本完成。（李广平　王娇）

【多元化解体系建设】　2018年，左权县继续完善推进多元调解体系建设，加强基层调解组织建设。搭建县、乡、村人民调解三级工作格局，并在矛盾较为突出的重点行业领域成立行业性人民调解委员会，聘用专职调解员开展调解工作。4月，针对基层调解员能力不强、业务不精的问题，由县司法局组织开展专职人民调解员大培训活动；实施基层人民调解阵地建设示范点工程，先后创建辽阳镇七里店村和芹泉镇上庄村调解委员会工程示范点，为进一步规范基层调解工作和推广工作经验发挥示范效应。通过调解方式化解矛盾纠纷1679件，其中人民调解占到844件，人民法院以调解方式结案的案件达285件，其他行业性调解委员会调解550件，调解成功率达到80%以上，调解协议兑现率达到96%。（李广平　王娇）

【法治宣传教育】　2018年，左权县政法委依托县委组织部举办的各类干部培训班和县委宣传部举办的左权大讲堂等平台，开展新修订的《宪法》学习宣讲活动，并利用综治宣传月以及“12·4”国家宪法日等重点时段发放法律法规相关宣传资料1万余份；按照“一对一”模式，全县129个贫困村分别由1名县政法各部门领导干部负责各贫困村脱贫攻坚工作中法治保障工作，完善工作机制，主动延伸服务，保证每周电话联系、每月实地走访、每季全面会诊，及时了解并解决乡村两级在脱贫攻坚工作中存在的困难和问题；通过开展农村干部的法治培训和宣传教育，认真组织实施法治惠民项目，在全县培育和树立3个市级法治建设示范乡镇和22个法治建设示范村，充分发挥其示范引领作用，使全县乡村治理法治化学有榜样、赶有方向、做有目标。（李广平　王娇）

【综治队伍建设】　2018年，左权县政法委开展“不忘初心、牢记使命”主题教育。以学习贯彻习近平新时代中国特色社会主义思想为主要内容，突出政法工作实际，开展主题教育。组织机关全体党员干部赴阳泉百团大战纪念馆开展主题党日教育活动；开展政法队伍集中整肃专项活动和“以案为鉴、筑牢防线”专题警示教育活动，按照省、市政法委“八查八整”的整肃要求和标准，采取自我反省查、开门主动查的形式，逐条过筛子，共查摆出6个问题，制定整改措施并认真整改到位，以闻喜“6·03”案件和太原“5·17”案件为鉴，开展警示教育活动，通过批评与自我批评、廉政谈话和撰写心得体会，机关党员干部主动积极参与到专题警示教育当中，确保全员受教育、有警示；开展打击生态环境违法犯罪专项督察，共排查线索85件，行政处罚37件，共处罚款148.69万元，移送公安机关1件，行政拘留1人。是年，为推动社会治安综合治理各项措施的落实，严格运用综治政策工具，对7个单位一把手进行了约谈。（李广平　王娇）

法治政府建设

【概况】　2018年，左权县把依法行政作为政府工作主线，着力建设法治政府，推进依法治县进程，在行使权力履行职责过程中坚持法治原则，严格依法行政，政府的各项权力都在法治轨道上运行。县、乡（镇）人民政府从决策到执行及监督的整个过程都纳入法制化轨道，权利与责任紧密相联，集阳光政府、有限政府、诚信政府、责任政府于一身，并用法律加以固定。全面推进依法行政，不断提高政府公信力和执行力，保障经济又好又快发展和社会和谐稳定。（岳妙玲）

【规范性文件管理】 2018 年，左权县各级政府继续加强规范性文件管理，实行统一登记、统一编号、统一公布的“三统一”制度，根据法律、法规、规章和国家方针、政策的调整以及实际情况的变化，定期对全县规范性文件进行清理，对于不适应经济社会发展要求的、与上位法和上级政策不一致的、规范性文件之间明显存在不协调的，以及超出有效期的规范性文件进行清理评估，并作出相应修改、补充或者废止决定，将清理结果在县政府门户网站进行公布。年内，两次对全县现行有效的规范性文件进行了清理，确认废止 1 件，确认继续有效 10 件，切实维护规范性文件的严肃性和合法性。（岳妙玲）

【法律顾问制度】 2018 年，左权县进一步规范法律顾问管理，完成 3 名县政府法律顾问续聘工作，聘期 1 年，薪酬每人 2 万元，县政府法律顾问在文件合同把关、行政复议、诉讼案件代理、合法性审查等方面提供咨询服务 50 余次。

（岳妙玲）

【行政执法人员资格管理】 2018 年，左权县政府继续落实行政执法人员持证上岗和资格管理制度，对 645 名行政执法人员的行政执法证件进行年检，注册 585 人，注销 60 人。组织全县行政执法单位的 406 名人员参加行政执法（监督）证件申领考试。（岳妙玲）

【行政复议和行政诉讼】 2018 年，左权县共办理行政复议案件 3 件。依法开展行政应诉、举证和答辩工作，履行人民法院生效的判决裁定。全年共发生行政诉讼案件 9 件。（岳妙玲）

【依法行政宣传】 2018 年 8 月，左权县组织以“学习宣传《宪法》，贯彻落实《纲要》《实施方案》，深入推进依法行政，加快建设法治政府”为主题的依法行政宣传月活动，全县各乡镇、各部门开展了宣传培训，8 月 7 日，县市场和质量监督管理局组织 100 余名干部职工参加了“依法行政宣传月”在线答题活动；8 月 11 日，县城市管理综合行政执法局对执法局 80 余名工作人员进行学法、知法、用法、懂法培训；8 月 16 日，县公安局举办“强化法治思维，坚持依法行政”的专题培训，并通过法律咨询台、宣传条幅、宣传版面、散发宣传资料等方式进行宣传，为广大群众发放宣传资料手册 1000 余份，接受法律咨询百余次。（岳妙玲）

公 安

【概况】 2018 年，左权县公安局践行“对党忠诚、服务人民、执法公正、纪律严明”的要求，坚持人民公安为人民，捍卫国家政治安全，巩固发展反恐维稳斗争的整体向好态势，防范化解各类风险挑战，保持了全县社会治安大局持续平稳，全年收集各类涉稳、涉邪、涉恐预警性、行动性、内幕性情报信息309条；收缴各类反宣品2150份，实现对敌斗争早发现、早预警、早处置、早打击；组织开展涉恐检查219家次；开展反恐演练2次；确保政治稳定。

持续开展“风暴、利剑、拍蝇、强基”四个专项行动。全年，共立刑事案件245件，侦破刑事案件224件，刑事拘留121人，逮捕77人，取保候审34人，移送起诉74案117人，抓获逃犯51人。打掉3个分别以李某某、孙某某、张某某为首的恶势力犯罪集团，打掉3个分别以常某某、王某某、岂某某为首的恶势力团伙，抓获犯罪嫌疑人49人，破获各类涉恶案件52件，扣押车辆1辆，冻结资金1966.8万元。

创建“达标”禁毒社区，着力吸毒人员管控，开展打击制毒犯罪、打击贩毒犯罪和查控制毒物品，查控吸毒人员“两打两控”专项行动和病残吸毒人员收戒收治攻坚战，推进“雷霆扫毒”专项行动，有效遏制了毒品问题在县域的发展蔓延。

调整治安策略，按照135快反机制（135快反机制：在主城区，接报涉恐涉暴袭击和个人极端暴力犯罪等重特大警情时，1分钟快速反应，重点区域3分钟赶到现场处置，人员密集场所5分钟赶到现场处置）。启动武装巡逻。是年，县公安局共查处治安案件484件，行政拘留95人。全面开展大检查、大清查，共查场所单位800处，整治安全隐患78处。推进“一标三室”（标准地址，实有人口、实有房屋和实有单位）信息采集，实有人口录入率达97.3%，常住人口率达94.8%。推进“三同步”（依法处置、舆论引导、社会面管控）工作，及时应对涉稳涉警涉政舆情，收集网络舆情524条，舆情引导14次220条，删除有害信息803条。开展安全大检查，先后组织安全检查216次，整改各类隐患32处。县公安局侦办涉枪刑事案件1件，刑事拘留1人。收缴过期炸药2916公斤、收缴子弹254发、雷管188枚、导爆索201.2米、1支、管制刀具2把。开展涉枪线索核查11次、排除涉枪安全隐患9处，收缴气枪散件15件。全年共检查涉爆单位150个次，发现整治安全隐患30余处。（赵瑞红　李旭佳）

【强警战略】 2018年，左权县公安局充分发挥25个所队室职能作用，优化警力配置。10个派出所（辽阳派出所、寒王派出所、桐峪派出所、麻田派出所、拐儿派出所、石匣派出所、龙泉派出所、芹泉派出所、粟城派出所、羊角派出所），10个业务大队（国内安全保卫大队、治安管理大队、交通警察管理大队、刑事侦查大队、消防大队、经济犯罪侦查大队、禁毒大队、网络安全保卫大队、反恐防暴大队，食品药品犯罪侦查大队）和6个工作部门：110指挥中心、政工监督室、法制室、警务保障室、看守所、拘留所，按任务量多少，管辖范围大小，合理配置警力充分发挥效能。是年，县公安局、交通警察管理大队被省精神文明建设指导委员会授予山西省文明单位称号；刑事侦查大队被市公安局、团市委授予青年文明号；寒王派出所被市公安局荣记集体三等功一次；网络安全保卫大队、辽阳派出所、石匣派出所被市公安局评为优秀集体；县公安局第四党支部被县委评为先进基层党组织，交通警察管理大队被县政协评为2017年度提案办理工作先进单位，民警王志强、连国平、胡志勇分别被市公安局荣记个人三等功一次，李彦波被市委评为全市优秀共产党员，梁茂武在市公安局“扫黑除恶保平安”主题演讲比赛中荣获个人三等奖。　（赵瑞红　李旭佳）

【信息研判】　2018年，110报警平台共呼入电话4.33万起，其中警情类电话3425起，占8%，上报重大紧急信息61期，核查反馈群体预警169人次。县公安局规范指挥调度工作，规范接处警流程，加强警情分析，跟踪警情处置，对所有电话全部进行文字记录，警情隔月倒查和回访，确保各类警情的及时指令、及时反馈，提高群众对110的认同感和满意度。对紧急求助信息第一时间通报联动单位处置，对其他求助及时通过县政府办转办相关联动部门处理。　（赵瑞红　李旭佳）

【政治维稳】　2018年，左权县全面开展“敲门行动”回头看工作，共收集各类涉稳、涉邪、涉恐预警性、行动性、内幕性情报信息309条，其中被上级部门采用185条；收缴各类反宣品2150余份，实现对敌斗争早发现、早预警、早处置、早打击；组织开展涉恐检查219家次，下达隐患整改通知书34份，开展反恐演练2次；组建巡逻快速反应队伍，加大专职巡逻和群防群治力量，在重大和敏感时期对重要和人员密集场所24小时巡逻值守、安全检查，确保不发生涉恐案事件。

2018年，左权县持续开展社会稳定风险评估工作。对全县47个重点工程全部完成评估。及时对涉及广大群众切身利益、可能产生矛盾冲突的重大决策（工程）事项纳入社会稳定风险评估范围，有效提高防范化解影响稳定的矛盾隐患的能力。做好对邪教人员的调查和教育转化工作，及时修改、更新完善、充实数据库，有力打击和训诫活跃分子，年内在群众的大力配合下，查获邪教反宣案件1件。

强化矛盾化解、人员管控。加强源头化解，针对涉军群体，主动介入，组建工作专班，积极协调落实政策、解决困难、化解矛盾、消除隐患。在落实重点人“五包一”（县领导、乡镇干部、派出所民警、村干部、律师）基础上，县公安局内部实行三级分类管控措施，重大或敏感时期实行局长和指挥中心每日调度，基层派出所对不放心人员每日见面谈话，保证了重大或敏感时期重点人员零失控。加强信访应急处置，组建信访处置快反分队，加强驻京（北京）驻并（太原）工作组力量，成功接返、劝返进京访62人次，赴省群体访20人次，处置到县城群体访30余次，保证重要和敏感节点重点人员的零失控。加强领导和信访秩序整顿，县公安局领导轮流接访8人，行政拘留非访闹事者4人。周密计划，精心组织，圆满完成重大节日、敏感节点、领导调研和大型活动安保维稳工作85次。（赵瑞红　李旭佳）

【扫黑除恶专项斗争】 2018年2月15日，左权县"扫黑除恶"专项斗争全面展开。县公安局连续下发四个专项行动方案，加强对黑恶线索和案件的摸排、查办，打击重点，清剿全省扫黑除恶专项斗争确定的12类黑恶犯罪。全年，县公安局"扫黑办"共收到有效线索124条（其中中央督导组线索19条、部转线索4条、省转线索4条、市转线索9条，本地线索88条），核查率82%。已核查完毕106条（其中中央督导组线索19条、部转线索4条、省转线索3条、市转线索8条，本地线索72条）。已核查完毕的106条线索中，涉恶犯罪嫌疑8条，均已转化为打击涉恶犯罪战果（其中李某某1条，张某某1条，孙某某1条，常某某4条）；一般违法犯罪嫌疑30条，无违法犯罪嫌疑68条。全年打掉恶势力犯罪集团3个（李某某恶势力集团案、孙某某恶势力犯罪集团案、张某某恶势力集团案），恶势力团伙3个（常某某恶势力团伙、王某某恶势力团伙、岂某某恶势力团伙），抓获犯罪嫌疑人49人，破获各类涉恶案件52件（故意伤害1件、寻衅滋事5件、非法拘禁16件、非法侵入住宅2件、强迫交易2件、敲诈勒索2件、故意毁坏财物1件、赌博5件、窝藏1件、骗取贷款17件），扣押车辆1辆，冻结资金1966.8万元。

2018年，县公安局共立各类刑事案件245件，侦破刑事案件224件，刑事拘留121人，逮捕77人，取保候审34人，其中八类案件发3破3，命案、两抢案件零发案，移送起诉74案117人，打掉团伙9个71人涉案56件。抓获逃犯51人。

2018年，县公安局继续推进打击"盗抢骗"犯罪专项行动，共侦破各类侵财案件73件，抓获犯罪嫌疑人22人，打掉团伙3个11人，追缴赃款赃物价值60余万元。3月，刑侦大队、网安大队联手，在市局网安部门的大力协助下，成功侦破以刘某（男，46岁，山西和顺县人）为首的盗窃挖机主板案件20件，涉案价值40余万元；4月，县公安局通过缜密侦查，成功侦破高某兵以能帮助其办理铝矾土采矿证和加盟康婷瑞倪维儿代理为由的诈骗案20余件，涉案价值30余万元。7月30日，成功抓获潜逃11年的省督命案逃犯刘彦青。侦破电信诈骗案件1件（石某电信诈骗案），抓获犯罪嫌疑人1人，追缴赃款2.3万元。

是年，县公安局共勘察刑事犯罪现场214件，提取物证100余份，出具鉴定书76份。11月，县公安局建成左权县男性家族排查系统，对8万余男性，287个行政村进行男性家族排查建设。采集男性血卡1万余份。（赵瑞红　李旭佳）

【社会治安】 2018年，左权县公安局采取多种措施，落实安全生产责任。县公安局将缉枪治爆专项行动作为日常枪爆物品安全管理的重点工作，将宣传、清缴变为日常工作。8月，在昔阳、和顺、榆社等周边县市公安机关的配合下，利用民爆探测仪、搜爆犬在全县范围内开展为期半个月的枪爆物品集中清查行动，侦办涉枪刑事案件1件，刑事拘留1人，收缴销毁企业过期炸药2916公斤、收缴子弹254发、雷管288枚、导爆索201.2米、枪支1支、管制刀具2把。开展涉枪线索核查11次，排除涉枪安全隐患9处，收缴气枪散件15件。全年共检查涉爆单位150家次，发现整治安全隐患30余处。通过以上措施的落实，实现不流失、不炸响的工作目标。

2018年，县公安局以贯彻落实《企业事业单位内部治安保卫条例》为契机，完善1个省级3个市级和县级87家重点单位台账档案。进行安全检查216次，组织单位领导、职工、保安人员进行反恐、防抢、防盗演练15次，整改各类隐患32处。制作宣传版面12块，发放宣传资料5万份，组织法制课堂100次。召开物流寄递实名登记会议，要求各企业落实"实名登记""开箱查验"和"可疑情况报告"等工作制度。

加强人口和出入境管理。人口管理工作方面：全年共办理出生登记1955人，死亡注销1029人，迁出1064人，迁入582人，变更、更正数据142条，清理重户36个，受理异地受理身份证79个，采集上传指纹二代身份证1.02万张，制发临时身份证700张。出入境管理工作方面：治安管理大队加强了申请办理护照和港澳通行证审核制度，确保面见申请人制度的落实。全年共受理公民出国、出境1838人次，接待来左外国人69人，没有因审核不严造成法定不准出境人员出境情况，2018年侦办2件非法入境案，行政拘留缅甸妇女2名，越南妇女1人。

加强食药环（食品、药品、环保）安全监管，保障人民生活健康。制作食药品宣传版面4块、打击环境污染宣传版面3块，印制宣传资料5万份。是年，县公安局共组织开展食药品集中大检查5次，非法销售假药案立案1件，依法逮捕1人。立生产销售有毒有害食品案1件（全国协办），移送起诉17人。全年配合环保部门开展环境大清查6次，查处污染环境案件2件，行政拘留2人。配合北京、辽宁、山东、河北、重庆等地制售药品案件进行了线索核查15次。　（赵瑞红　李旭佳）

【网络安全】　2018年，左权县公安局网安大队继续加强舆情管控、案件侦办、网络管理等工作。正面引导"5·12"伊利谣言案、"8·23"关于揭批陈杰人、"12·10"关于公安机关依法侦办严重暴力犯罪案件等10件重大涉稳舆情，及时发现并上报涉军人员、大货车司机、民办教师等70条上访维权信息；涉民生问题的负面信息120条；涉党委、政府以及"涉法涉诉"等行动性言论246条。上报有害信息2100条。

是年，网安大队发挥网侦和情报工作

优势，立刑事案件 5 件，抓获网上逃犯 4 人，协助兄弟单位配侦刑事案件 41 件，抓获犯罪嫌疑人 52 人。立行政案件 7 件，行政拘留并处罚款 4 人，单处罚款 3 人。规范网吧经营管理秩序，加强网站管理能力，检查网站、网吧 78 个次，出动警力 190 余人次，查处未实名登记网吧 5 个、处罚 5 个，处罚网站 2个。（赵瑞红　李旭佳）

【法律保障】　2018 年，左权县公安局严格执行“五个一律”（违法犯罪嫌疑人被带至公安机关后，一律直接带入办案区，严禁违反规定带出办案区讯问询问；进入办案区后，一律先进行人身检查和信息采集；违法犯罪嫌疑人在办案区内，一律要有人负责看管；在办案区内开展执法活动，一律要有视频监控并记录；派出所接处警、交警等现场执法活动，民警要一律佩戴使用执法记录仪）和“四个中心”（办案中心、案卷管理中心、涉案财物管理中心、指挥中心）升级改造建设并通过远程调试，保证公安全流程智能管理平台的上线运行，纪检督察和法制部门协同工作，每周进行视频巡查，每月进行案件考评检查，进一步提升执法规范化水平。

2018 年，左权县警综平台共立各类刑事案件 283 件，刑事拘留 119 人，取保候审 26 人，逮捕 77 人，监视居住 4 人，移送起诉 98 件 115 人。共受理各类行政案件 267 件，其中县局法制室裁决 177 件，派出所或大队裁决 120 件，治安调解 88 件，行政拘留 154 人，罚款 61 人，警告 5 人，社区戒毒 12 人，强制戒毒 13 人。办理行政复议案件 8 件，办理行政诉讼案件 1 件。网上流转：监视居住转诉，起诉环节移送起诉均为 100%，取保侯审转诉率为 97.5%，批捕转诉率为 98%，向县纪律检查委员会移送案件线索 25 条。

落实五级审查工作制度，严把案件出入关和质量关，对 24 件疑难重大案件的定性全部通过局长办公会集体研判会诊，对接处警、受立案、采取强制措施逐案监督，纠正受案问题 28 次，通报案件考评 13 次，考核案件 204 件。坚持《局长办公会集体研究案件制度》，组织两次执法资格考试，26 名民警参加了山西省公安厅组织的基本级、中级和高级执法资格考试。

（赵瑞红　李旭佳）

【禁毒工作】　2018 年，左权县公安局破获涉毒刑事案件 5 件（贩卖毒品案 5 件）。刑事拘留 6 人，缴获毒品 855.349 克。查处涉毒行政案件 59 件，行政拘留 52 人，罚款 7 人，纳入社区戒毒 11 人，强制戒毒 11 人，新发现吸毒人员 34 人。管理审核易制毒化学品企业 3 个，审批易制毒化学品硫酸 10 吨，盐酸 256 吨，高锰酸钾 0.5 公斤。

左权县以创建“达标”禁毒社区为抓手，着力吸毒人员管控，加强文化建设。（1）创建“达标”社区。按照市禁毒委创建达标社区的工作目标，以创建达标社区为抓手，规范工作机制，完善工作标准，形成社区各方共同参与的社区禁毒工作保障机制，促进全县社区禁毒工作整体水平进一步提升，尤其是城区社区戒毒康复中心，已建立完善的工作机制，一人一档、定期尿检等；（2）加强人员管控。是年底，全县在册吸毒人员717人，新发现吸毒人员34人，社区戒毒11人，强制戒毒11人。为落实吸毒人员和社区戒毒（康复）人员管控到位，县禁毒委员会办公室按照省、市、县禁毒委的要求，下发文件要求各乡镇、城区管委会对辖区所有吸毒人员、康复人员进行排查，对排查出有暴力倾向、易肇事肇祸等高风险重点人员及时上报，加强管控，避免脱失；（3）加强禁毒宣传。在全国禁毒宣传月活动中，县公安局通过进学校、进社区，开展禁毒宣传讲座6场，受众人数1600余人，在银行、车站等公共场所，通过发放传单、悬挂条幅、播放宣传片、开展禁毒讲座LED电子显示屏滚动播放禁毒宣传标语等形式，向社会宣传毒品常识，形成全民拒毒的氛围。6月26日，在将军广场悬挂条幅共10条，展出禁毒知识展板25块，发放传单950张、宣传册600份。（赵瑞红　李旭佳）

【看守所　拘留所】　2018年，左权县看守所新收在押人员376人，上年结转91人，依法出所311人（其中取保候审37人，刑满释放172人，缓刑释放8人，投送监狱77人，执行死刑0人，暂时羁押转走5人）。

是年，县看守所开展了为期3个月的“集中整治活动，以“停止食品代购”“取消生产劳动”“监所禁烟”“清理监室多余物品”等为重点的“监所革命”，对照省公安厅提出的10个方面60项问题逐条排查，实行立改、限期改、求助改，全面整改到位，消除了监所的不安全隐患。加强监所安全管理，对监区和拘留区存在悬挂点隐患的放风场窗户和铁门进行了加装金钢网，共计252平方米，对未安装钢化玻璃的功能房窗户全部张贴防爆膜，共计24平方米。落实在押人员食堂改造工作，实行民警和在押人员食堂分区域，制定了食品采购、餐具消毒、分发食品、食品留样、经费管理等制度，保障了被监管人员合法权益。响应全省推行的“一网通一次办”便民措施，看守所全面实行律师、家属会见电话预约或网上预约，公开办事流程，配备专职接待人员具体解答公安监管新规政策。每周一所领导全天接待被监管人员家属来访解答疑问。

4月13日开始，市公安局将晋中市留所服刑罪犯和晋中市看守所的37名在押人员集中羁押到左权县看守所，重点加强对“黑恶”线索的“深挖”工作。至年底，看守所关押涉黑人员1人、涉恶人员36人。获取在押人员提供犯罪线索26条，破获非法持有枪支案件1件。身份证比对463人次，未发现网上在逃犯人员。

（赵瑞红　李旭佳）

【派出所】　2018年，左权县公安局下辖的10个派出所，共接处警9800余件，受理刑事案件74件，受理治安行政案件506件。为群众排忧解难服务群众求助138次。辽阳派出所成功侦破2件贩卖毒品案，抓获犯罪嫌疑人6名，收缴毒品12.02克；寒王派出所侦破系列盗窃案11

件，抓获犯罪嫌疑人2名；桐峪派出所在信访维稳方面除落实“五包一”工作措施基础上，又按责任区进行稳控细化责任落实，协同有关部门进行信访风险评估，主动排查矛盾化解工作，年内辖区没有一件赴省进京非访案件，扭转了往年的被动局面。麻田派出所破获盗窃摩托车案44件，追缴被盗摩托车12辆。拐儿派出所一项目一民警专项行动开展后，成功化解三起影响重点工程进展的事件。石匣派出所收缴雷管12枚，炮弹1枚；龙泉派出所化解规模影响较大的连壁光伏项目和中晋练化公司集体围堵讨薪事件，为农民工追回500余万元的工资；粟城派出所快速高质完成了“一标三室”录入工作，率先完成了男性Y库信息家系合并工作。

（赵瑞红　李旭佳）

消　防

【队伍正规化建设】　2018年，左权县消防大队实行准军事化管理和训练，每周安排训练科目和内容，队伍骨干采用现场教学、当场示范、队员操作等方法，从最基础的消防知识开始，手把手地教队员如何使用灭火器、两盘水带连接、切割机、扩张钳操作等消防技能，以及各类火灾的扑救方法，全力加强队伍正规化建设。在日常执勤训练中，消防大队经常性深入责任区开展应用性训练和实战演练，特别针对辖区重点单位特点，强化火情侦察、复杂情况下救人、消防供水、通信联络等灭火救援行动重要环节的训练。全年共组织开展对人员密集、易燃易爆等重点单位和场所的熟悉演练96次，其中由安监、公安、消防、住建、交警、医院等多部门联合开展的高速公路应急救援演练1次，切实提升了大队的综合灭火救援能力。是年，取得了年度“迎春杯”比武竞赛政府专职队团体第一名，冬春实战化练兵政府专职队团体第一名。荣获2018年度安全工作先进大队和先进政府专职队的荣誉称号。　（薛志强）

2018年1月18日，消防大队深入烟花爆竹仓库进行灭火救援消防演练

【灭火救援】　2018年，左权县消防大队共接处警167起，其中火警出动66次，抢险救援及社会救助101次，共出动消防车138辆次，消防人员954人次，抢救被困人员108人，疏散人员1224人，抢救财产价值960.6万元。　（王　鑫）

【转制期间保稳定】　2018年是消防转制年，左权县消防大队通过不定期组织官兵开展谈心谈话，深入了解队员的思想、生活实际，了解队员的“生活圈、交往圈、娱乐圈”，进一步掌握队员“心里想什么，经常去哪里，时常做什么”，为

队伍管理提供第一手的资料，对思想不稳定，社会交往复杂的，及时开展心理教育和疏导，培养健康的心理品格；加强队员“八小时”以外的管理，通过组织读书、看报、打篮球、下棋等丰富的文体活动，发挥知识文化的熏陶作用，用科学文化知识武装头脑，在思想启迪中潜移默化的培育官兵高尚情操，使官兵的业余生活充实而富有意义；建立家属联系微信群，并在群中积极发布大队工作动态，让官兵家属及时了解亲人的动向及去向，同时不定期的开展家访工作，从侧面了解队员思想，协同家属一起做好队员的心理教育和疏导工作，确保队伍改革期间的思想稳定。

（王　鑫）

【消防安全责任】　2018 年，左权县政府县长、常务副县长和分管副县长等领导多次带队检查社会单位消防安全，安监、经商粮、住建、文旅、民政、卫计、教科、文物等行业监管部门开展联合监督执法，进行针对性隐患排查整治工作，推动消防安全责任落实；消防大队落实高层建筑经理人和楼长制度，推动 4 个高层住宅小区建成 5 个电动车充电棚 100 个充电位；同时在幼儿园、养老院、医院等场所推广安装独立感烟报警器 200 余个，安装智慧用电系统 13 套。（王　鑫）

【消防安全专项整治】　2018 年，左权县消防大队先后组织开展春夏消防安全大检查、冬春火灾防控，电气火灾防控、商业综合体、电动自行车综合治理，博物文物古建、黑加油站点和消防安全隐患大排查大整治，落实每日一查制度，始终保持整治火灾隐患的高压态势。共检查各类场所 1547 家/次，查处一般火灾隐患 2135 处，其中整治重大火灾隐患单位 3 个，下发责令改正通知书 767 份，全年未发生亡人、伤人火灾事故。（王　鑫）

【消防安全培训】　2018 年，左权县消防大队在县电视台、户外视频播放消防动态信息、公益广告和标语字幕，向市民宣传消防知识、扩大消防宣传覆盖面和影响力，营造浓厚的消防宣传氛围；借助 3·15 安全生产月、119 消防宣传月等重要时间节点，设立咨询点，悬挂条幅，组织消防志愿者开展消防宣传教育活动，共计发放宣传资料 2 万余份；开展消防宣讲队活动，深入纪委监委、人民法院等党政机关，宏远、天颐等重点单位，示范、宏远等学校、幼儿园宣讲消防常识，免费提供消防培训教育 2000 余人次；同时在市消防支队信息网、微信公众号和头条号上稿排行中名列前茅。（王　鑫）

2018 年 5 月 28 日，消防大队在县纪委监委开展消防安全培训

交通安全管理

【车辆及驾驶人管理】 2018年，左权县共新注册机动车1663辆，机动车年检1.68万辆，注销登记506辆，办理驾驶证补换证3356人，注销登记0人，审验2542人，满分学习481人。至年底，全县已注册的机动车保有量2.39万辆，其中，汽车2.32万辆（大型载客车186辆，中型载客29辆，小型载客车1.99万辆，微型载客车544辆，小计2.07万辆；重型载货车682辆，中型载货车25辆，轻型载货车1518辆，微型载货车6辆，小计2231辆；其他类型车辆326辆，其中三轮车汽车228辆，低速载货车98辆），摩托车297辆，挂车304辆。全县共有机动车驾驶员43151人。其中，男性驾驶员31997人，女性驾驶员11154人，在所有的驾驶员中，不满一年驾龄的1609人，超过20年驾龄的2208人。在所有的驾驶员中，准驾车型为A1类313人，A2类4007人，B1类260人，B2类4938人，C1类33992人。 （赵乃江）

【放管服改革】 2018年6月，公安部在全国部署推出4方面20项交通管理“放管服”改革措施：申请材料4个减免、18类业务一证即办、普通业务一窗通办、个性服务自助快办、交管服务网上办理、政务信息网上互通、安全教育网上学习、交通事故网上处理、社会服务网点代办、邮政服务网点代办、延伸农村交管服务、推进交通事故快处快赔、实行车辆全国“通检”、推进车检程序优化、便利车辆异地转籍、便利驾驶证省内异地申领、健全监督制度机制、加强智慧监管建设、加强事中事后监管、加强信息系统安全保障。为使20项改革措施落到实处，左权县交警大队以推广“一网通、一次办”的便民服务措施为契机，全方位宣传，在双微平台、大型显示屏滚动发布交通管理“放管服”改革新举措。在车管业务大厅制作了20项举措的宣传挂图，发布本地“放管服”实施细则、办事流程等内容。精准对标，细化任务、强化应用，全面落实“四个减免”，严格执行简单业务“一证办”、初次申领驾驶证等18类业务“一证即办”，实现普通业务“一窗通办”，推进车检优化，实施“先发标、后审核”模式。借鉴银行模式对车管大厅进行改造，设置五个功能区，面签服务、违法处理、自助办理、导办休息，使用自助服务终端马上办、自助办，推行“让信息多跑路，让群众少跑腿”，“一证即办”“一窗通办”效率大幅度提升。与人保财险公司、大地保险公司合作，探索“警保联动”新模式，共同开展道路巡查、巡勘一体、多元化调解、一体化救援、快处快赔、农村交通安全管理等便民服务，实现智能互补、优势互补、资源共享，提升道路交通事故的快速处理能力和服务水平。强化宣传引导，推广两个公安网平台（交通管理综合应用平台、公安交通集成指挥平台）、两个互联网平台（交通管理信息服务平台、农村交通管理信息平台）、三个手机APP

平台（“一网通、一次办”平台、“12123”交管平台、农村交通安全平台）的使用率。全年运用“一网通、一次办”完成注册量1.63万个，运用一网通共办理各项业务5483笔。“12123平台”APP使用率73.27%。农村道路交通安全管理信息系统录入1.28万条。（赵乃江）

【道路交通事故处理】 2018年5月1日，公安部146号令新修订的《道路交通事故处理程序规定》（以下简称《规定》）正式实施。新规定出台完善了事故复核程序、规范事故处理收费、简化办事程序、提高执法公开透明度4方面15项事故处理改革服务新举措，同时建立严厉打击肇事逃逸、事故深度调查等新机制新制度。9月，最高人民法院、公安部、司法部、中国银行保险监督管理委员会以四部门办公室名义联合下发《道路交通事故损害赔偿纠纷“网上数据一体化处理”工作规范》（以下简称《规范》），要求高效便民，交通事故纠纷在线快速处理；调解先行，保险公司“一键理赔”。《规定》和《规范》正式施行后，左权县交警大队认真组织事故处理民警进行学习培训并按规定时间开始执行。是年，县交警大队共接报警道路交通事故2072起，简易程序处理交通事故833起，一般程序受理23起，死亡15人，受伤27人，直接财产损失14.57万元，发生交通事故肇事逃逸案1起，侦破率100%，连续七年未发生一起一次死亡3人以上重大道路交通事故。

（赵乃江）

【道路交通秩序管理】 2018年，左权县交警大队先后组织开展道路交通秩序示范创建专项整治行动、“压事故、整秩序、保平安”专项整治行动、柴油货车和散装物料运输污染治理联合执法专项行动、农用三轮车违法载人交通安全专项整治行动、农村面包车交通安全专项整治行动、危险化学品运输道路交通违法行为专项整治行动、打击机动车假牌套牌违法行为专项行动、冬季交通安全百日行动。全年共查处各类交通违法行为4.44万起，其中重点违法行为493起（饮酒190起，无证驾驶55起，超员14起，超载193起，假牌假证5起），乱停乱放3075起，机动车不礼让斑马线5669起，农用三轮车喷涂建档1208辆。完成春运、中高考、重要节假日、重要会议、重大活动、省市领导来左权调研、重点工程项目视察等道路交通安全保卫任务。（赵乃江）

【交通智能化建设】 2018年，左权县指挥中心录入有效数据1.49万条，其中，固定测速1232条、闯禁行1586条、不按导向车道行驶2515条、不系安全带2443条、闯红灯3290条、逆行2710条。为相关警种调取监控录像205次，维护维修254次，施划标志标线2555.9平方米、增设隔离护栏0千米。指挥中心全年不断对系统进行升级改造，集成指挥平台完成卡口非现场执法、视屏监控、车流量、诱导等系统的对接工作。通过集成指挥平台中稽查布控报警，及时对未年检、套牌、假牌、驾驶证异常等严重违法行为进行拦截查扣。利用稽查布控系统成功拦截交通违章车辆1522台，核对套牌782次。新建公路电子显示屏4块，拥军路新建卡口2套，电子警察1套，球机4套。

（赵乃江）

【交通安全宣传】 2018年，左权县交警大队与左权电视台联合开办的专题节目《红绿灯下》共播出15期。宣教民警定期深入全县农村、企业、学校、社区、驾校进行交通安全宣传60次，发放交通安全宣传资料2万余份，通过新浪、腾讯微博、微信、左权交警对门户网站及时发布辖区路况信息、交通管制信息、安全出行提示、城区和国省道交通监控卡口启用公告等次，让广大市民在第一时间知悉交警部门的工作状况。围绕各个时期的专项行动，大队宣教民警有重点地进行策划和宣传。在支队布置的"三个一"（一块农村大型交通安全宣传提示牌，一条墙体标语，一本交通安全宣传读本手册）交通安全宣传中，安装农村大型宣传提示牌29块，刷新墙体标语80条，发放交通安全宣传读本手册800本，和县一幼联合建成一处中小学生交通安全宣传教育基地。此外，利用《人民公安报》交通安全专版、《山西法制报》交通安全专版、《晋中晚报》交通安全专版三个专门平台，宣传报道左权公安交警的各类工作动态和交警的精神风貌。全年在市级以上新闻媒体发稿60篇，其中中央级媒体17篇。是年12月2日是第七个全国交通安全日，左权交警大队开展12·2全国交通安全日主题活动作为维护道路交通安全畅通、推动社会文明进步的重要举措。开展交通安全法律规则大普及、交通安全法律知识大宣讲、客运企业交通安全大检查、交通安全知识大传播、中小学生交通安全自护知识大教育、交通违法行为大整治、老年人安全出行细节大提示、交通安全大倡议"八大活动"。

（赵乃江）

【队伍建设】 2018年，左权县交警大队开展交警大队领导干部素质提升行动，从讲政治、精业务、善管理、重落实四个方面入手，实现政治素质、专业素养、组织协调能力、工作作风"四个显著提升"；开展以"七查七看七整肃"（一是查思想，看信仰，全面整肃理想信念缺失问题。二是查宗旨，看服务，全面整肃为民意识淡薄问题。三是查责任，看担当，全面整肃履行"两个责任"不到位问题。四是查作风，看落实，全面整肃警令不畅、执行力不强问题。五是查纪律，看表率，全面整肃作风不严不实问题。六是查案件，看执法，全面整肃办案不公不廉问题。七是查"保护伞"，看行动，全面整肃扫黑除恶斗争中的突出问题）为主要内容的队伍集中整肃专项活动，开展队伍问题"大警示大排查大整改"专项活动；开展以整治违反党的政治纪律和政治规矩、整治形式主义和官僚主义、开展"以案为鉴筑牢防线"专题警示教育为主要内容的"两整治一教育"活动。每月进行一次队伍风险隐患排查，列出问题清单，限期整改销号处理并报告支队。（赵乃江）

检 察

【概况】 2018年，左权县人民检察院邀请人大代表、政协委员和人民监督员参加视察、座谈、专题调研和案件评查等活动15场次；完善联络人大代表、政协委员机制，走访省、市、县人大代表100余次，赠阅《检察日报》160余份，听取意见建议。推进案件信息公开制度化、常态化、规范化，通过互联网发布案件程序性信息229条、重要案件信息40条、终结性法律文书90份，办理网上辩护和代理预约40件，各项公开数据位居全市前列。开展“关爱祖国未来，擦亮未检品牌”和“走近12309，检察为民新体验”检察开放日活动，邀请社会各界人士走进检察机关，了解、监督检察工作。加强检察宣传，做好舆情应对，在门户网站和“两微一端”新媒体平台推送信息3000余条，让人民群众有效感知检察工作。开展内部监督，依托全国检察机关统一业务应用系统、自动轮案系统，对案件受理、分配、办理进行全程管理、动态监督，共开展流程监控50余次，组织评查各类案件60件次。严格落实领导干部、司法机关内部人员干预司法活动、插手过问案件记录和责任追究等“三个规定”，以制度倒逼规范司法。构建多元矛盾化解机制，认真落实信访风险评估、释法说理、刑事和解、检调对接等制度，妥善处理群众来信来访50件次，开展检察长接待日39场次，办理控告、刑事申诉等信访案件44件，建成统一规范的“一站式”12309检察服务中心实体大厅，连续多年保持涉检零上访。

2018年，县人民检察院在全省检察机关“争做合格党员大讲堂”活动中荣获优秀奖，是全省15个受表彰的优秀单位之一。在全国检察机关第九次“双先”表彰会上被最高检荣记“集体一等功”，是继第六届全国先进基层院荣誉后，又获得的一个新的国家级荣誉。（陈文光 陈少英）

【国家监察体制改革】 2018年，左权县人民检察院积极配合深化国家监察体制改革，迅速适应转隶后新形势，与县监察委员会共同出台《关于办理职务犯罪案件工作衔接办法（试行）》，规范介入调查工作，完善职务犯罪案件审查逮捕、取保候审、审查起诉等程序性制度。全年，共受理职务犯罪案件3件3人，其中县监委移送2件2人、市院指定1件1人，在办理县监委首例职务犯罪留置案件时，面对陈某某涉嫌挪用公款、受贿、滥用职权多项罪名，调查卷宗多达36册的实际情况，抽调精干力量，组建专班，明确专人，在2日内高效完成提前介入熟悉案情工作，7天作出批捕决定，15天提起公诉，实现监委调查与检察机关审查的无缝衔接，最终陈某某因挪用公款、受贿、滥用职权一审被判处有期徒刑4年6个月。

（陈文光 陈少英）

【司法责任制改革】 2018年，左权县人民检察院全面落实司法责任制，坚持“谁办案，谁负责”原则，按照员额检察官办案权力清单，赋予其在职权范围内的办案决定权，并承担相应办案责任。全年员额检察官自行决定批捕案件占批捕案件总数的94%，自行决定起诉案件占起诉案件总数的98%。坚持“入额必办案”，推进入额院领导带头办案制度，6名入额院领导直接办理各类案件202件，人均33件。检察长带头办理公益诉讼案件66件，对王某涉嫌故意伤害一案出庭支持公诉。

（陈文光　陈少英）

【打击刑事犯罪活动】　2018年，左权县人民检察院依法打击各类刑事犯罪，全力推进平安左权建设。共受理各类审查逮捕案件51件91人，受理各类审查起诉案件87件140人。依法惩治故意杀人、故意伤害等严重暴力犯罪3件3人，深入开展打击“黄赌毒”“盗抢骗”等犯罪27件46人，对郭某某流窜多地、多次盗窃财物等一批社会危害性大、群众关注度高的典型案件依法提起公诉，有力维护了社会稳定。（陈文光　陈少英）

【扫黑除恶专项斗争】　2018年，左权县人民检察院与县公安局、县法院建立涉黑涉恶案件会商机制，与县公安局完善涉黑涉恶案件提前介入和引导侦查机制，依法快捕快诉涉恶类犯罪7件42人、3件36人，追捕漏犯5人，年内，判决3件36人，提前介入涉恶案件6件次。建立检察长履职台账，检察长、分管检察长就李某等16人、李某某等7人、孙某某等13人涉恶案件进行挂牌督办。深挖彻查黑恶势力背后的“关系网”“保护伞”，向县公安局移送涉恶案件线索2条，向县纪委监委移送涉嫌充当“保护伞”线索4条。积极参与综合治理，最大限度挤压黑恶势力生存空间。结合办案，及时向县公安局、司法局等7家单位发出检察建议7份，有效堵塞行业监管漏洞。（陈文光　陈少英）

【刑事检察监督】　2018年，左权县人民检察院强化刑事侦查和审判活动监督，对刑事立案和侦查活动监督，监督公安机关立案1件，撤案2件，纠正侦查活动违法30件次，纠正漏捕6人；追诉漏罪12件漏犯1人，均作出有罪判决。对于刑事审判活动监督，纠正审判活动违法4件；对确有错误的裁判，依法提出抗诉5件7人，法院采纳4件4人，其中李某贩卖毒品、容留他人吸毒案一审判决有期徒刑一年零六个月，抗诉改判有期徒刑三年；向法院发出量刑建议67件，采纳55件，采纳率82%；建立检察长列席审委会制度，列席4次。做好刑事执行监督，对羁押必要性审查工作，依法对逮捕后不需要继续羁押的7名犯罪嫌疑人、被告人进行审查，向办案机关发出检察建议后，办案机关及时变更强制措施。开展判处实刑未交付执行刑罚专项检察活动，依法监督收监罪犯2名；加强财产刑执行监督，发出检察建议2件，维护刑罚公平公正。针对151名在押人员、65名社区矫正对象加强检察监督，发出《纠正违法通知书》30件、《检察建议》7件，均整改落实，全年无脱管、漏管情况发生。（陈文光　陈少英）

【未成年人检察监督】　2018年，左

权县人民检察院坚持教育、感化、挽救的原则，委托“未成年人关护中心”对1名涉案未成年人进行帮教，对2名附条件不起诉未成年人进行监督考察；开展法治进校园系列活动，在县职业中学筹建青少年法治教育基地，在全县10余所中小学校进行校园巡讲，为全县1000余名中小学生面对面提供扫黑除恶、未成年人自我保护和心理健康等知识咨询、辅导。

（陈文光　陈少英）

【公益诉讼】　2018年，左权县人民检察院聚焦生态环境和资源保护、食品药品安全、国有财产保护领域，主动摸排公益诉讼线索，共办理公益诉讼案件82件；开展“保障千家万户舌尖上的安全”检察公益专项保护活动，针对160余个网络餐饮服务提供者、27个学校食堂存在的不规范行为，发出诉前检察建议66份；依法督促水利部门严格执法，依法收缴正行煤业、正珠煤业等9个企业所欠水资源费207万元；保护青山绿水，督促相关部门整改水源地垃圾填埋场1处，养殖场2个，取缔非法储煤场1个，办理的某勘探研究院非法勘探破坏生态环境行政公益诉讼案入选全省检察机关第二批十大公益诉讼典型案例。　（陈文光　陈少英）

【专项治理】　2018年，左权县人民检察院参与金融领域违法犯罪专项治理和金融风险防范工作，依法办理信用卡诈骗、网络传销、非法骗贷等严重危害金融安全的犯罪5件11人。聚焦精准脱贫攻坚，结对帮扶亲水湾村贫困户43户52人外出务工，帮助符合条件的11户贫困户进行小额贷款，筹措资金8万余元，帮扶村集体开展便民公益项目。办理农民工追索劳动报酬支持起诉案件13件，涉及农民工近100名，涉案金额近790万元。为符合条件的贫困户、残疾人发放司法救助金1.2万元。聚焦污染防治攻坚，通过诉前检察建议，督促相关部门整改水源地垃圾填埋场1处、养殖场2个，取缔非法储煤场1个。县检察院办理的某勘探研究院非法勘探破坏生态环境行政公益诉讼案被省检察院列入山西省第二批公益诉讼典型案例。　（陈文光　陈少英）

【民事行政监督】　2018年，左权县人民检察院全年办理民事监督案件48件，同比上升11%。依法对法院审判程序违法行为开展监督，发出检察建议13件，均被采纳；助力法院“基本解决执行难”工作，发出执行监督检察建议16件；在全省民事检察工作会议上县检察院作题为“积极履职、唯细唯实，扎实做好民事检察工作”的典型发言。（陈文光　陈少英）

【队伍建设】　2018年，左权县人民检察院党支部被晋中市检察机关评为“先进基层党组织”，2名干警被晋中市院表彰为优秀共产党员、优秀党务工作者，共开展岗位素能、业务竞赛20余次，调研文章、新闻稿件被晋中日报《检察之窗》、山西青年日报《检察周刊》采用10余篇，其中张海明同志撰写的《做好司法行政人员管理的实践与思考》获得全省检察机关调研成果三等奖。　（陈文光　陈少英）

法 院

【概况】 2018年，左权县人民法院全年共受理各类案件2067件，审执结1965件，实行案件繁简分流，案件平均审理用时54.9天，同比缩短34天；适用小额诉讼程序审理案件167件，简易程序适用率为67.49%，同比上升11.79%。县人民法院在2018年度县级综合考核中被评为优秀等次。杨春光同志被最高人民法院授予“全国优秀法官”称号，杨彦东同志被评为“全省法院党建先进个人”，刘彪同志被评为“全省法院办公室优秀个人”，赵德华同志被评为“左权县优秀共产党员”。 （高文庆）

【刑事审判】 2018年，左权县人民法院受理各类刑事案件94件，同比下降15.31%，审结93件，判处罪犯143人，结案率达98.93%。开展扫黑除恶专项斗争，组建专业审判团队，依法从严从快审结涉恶案件3案36人，对组织者、骨干分子判处有期徒刑以上刑罚率达100%。保持打击危害公共安全和人民群众生命财产安全等犯罪的高压态势，依法审理“两抢一盗”（抢劫、抢夺、盗窃）和涉黄赌毒等犯罪34件。依法审理贪污贿赂、渎职等犯罪3案4人，被告人原为科级以上干部1案2人，审结首例县监察委员会采取留置措施的案件。参与缉枪治爆行动，审结非法制造枪支犯罪12件。审结销售假药犯罪3件。贯彻“宽严相济”刑事政策，依法对26人宣告缓刑，对8人单处罚金。 （高文庆）

【民事审判】 2018年，左权县人民法院受理民事案件1204件，审结1163件，结案率为96.59%，收结案数均为历年最高。其中调解、撤诉752件，调撤率达67.99%，在全市法院持续保持第一。审结民间借贷、金融借款、买卖合同等案件418件，结案标的2.02亿元。保障农民工权益和维护劳动者权利，审结劳资纠纷案件101件，处置某矿山有限公司与409名职工间的劳动争议。审结土地征收补偿纠纷11件。跟进生态文化旅游开发区建设，挂牌设立旅游巡回法庭，走进景区解惑答疑，快速便捷调处纠纷。进行“道交一体化”试点，与交警队、司法局、保险公司信息共享。搭建“网上数据一体化”处理平台，受理道路交通事故纠纷146件，调解成功97件，受害人最快5个工作日能拿到赔偿款，当事人自动履行率达98%。推动家事审判改革，新建家事法庭、家事调解室、心理咨询室，试行离婚冷静期、一般不公开、圆桌审理等制度，审结家事案件131件，调解撤诉率为84.73%，一审服判息诉率达97.71%，无一改判发还。 （高文庆）

【行政审判】 2018年，左权县人民法院受理行政案件113件，比2017年增长151.11%，审结108件，增幅163.41%，结案率为95.58%。行政机关负责人出庭应诉13件，比2017年上升62.50%。全年判决确认行政行为违法22件，撤销行政行为10件，判决行政机关履行义务7件，原告胜诉率为36.11%。监督和支持行政机关依法行政，适时发出司法建议。受理全省首例行政公益诉讼案件，与检察机关协同发挥司法审判、法律监督职能，督促被诉行政机关履行法定职责，取得较好的法律效果和社会效果。（高文庆）

【执行工作】 2018年，左权县人民法院受理执行案件623件，执结568件，执结率为91.17%，实际执行到位金额9454.7万元，较2017年增加近3倍，基本达到最高人民法院设定的指标要求。

形成“党委领导、人大监督、政府支持、政法委协调、法院主办、部门配合、社会各界参与”的综合治理执行难工作新格局。市委常委、县委书记王兵出席“基本解决执行难工作推进会”并作出安排部署。县委办、县政府办印发《关于支持县人民法院基本解决执行难问题的实施意见》。县人大常委会连续两年听取执行工作专项报告，县委政法委牵头协调化解疑难案件。运用联动查控系统查询被执行人银行存款、房产、股票、车辆、支付宝账户信息2997人次，冻结存款2000万元，扣划存款1076.13万元。与县公安局联合出台《关于建立健全人民法院与公安机关执行联动机制的实施意见》，对3个案件3人以拒执罪移送侦查，形成执行与惩戒的合力。

选调2名员额法官、2名在编法警补强团队。增配四套执行单兵系统，执行指挥中心现场指挥、流程管理、协同办案、执行查控四项功能投入实体运用。发布《敦促当事人履行生效裁判文书的通告》，召开新闻发布会，回应社会关切通报热点案件执行情况。持续加大执行力度，密集开展涉民生、涉金融、涉党政机关、涉村（居）两委和“执行利剑”“树诚信、立公信”专项行动，出动警力170余人次，司法拘留3人，拘传76人，纳入失信被执行人名单160人，限制高消费649人，公布失信被执行人信息3批61人次，促进84个失信被执行人主动履行义务。（高文庆）

【审判外部监督】 2018年，左权县人民法院主动接受人大及其常委会、政协和社会各界监督。执行县人大及其常委会决议决定，向县人大常委会专项报告执行工作开展情况，按期办结代表建议和交办事项。接受政协民主监督，采纳各方提出的意见。邀请人大代表、政协委员视察法院、观摩庭审、监督执行23人次。依法接受检察机关法律监督，办理检察建议13件，邀请检察长列席审判委员会3次。广泛接受社会和舆论监督，激活官方网站，运用微博、微信、抖音等新媒体平台发布司法信息500余条。举办法院开放日，人民群众走进法院、旁听庭审，零距离感受、面对面监督，落实人民陪审员倍增计划，全年参审率达99.76%。（高文庆）

【诉讼服务】 2018年，左权县人民法院推动“最多跑一次”改革，打造导诉、立案、诉前调解、判后答疑、信访接待一体化的一站式诉讼服务平台。开展巡回立案、预约立案、网络立案等多种立案方式，其中通过山西诉讼服务网立案21件，邮寄立案92件。开通立案绿色通道、残疾人无障碍通道，设立便民服务区、自助诉讼区，当场立案率达98%，基本杜绝“有案不立，有诉不理”现象。在桐峪、拐儿、羊角三个乡镇政府设立办案联系点，参与乡村社会治理和矛盾化解，联合开展司法确认、预立案等工作，为乡镇发展提供法律咨询和指导。强化诉前调解，驻院人民调解室调解案件71件。规范信访工作机制，落实周三院领导接访制度，全年接待来访群众120余人次，处理转办函件17件。依法实施司法救助，为困难群众缓、减、免交诉讼费9.1万元，发放执行救助金14.3万元。（高文庆）

【司法公开】 2018年，左权县人民法院持续完善“司法公开四大平台”（中国审判流程信息公开网、中国裁判文书网、中国执行信息公开网、中国庭审公开网）建设，在用的5个审判法庭全部具备了数字化功能，庭审同步录音录像率为92.04%。在中国庭审公开网和新浪微博，累计直播庭审707件，直播率居全市法院首位，公众观看量达218万余人次，其中有1件行政强制案的观看量超过58万人次。在中国裁判文书网公开裁判文书2098份，文书上网率达到100%。在中国执行信息网公开执行信息279条，增进了阳光执行。（高文庆）

【司法改革】 2018年，左权县人民法院深入落实司法责任制。笃行“让审理者裁判，由裁判者负责”，设定入额院领导办案指标，院庭两长审执结案件900件，占到全院结案总数的45.81%。还权于法官与合议庭，优化办案人员组合，在团队内组织主审法官会议，提供办案咨询参考意见。审判委员会重在法律适用研讨和类案指导，全年讨论案件15件，比2017年减少16.7%。坚持“放权而不放任”，不断强化办案管理监督，实时动态跟踪，及时提示警示。运用大数据对标对表，实行周通报、月通报制度，发布《审判质效约束性重点指标完成情况》通报57期。挥动绩效考核指挥棒，定期组织案件评查，科学评定法官审判执行业绩。全院员额法官人均结案163件，比2017年增长6.75%。上诉案件改判率、发还率比2017年分别下降4.19%和10.34%。一审服判息诉率91.04%，位居全市法院前列。（高文庆）

【基础建设】 2018年，左权县人民法院筹措资金900多万元投入新建审判法庭项目，年底完成主体建设。库存档案电子化工作接近尾声，掌上行政办公开始运行，在办案件电子卷宗全部随案同步生成。麻田和芹泉两个派出法庭的工作生活条件得到改善，全部建成高清数字直播审判法庭，解决了取暖和用水问题。开动多功能巡回审判车，在东南五乡镇（麻田、桐峪、拐儿、芹泉、羊角）进村入户、巡回就地审判。（高文庆）

司法行政

【概况】 2018年，左权县司法局实现法律服务资源整合，向群众提供“一站式”服务，建成并运行县级公共法律服务中心1个、乡镇（城区）公共法律服务站11个、村（社区）公共法律服务室211个。是年，县人民调解委员会被社会治安综合治理委员会评为“全国综治工作先进单位”，被司法部评为“全国人民调解工作先进集体”。（贾宪洁）

【扫黑除恶专项斗争】　2018年，左权县司法局先后召开专题党组会8次、线索摸排部署会2次、培训会2次对“扫黑除恶”专项斗争工作进行研究部署。以两院两部扫黑除恶通告为宣传重点内容，张贴布告，悬挂标语，印制散发画册，警车流动广播，营造全民动员、全民知晓、全民参与的扫黑除恶浓厚氛围，全年共组织扫黑除恶专项宣传28次，发放宣传资料10万余份。借助人民调解员数量多、分布广、业务熟的优势，对矛盾纠纷案件和重点人群开展细密广泛排查，开展“十年案件大排查”活动，对十年内社区矫正和刑满释放案件进行排查，全年共排查案件564件，签订扫黑除恶保证书140份，发现并报送2条涉黑涉恶线索。制定完善左权县律师代理“涉黑涉恶”案件报备、案件集中研讨、开庭派员参加等制度。指导监督律师参与扫黑除恶专项斗争具体工作。全年备案律师代理“涉黑涉恶”案件22件。（贾宪洁）

【普法宣传教育】　2018年，左权县司法局落实“谁执法，谁普法”普法责任制，制定普法责任清单。推行国家工作人员学法用法网上考试。全县151个单位申报无纸化学法用法账号，4000余人参加学法考试。是年，在县电视台制作播出10期《普法访谈》，用访谈的形式，贴近生活的案例进行普法。通过手机短信方式在全县范围发送普法短信6万余条。利用公交车车体，制作普法公益广告，形成庞大宣传网线。普法宣传车流动播放扫黑除恶、宪法宣传等相关普法音频1000余次。制作《弘扬宪法精神维护宪法权威》和金牌调解员《王凤江的一天》两个微视频和宪法宣传公益广告并在相关媒体播放。开展“12·4”宪法宣传日集中宣传周，制作演出法治文艺节目，举办宪法文化书法作品展，营造浓厚法治氛围。（贾宪洁）

2018年12月4日，县司法局在宣传文化中心举办12·4宪法日宣传活动

【人民调解】　2018年，左权县司法局举办全县专职人民调解员培训班，各司法所、社区和辽阳镇各村调委会主任参加培训。编制《人民调解规范案卷模板》和《左权县人民调解工作手册》，提升调解员矛盾纠纷调处能力。是年，充实人民调解信息资源库，涵盖县乡村三级调解机构、行业性专业性调解机构227个，调解员652人基本信息全部录入其中。全县共调

解矛盾纠纷1058件，疏导消化316件，调解742件，成功693件，成功率达93.3%。（贾宛洁）

【社区矫正】 2018年，左权县司法局严格落实调查评估、报到、请销假、手机定位监管制度，对违反规定的进行严肃处理。借助社区矫正人员信息管理平台、刑释解教人员信息管理平台，做好社区矫正人员的信息输入和新入监罪犯的基本信息核实，以实现衔接、帮教、管控的无缝对接。强化帮教措施落实，帮助刑满释放人员顺利回归家庭，尽快融入社会，特殊人群重新违法犯罪得到有效预防。至年底，全县刑满释放人员在册275人，社区矫正人员在册60人。（贾宛洁）

【公共法律服务】 2018年，左权县司法局推进公共法律服务平台建设，为11个乡镇（城区）公共法律服务站、211个村（社区）公共法律服务室制配标识牌，基础设施实现达标。（贾宛洁）

【公证管理】 2018年，改制后的左权县公证处注册登记，正式运转，开设专门账户，财务独立，配备4名工作人员，设置三年过渡期。共办理民事类公证案件309件，接待当事人各类咨询500余人次，办理公证援助案件2件，公证收费5万余元。参与9块国有建设用地使用权挂牌出让，共涉及土地出让金额1亿余元；两次参加山西省泽城西安水电站（二期）工程一期移民安置房分配，共分配安置房9套；办理易地扶贫搬迁贫困户购房赠与、受赠公证，为易地扶贫搬迁住房分配摇号进行现场监督，现场摇号33次，分配住房1444套，涉及贫困户人数3491人。

（贾宛洁）

【法律援助】 2018年，左权县实行法律援助“三派驻”：在县信访局派驻专职律师，实行“访调对接”，对上访人员进行法律咨询；在县法院立案厅派驻专职律师，对诉讼当事人进行法律咨询；在左权县看守所派驻专职律师，对在押人员和被告人进行法律咨询。全年共办理法律援助案件72件，其中刑事诉讼18件，民事诉讼52件，民事非诉讼2件，接待咨询830余人次。（贾宛洁）

【律师和基层法律服务管理】 2018年，左权县司法局依法严格管理和热情服务律师和基层法律服务工作者。在县法院门口更新公示全县律所和律师、基层法律服务所和基层法律服务工作者相关信息，促使律师和基层法律服务工作者在诉讼活动中的合法权益得到保护，受到尊重。加强监管，定期对全县律所进行督导，规范执业行为，严肃执业纪律，坚决查处法律服务行为中的违法违纪违规行为。是年，全县3个律师事务所14名律师共提供法律咨询3000余人次，代理民事诉讼241件，刑事诉讼39件（其中涉恶22件），行政诉讼87件，业务收费56.5万余元；全县两个基层法律服务所8名基层法律服务工作者共提供法律咨询581人次，代理诉讼134件，非诉讼解39件，办理援助案件32件，业务收费19.3 万元。

（贾宛洁）

军　事

左权县人民武装部

【概况】　2018年，左权县人民武装部坚持以习近平主席新时代强军思想为指导，学习贯彻中共十九大精神，落实各级党委决策指示，围绕争创一流人武部奋斗目标，把握“四条线”（全年工作都围绕学习贯彻中共十九大精神这条“政治线”，突出练兵备战这条“中心线”，死守安全稳定这条“保底线”，严防作风建设这条“高压线”）大力加强“六部”（应急应战的指挥部，地方党委的军事部，后备力量的建设部，同级政府的兵役部，军民融合的协调部，宝贵财富的服务部）建设，努力做到基础工作有影响、重点工作有亮点、特色工作有发展、全面建设上台阶。

（张　鑫）

【思想政治建设】　2018年，左权县人武部思想政治建设坚持“三个雷打不动”：（1）抓学习雷打不动。主动适应改革后省军区系统新形势新要求，及时提出“积极跟进上级学、主动加压自己学、融入工作检验学”的思路，始终把跟进学习习近平主席系列重要讲话精神作为核心内容，注重用习近平主席强军思想统领各类学习，着重抓好中共十九大精神、军委主席负责制、党章党规的融会贯通、指导实践。结合实际，坚持动中抓学、学中促建，坚持每月一个主题，每人有任务、有计划、有书目、有笔记、有交流、有成果。先后花费1.30万余元购买《习近平谈治国理政》《党的十九大报告辅导读本》《军委主席负责制学习读本》等各类学习书目300余册。（2）抓主题教育雷打不动。全年围绕“传承红色基因、担当强军重任”主题教育，多次组织开展读红色书籍、唱红色歌曲、看红色电影、走红色遗址等系列活动。（3）抓组织生活雷打不动。首先健全组织机构，确保人人都在组织中，没有游离于组织之外的人，特别是针对非党员，及时加强教育引导。其次是严格组织生活，领导双重组织生活坚持开展，党小组会议必须按时召开。通过持续

教育和严格组织生活，班子和队伍看齐追随意识更加坚定。（张　鑫）

【机关基层军事训练】 2018年，左权县人武部狠抓练兵备战，严格落实习近平主席训令要求，强化练兵备战鲜明导向，突出抓好“三大”（人员大操练、方案大修订、值班乘车大整治）。人员大操练：每月突出一个主题，每周组织应急操练，每天坚持1小时体能训练，定期组织机关人员、专武干部进行轮训；方案大修订：对反恐维稳、抢险救灾、应急作战、消防灭火等应急方案定期组织修订；值班秩序大整治：完善设施设备，安装滚动地图箱，制作应急器材架，落实各项战备制度。组织集训考核。班子成员带头参加上级比武考核，8月，部长、政委参加省军区组织现役干部集中轮训；11月，军分区组织教练员比武，人武部一名副部长带领桐峪镇武装部长和应急分队一名班长参加，分别取得第3名、第1名、第5名的好成绩，受到军分区通报表彰。按照“增智能、强技能、练体能”的思路，扎实抓好专武干部、职工、民兵干部能力集训，涌现出一批优秀的专武干部和民兵骨干。9月初，利用一周时间，组织双合格青年开展役前集训，先后淘汰9名思想不稳定、身体素质差的青年，保证左权县“零退兵”。扎实组织演习演练。7月和11月，两次同步参加晋中市要地防空和省军区国防动员课题演练，县领导及国动委成员单位全程参与，熟练掌握组织流程、指挥程序，编写参演文书，拍摄演练行动纪实片，军地协同联合处置突发事件的能力有了很大提高。（张　鑫）

【党管武装】 2018年，左权县人武部履行“地方党委军事部”职能，为县委抓好军事工作当好参谋助手。8月，组织召开议军会议，专题研究解决职工移交、合同工保险、经费不足等制约人武部发展的重难点问题；在脱贫任务繁重，县经费困难的情况下，政府拿出20万元用于创建国防教育示范校（社区）和人武部体能训练室改造。组织乡镇党委、党工委书记进行党管武装述职；组织县四大班子领导参加“八一”军事日活动，参加训练，体验军事生活。认真落实党管武装各项制度，不断增强各级党委政府及领导管武装、建武装、用武装的责任意识，组织乡镇书记进行党管武装工作述职，人武部第一书记王兵现场讲评各单位武装工作，压紧压实责任。（张　鑫）

【国防教育】 2018年，左权县人武部把发挥老区红色资源优势、弘扬优良传统作为开展全民国防教育的重要抓手，通过红色阵地辐射、红色文化引领、红色活动牵引等形式，持续开展国防教育活动。4月，协同地方有关部门高标准组织了左权将军纪念亭和晋冀鲁豫边区临参会旧址省级国防教育基地挂牌仪式，并接受省国教办检查验收。是年，先后投资7万余元创建思源学校、盘城社区等5个国防教育示范学校和4个示范村、社区；完成左权中学、左权职业中学、左权三中新生军训任务，军训学生达1500余人；相继组织了第三届“追寻红色记忆”学生夏令营、“小小特种兵亲子体验”“国防教育图片巡回展”“9·30”烈士纪念日公祭等活动，并在县域内主要道路LED屏上滚动播放国防宣传标语，提升国防教育影响力。

（张 鑫）

【民兵整组】 2018年，左权县人武部按照“十三五”时期民兵整组要求，认真贯彻落实各级关于加强国防后备力量建设系列指示精神，注重以全面提升民兵部队打仗维稳救灾水平为牵引，下大力规范阵地、编实队伍，始终坚持平时训练、课题演练与实践锻炼相结合的组训模式，提升民兵队伍应急处置能力。（张 鑫）

【征兵工作】 2018年，左权县人武部坚持把兵员质量举过头顶，做到兵役登记不落1人，确保全县适龄青年登记率达到100%。抽调专业力量，进行专门培训，指定专人负责，坚持做到“三关”。严把体检关，坚持“谁检查、谁签字、谁负责”的原则，认真做好应征青年体格检查，确保输送兵员质量第一，不出问题。严把政审关，严格落实“访到家、见到面、问到人、查到底”程序，严格政治审查标准，确保不放一情。严把廉洁关，坚持全程阳光征集，多渠道公开信息，与县纪委联合开展双重监督检查，与征兵工作人员签订廉洁征兵责任书，向应征青年发放廉洁征兵监督卡，面向社会聘请廉洁征兵监督员30余名，确保征兵工作公开公正。（张 鑫）

【后勤保障】 2018年，左权县人武部在财务管理上，始终坚持党委研究、一支笔审批、纪委监督、部门办理的原则，确保经费开支科学合理。在武器装备管理上，坚持“抓枪弹、防大案”思想，从严落实武器管理规定，每年2次对仓库人员进行政审，定期组织武器装备维护保养，确保质量完好。在工作保障上，结合办公秩序大整治，集中购买办公用品，规范办公秩序。在生活保障上，坚持每月伙食公开，科学合理健康调剂伙食，官兵满意率不断提升。在训练保障上，完成整组训练、岗位练兵、役前集训、军事日活动服装发放和野炊保障任务，保障人数达1000余人。在营院环境整治上，组织人员对营院绿化进行维护，对营房设施进行维修，对营院文化氛围进行更新，营区文化环境得到改善。（张 鑫）

【军民融合发展】 2018年，左权县人武部发挥老区红色资源优势，探索军民融合推进国防教育深化发展的老区模式，以纪念建军90周年为主题，结合左权县纪念太行革命根据地创建80周年系列活动，保障配合《太行奶娘》在全省军区各市巡演，反响强烈；在《国防报》、中国新闻网等媒体大力宣扬王艾甫先进典型事迹，并被评为“2017感动山西国防动员新闻人物”，促进了教育的拓展延伸。持续开展“一年帮一校”活动，先后为西关幼儿园和南冶村小学捐赠图书500余本。打好扶贫攻坚战，协助晋中军分区完成帮扶石匣白垢村项目的落地及其他保障工作；为帮扶的南冶村，借助县拨付的20万资金，完成中草药种植项目1个。（张 鑫）

【安全稳定】 2018年，左权县人武部在安全工作中主要突出“四个经常”。教育经常性进行，按规定每月定期组织安全教育，按季节变化、任务转换、人员思想适时组织随机教育；制度经常性落实，严格人员出入营门、车辆派遣、大项任务安全评估等安全制度；排查经常性开展，针对安全隐患常抓不懈，针对营门出入混乱的问题，先后组织三次排查，极力纠治整顿，针对网络安全的问题，按要求对办公用电脑安装了信号干扰器，对私自接入互联网进行了拆除；整治经常性安排，针对安全行车问题，依托地方车辆检测机构对所属车辆集中进行安全性能检测，为两台指挥车加装胎压报警装置和行车记录仪。 （张　鑫）

人民防空

【人防工程建设】 2018年，左权县人防办严格结建审批，人防工程总量稳步增长。严把项目审批入口关，与县住建局协同，严把项目审批，做到应建必建；优化办事流程，提高服务效率。通过简化流程、缩短审查时限、提供审批一次性告知清单等方式，提高办事效率，达到让办事人员最多跑一次效果。清理各类证明和办事环节，公布涉企行政审批中介服务（前置服务）收费目录清单；推进承诺制改革工作，规范执法文书，加强行政审批事中事后监管，制定承诺制流程图，明确审批依据、承诺事项、监管方式等。（邓志刚）

【防空演练】 2018年，左权县人防办参与了“要地防空”“太行—2018B”国防动员演练任务，制定演习方案、建立县级战时人民防空联合指挥机构，明确部门人员及职责，完成国防动员演练任务。

（邓志刚）

【人防宣传教育】 2018年，左权县人防办制定了《左权县人防系统腐败问题专项治理工作方案》，由县政府办、纪检监察组、发改局、住建局、人防办相关领导组成领导组，并于1月18日召开动员部署会，针对全县2013年至2018年所有的立项工程和已取得施工许可证的在建项目，在行政审批、人防工程建设验收、易地建设费收缴、人防工程出租等方面进行“回头看”。 （邓志刚）

脱贫攻坚

综　述

【概况】　2001年，左权县被列为国家扶贫开发工作重点县，2014年全县精准识别贫困村129个、贫困户18920户、贫困人口49586人。2014年至2018年，全县累计退出贫困村127个，减贫人口18700户、49165人，至2018年底，左权县129个贫困村退出127个，退出率达到98.44%，剩余贫困人口220户421人，贫困发生率降至0.32%。

至2018年底，农村居民最低生活保障标准执行每人每年3660元，超过省定标准3200元460元，建档立卡贫困人口参加城乡居民基本养老保险和基本医疗保险参保率100%。是年底，左权县建档立卡贫困人口参加城乡居民基本养老保险和基本医疗保险均达100%。全县参加城乡居民基本养老保险率达98.7%，超过全省不低于95%的标准；参加城乡居民基本医疗保险率达到99.63%，超出全省不低于95%的标准。全县203个行政村应设卫生室196个，达标率100%，超过省定90%的达标水平。全县129个贫困村九年义务教育阶段学生无一人因贫辍学，且适龄儿童学前入园率达99.8%。全县行政村通村公路硬化率达100%；开通客运班车率100%，超出全省平均水平94.32%的95%以上的达标水平。全县行政村安全饮水达标率98%，超出全省平均水平95%的95%以上的达标水平。全县203个行政村和173个具备条件的自然村，实现村村通动力电，超出省定95%的达标水平。所有行政村固定宽带或移动互联网覆盖率100%，超过省定95%以上的达标水平。是年底，全县行政村综合文化活动场所（地）的覆盖率达97.04%，超出全省平均水平95%的95%以上的达标水平。易地扶贫搬迁集中安置的3794人全部领取住房钥匙并搬迁入住；分散安置的794人全部搬迁入住，达到省定标准。（张慧君）

主要工作成效

【产业增收脱贫】 2018年，左权县有近60%贫困人口主要依靠产业增收脱贫。核桃产业全年提质增效35.66万公顷，总投资2675万元，涉及8个乡镇98个行政村，65个自然村，24个专业合作社，亩产核桃达到150公斤，亩产值240元，带动贫困户户均增收3500元。全年新发展设施蔬菜66.66公顷，建设冷库物链4个，全县总面积达到860公顷，预计蔬菜总产量7560万公斤，产值3.1亿元，带动400户1280个贫困人口人均增收2000元。全年新发展杂粮533.33公顷，全县种植5733.33公顷，预计杂粮总产量1945万公斤，产值8300万元，带动400户1000个贫困人口人均增收400元。实施谷子绿色高产高效创建项目1466.66公顷，使全县1.3万贫困人口受益。中药材全年新发展2333.33公顷，全县种植面积6666.66公顷，产值1230万元，带动1280户2700个贫困人口人均增收400元。同时结合谷子等杂粮基地、核桃园区建设，发展功能农业面积约533.33公顷。年底，全县生猪饲养量3.22万头，牛饲养量0.72万头，羊饲养量21.17万只，鸡饲养量96.26万只，肉蛋奶总产量4786吨，实现牧业收入5000万元，农民人均384元，带动贫困户2700余户，户均增饮300元。全县建成县级电子商务公共服务中心1个，电子商务创业园1个，物流园1个，乡村服务站114个，培育核桃电商微商及左权农特产品人才至少100人，人均网销超过1000元。建设乡村旅游重点村10个，至年底，申报省级乡村旅游扶贫示范村4个，申报市级乡村旅游扶贫示范村6个，下达乡村旅游扶贫资金180万元；培育乡村旅游农家乐40户，带动86户196个贫困人口人均增收600余元。

（张慧君）

【易地搬迁扶贫】 2018年，左权县建设易居苑、安居苑（红土垴）、福居苑（东沟二期）、乐居苑（东长义）4个易地扶贫搬迁集中安置点，共建设28栋住宅楼，至年底，4个集中安置点安置贫困户1233户3024人，安置同步搬迁338户770人；分散安置贫困户304户792人，同步搬迁2户2人。同时，结合左权实际及搬迁群众特性，从技能培训、劳务输出、公共服务、企业带动等方面精准设置就业保障岗位，全县共建立扶贫车间10个，提供748人的培训就业岗位。其中，县级建立扶贫车间2个，麻田镇、拐儿镇、辽阳镇、龙泉乡、芹泉镇5个乡镇8个村建立扶贫车间8个。另外，通过县直部门、企业、合作社等调剂就业岗位，设置后续精准岗位1262个，召开易地扶贫搬迁招聘会，56%的搬迁户签订岗位协议，落实有劳动能力的贫困户家庭“一户一岗”；利用28.8兆瓦集中光伏电站集中安置的建档立卡贫困户按照3千瓦/户的标准享受光伏年底分红。

（张慧君）

【生态工程扶贫】 2018年，左权县

45支脱贫攻坚造林专业合作社实施荒山造林2333.33公顷，总投资2715.01万元，带动689户贫困户户均增收5000元。14支脱贫攻坚造林专业合作社实施四里垢至后寨G207通道绿化工程7.5千米，总投资927.8万元。片区生态造林工程总投资732.2万元，由10支脱贫攻坚造林专业合作社实施，栽植山桃、山杏、连翘、塔桧、柏树、五角枫等树种共计约10万株，道路绿化及建设3千米。23个贫困村实施完成村庄绿化工程，总投资138万元。全县10个乡镇55个村实施退耕还林800公顷，涉及农户835户，是年户均补助500元/亩。10支脱贫攻坚造林专业合作社在麻田、羊角、粟城、桐峪等乡镇栽植连翘1066.66公顷，带动306名贫困户人均增收3200元。聘用各类护林员768名，年均增收3000元以上。国家（地方）公益林建档立卡贫困户护林员24名，年人均工资3000元；未成林地管护建档立卡贫困户护林员35名，年人均工资8800元；森林防火建档立卡贫困户护林员59名，年人均工资2200元；左权清漳河国家湿地公园建档立卡贫困户管护员10名，年人均工资8000元。（张慧君）

【基础设施建设助脱贫】 2018年，左权县结合脱贫攻坚与“7·19”水毁工程共建、脱贫攻坚与奔小康同步实施发展基础设施建设。是年完成新增和改善设施蔬菜、大棚灌溉等节水灌溉面积104公顷；完成新增水土流失治理和保护面积4533.33公顷；实施箕山—西黄漳段河道治理工程，工程治理长度8千米，保护耕地200余公顷；泽城至麻田段河道治理工程总投资4472.55万元，勘测设计报省水利厅；清漳西源河道治理工程报省水利厅列入七河生态治理项目库；亚行工程供水工程子项目总投资1.6亿元；麻田镇泽城村水电站建设项目，完成土地预审和环境影响评价。是年确定实施饮水工程86处，涉及10个乡镇的84个自然村，2个集中供水站，总投资2257万元。至年底，86处工程主体工程全部完成，修筑蓄水池23座，总容积1850立方米，铺设各类管道13.2万余米，新建截潜流水源7处，凿井6眼，配备更新各类水泵35台，切割恢复砼路面13.7万余米，铺设各类管材15万余米；全县行政村和自然村饮水安全达标率达98%，自来水入户率951%，达到贫困县退出“行政村安全饮水达标率达到或接近全省平均水平”标准。危房改造方面：全县认定危房1366户，签订协议或证明、自主安置解决安全住房478户，实施改造888户（四类重点对象740户，一般户148户），总投资1040万元。至年底，888户危房改造工程全部完工。至年底，全县达标村卫生室203个，达标率109%。土地整治方面新增耕地81.9公顷；敲定高标准农田建设项目7个，规模2666.66公顷；落实增减挂钩项目区3个，新增耕地118.74公顷，其中第三批增减挂钩复垦规模37.2公顷，新增耕地26.86公顷。全年投入3117万元，集中解决贫困村、贫困户村容村貌、户容户貌问题。其中，投入每个贫困村平均达 18 万元，每个非贫困村平均投入达 10 万元。是年底，129 个贫困村以及 66 个有贫困户的非贫困村全部通过市、县两级验收达标，乡村清洁工程考核晋中市第一。（张慧君）

【社会保障助脱贫】 2018 年，兜底扶贫方面：农村低保由 2017 年每人每年 3240 元提高到 3660 元，城市低保由 2017 年每人每月 485 元提高到 515 元，农村特困对象标准由 2017 年每人每年 4290 元提高到 4836 元，全县共有农村低保、特困供养保障对象 7432 户，11882 人（农村低保对象 6196 户，10634 人，发放金额 1097.3 万元；农村特困供养对象 1236 户，1248 人，发放供养金 514.8 万元），其中建档立卡贫困户 4991 户，7990 人（低保 4028 户，7021 人；特困供养对象 963 户 969 人）；农村低保户中的三类人员发放生活补贴 41.6 万多元（其中农村残疾人 917 人，发放补贴 34.96 万元）；农村高龄老人 319 人，发放补贴 5.85 万元；农村失能老人 17 人，发放补贴 8280 元；农村医疗救助发放 282 万元，享受救助人数 2391 人；农村急难和临时救助发放 677.7 万元，享受救助 38986 人次；全县 42 名孤残儿童基本生活保障金 24.6 万元。健康扶贫方面：继续落实农村贫困住院患者县域内“先诊疗，后付费”，住院费用在出院时“一站式”结算；继续落实农村住院患者医药费用“136”工程，即建档立卡贫困人口在县城内、市级、省级医院住院，个人年度目录内医药费用自付封顶额分别为 1000 元、3000 元、6000 元，在不同等级医院多次住院的，按当年住院医院最高级别计算自付封顶额；为建卡贫因人员免费进行体检、免费提供治疗建议方案和保健方案，建档率 100%；开展健康扶贫“双签约”服务，全县共组建家庭医生签约团队 133 个 260 人（其中县级专科医生 65 人、乡村医生 125 人、乡镇卫生院临床医生 70 人），组建乡村干部签约团队 133 个 1086 人。全县因病致贫、因病返贫建档立卡困难群众 931 户、1826 人，签约率 100%；开展“健康扶贫村村行、千万行动惠民生”主题月活动和“健康扶贫，八方参与、爱心传递，你我同行”为主题的系列扶贫义诊宣传活动，发放宣传资料 1.3 万余份，接受咨询和诊断指导 4000 余人次，免费发放药品 3000 余元，服务建档立卡贫困户 1600 余人次；对 35 至 64 岁适龄农村妇女进行“两癌”免费检查，至年底，乳腺检查人数 8607 人，宫颈检查人数 8603 人；城乡怀孕妇女提供产前筛查与诊断服务，是年完成筛查 873 人，高风险孕妇 24 人，其中 21 三体综合症高风险 15 人，神经管缺陷高风险 7 人，18 体综合症 2 人，全部转诊进行产前诊断。教育扶贫方面，招商引资 113 万元，实施左权中学综合教学楼、羊角中学综合楼、5 所农村幼儿园新建维修工程，全部完工，实施思源实验学校教师宿舍楼工程，主体完工；投入 372 万元，加大农村学校基础设施建设力度，改造 8 所学校甲醇、19 所学校电力线路， 维修维护 24 所学校校舍。2016年至2018年，全县累计投入7052万元，资助贫困幼儿、中小学生19824人次，免除义务教育阶段学生国家课程教材、地方课程教材、教辅教材、作业本款2162.4万元，为5654名贫困大学生发放助学贷款3571.9万元。培训就业方面，着重打造以月嫂、护工等技能为主的“左权家政”劳务品牌服务队伍，培训家政服务员365人；开展服装缝纫培训班8期，培训439人，取得合格证书424人，培训后就业234人；开展培训护工、中式烹调师、中式面点师、电子商务、农业技术员等工种54期2615人；累计向县内、县外省内、省外输出“左权家政”品牌队伍108人。保险保障，为全县建档立卡贫困人口缴纳城乡居民医保费用220元人；为全县建档立卡贫困人口城乡居民养老保险代缴养老保险费每人100元；为全县建档立卡贫困人口缴纳补充医疗保险100元/人；为33949名2014年至2017年脱贫人口全部缴纳返贫责任保险16元/人；为全县建档立卡贫困人口缴纳扶贫意外、疾病身故和住院津贴保险28元/人。

（张慧君）

【交通建设扶贫】 至2018年年底，左权县10个乡镇203个行政村，通村道路全部硬化，硬化率超过全省平均水平99.54%。年内，利用太行一号旅游公路建设和全省养护提质示范创建的契机，30个县乡公路带通建制村和83个通村公路进一步提质，直接受益群众40950人，直接延伸带动沿线建制村种植、养殖、农家乐等各类支柱产业94个；年内，围绕三年打造“百”处美丽乡村景观，形成“千”里美丽太行旅游公路，实现“万”倾森林康养基地建设的“百千万工程”为目标，投资6.68亿元，完成3条主线、6条支线、2条连接线的旅游公路建设，总长147.81千米。新建改造农村公路521.6千米、桥梁14座，完善农村公路安防设施82.4千米，完成投资超10亿元。道路沿线5万余名群众直接受益，成为2018年10月份全省“四好农村路”建设推进会典型交流发言的两个先进县之一，现场观摩的四个样板县之一。 张慧君）

【新能源建设扶贫】 至2018年，左权县建成村级光伏扶贫电站35座，全部并网发电且运行正常，带动703户贫困户脱贫。至2018年6月，全县建成并网农户屋顶光伏扶贫电站1995座。是年，总投资3.01亿元，建成46.4兆瓦村级光伏扶贫电站，覆盖全县129个贫困村，其中28.8兆瓦村级光伏扶贫电站总投资1.87亿元，在龙泉乡连壁村分五块建设，占地166.66公顷，9月4日实现全容量发电；17.6兆瓦村级光伏扶贫电站总投资1.14亿元，分别在龙泉乡丈八沟村，寒王乡简会村、上丰垴村建设，8月30日并网发电。129个贫困村集体经济实现破零，7101户贫困户脱贫，受益户年光伏收益3000元以上。30兆瓦地面集中式光伏电站在马家庄村建设，8月30日并网发电，为全县1200户户均增收3000元。 （张慧君）

主要工作措施

【党建引领助脱贫】 2018年，左权县委、县政府压实主体责任，突出党建引领，助脱贫摸排农村软弱涣散村级党组织22个，调整村两委班子成员2名。探索产业联建、城乡联建、强弱联建、村企联建四种党组织设置模式，集中组建产业党组织14个，共辐射周边45个村组，涉及农户1300多个。充实乡镇工作力量，选派94名年轻干部到乡镇挂职帮扶；抓好村级干部“领头雁”，调整配齐村党组织书记7名，推荐后备干部604人，建立本土人才库2300多名，223人进入两委班子，113人返乡创业，为脱贫工作的开展提供坚强的队伍保障；抓好驻村干部“生力军”，全县129个贫困村和15户以上贫困户的16个非贫困村全部派驻帮扶单位、驻村工作队和第一书记。坚持基层组织日常学、选树典型带动学、分类培训重点学、创新载体改进学四学同步，开展领导干部、中青年干部培训1万余人次，将脱贫攻坚政策融入党员日常教育，凝聚思想共识。

（张慧君）

【扶贫攻坚责任强化】 2018年，左权县继续严格落实县乡村抓落实的工作机制，充实完善31项专项扶贫行动小组，县委书记、县长带头双签脱贫攻坚主体责任和帮扶责任书，县委、县政府与乡党委政府主要领导全部签订脱贫攻坚主体责任书。县委、县脱贫攻坚领导小组统筹总揽，出台《左权县脱贫攻坚责任制实施细则》，实行分管扶贫领导和分管行业领导“双组长”制，出台《关于成立左权县专项扶贫行动小组的方案》等责任落实体系文件。全年，召开有关脱贫攻坚县委常委会议10余次、县脱贫攻坚领导小组会议60多次。全县持续压实责任，压力层层传导、责任逐级落实。压实县四大班领导包村督导责任。全县129个贫困村全部分包到县四大班领导头上，印发《左权县四大班领导脱贫攻坚包村督导工作制度》，每月一安排，每月第一周实行“无会周”工作制度，每村至少督导1天。抽调机关干部176人，组成县级督导专班26个，覆盖贫困村129个。组建县委县政府脱贫攻坚督查组，开展常态化循环督查。县四大班领导实行包保责任制，每人包保4—7个贫困村，每月第一周须进村督导。10个乡镇党委书记、乡（镇）长向县委、县政府承诺脱贫攻坚责任，向县委县政府签订脱贫攻坚主体责任书，各行动部门制定完善“十三五”脱贫攻坚专项行动规划及行动计划。各乡镇党委、政府参照县级督导专班组建规模，自行抽调机关干部组建督导专班16个，覆盖66个有贫困人口的非贫困村和8个没有贫困人口的非贫困村。帮扶单位、驻村工作队、第一书记和贫困村签订帮扶责任书，驻村帮扶单位及工作队参照《省政府办公厅帮扶麻田镇7个贫困村产业发展三年规划（2017—2019年）》，制定各村产业发展3年规划。出台《关于完善干部驻村精准帮扶工作的指导意见》，对2014、2015年脱贫户进行一一对接帮扶。至年底，全县129个贫困村、15户以上贫困户的16个非贫困村、50个非贫困村实现建档立卡贫困户帮扶全覆盖。严格落实“一村一队、一队三人”“五天四夜”等工作制度，开展“严查严改”专项行动。压实县直部门包退出指标责任。印发《左权县落实贫困退出目标任务实施办法》，将户、村、县贫困退出指标全部对应落实到县直业务主管部门和各乡镇，确保各项退出指标推进到位、销号到位。压实贫困户排查责任。印发《左权县脱贫摘帽大排查工作实施方案》《关于开展脱贫攻坚“集中自查月”活动方案》，集中两个月时间，由包乡镇县领导总负责，乡镇党委书记、乡镇长牵头，乡镇副科以上领导干部负责包村，逐村逐户开展排查，确保不落一人、不落一项、不落一户。压实督查督导责任。发挥中央、省、市、县四级督导、检查、审计等推动作用，组建县委县政府脱贫攻坚督查组和线上督查组，开展常态化循环督查。在全县开展“对标对表找差距，精准脱贫大起底”行动，对中央、省、市反馈的1238个问题，全部建立台账，制定整改落实方案，以清单形式一对一反馈给包村县领导、部门和乡镇，从包保领导、责任单位、责任人、整改措施、整改时限、整改进度等6个方面进行整改工作。同时，县纪委监委出台《关于深入开展扶贫领域腐败和作风问题专项治理的工作方案》，健全由党风政风监督室综合协调、案件监督管理室等科室配合，财政、农业等部门共同参与的工作机制，是年查处扶贫领域案件61起110人，其中党纪处分17人，政务处分1人，组织处理92人。县公安局出台《左权县护航脱贫攻坚服务转型项目金盾专项行动实施方案》。 （张慧君）

【科学规划扶贫方案】 2018年，左权县制定《全面打赢全县脱贫攻坚实施方案》，以县委1号文件印发《关于以脱贫攻坚为统揽深化改革苦干实干开创农村全面建设小康社会新局面的实施意见》等一系列顶层设计规划文件。全县提出实施“特色产业增收、易地扶贫搬迁、生态建设补偿、教育培训增技、社会兜底保障、结对帮扶共建、基础能力改善”七大攻坚工程、21项专项行动。 （张慧君）

【扶贫政策宣传】 2018年，左权县强化政策宣传，利用“左权大讲堂”，聘请省、市扶贫办专业人员，就中央、省、市精准扶贫、精准脱贫政策进行解读，全县累计培训党政干部、第一书记、村两委干部等2万余人次。编制《左权县精准扶贫政策汇编》《左权县精准扶贫政策惠农政策到户标准告知卡》《答疑解惑》等政策宣传资料，印发《精准扶贫政策漫画图解》宣传画3万余份，梳理汇总各级各部门脱贫攻坚到村到户政策11个方面，全部张贴到贫困户家中，是年，整合梳理68条。同时，将贫困户享受的各项政策全部建立台账，并与各乡镇、村充分对接，确保每个贫困户知晓脱贫攻坚政策。 （张慧君）

【以户为基精准扶贫】 2018年，左权县继续树立“以户为基”扶贫理念，以《精准脱贫手册》为指引，制定符合贫困户实际的扶贫计划。同时，以上率下督导、包片驻乡镇督导、专项督查督导，层层传导“以户为基”压力，级级压实“精准帮扶”责任。各乡镇党委书记对各村摸底情况逐户审核把关，对弄虚作假的一律严肃问责，对摸底发现问题及时解决，自己不能解决的汇总后报县扶贫工作部门，由县里集中想办法解决，逐户进行精准扶贫惠农政策宣传。每周由县委书记听取各乡镇“以户为基、摸底对接”情况汇报，及时掌握、精准对接，实现脱贫攻坚“以户为基、摸底对接、精准施策”。（张慧君）

【组建合作社扶贫】 2018年，县扶贫工作部门探索合作社吸纳贫困户与政府扶持合作社相结合的新路子，也就是“身股”。政府出台激励机制，扶持大户、企业家等定向组建土地整治、造林绿化和农建水保等三类专业合作社（工程队），把新农村建设、荒山绿化等政府性工程的市场，让渡给贫困人群。出台管理办法、招投标暂行办法等系列配套制度，要求每支专业队以“身股”形式吸纳贫困劳动力，数量不低于用工总数的60%，工程投资总额的45%用于支付贫困劳动力工资，分配盈余中的60%以上按成员劳动力交易量返还成员，劳务收入以一卡通形式直付到贫困人口。至2018年年底，全县组建各类脱贫攻坚合作社（工程队）95支，吸纳贫困劳动力2052人，累计下放各类工程投资额2.07亿元，可带动1.26万名贫困人口年人均增收3000元。（张慧君）

【帮扶共建扶贫】 2018年，左权县129个贫困村和2016年度有15户以上贫困户的16个非贫困村继续派驻帮扶单位、驻村工作队和第一书记，其余有贫困户的50个非贫困村全部选派了帮扶单位。所有贫困户全部选派了帮扶责任人。至2018年年底，中央省市县共投入帮扶资金1.46亿元，其中引入项目资金1.23亿元，自筹资金1850万元，用于慰问等资金527万元。六大企业集团所属的汾西瑞泰、潞安左权阜生煤业、山煤集团左权鑫顺煤业等7个企业与9个贫困村实施结对帮扶，帮扶贫困户552户、贫困人口1315人。强化社会帮扶，团县委组织新春专场招聘会，达成就业意向1200余人，妇联会开展6期创业就业技能培训235人，工会开展大棚蔬菜种管护、核桃修剪等方面的农民工技能提升培训500人，工商联组织34户民营企业实施帮扶项目62个，帮扶83个贫困村3722个贫困人口，投入帮扶资金772万元。（张慧君）

【扶贫方式创新】 资产收益扶贫，2018年左权县共38个合作社参与资产收益扶贫试点，解决326个贫困劳动力就业，年务工收益121.78万元，人均增收3735元。扶持金融扶贫，2017年4月至2018年年底，累计发放扶贫小额贷款3.6亿元，覆盖贫困户8000余户。保险托底扶贫，为全县建档立卡贫困人口全部缴纳城乡居民医疗保险费用220元/人；补贴养老保险费100元/人；缴纳补充医疗保险100元/人；

缴纳扶贫意外、疾病身故和住院津贴保险28元/人；为33949名2017年以前脱贫人口全部缴纳返贫责任保险16元/人。发展生态庄园经济、新型合作组织扶贫，至2018年，全县发展生态庄园257处，共流转土地2.33万公顷，造林7000公顷，周边农民年土地流转收益1750余万元，常年用工2600余人，季节性用工7500余人，年人均收入2680元；全县注册成立农民专业合作社1007个、家庭农场44个、养殖大户450个、农机大户90户、种植大户16个，注册资金达10亿元。培育文化旅游扶贫，重点扶持A级景区、乡村旅游重点村，培育经典庄园、精品采摘园，带动2500余名贫困人口脱贫。创新开展电话线上督查，抽调10名专干集中办公、集中访问，着重抽查老弱病残低保五保危房等特殊困难户，准确掌握全县群众政策知晓到位情况和认可度、满意度。（张慧君）

【脱贫质量监控】 2018年，县扶贫办坚持问题导向严实整改问题，在全县开展“对标对表找差距，精准脱贫大起底”行动，对起底的1318个问题，全部建立整改台账，以清单形式一对一反馈给包村县领导、部门、乡镇，全部限期整改。同时，对2018年中央、省、市审计检查督导等反馈的507个问题，全部做到“速领、速整、速改”。坚持一月一专题集中攻坚，围绕关系脱贫摘帽的重点工程、重点任务，召集分管县领导、县直部门负责人进行集中研判、集中分析、集中攻坚，推进并保证光伏、危房改造、公路交通、饮水安全、易地搬迁等重点工程如期完工。坚持精准基础数据、完善基础档案资料，召开全县精准脱贫档案资料安排部署会、现场推进会，统一下发县、乡、村、户四级脱贫档案资料模版，做到线上线下数据核准一致、档案资料规范有序、经得起历史检验。坚持“四个一致”、倒逼脱贫真实，从10月份起，在全县开展“扶贫开发信息系统—脱贫手册—政策明白卡—四张表”信息核准一致行动，全县做到数据精准、信息精准、 线上线下精准。（张慧君）

农 业

综 述

【概况】 2018年，左权县粮食播种面积为1.17万公顷，粮食总产量完成0.6亿公斤；农产品加工销售收入完成3.61亿元；全县农林牧渔业增加值4.05亿元；“三品一标”（无公害农产品、绿色食品、有机农产品和农产品地理标志）农产品认证14个；新型职业农民培育1090人；全年农产品质量安全事故为零，控制在指标范围内；农村常住居民人均可支配收入6056元，增幅15.2%。（王红凯）

【乡村振兴战略】 2018年，左权县全面启动乡村振兴战略，成立实施乡村振兴战略领导小组和10个专项行动小组，出台实施方案、行动计划，确定龙泉、桐峪、粟城示范乡镇3个、示范村50个和示范户1230个；组建专门机构、申请专项经费、抽调专职人员，将全县203个行政村划分为城郊融合、产业特色、生态优势、特色保护、保留提升和撤并搬迁六大类型，为因村施策、分类推进提供科学依据；启动乡村振兴规划编制工作，聘请山西省城乡规划院、山西省农科院采取“1+2+1”的模式（“1”：县级总规及5+1专规；“2”：石匣乡、桐峪镇两个乡级规划；“1”：泽城村村级规划），为左权县编制县、乡、村三级规划，明确2018年至2022年左权县实施乡村振兴战略的时间表、路线图、任务书。（王红凯）

【设施蔬菜产业】 2018年，左权县设施蔬菜种植总面积860公顷，全县新增设施蔬菜面积66.66公顷，总产量5400万公斤，产值2.5亿元。芹泉镇设施蔬菜创建为晋中市现代农业产业园。转变发展思路，从单一的扶持生产向“产前、产中、产后”全过程服务转变，常年聘请2名蔬菜技术员驻扎基地进行技术指导，加大育苗场、冷库物链建设力度，提高设施农业发展水平，平均亩产达7500公斤以上，每公斤市场平均销售价格高达0.75元，每亩大棚收入2万元左右，比种植传统玉米亩产增收十几倍。（王红凯）

【中药材产业】 2018年，左权县抓

住中央、省、市鼓励发展中药材的政策机遇，新发展以连翘、板蓝根为主的中药材2000公顷，总面积累计达6666.66公顷，产量400万公斤，产值600余万元。通过推广野生抚育、林药间作、粮药套种等技术，提高药材产量。在东南西北四乡镇培育和发展中药材初加工厂5个，以解决中药材以销售原始产品为主，收购价格偏低的问题，提高市场竞争力。　（王红凯）

【杂粮产业】　2018年，左权县利用创建为全省“一县一业杂粮产业示范县”和“谷子绿色高产高效创建示范县”的机遇，完成高产谷子种植1466.66公顷，新发展杂粮533.33公顷，全县杂粮总面积达5733.33公顷，产量1892万公斤，实现产值7500万元。推出优质谷子、高粱、豆类、薯类新品种40余个，试验示范宽幅渗水地膜覆盖穴播、植保无人机统防统治、绿色防控等新技术7项，同时减少化肥的使用，免费为农户发放有机肥、富硒肥3800余吨。通过新品种新技术推广，亩产得到大幅度提升，谷子传统亩产量在150公斤~200公斤，通过技术推广亩产达到400公斤，而有机、富硒小米的每公斤价格更是卖到5元至9元，带动农民通过种植杂粮实现长期稳定脱贫。　（王红凯）

【农业品牌战略】　2018年，左权县实施农业品牌提升行动，加快形成以区域公共品牌、企业品牌、特色农产品品牌为核心的农业品牌格局，先后组织部分农业企业参加北京、湖南、广西、海南、深圳等地举办的农产品博览会，山西省农产品产销对接展销会，吕梁山货节及晋中市首届现代农产品博览会等活动，展示和销售左权县的小米、冰酒、绵核桃、富硒苹果等农特产品，全年累计达成企业销售合作意向11亿元。探索以富硒农产品为主攻方向的功能农业新路径，全年发展功能农业面积1000公顷，打造富硒小米、富硒核桃、富硒苹果等功能农业新品牌，举办全省科技助力精准扶贫——太行明珠小米粥推介会、晋中市富硒功能农产品展示推介会等活动。　（王红凯）

种植业

【概况】　2018年，左权县种植业以推进农业种植结构调整为主线，本着提高粮食总产，确保农民增收、农业增效的原则，发展新主体、新产业、新业态，抓春耕备耕和各项科技措施的落实，执行各项强农惠农政策。全年粮食作物播种面积1.17万公顷，经济作物1533.33公顷。发放农业支持保护补贴资金1064.51万元，涉及农户34143户。　（王红凯）

【新品种试验示范】　2018年，左权县推广普及农业实用技术，提高农业生产科技水平，试验、示范、推广名优特新良种和标准化生产技术288.33公顷，其中谷子100公顷，品质试验12个、品种试验20个；高粱100公顷，新品种试验6个、示范推广2个；马铃薯66.66公顷，试验5个品种；富硒玉米2.13公顷。试验推广新技术2种，地膜谷子穴播技术示范项目100

公顷，功能肥料硒肥试验项目 2.13 公顷。

（王红凯）

【病虫害防治】 2018 年，左权县农作物主要病虫害呈中等、局部区域部分病虫偏重发生。偏重发生的病虫主要有：玉米大斑病、谷子白发病、地下害虫等。全年病虫草鼠害发生面积共计 2.16 万公顷次，防治 1.75 万公顷次，其中病害发生 6793.33 公顷次，防治 6.19 万公顷次；虫害发生 5433.33 公顷次，防治 4600 公顷次；草害发生 3400 公顷次，防治 3000 公顷次；鼠害发生 3400 公顷次，防治 2866.66 公顷次；其它发生 1580 公顷次，防治 866.66 公顷次。（王红凯）

【农业综合执法】 2018 年，左权县加强对沼气安全生产使用、农药生产经营、农业设施安全等方面检查，特别是在节假日期间，深入农资店、蔬菜水果生产基地和种植户、"三品一标"（三品：绿色产品，无公害产品，有机产品。一标：农产品地理标志）认证企业开展全面检查 2 次，全年累计出动执法车辆 36 台次，检查人员 120 人次，解决协调纠纷 8 件。通过执法监管，规范农药市场秩序，打防结合，综合治理，杜绝禁用农药的销售与使用，保护农业生产安全、农产品质量安全和农民用药安全。（王红凯）

林　业

【概况】 2018 年，左权县林业工作以山水林田湖草系统治理为开发模式，突出一城、一湖、一道、三园的开发格局，以建设左权生态文化旅游开发区为主线，突出"六个一批"（荒山造林增收扶贫一批、核桃产业增效扶贫一批、退耕还林补助扶贫一批、资源管护保障扶贫一批、木本药材拉动扶贫一批、庄园经济带动扶贫一批）林业精准扶贫工作模式，围绕造林绿化工程，开展生态建设与脱贫攻坚工作。全年营造林共 3793.33 公顷（生态林 3286.66 公顷、经济林 506.66 公顷）、义务植树 25.5 万株、其他植树 53 万株、滩涂绿化 2.2 万株，森林覆盖率和林木绿化率分别达到 38%和 58%。是年，左权县退耕还林 800 公顷，任务完成率（栽植）为 100%，位居晋中市第一；7 月 17 日，中国生态庄园经济高峰论坛在鲜森葡萄酒庄召开，国内知名专家学者、省市县领导共 100 余人参加；9 月 29 日，麻田村"全国生态文化村"正式挂牌；10 月 11 日，龙泉国家森林公园获"全国森林康养基地"称号；以左权县林业局选送的太行石灰岩"云剑"，代表山西省在北京中华园艺区"同行广场"永久展示；11 月 20 日，山西沃成生态环境研究所开始对国家级太行森林步道初期勘验。（白　帆）

【林业扶贫】 2018 年，左权县林业工作把建设绿水青山的过程变成群众脱贫致富的过程，把政策、资源指向贫困人群，以"荒山造林建设扶贫一批、核桃产业增效扶贫一批、退耕还林补助扶贫一批、资源管护保障扶贫一批、绿色产业拉动扶贫一批、庄园经济带动扶贫一批"的"六个一批”为重点，让贫困群众在林业工作中增加收入、实现脱贫。

干果产业带动。干果经济林提质增效管理项目，受益核桃种植户15081户（建档立卡贫困户8537户），带动贫困户户均增收3500元。

合作社带动。是年，全县的造林绿化任务全部由45支脱贫攻坚造林专业合作社实施，全年林业工程预算总投资4731万元，至年底，45支合作社产生劳务费1481.22万元，带动2038户贫困户户均增收7268元。

资源管护带动。实施林业管护就业项目，让贫困人口在参与管护中脱贫、在享受生态补偿中增收，实现“一人护林、全家脱贫”的目标。全年共聘用各类护林员763名，户均增收5400元左右。生态庄园全年带动周边贫困户320人，人均增收7113.75元。（白 帆）

【造林绿化】 2018年，左权县实施荒山造林3286.66公顷，主要栽植油松、辽东栎、连翘、槐树等树种，总投资2715.01万元，全部由脱贫攻坚造林专业合作社实施。（白 帆）

【核桃产业】 2018年，左权县投资2675万元对全县3566.66公顷干果经济林实施整形、翻土、高接换优、病虫害防治、施肥等工作，共涉及8个乡镇98个行政村65个自然村24个专业合作社。该项目受益核桃种植户15081户，其中建档立卡贫困户8537户，涉及贫困村69个，面积2890.40公顷，贫困户8074户，面积1414.80公顷。（白 帆）

拐儿核桃产业

【生态庄园】 2018年，左权县共实施60个庄园提质增量，总投资约6亿元，共实施基础设施89项、道路建设27项、种植48项、养殖8项、土地整理4项、生态绿化7项、核桃树管理3项等七大类186项工程，带动周边农村近320名贫困人口年人均增收7113元。至2018年底，全县生态庄园257个，其中精品庄园30个，魅力庄园10个，规模庄园50个。（白 帆）

【清漳河国家湿地公园】 2018年，左权县投资248.9万元在清漳河国家湿地公园设立界碑、界桩104个，警示牌50个，恢复湿地植被及水禽栖息地25公顷，栽植白皮松5000株、垂柳5000株、新疆杨1万株。（白 帆）

【石佛寺森林公园】 2018年，左权县投资2300万元，重点实施石佛寺森林公园（一期）旅游道路、周边荒山绿化、广场、停车场、上山步道、龙柱、地标观景台、风景石、水电等工程；启动（二期）景区周边高标准绿化、广场西扩、汉阙门、入口吉祥柱、南观音堂周边环境打造、管理用房等建设工程。（白 帆）

【退耕还林】 2018年，左权县10个乡镇55个村实施退耕还林800公顷，涉及

贫困户416户，户均补助2647.9元。主要在东南乡栽植核桃，西北乡栽植油松、连翘、国槐等。（白　帆）

【连翘种植】　至2018年底，左权县林业部门组织栽植连翘2666.66公顷，其中2018年麻田、羊角、粟城、桐峪、龙泉等乡镇栽植连翘1066.66公顷，由10支脱贫攻坚造林专业合作社实施，带动290名贫困户户均劳务费增收4874.8元。带动群众持续稳定增收。（白　帆）

【通道绿化】　2018年，左权县投资927.8万元，实施四里堠至后寨G207通道绿化工程7.5千米，由14支脱贫攻坚造林专业合作社实施。（白　帆）

【片区造林】　2018年，左权县投资732.13万元，实施刘家窑、庄则片区生态造林工程，由10支脱贫攻坚造林专业合作社完成，主要为生态绿化建设，共栽植山桃、山杏、连翘、塔桧、柏树、五角枫等树种共计约10万株，道路建设及绿化3千米。

（白　帆）

【村庄绿化】　2018年，左权县全年投资138万元，在23个贫困村实施村庄绿化工程。（白　帆）

【林业管理】　2018年，左权县9.40万公顷森林进行全方位立体式疫情监测，覆盖率达到98.83%；登记建档的150株古树名木进行了有效保护；林业案件查处力度加大，全年共摸排线索23条，立林业行政案件6件。全年重点加强对森林防火、林业扩规增效、山西省辽州森林公园建设；推进改革提升脱贫攻坚造林专业合作社的运行管理和集体公益林管护机制试点工作任务。（白　帆）

水利　水保

【概况】　2018年，左权县水利部门实施贫困村饮水安全工程，安全指标全部达标。增加和改善节水灌溉，治理水土流失，构筑水土流失综合防治体系。开展清漳河全流域治理，推进水生态文明建设，做好抗汛防旱工作。（杨超波）

【农村饮水安全】　2018年，左权县实施饮水安全工程86处，解决10个乡镇的84个自然村、2个集中供水站，其中建档立卡贫困村45个，贫困人口7360人，有贫困人口的非贫困村39个，贫困人口680人，总投资2257万元，11月底，工程全部完工。5月，农村饮水安全水质检测中心完成水质检测药品采购工作，8月底完成水质检测任务，9月底完成水质认定工作，水质检测率为100%，水质达标率100%。是年，农村饮水安全工程采用公开招标的方式，由农建水保专业队来承揽实施，带动贫困人口748人，发放工资234万元，人均增收3200元。全县行政村和自然村饮水安全达标率达到98%，自来水入户率为95.1%。（杨超波）

【农业灌溉和水土保持】　2018年，左权县完成新增和改善节水灌溉面积113.33公顷，项目主要包括农业设施蔬菜、财政农发办大棚灌溉等项目。是年，实施农村生态清洁小流域建设，新增水土流失

治理和保护面积 5333.33 公顷，逐步构建起水土流失综合防治体系。（杨超波）

【清漳河全流域治理】 2018 年，左权县结合生态文化旅游开发区若干意见，提出建设“清漳河全域治理示范县”目标，启动实施箕山—西黄漳段河道治理工程。该工程计划总投资 2860 万元，工程治理长度 8 千米，10 月 30 日开标，11 月开工建设，2019 年汛期前将完成全部工程。泽城至麻田段河道治理工程总投资 4472.55 万元，是年实施 700 万元，年底已完成勘测设计批复列入整合资金项目库。清漳西源河道治理工程 2905.08 万元，年底前已报省水利厅列入七河生态治理项目库。

（杨超波）

【重点工程】 2018 年，左权县亚行工程供水工程子项目总投资 1.6 亿元。建设重点为城北、城南供水管线及沿线加压泵站。年底已完成施工图设计和编制，12 月中旬进入招投标程序。麻田镇泽城村水电站建设项目，总投资 2566 万元。9 月完成项目用地预审批复环境影响评价批复，10 月完成项目勘测设计，并进行建设项目可行性研究报告的编制，12 月底，报省发改委进入立项程序。（杨超波）

【水生态文明建设】 2018 年，左权县全面推行河长制实施方案，完成左权县河长制县级总河长会议、左权县河长制信息报送等 10 项制度，各乡镇也相应建立了 10 项制度。按照“系统治理、一河一策”要求，编制综合整治方案，完成“一河一策”实施方案编制和“一河一档”整理归档。为进一步加强全县境内河道管理，强化全县村级河道管护，切实提高河道管护标准，左权县实行村级巡河员巡河制度，《左权县村级巡河员管理办法（试行）》于 2018 年 10 月 1 日执行。在县境内清漳河干流、清漳西源 2 条主要河流上聘用 34 名贫困人口作为村级河道巡河员，年人均工资 4000 元，负责河道巡查、监督、举报等日常工作。（杨超波）

【防汛抗旱】 2018 年，左权县立足于防大汛、抗大旱、抢大险、救大灾，坚持以防为主，落实抗旱防汛各项措施。针对是年春天异常干旱，县水利部门动员各级做好抗旱保春播、保人畜饮水各项工作，全年累计投入抗旱资金 120 万元，浇灌作物面积 4000 公顷。进入汛期及时充实调整县防汛抗旱指挥机构，明确成员单位职责并签订责任书。对石匣水库、高庄水库和重点堤防明确防汛责任人、技术负责人、管理人员的具体职责与任务进行公示。修订完善各类防洪预案 120 个，确保一库一案和一堤一案。完成河道清淤清障 6.8 千米，落实市县防汛应急抢险人员 960 人，储备防汛物资价值 120 万元。在入汛降雨增多、多次发生局地强降雨的情况下，保持了防汛形势稳定。（杨超波）

水资源管理

【水资源税征缴】 2018 年 6 月至 8 月，县水资源办根据县检察院对 9 户欠费取水户提出的检察建议，追缴 8 个取水户水资源费262万元，全部结清。定期向县税务局提供纳税人取水许可、取用水计划、实际取用水量等信息，全年核定水量376.03万立方米，其中自备水源60.76万立方米，地表水155.6万立方米，公共供水159.67万立方米，征缴水资源税1144.6万元。（药权生）

【水资源管理制度考核】2018年7月17日至18日，左权县接受晋中市级水资源管理制度考核工作检查组的重点抽查和现场检查。现场检查了县昌鑫矿山有限公司、汾西瑞泰井矿正珠煤业有限公司两个取水户，石匣水库重要饮用水水源地，县污水处理厂，石匣水库上游和蚂蟆滩两个水功能区，山煤集团左权宏远煤业和城镇生活两个入河排污口，查阅相关资料和进行质询，并就检查情况向县政府及时进行反馈。考核结果为良好等次。（药权生）

【地下水管理和保护】2018年，左权县地下水压采任务为25万立方米。结合自备水源运行情况，对左权县金隅水泥有限公司实施关井压采，进行水源置换，并下发通知，要求该公司，封存两眼岩溶水井，压采水量25万立方米，封存两眼孔隙水井，压采水量15万立方米，替代水源由左权县龙泉集中供水解决。左权金隅水泥有限公司按照施工方案和工作计划分步实施，供水管网对接完成，封井方案已确定，按计划在年底完成规定任务。（药权生）

【水环境治理】　2018年，左权县水资源办根据省市河湖“清四乱”（乱建、乱占、乱倒、乱采）专项行动和河湖采砂专项整治行动要求，对县域内河道进行不定期检查共44次，发现河道倾倒垃圾53处、河道阻水物27处，全部责令整改；完成重点河道治理4段、7处，共26.5千米；10个乡镇37个村庄清理河道垃圾210处，共清理河道堆积物23.07万立方米。全县纳入最严格水资源管理考核的五个水功能区水质全部达到Ⅱ类水标准。（药权生）

【水污染防治】　2018年，左权县12户煤矿有8个建成高标准废水处理设施，处理后的水质达到地表水三类水质标准。其余4个煤矿废水均经过沉淀处理后回用于矿区洒水、绿化等。9个选矿企业的尾矿废水通过工艺途径处理再次回用到生产中，实现清漳河下游废水零排放。县城生活污水全部进行无害化处理，处理后的水质达到城镇污水处理厂污染物排放标准（GB18918—2002）一级A类标准，农村污水处置同步落实，桐峪镇、芹泉镇、麻田镇实施农村环境集中整治，6个重点村已完成污水处理设施建设。（药权生）

【自然资源离任审计】　根据《晋中市2018年领导干部自然资源资产离任审计工作方案》，县审计局确定县水资源办为被审计单位，2018年7月30日至9月30日开展为期两个月的自然资源资产离任审计，时间跨度为2011年8月至2017年11月，审计发现问题共有3处，已按时间节点完成整改任务。（药权生）

【保护区重叠核查】　2018年，左权县水资源办根据晋中市国土局、环保局、林业局、水利局、规划和城市管理局、文化局《关于进一步规范探矿权、采矿权、建设项目用地与各类保护区重叠情况联合核查工作的通知》，对芹泉风电、太行一号旅游线路、寒王砖厂、金隅水泥等36处采矿权建设项目用地与娘子关泉域保护区是否重叠进行现场核实，并提出核查意见36条。（药权生）

【水行政执法】 2018年7月24日，左权县水资源办群众举报称县自来水公司马厩水厂直接从河道取水，县水资源办执法人员多次实地勘查核实，发现反映属实，此行为属未经批准擅自建设取水工程，违反《取水许可和水资源费征收管理条例》第49条的规定，8月13日，对该违法行为下达《责令停止水事违法行为通知书》，并限期10日内拆除，8月25日，县自来水公司拆除取水设施，恢复清漳河道原状。（药权生）

【取水许可与水资源论证制度】 2018年，左权县水资源办继续执行新建、改建、扩建项目水资源论证制度和水环境影响评价制度，左权县通宝煤化，山煤集团左权宏远煤业、山煤集团左权盘城岭煤业，左权县蓝健洁能等9个水资源论证报告经省市主管部门先后审查通过；左权县通宝煤化、左权阜生煤业瓦斯发电，中晋太行矿业、左权圣源矿业等6个对娘子关泉域水环境影响评价报告经县水资源主管部门审查通过，并取得省水利厅批复。是年，10个乡镇186套农村生活、农业灌溉全部换发取水许可证。（药权生）

畜牧养殖

【概况】 2018年，左权县畜牧业发展坚持"打造两品牧业（品质和品牌）、推进两项工程（产业提升和脱贫攻坚）"，至年底，全县生猪饲养量4.9万头，牛饲养量0.8万头，羊饲养量21.17万只，鸡饲养量103万只，肉蛋奶总产量9978吨，已实现牧业收入8500万元，农民人均653元，通过畜牧产业带动贫困户2900余户，户均增收300元。（申美琴）

【疫病防控】 2018年8月开始，全国23省相继发生95起非洲猪瘟疫情，其中山西省发生4例，防控形势严峻。县防治动物重大疫病指挥部召开会议安排部署，落实宣传培训、排查监管、设立关口、严格检疫等措施。印发科普宣传册、挂图3000余份；坚持日排查，零报告，日排查生猪2.2万头；发放消毒药品85件，日消毒面积6万余平方米；开展打击私屠乱宰专项整治行动，清理乡镇不符合条件的屠宰点4个；设立临时监督检查站19个；落实24小时专人值班和领导带班制度，乡镇站24小时手机畅通。严防非洲猪瘟传入县境。（申美琴）

【农业污染源安全监管】 2018年，左权县畜牧局指导养殖场开展畜禽粪污资源化利用，完成65个规模养殖场的污染源普查工作，关停畜禽禁养区内的养殖场6个，指导3个规模养殖场共建干粪池1145立方米、湿粪池690立方米，基本做到雨

污分流，粪污不外溢。（申美琴）

【动物检疫】 2018年，左权县免疫口蹄疫、猪瘟、高致病性蓝耳病、高致病性禽流感、新城疫、布病等重大动物疫病298.2万头（只）次，畜禽产地检疫200余万头（只），屠宰检疫6.1万头，实验室检测样品0.95万份。未出现染疫、未经检疫动物流入市场，未发生动物疫情。（申美琴）

【规模养殖】 2018年，左权县建成规模养殖场20个，其中养牛（驴）7个，养羊3个，养猪4个，禽6个。投资3043.5万元，建圈1.9万平方米，附属1900平方米，增养各类畜禽69300头只，带动70个贫困户，户均增收1.2万元。

（申美琴）

【家庭牧场】 2018年，左权县政府对贫困家庭养殖实施普惠政策。全年，10个乡镇82个村（村组）实施了家庭养殖工程，实施农户711户，新增畜禽总量67136头（只），财政扶持140.17万元，户均直接增收1971元，同时间接收益明显，根据对粟城、芹泉、拐儿、桐峪、麻田35个贫困户随机抽样调查，户均增养畜禽486头（只），户均增收2万元，人均增收6171元。（申美琴）

【黑山羊繁育、加工基地建设】 2018年，左权县重点依托新世纪和万安两大龙头企业推进左权黑山羊产业产品建设。

黑山羊保种繁育基地建设。2018年，新世纪科技有限公司建成种羊基地5个，发展扩繁场32个，存栏羊11930只，其中保种群390只，6个家系。申请建设的“国家级太行（黑）山羊保种场”通过国家畜禽遗传资源委员会专家组审验，是左权县获得的又一个国字号殊荣，是全省首家国家级保种场。

黑山羊产品加工基地建设。2018年，万安实业有限公司建成黑山羊养殖、供港澳活羊中转场1万平方米，在申请“山之羊”羊肉品牌商标和获得出口自营权的基础上，申报“左权山羊地理标志证明商标”认证。启动牧产品深加工项目，年底完成厂房基础建设。（申美琴）

【肉鸭、生猪养殖基地建设】 2018年，“河北兴达集团+肉鸭养殖”“大象集团+生猪养殖”公司采取“公司+农户”方式发展养殖，带贫困户共同打造养殖基地开展家庭适度规模经营，全年出栏肉鸭60余万只，纯收入90万元；出栏生猪5000余头，获益75万元，通过饲养畜禽、承包圈舍、入股分红和吸纳劳力等方式带动62个贫困户增收。（申美琴）

【人工种草】 2018年，左权县完成耕地种草和改良草地1133.33公顷，秸秆加工利用完成5000万公斤。（霍先明）

农业机械

【概况】 2018年，左权县农业机械中心落实农机购置补贴政策，提高农机装备水平。在全县范围内新安装智慧农机GPS监测终端20台，大型拖拉机基本纳入市智慧农机云平台统一管理，实现互联网+农机远程监控全覆盖。开展农机操作手培训，培训农机操作手及农机爱好者100人。在全县范围内投入资金45万元创建丘陵山区全程机械化玉米、杂粮、中药材示范区。投入资金90万元新建农机资产性收益扶贫试点项目5个。推广农机深松整地作业补助项目2万亩。年内创建市级示范农机专业合作社1个，农机大户1个，家庭农场1个；县级示范农机专业合作社1个，农机大户1个。（张瑞旭）

【农机发展】 2018年，左权县农机总动力达到8.06万千瓦；拖拉机保有量达到7620台，其中大中型拖拉机225台，小型拖拉机7395台；拖拉机配套农具达到9280部；联合收割机达到36台，其中稻麦联合收割机2台，玉米联合收获机34台。设施农业机械化作业面积达到236万平方米。是年，左权县小麦机耕、机播、机收面积均为12.81公顷，机耕、机播、机收率均达到96.3%；小麦综合机械化水平达到96.3%。玉米机耕、机播、机收面积分别达到7033公顷，6166公顷和1954公顷，机耕、机播、机收率分别达到97.49%、79.27%和20%；玉米综合机械化水平达到70.58%；免耕播种面积300公顷。全县农机经营总收入达到599万元。

（霍俊苗）

【农机购置补贴】 2018年，左权县农机购置补贴工作贯彻落实中央、山西省、晋中市农机购置补贴政策和《左权县农机中心左权县财政局2018年至2020年左权县农业机械购置补贴工作方案》文件精神，实行“自主购机、定额补贴、先购后补、县级结算、直补到卡（户）”的补贴操作方式，推广使用农机购置补贴手机APP，提高补贴工作信息化、公开化、便利化水平。全年落实国家农机购置补贴资金71.6万元（含报废更新4.8万元），带动农民投入资金166.78万元，补贴各类农机具69台（套），受益农户54户，其中：打（压）捆机3台、铧式犁2台、秸秆粉碎还田机5台、轮式拖拉机17台、磨粉机1台、揉丝机1台、微耕机1台、旋耕机17台、铡草机21台、自走履带式谷物联合收割机（全喂入）1台，补贴资金全部落实到户。（宋 波）

【农机安全监理】 2018年，左权县农机中心组织农机监理员到太原、运城等地参加农机新部令、新规范的学习，提升农机监理人员的业务水平和工作能力，适应新形势下农机监理业务工作的需求。加大农机安全宣传力度。累计散发农机安全资料5000份以上。规范农机注册登记。新登记注册拖拉机23台，联合收割机3台。开展年度检审验工作。全年年检拖拉机39台，联合收割机9台，并全部签订了安全生产承诺书。组织农机安全生产大检查。全年出动36个检查组，出动人员147人次，安全检查115次，发现一般安全隐患9起，并监督整改到位。全年未发生农机事故。开展变拖整治工作。严厉查处违法发牌发证行为，配合公安、交警等部门开展联合执法检查，严厉查处违法行为。在全县范围内创建平安农机示范乡1个，平安农机示范村10个、平安农机示范户50个。

（宋 波）

【农机深松 GPS 智慧农机平台建设】 2018 年，左权县新安装智慧农机 GPS 监测终端 20 台，全县 30 台大型拖拉机全部纳入晋中市智慧农机云平台统一管理，实现互联网+农机远程监控全覆盖。
（宋　波）

【新型职业农民培育】 2018 年，左权县农机中心委托左权县益民职业技能培训学校，培训农机操作手及农机爱好者 100 人，其中贫困户 27 人，培训邀请经验丰富的理论教师、农机厂家技术员等，通过理论和实践相结合、传统教学和多媒体教学相结合的方式，打造了一支综合素质高、生产经营能力强、主体作用发挥明显的新型农机操作手队伍。（张瑞旭）

2018 年 8 月 31 日，左权县农机中心举办农机操作手培训会

【农机扶贫项目建设】 2018 年，左权县投入资金 90 万元新建农机资产性收益扶贫试点项目 5 个，分别由左权县世昌农机专业合作社、左权县捷兴农机专业合作社、左权县万福来农机农民专业合作社、左权县东顺农机农民专业合作社和左权县毅创源农机专业合作社负责实施，带动贫困户 689 户。（郭恩江）

【农机新技术推广】 2018 年，左权县农机中心在全县范围内推广农机深松整地作业补助项目 1333.33 公顷，投入资金 120 万元，带动贫困户 1138 户。（宋　波）

【丘陵山区农业机械化示范区创建】 2018 年，左权县投入资金 45 万元创建 3 个丘陵山区农机化示范区，分别是在寒王乡寒王村由左权县安庆荣农机专业合作社实施的玉米机械化收获示范区、在寒王乡后寨村由左权县昌丰农机专业合作社实施的杂粮机械化收获示范区、在寒王乡寒王村蒲峪村民小组由寒王现代农业综合开发农民专业合作社实施的中药材机械化收获示范区。通过机具试验、培训演示，起到了示范引领作用，受益贫困户 30 户。
（郭恩江）

【农机化信息宣传】 2018 年，左权县农机中心发布农机工作动态 49 条。其中，左权县人民政府网站 38 条，《晋中日报》3 条，左权新闻 3 条，左权手机报 5 条。通过信息化平台，宣传农机化工作，形成互动、互联的局面。（张瑞旭）

【农机示范户创建】 2018 年，左权县农机中心创建晋中市市级农机示范合作社、家庭农场、农机户各 1 个，分别为寒王乡寒王村左权安庆荣农机专业合作社、芹泉镇上庄村郑守柱家庭农场和粟城乡粟城村杨小军农机户。（郭恩江）

工 业

综 述

【概况】 2018年，左权县规模以上工业企业共17个，其中，规模以上非煤企业共6个，分别是：华能左权煤电公司、金隅左权水泥公司、鑫源电力公司、鑫兴冶炼公司、昌鑫矿山公司、华联冶金公司。规模以上煤炭企业共11个，分别是：通宝煤化公司、飞宇煤化公司、鑫宏源煤化公司、鼎盈煤化公司、蓝健洁能有限公司、恒诚煤化有限公司、山煤集团宏远煤业、山煤集团鑫顺煤业、煤销集团盘城岭煤业、潞安集团阜生煤业、汾西瑞泰正珠煤业。全年累计完成工业增加值18.6亿元，累计增速9.2%。五种主要产品产量实现三增二降，原煤、洗精煤比2017年下降分别为10.7%、28.8%；铁精粉、发电量、水泥比2017年增长11.1%、25.4%、4.5%。规模以上工业总产值完成45.5亿元，其中煤炭产值25.9亿元，占规模以上工业总产值的57%，非煤产值19.7亿元，占规模以上工业总产值的43%，煤与非煤产值比为1.3:1，基本持平。 （王宝萍）

煤炭工业

【概况】 2018年，左权县属地监管煤矿12座。其中正常生产建设矿井5座、长期停缓建矿井7座，全年原煤产量261.7万吨，实现工业总产值9.1亿元。 （蔺力娟）

【煤矿安全监管】 2018年2月8日，左权县人民政府办公室出台《关于印发左权县煤矿安全积分管理办法（试行）的通知》，在全县煤矿企业试行。为充实左权县煤矿安全监管力量，4月，面向社会公开招聘煤矿安全监管巡查队员5名，且全部具备煤炭相关专业大专以上学历。实行局长、分管副局长挂牌包保煤矿企业责任制，每月下矿落实监督检查职责，县煤矿安全巡查队五人小组严格执行包保制度。通过包保、驻矿盯守等措施，督促煤矿企业严格落实安全生产主体责任，严防各类非法违法生产建设行为发生。 （蔺力娟）

【煤矿安全执法】 2018年，左权县煤

炭工业局共开展各类专项检查、日常巡查、业务指导、突查248矿次，下达执法文书163份，行政处罚金额97万元，查出各类问题隐患2617条，其中通风方面683条，瓦斯治理方面518条，采掘顶板方面479条，机电运输方面194条，水害防治方面289条，火工品方面47条，应急方面69条，其他方面338条，已全部整改闭合。（蔺力娟）

【洗选型煤监管】 2018年，左权县煤炭工业局按照执法计划对监管企业开展执法检查，实现每月覆盖一次，共下达执法文书45份，整改完成率为97%。针对其他地区发生的一些洗煤厂钢结构大棚施工安全事故，开展安全专项检查，独立和配合有关部门检查煤矿和洗煤企业10个，煤炭发运站2个，检查复查25次。8月，根据汾渭平原环保强化督查组反馈的左权县8个涉煤企业存在的19条问题，至年底，已经督促完成整改17条，鼎新煤场的储煤棚正在建设中；潞安集团佳瑞煤业公司的燃煤锅炉已停用，将进行环保改造。（蔺力娟）

【左权宏远煤业有限公司】 2018年，山西煤炭进出口集团左权宏远煤业有限公司，原煤产量88万吨，原煤销售量88万吨，巷道掘进进尺4908米。

2018年，宏远煤业补充、完善相关管理制度，形成“169”（1指1个理念，即“安全第一”的理念。6指6个关键，即增强业务保安，切实做好6大安全；实现精准防范，切实做好变化管理；补齐安全短板，切实做好薄弱环节的安全工作；提高技术管理，实现源头安全；强化现场安全管理，切实做好动态安全；落实全员安全生产责任制，做好履职尽责，实现主动安全。9指9个强化，即：强化“双重预防机制”、新技术新工艺、队伍基础建设、安全生产标准化管理、员工素质培养、强化地面安全管理、公司后勤管理、强化安全责任追究、强化党群文化建设）安全管理新体系，深化了矿领导包队、包面挂牌管理，推行董事长、总经理现场办公，并将队组作业现场的安全生产和标准化与包队包面领导挂钩考核，夯实安全管理基础；落实安全生产主体责任，对安全生产岗位责任制内容进行细化和完善，逐级签订安全生产责任书，实现全员、全过程、全方位的安全生产责任的全面落实；严格隐患排查治理“三项机制”，按照隐患排查治理考核办法，采取日常检查与专项检查、统一检查与分专业自查、安全员跟踪检查与小分队动态督查相结合的形式，进行隐患排查治理，全年共查出隐患3789条，全部整改完成，整改率为100%；强化现场管理，全年共抓“三违”（违章操作、违章指挥、违反劳动纪律）1803人次，罚款32.41万元，全年带班共计2166人次，未出现空班漏班现象；强化基层管理；狠抓风险管控，为岗位工编制并佩戴岗位安全风险便识卡，开展年度安全风险辨识，并编写年度安全风险辨识评估报告，共辨识出各类安全风险80项，其中重大安全风险4类20项，较大、一般、低风险9类61项，建立安全风险清单和《领导干部下井带班跟踪重大安全风险管控记录本》，制定安全风险管控措施，落实责任人，制作下发各工种岗位风险卡，提高岗位应急处置和安全确认能力；组织开展年度事故反思日及安全生产月等一系列活动，收集整理近年来发生的事故案例共21例，做到“以案例释安全”，并组织人员多次观看安全警示教育片，筑牢安全防线，提升安全能力；抓安全生产标准化建设，形成“要安全、先达标”的理念，宏远煤业顺利通过国家局一级安全生产标准化矿井验收；组织开展井下煤尘爆炸应急演练和防汛事故应急实战演练，提升员工的应急处置能力；推进安全攻坚年活动的开展，制定下发《宏远煤业安全攻坚年活动方案》，成立以董事长、经理为组长的攻坚年活动领导小组，组织开展基础提升专项行动、重大灾害防治专项行动重大事故隐患严查专项行动；引申安全生产大检查，围绕安全生产大检查10项标准重点进行检查，至年底隐患全部整改完成，全年，未发生重伤及重大未遂事故，轻伤事故率下降30%。

2018年，宏远煤业科学研判，在确保安全的前提下，延长150201工作面可采长度，增加产量1.5万吨，增加收入600万元；提前谋划，租赁综采工作面设备1套，在150201工作面末采期间，开始进行150202综采工作面设备的安装工作，待150201工作面回采结束后，综采队组立即前往150202工作面开始回采，降低工作面搬家倒面时间，避免因在用设备故障率高影响生产的情况，确保了全年目标的完成；抓成本管控，降本增效成果明显，优化设计工艺，加强质量验收管理，降低采掘投入；完善了物资计划管理，重新修订完善《物资计划管理制度》，对采购计划严格把关，与2017年同期相比采购价格明显下降；设立“成本管控管理机构”，完善管理体系；推行契约化管理，进行绩效考核。吨煤材料消耗比2017年度降低4元；采取节能措施，降低能耗支出，对职工洗浴供暖设施进行改造，利用压风机余热，每年可节约柴油款146万元、人工及锅炉维护费用8.4余万元；采取避峰填谷等措施，降低电力消耗，吨煤电力单耗降低2.16元；调控供水，加强管道检修，全年水费降低57万元；通过议价严控修理费用，相比2017年修理费下降52.2万元。

开展快速喷浆工艺的应用，既可加快施工进度，也防止煤炭自燃，节约喷浆成本，每延米可降低费用637元；在150203回风顺槽采用留设小煤柱掘进技术，减小巷道受采空区矿压影响，确保掘进、回采期间的支护安全；将井下现场所有的风动锚索张拉器全部取缔，更换为电动锚索张拉器，提高锚索的预紧力和巷道的支护质量；完成低浓瓦斯电厂的建设工作，降低瓦斯气的排放，同时也解决了供暖问题。开展封闭式储煤场工程项目的建设，年底完成桩基工程和企业重污染天气应急预案“一厂一策”方案的编制、备案工作。（杨伟东）

【山西煤炭进出口集团左权鑫顺煤业有限公司】 2018年，左权鑫顺煤业矿井井田面积5.35立方米，设计生产能力180万吨/年，公司在岗职工343人，下设队组11个。全年累计完成基建投资2.05亿元。完成进尺 650 米，全年瓦斯抽采进尺计划完成 13.50 万米，实际完成 13.63 万米。全年瓦斯抽采量完成 959.89 万立方米。全年探放水完成 4221 米，累计放水 16.06 万立方米。

2018 年 2 月 11 日，鑫顺煤业 15# 煤 15101–1 工作面综采设备（三机配套）安装完成并进行了调试。5 月 8 日，矿井兼并重组整合项目初步设计变更取得批复，6 月 1 日，矿井建设项目延期取得批复；6 月 14 日，矿井复工复建；10 月 16 日，4# 煤 4102 工作面形成。锅炉煤改气及管道铺设 11 月上旬完成，全年，省、市、县、集团在鑫顺煤业矿共检查 85 次，查出隐患 996 条，其中省建设矿井施工项目专项检查 1 次，查出隐患 9 条；市局检查 4 次，查出隐患 106 条；县局检查 39 次，查出隐患 382 条；集团检查 16 次，查出隐患 313 条；晋南检查 25 次，查出隐患 186 条；至年底落实整改上级隐患 936 条，整改率 94%，无重大隐患。全覆盖安全生产自查自纠检查 30 次，查出 669 条问题，已全部整改完毕，整改率达 100%。查处“三违”577 人次，罚款 15.96 万元。

鑫顺煤业加强安全管理制度化、标准化、规范化，提高安全生产管理人员安全责任意识，有效减少“三违”（违章指挥、违章作业、违反劳动纪律）行为，制定安全监管积分管理考核办法，2018 年共考核 17 人次，积分 21 分。全年开展安全培训 543 人次。其中 A 类管理人员培训 12 人次，B 类管理人员培训 17 人次，特种作业人员培训 43 人次，其他培训 52 人次，自行组织安全培训 322 人次，岗位技能竞赛培训 97 人次。年内，鑫顺煤业继续完善制定各项管理制度，完善安全管理机制，确保井下每个作业地点有安全员、瓦斯员监管和巡回检查，同时严格执行井下交接班；坚持矿领导带班、部门领导跟班制度；建立部门科员、队长、部长轮流值班制度。新制定《安全生产事故追责管理制度》《关于成立事故隐患排查治理机构的通知》《关于成立安全生产管理机构的通知》《关于 2018 年“两节”“两会”及冬春交替特殊时段安全风险抵押考核管理办法》《山煤集团左权鑫顺煤业安全监管积分管理方案（试行）。山煤集团左权鑫顺煤业隐患整改开展班组建设活动。围绕《山煤集团煤矿班组建设管理实施办法（试行）》要求，建立健全安全管理机构，落实相关责任，明确责任目标、责任范围。完善班组建设与管理的激励机制，把安全生产控制目标层层分解落实到班组，完善安全、生产、效益结构工资制，加大安全构成比重，严格考核奖惩。公司荣获山西煤炭进出口集团 2018 年度安全生产先进集体。（王晓军）

【山西煤炭运销集团左权盘城岭煤业有限公司】 2018 年，左权盘城岭煤业完成原煤产量 32.3 万吨，实现营业收入 1.13 亿元，实现税费 1609.97 万元。1 月 8 日，在山西省“五小”（小发明、小创造、小革新、小设计、小建议）竞赛活动总结表彰大会上，盘城岭煤业申报的“防尘水帘自动开启装置”“架空乘人装置防脱绳装置”两个小发明成果项目在本次竞赛活动中均获得三等奖，项目带头人陈建忠、禹彦峰被山西省劳动竞赛委员会荣记个人二等功一次。

盘城岭煤业推行集团公司安全生产管理模式。创建先进的安全文化理念，夯实基层、基础、基本功“三基”工作；完善责任体系、组织体系、制度体系、技术体系、管理体系、监督体系“六大体系”建设。落实安全认识、管理创新、责任考核“三个提高”。开展隐患排查治理。全年共开展各类安全检查50余次，查出隐患问题1708条，全部进行整改治理。

盘城岭煤业强化安全风险管控工作。编制《2018年度安全风险辨识评估报告》，建立重大安全风险清单，并制定相应的管控措施，建立煤矿安全风险数据库，绘制“红橙黄蓝”四色安全风险空间分布图，并且在井口和井下重大安全风险区域，公告重大安全风险。持续开展“反三违”（反违章指挥、反违章作业、反违反劳动纪律）活动。全年共查处“三违”行为1991人次，处罚金额32.63万元。强化安全培训和警示教育。组织开展三项岗位人员培训，其中A类人员14人，B类人员23人，特工种人员58人，班组长89人，应急小分队29人。组织观看警示教育片40余次。各专业分别制定月度、年度安全生产标准化达标规划，安全生产标准化办公室负责对工作的日常考核、验收和督导。10月，通过县煤炭局、市煤炭局安全生产标准化验收，并申报省厅安全生产标准化验收定级。（刘永红）

【山西潞安集团左权阜生煤业有限公司】 2018年6月3日，左权阜生煤业矿井通过国家局一级安全生产标准化矿井验收。7月底，矿井通过国家煤炭工业协会一级安全高效矿井审批；山西省煤炭工业厅批复了《阜生矿山矿产资源开发利用方案、地质环境保护与恢复治理方案、土地复垦方案》。二采区回风巷1200米永久瓦斯管路安装完成，形成永久瓦斯抽采系统；完成1103工作面的回采工作；完成1102工作面的安装工作并开始回采；完成抽采钻孔进尺9.17万米；完成瓦斯抽采量1447万立方米。全年累计掘进进尺5362米，生产原煤60.66万吨，精煤32.55万吨，实现销售收入1.58亿元，上缴税金1548.05万元。年内，公司与太原理工大学合作，在1102与1106工作面引进切顶卸压窄煤柱新技术。采用以“切顶卸压+单体柱临时支护”为主体的设计方案，可多回收煤柱22米，增加利润约4000万。（王小强）

【山西汾西瑞泰井矿正珠煤业有限公司】 2018年，公司井田面积为5.182平方千米，煤种为贫瘦煤、瘦煤，批准开采2、3、4、8、11、14、15号煤层，其中2号煤层已采空，其余煤层为局部或全区可采煤层。15号煤层为主采煤层，15号煤层均厚为5.71米，矿井资源保有储量为5688万吨，设计可采储量为2241.4万吨，是年，正珠煤业在册职工783人，原煤产量68.04万吨，掘进进尺2035米，商品煤销量59.7万吨，利润1525.54万元。（弓介武）

洗煤业

【概况】 2018年，左权县共有洗煤厂10个。其中，独立洗煤企业7个：左权县飞宇煤化有限公司、左权县蓝健洁能有限责任公司、左权县通宝煤化有限公司、左权县鑫宏源煤化有限公司、左权县鼎盈煤化有限公司、左权县长和洗煤厂、左权县恒诚煤化有限责任公司。煤矿附属洗煤厂 2 个：左权县盘城岭煤业洗煤厂、左权县阜生煤业有限公司洗煤厂。在建洗煤厂 1 个：左权县华奥洗煤厂。全年全县洗煤厂工业增加值完成 8444.01 万元，实现销售收入 7.89 亿元，同比增长 111%。（蔺力娟）

【左权县通宝煤化有限公司】 2018 年，公司投资 1407 万元建设环保全覆盖大棚工程。为抑制扬尘，配备道路吸尘车、清扫车、洒水车等环保设备，大气污染指数达到排放标准，建立环保长效机制。全年，入洗原煤 76.5 万吨，实现工业总产值 3.41 亿元，上缴税费 750.3 万元，实现利润 712.14 万元，公司党委被县委组织部授予“双强六好”（双强指发展强、党建强；六好指生产经营好、企业文化好、劳动关系好、党组织班子好、党员队伍好、社会反应好）县级示范党组织。（王维萍）

【左权县恒诚煤化有限责任公司】 2018 年，左权县恒诚煤化公司入洗原煤 30 万吨，实现工业总产值 1.3 亿元，完成销售收入 1.28 亿元，实现利润 800 万元，上缴各项税金 500 万元，完成固定资产投资 300 余万元。是年，公司建立安全生产长效机制，落实安全生产会议精神，推进安全生产隐患治理的各项工作，加强领导责任到人，制定安全生产实施方案和应急救援预案，公司在 5 月投资 300 余万元，完成原煤堆场硬化全封闭，精煤堆场全封闭，投资 60 万元购置洒水车、清扫车、雾炮，做到洗煤场地整体干净整洁。（王志红）

【左权华奥煤业有限公司】 2017 年 3 月公司成立，注册资本 3000 万元，是山西煤炭进出口集团左权鑫顺煤业有限公司 180 万吨矿井配套建设项目。主要为原煤洗选加工，主产品为精煤、中煤、煤泥、矸石，项目建设规模为洗选原煤 180 万吨/年，项目总投资 6500 万元。2017 年 9 月 14 日开工建设，至 2018 年底，土建部分工作量完成 80%，设备安装完成 85%，完成投资 4100 余万元。（王宪华）

煤炭运销

【概况】 2018 年，左权县煤运公司以煤炭贸易为中心，提高企业运行质量、整合机构资产资本。受煤源外调、场地环保、资金不足等多重因素的制约，县煤运公司把经营方向放在煤炭贸易的保量增量上来，在继续做实平台销售的同时开展自主配煤业务，加强晋能煤销盘城岭煤业公司的自产煤销售工作。在巩固现有煤炭贸易用户的基础上，开拓省外大用户，加强与华能左权煤电有限公司的煤炭贸易，加强煤炭贸易经营的风险防控，在合同的具体条款订立上，层层把关审核，严格合同签订审批流程，确保合同效力。优选上游供应商和下游客户，重点对用户资质进行审核，同时优化部门联动信息共享，确保经营风险可控。全年公路贸易量完成 39.67 万吨全年完成营业收入 1.10 亿元，

其中：主营业务收入1.1亿元，其他业务收入18.10万元。（赵旭亮）

【旧欠清收】 2018年，左权县煤运公司严格执行“加强资金管控的十条措施”，针对性地开展旧欠清收追缴。是年，县公司清欠指标为4530万元（包括晋煤公司），实际完成3867.28万元，其中现金清收894.89万元、转账清收2972.39万元，占任务的85.37%。（赵旭亮）

【资产盘活利用】 2018年，左权县煤运公司理顺原山西省麻田、下庄、上武煤焦管理站资产的产权关系，全部办理并领取了不动产证。盘活资产以尽量降低损失、充分体现应有价值为原则，依法合规，通过拍卖、租赁、转售、合作及开发等方式，盘活闲置资产。（赵旭亮）

【体制改革】 2018年5月，左权县煤运公司所属行政、党务部室撤并为10个部门，公司中层干部，进行新的聘免。11月底前公司全部完成全年全民技能提升培训工作任务，根据集团全民技能提升工程工作要求，结合公司人员结构和经营实际，分别就法律事务、市场营销、电子商务、文秘礼仪、财务会计及计算机基础知识进行学习培训。（赵旭亮）

电力工业

发 电

【概况】 2018年，左权县共有发电企业2个，分别为：华能左权煤电有限责任公司和左权鑫源热电有限公司。（李斌）

【左权鑫源热电有限责任公司】 2018年，公司发电机组2×2.5万千瓦、2×1.2万千瓦和0.6万千瓦4台发电机组处于停产状态，冶炼厂和电石厂用电负荷2.5万千瓦，电能为自发自供。

2018年，左权泽城西安水电站处于建设周期中，开始尝试蓄水，发电设备暂时未安装投运。东水西调工程正在同步进行。（何宪伟）

【华能左权煤电有限责任公司】 2018年，华能左权电厂为煤电一体化项目，电厂有运行机组2台，总装机容量1200千瓦。高压输电线路2条，总长度90.4千米，发电机组为2×600兆瓦，年发电55.19亿千瓦时，是国家电网公司晋电南送的重点项目之一。是年，华能左权二期工程处于启动状态，设计发电机组为2×600兆瓦。全年，累计发电量为60亿千瓦时，完成工业总产值15.9亿元。（曹鹏云）

供 电

【概况】 2018年，左权县供电公司担负着左权县10个乡镇、203个行政村、173个自然村、71397余户的供电任务，供电营业面积2028平方千米。全年售电量累计完成3.32亿千瓦时，同比增长12.53%；平均电价累计完成610.30元/兆瓦时，同比降低18.5元/兆瓦时；线损率5.74%，同比降低11.16个百分点。（李 斌）

【左权电网】 2018年，左权电网有220千伏变电站1座，主变容量24万千伏安，归晋中供电公司管辖。110千伏变电站4座，主变容量共计32.3万千伏安/8台，其中上武站2×31500千伏安，左权站2×40000千伏安，漳河站2×40000千伏安，晴岚站2×50000千伏安，划归晋中供电公司管辖。35千伏变电站4座，主变容量共计5.56万千伏安/7台，其中石港口站2×6300千伏安，粟城站2×10000千伏安，堡则站8000+5000千伏安，桐峪站2×5000千伏安；35千伏线路34条，长度361.03千米，其中公用线路9条、用户专线25条；10千伏线路49条，长度1138.40千米，其中公用线路32条、用户专线17条；0.4千伏线路长度946.34千米，低压台区1338/121042个/千伏安，其中公用台区717/158490个/千伏安，专用621/76827个/千伏安。

2018年，县供电公司初步完成110千伏芹泉变电站选址工作，上报2019年度配网改造项目。按期完成3个村级联村光伏扶贫电站配套并网工程。是年新增中央预算内投资项目农网改造升级工程全部按期完工，年内累计配网工程总投资3194.07万元。10千伏西线前后沟支公司改造工程、10千伏南农线龙则支线改造工程，荣获2018年省级标杆工程。开展村村通动力电工程，集中人力、物力，完成203个行政村、173个自然村改造任务。（李　斌）

【安全生产】　2018年，左权县供电公司开展“六查六防”专项行动，执行“生产作业现场十不干（无票的不干，工作任务、危险点不清楚的不干，危险点控制措施未落实的不干，超出作业范围未经审批的不干，未在接地保护范围内的不干，现场安全措施布置不到位、安全工器具不合格的不干，杆塔根部、基础和拉线不牢固的不干，高处作业防坠落措施不完善的不干，有限空间内气体含量未经检测或检测不合格的不干，工作负责人〔专责监护人〕不在现场的不干）”要求，采取“四不两直（不发通知、不打招呼、不听汇报、不用陪同接待，直奔基层、直插现场）”的方式，出动纠察人员92人次，专项督查78个作业现场，发现违章行为86处，高效完成整改工作。全面推广“一证一码”（临时安全生产工作证、人员二维码），全方位管控外来施工人员。对10条高跳闸线路开展综合治理，处理缺陷204处，线路跳闸次数同比减少20%。开展供电所安全管理专项整治，共发现问题38个，整改12个。全年安全生产无事故，累计安全运行天数达12506天。（李　斌）

【经营管理】　2018年，左权县供电公司利用全县转型项目建设时机，制定了涵盖业扩报装、电网规划和配套项目建设的个性化优质服务方案，实现中晋太行冶金、永兴煤电焦化、左权一帆纸业等园区企业快速接电，月累计新增容量2.97万千伏安，售电量三年来首次实现止跌回升。采取大规模普查和重点检查相结合的方式追缴电费15.49万元。营销同业对标提升，采集成功率达到99.5%，月均台区线损合格率达到93%，10千伏同期线损合格率达到80%。全年实现产值2339万元，实现利润227万元。优化营商环境，高、低压办电环节分别压减至4个、2个以内，高、低压非居民和居民客户平均接电时间分别压减至40天、20天、2天以内。推广应用“网上国网”统一在线服务平台，全面实现交费、办电、能源服务、增值服务等业务一个入口、一网通办、一站式服务。抓住“同业对标、问题整改、专业管控”三个基础管理主线，建立健全“周通报、月分析、季兑现”考核机制，审计和巡察问题整改率达到80%，麻田、粟城供电所通过全能型供电所检查验收。是年，公司被省精神文明建设指导委员会授予“文明和谐单位”称号。（李 斌）

【锅炉高效燃烧及烟气深度净化项目】

2017年4月，对左权鑫源热电有限责任公司2×25兆瓦热电联产工程锅炉高效燃烧及烟气深度净化（脱硫、脱销、除尘）项目实施升级改造。该项目共投资4600万元，其中：除尘脱硫项目2800万元，锅炉低氮高效节能燃烧1150万元，SNCR脱销项目650万元。5月至7月以邀请招标方式择优选择中标单位，除尘脱硫项目由安徽金森源环保工程有限公司承接；锅炉低氮高效节能燃烧及SNCR脱销项目由济南锅炉集团国能环境工程有限公司承接。7月至8月进行地质勘探及施工设计，9月份破土动工，至2018年年底，一台220吨锅炉的低氮+SNCR脱硝项目与石灰石-石膏湿法脱硫及深度除尘项目建设接近尾声，实际完成投资3700余万元。按照国家产业结构政策要求，企业在资金极度困难的前提下要深度淘汰落后产能，2018年8月，热电公司拆除早年自行停运的35吨级（40T/H）锅炉。（何宪伟）

冶金建材造纸业

【左权县昌鑫矿山有限责任公司】

2018年，公司占地面积3.03万平方米，职工200余人，总资产1.04亿元。主导产品铁精矿粉，低硫、低磷，品质优良，市场畅销，是优质球墨铸铁的理想原料，产品通过ISO9001：2000质量管理体系认证、ISO14001：2004环保认证。2018年，公司坚持安全生产调度会制度，3月9日，通过核查验收，获得《安全生产许可证》延期。昌鑫公司落实省安监局金属非金属地下矿山安全管理五条规定：强化矿井采矿、通风、动火作业、电缆敷设、巷道支护管理，累计投入安全资金300余万元，对斜坡道、运输巷道、出矿巷道等巷道硐室进行喷浆支护（约4000余米），2018年投资15万元，更新螺杆式空压机3台，保障空压机安全高效运行。公司注重安全生产管理，在加强应急预案学习基础上，分次组织矿井防灾和尾矿库防洪演练，参演领导和职工共计60余人。9月，完成感铁精粉堆场的采钢棚全封闭改造，投资45万元，12月24日通过环保验收。至年底，累计组织开展自查自整16次，排查出各类安全隐患问题36条，全部闭环整改。接受省市安监局督查5次，接受中央环保蓝天保卫战重点区域强化督查组7次，提出问题4个，年内全部整改落实。

2018年，昌鑫公司生产铁精粉4.55万吨，完成工业总产值2946万元。销售收入

3000万元，上缴税金515万元，实现利润26万元。（张世龙）

【左权县华联冶金矿山有限责任公司】华联冶金矿山有限责任公司位于桐峪镇。是2003年左权县委、县政府经过资源整合，由原来零星分散在桐峪镇周围的六家小型选矿厂组建而成的。2005年10月建成投产，设计生产能力年处理原矿15万吨，生产铁精粉5万吨。2018年公司有在册职工131名，其中选矿厂71名，武家峧矿山斜井60名。公司现有注册资金180万元，拥有固定资产1667万元，年产值4000万元。为左权县规模以上民营企业之一。全年，公司生产铁精粉4.95万吨，完成工业总产值3218万元。（樊里云）

【左权金隅水泥有限公司】 2018年，公司采用水泥新型干法水泥生产线。建有一条6兆瓦纯低温余热发电站，年发电量为5000万度，是一条集节能环保为一体的综合利用循环经济生产线。年均消纳工业废渣40–60万吨。主要产品为P052.5、P042.5和PF32.5，质量按照ISO9000产品质量认证标准和环境认证标准生产检测。2018年，生产水泥120万吨，完成工业总产值3.15亿元。（宋　平）

左权金隅水泥有限公司厂景

【山西一帆纸业有限责任公司】 山西一帆纸业有限责任公司注册资金4000万元，2017年8月1日经左权县发展和改革局备案立项，规划建设为年产60万吨高强瓦楞纸生产线项目，分三期建设，占地总面积25.23公顷，计划总投资4.80亿元，安置从业人员990人，其中一线工人900人，技术及管理人员90人。一期工程建设规模为年产15万吨高强瓦楞纸生产线，占地5.73公顷，项目总投资1.56亿元。至2018年年底，完成施工设计并会审批复完毕；工程施工进度：纸机和制浆主厂房混凝土框架完成70%、纸机基础浇筑完毕，具备安装纸机条件；设备全部订货；完成污水处理设计，具备开工建设条件。至年底，公司实际完成投资约4300余万元。

（巨国珍）

中小微企业

【概况】 2018年，左权县中小企业局继续实施新型产业和优势项目建设，落实贫困户产业脱贫和异地搬迁后续安排；择优开展规范化管理提升行动和“小升规”活动，促进企业上档升级；持续推进股份制改造；开展人才培训和创业创新基地建设。至年底，全县民营经济营业收入完成28.6亿元，总产值完成24.8亿元，上缴税金完成3.1亿元，同比增长分别为8.72%、

4.07%、2.05%，完成固定资产投资 4.17 亿元，完成率为 69.5%。（吕三怀）

【村级联村电站并网发电】 46.4 兆瓦村级联村电站并网发电是左权县产业脱贫的重点项目，该项目总投资 3.01 亿元，覆盖全县 129 个贫困村，分两部分建设：第一部分 28.8 兆瓦村级光伏扶贫电站总投资 1.87 亿元，由县国资公司下属的扶贫开发公司负责，在龙泉乡连壁村分五块建设。该项目占地 166.67 公顷，县扶贫开发公司与龙泉乡连壁村签订 25 年的土地租赁合同，年租金 30 万元。该项目已全部安装完毕，35 兆瓦外线工程全部完工，2018 年 9 月 4 日实现全容量发电。第二部分 17.6 兆瓦村级光伏扶贫电站总投资 1.14 亿元，分别在龙泉乡丈八沟村、寒王乡简会村、寒王乡上丰堠村建设，分别以 10 千瓦接入漳河变电站和晴岚变电站。龙泉乡丈八沟村 5.8 兆瓦电站于 6 月 30 日实现并网发电；上丰堠村 5.8 兆瓦电站和简会村 6 兆瓦电站于 8 月 30 日并网发电。至 2018 年底，全县光伏扶贫电站总装机容量已达到 90 兆瓦，惠及全县 9655 户贫困户，占全县贫困户总数的 50.8%。带动 129 个贫困村成功实现“集体经济破零”。（吕三怀）

【招商引资完工投产】 2018 年，左权县中小企业局重点扶持的华海石材硅砂加工及玻璃生产、三星制衣中式儿童服饰加工、左权县同泽达劳务派遣有限责任公司电子产品加工、工业园区煤改电多个产业优势项目如期完工投产，实现异地搬迁后续劳动力稳定就业。

左权华海石材有限公司硅砂加工产业园及玻璃生产产业园项目总投资 30 亿元，按照总体规划分期实施原则，建设十条硅砂生产线、10 条玻璃生产线和综合服务区 1 个，其中：硅砂生产线共分三个生产车间，年生产量达 150 万吨；玻璃生产线年设计生产量为 1500 万平方米，十条 800 吨大容炉。是年底，完成硅砂厂选址立项、地勘、环评等前期手续，三条硅砂生产线完工，投资 6000 余万元，新吸纳就业人员 50 余人。

左权县三星制衣有限公司的中式儿童服装服饰扩产项目总占地 1.81 公顷，总建筑面积 3.8 万平方米，总投资 6500 万元。是年底，服装生产车间大楼封顶，内部二次结构装修有序进行。在全县招收第一批生产工人 180 名，其中 70 名在拐儿村分厂。后勤保障服务中心及非遗手工技艺展示大楼正在施工。该项目实行“公司+网点”的运行模式，扩产项目全部完工后将为农村妇女新增就业岗位 500 个，同时可带动 1000 余名农村留守妇女就地为公司加工零部件或半成品。

左权县同泽达劳务派遣有限责任公司通过中国滨海长三角爱心企业联合会，对接江苏滨海翔宇电子产品有限公司，引进电子产品加工项目。该项目一期工程总投资 1000 万元，建成投产，主要生产高频变压器、电感线圈等电子产品，吸纳 115 人就业。其中：安置贫困户 60 人，异地搬迁贫困户 21 人，月工资 1800 元至 3000 元以上，是典型的“校企合作”和招商引资新模式。

北京清净源环保科技有限公司完成低耗能高效率的电能、远红外热能的相互转换，打造出自有知识产权的科技供热产品。总经理王月光，原籍芹泉村人，在左权四里堠工业园区创办煤改电和微水洗车项目，占用车间2500平方米，办公800平方米，生活区1000平方米，正常生产可解决200人左右就业。（吕三怀）

【中小微企业规范化管理】 2018年，左权县中小企业局继续推进中小微企业规范化管理提升工程。通过宣传动员、专家指导、开展自评，理顺产权制度，提高企业效益，丰富企业文化。完成企业自评的5个企业是：万安实业、长城醋厂、一麻袋电子商务、永茂生态、茂丰生态，其中万安实业通过省社科院专家组的验收，被认定为晋中市规范化管理先进企业，享受市级奖励资金5万元。（吕三怀）

【"小升规"企业培育】 2018年，晋中市中小企业局下达左权县规模以下小型微型企业升级为规模以上企业的"小升规"企业培育工作任务1个，按照1：2的入库比例，县中小企业局将左权县三星制衣有限公司和左权县华海石材有限公司两个企业纳入2018年"小升规"预备库。是年，三星制衣全年实现销售收入2000万元，升到规模企业。（吕三怀）

【企业上市】 2018年，左权县豪德商贸有限公司、左权县建筑工程有限公司、左权县麻田镇兴旺石材场、左权县雅洁化妆品店、左权县麻田晶森农业专业合作社、左权县软信网络科技有限公司6个企业的股改工作通过申报；左权县焱丰耐火材料有限公司、左权县红不落农业科技有限公司、左权县格瑞地宝肥业有限公司、左权县星农技开发有限公司、左权县豪德商贸有限公司、左权县昊正农业开发有限公司、山西万川农牧有限公司6个企业在山西股权交易所挂牌，并在左权县组织专场仪式。（吕三怀）

【双创基地建设】 2018年，左权县规划以职业中学西院为主的创业创新基地。土地面积1.66公顷，建筑面积3500平方米。原四里堠工业园区为主的加工制造业基地，占地0.46公顷，厂房33间，入驻企业8户。以石匣农业示范园区为主的农业、物流、商贸基地占地100.61公顷，入驻企业8个。重点强化农业新品种的自主创新，加快新品种、新组合推广和产业化应用，发展特色农业，促进农业技术升级，加强物流基础设施建设，提升农产品在市场中的竞争力。（吕三怀）

中小微企业选介

【左权县麻田顺康天然农产品有限公司】 公司成立于2003年，是集农产品收购、加工、销售和基地建设为一体的民营企业。公司位于左权县工业园区。2018年占地面积2万平方米，建筑面积7500平方米。公司主营：核桃、核桃仁、核桃油、花椒、柿饼、小杂粮等农特产品。有固定职工32名，其中管理人员8名；季节性用工200余名，总资产达5000余万元。是年实现销售收入 3316 万元，利润 219 万元。

公司实施的“良种核桃生产基地及综合深加工建设项目”，属全省重点工程。项目总投资 5000 余万元，建设规模为年产核桃精油 1000 吨、核桃系列休闲食品 2000 吨、建设良种核桃基地示范园 200 公顷。年底，建成综合办公楼 2 座，共 3100 平方米；建成生产车间及库房 3500 平方米、相关配套及辅助设施 900 平方米；购置并安装核桃预处理设施及核桃油加工生产线 1 条，琥珀核桃仁、枣夹核桃等系列休闲食品生产线 4 条，并全部投入运行。项目全部达产达效后，年可转化核桃 6000 余吨，实现销售收入 1.04 亿元，利税 2584 万元，直接带动全县 6 个乡镇近 120 个村庄 7100 余农户从事农产品种植、加工和流通工作。

至 2018 年，公司拥有“麻田顺康”和“麻田顺康农坊”两大品牌二十余种系列产品，其中“麻田顺康农坊”被评为“山西省著名商标”。公司经营的主要产品核桃、核桃仁、核桃油通过了“有机产品认证”；核桃油在中国（山西）特色农产品交易博览会上获得金奖和优秀科技创新产品奖，被中国农产品品牌大会组织委员会评为优质农产品金奖；纸皮核桃获山西特色农产品北京展销周畅销产品奖。公司被列入“国家级扶贫龙头企业”，“国家级核桃示范基地”“国家级星创天地”等项目。先后荣获“全省百家最具成长性企业”“山西省民营科技企业”“省、市农业产业化龙头企业”“晋中市农业产业化十大龙头企业”等荣誉称号。（宋卫平）

【左权县三星制衣有限公司】 左权县三星制衣有限公司主要生产各类工装、厂矿标志服、婚庆服、舞台演出服等服装和手工艺品。2018 年，公司现有缝纫加工设备 250 余台（件）实现总产值 2200 万元，固定资产总值 2717.2 万元，有固定工人 112 人，其中扶贫搬迁 32 人，残疾妇女 1 人，是年上缴税金 30 万余元，实现利润 150 万元。7 月 20 日，“首届中国纺织非遗推广大使——李爱萍传习所”正式挂牌成立。全县各个乡镇均有手工艺品培训加工基地。100 余种手工艺品销往国内外， 其中鸭卧莲帽、双鱼帽、布老虎、布狮子等 11 项已获国家外观设计专利。（陈 风）

2018 年左权县中小微企业一览表

企业名称	行业	企业法人
左权县东方希望新材料有限公司	化工	张 波
山西鱻森酒庄有限公司	农业	郝左亮
左权金隅水泥有限公司	材料	房国丰
左权县通宝煤化有限公司	煤焦	高树新
山西一帆纸业有限责任公司	轻工	王文斌
左权县恒达利牧业有限公司	畜牧	赵 军
山西国宾房地产开发有限公司	建筑	郭少松
左权县万景旅游开发有限公司	旅游	马 淼
左权县恒益公共交通有限责任公司	交通	赵 勇
左权县丰源煤业有限公司	煤焦	杨彦福
左权县源泰商贸有限责任公司	商贸	马红丽
晋中市左权佳益恒生小额贷款有限公司	金融	白 玉

企业名称	行业	企业法人
晋中市左权佳益恒生小额贷款有限公司	金融	曹立军
左权县莲花岩田源生态开发有限公司	旅游	高乃文
一麻袋电子商务有限公司	电商	连成强
左权县茂丰生态经济开发有限公司	农业	赵保明
山西岗田商贸有限公司	农机	王云岗
左权县华鑫矿业有限责任公司	冶金	国薛伟
左权新东方旅游有限责任公司	旅游	王卫权
中晋冶金科技有限公司	冶金	巨世峰
左权县三星制衣有限公司	服装	李　超
左权县华兴餐饮业有限责任公司（星兴农技开发有限公司）	餐饮	赵翠萍
左权县长城老作坊手工醋有限公司	食品	张左英
左权县福鑫废旧物资回收有限责任公司	商贸	张彦青
左权县馨源丰商贸有限公司	商贸	高骁勇
左权县海生生态农牧发展有限责任公司	畜牧	苏燕飞
左权县格瑞地宝肥业有限责任公司	农业	徐振国
左权县佑爱医院	医疗	马瑞新
左权县第一幼儿园	教育	李小琴
左权县华联冶金矿山有限责任公司	冶金	刘建华
左权县神华电力燃料运销有限公司	工业	夏丽芳
左权县康复医院	医疗	郝左晔

企业名称	行业	企业法人
左权县走来人力资源有限公司（左权创业者协会）	教育	李　燕
左权县万安实业有限责任公司	农业	毛海江
左权县同泽达劳务派遣有限责任公司	中介	夏中权
左权县隆鑫路桥有限责任公司	交通	孟芳芳
左权建筑工程有限责任公司	建筑	赵铁林
左权县龙鑫种植农民专业合作社	农业	张国忠
左权县绿龙园林有限公司	农业	徐彦岗
左权县嘉东农业开发有限公司	农业	李　东
晋中安欣建筑工程有限公司	建筑	霍世权
左权县华海石材有限公司	建材	张雨洁
左权县清净源环保科技有限公司	工业	王月光
左权县万科机电有限公司	机械制造	任彦忠
左权县妈妈传农产品开发有限公司	食品	王忠兵
左权县环城机动车驾驶员培训有限公司	交通	李泽强
左权东泰装饰工程有限公司	建筑	刘先德
左权县飞宇煤化有限公司	工业	宋立文
左权县鑫宏源煤化有限公司	煤焦	樊朝霞
左权县馨达家俱有限公司	商贸	邵庆周
左权县小二黑故居庄园经济种植农民专业合作社	农业	曹小四
左权县冀晋龙西牧业有限公司	畜牧	赵书贵
左权县和平果业农民专业合作社	农业	国和平

工业园区

【助推物流发展】 2018年，左权县工业园区为整合县域货运物流，形成城乡一体化物流网，推进县域农村物流最后一公里的发展，是年，园区提供915平方米厂房给县供销社电子商务有限公司建设物流配送中心。配送中心配送商品1000余种，服务全县10个乡镇及农村26个合作站点，年营业额1500万元，同时依托乡村网点收购销售左权当地特色农产品核桃、花椒、柿饼、小米、蜜蜂等，年营业额约300万元左右。与远航物流左权公司、中通快递左权分公司合作，在各网点经营物流、快递业务。 （侯彦平）

【扶贫实训基地建设】 2018年8月，左权县工业园区承担建设扶贫实训基地任务，新建500平方米的二层办公楼和一个公用厕所，腾出10间厂房1800平方米建设扶贫实训生产车间，5间厂房作为供销电子商务物流及快递转运中心。11月，新建办公楼及厂房维修改造全部完成，12月，扶贫实训基地正式投入运行。清源科技有限公司入驻，主要产品是生产系列电暖锅炉和美瀚科技微水洗车。扶贫实训基地，主要服务异地搬迁人口就业，解决贫困户就业200余人。 （侯彦平）

乡村物流配送中心

建设　环保

住房和城乡建设

【概况】　2018年，左权县住房和城乡建设以“建设五居左权，打造幸福家园”为总目标，实施市政基础设施、住房保障、公共服务、城乡人居环境、基层基础工作等五大类城建重点工程，全年共完成固定资产投资9.3亿元。投资4526万元新建、改造供水管网、供热管网、污水管网、燃气管网等；投资8600万元，完成拥军路建设并投入使用；投资3000万元完成滨河南岸景观绿化工程，兼具生态、休闲、游憩、运动功能；投资3.5亿元完成易居苑，安居苑、福居苑、乐居苑四个易地搬迁集中点建设，总建筑面积15.3万平方米，共可接纳易地搬迁户1772户，组织13个工作组对19514户建档立卡贫困户住房进行逐户认定；投资1300多万元完成888户改造任务；投资3.9亿元完成348户的城中村改造任务；招商引资，实施左权碧桂园、桃树湾二期、阳光尚品、崖山府邸、文星华府等5个高品质住宅小区项目建设，总建筑面积56万平方米，共可提供各类改善性住房5000余套。

公共服务设施逐步完善。小区附近便民摊点全覆盖，供暖供气服务微信缴费、报检报修网络直通车，供水服务通过智能水表更换全覆盖。8个示范村人居环境得到整治，拆除违建、清理占道经营、规范了户外广告、合理安置了流动商贩等。

开展建筑领域安全生产、扬尘治理、扫黑除恶、物业管理、规划编制等工作。与建筑施工、市政运营企业签订《安全生产目标管理责任书》《扬尘治理承诺书》；对全县所有物业服务企业进行了信用评价，铺设绿洲小区道路，重选滨河嘉园业主委员会；完成县域乡村建设规划，编制10个实用性村庄规划，22个绿色村庄申报、1个历史建筑挂牌。　（孙世兵）

【城乡规划】　2018年，左权县住建局完成《左权县主城区控制性详细规划》的修编工作；根据晋中市规管局《关于加强控制性详细规划编制管理的通知》和结合左权县实际发展情况，对县域未编制控规的老城区片区、清漳河南片区以及其它零星地块进行控制性详细规划编制，新编《左权县控制性详细规划——老城、清漳河南片区》详细规划；确定并公布县城内西河头观音阁、冯婆峪三官庙、蛤蟆滩阎家大院、蛤蟆滩戏台、蛤蟆滩淳化阁、蛤蟆滩东阁、西关前街旗杆院7处历史建筑；县域乡村建设规划初稿编制完成，东长义村、南会村、泽城村、上武村、下武村、松树坪村、老井村、骆驼村、桃园村、堡则村10个村庄实用性规划完成评审。

（孙世兵）

【安全生产】 2018年，左权县住建局继续开展市政运营企业和建筑安全生产大检查，加大对LNG\CNG（液化天然气\压缩天然气）汽车加气站、天然气和建筑工程项目施工现场专项整治和隐患排查治理；与施工企业、市政运营单位签订安全生产责任书16份；培训安管人员、从业人员380余人次，利用媒体宣传安全知识2次，发放安全宣传资料1000余份，制作版面11余块；出动检查人员50余人次，排查并整改隐患211余条；排查不符合环保要求12处，全部整改，确保监管全覆盖、培训全覆盖、隐患排查全覆盖、隐患整改全覆盖，全年安全生产事故零发生。

（孙世兵）

【村镇建设】 2018年，左权县住建局推进住房安全认定、农村危房改造、房屋提质工程，完成“两不愁三保障”（“两不愁”即不愁吃、不愁穿，“三保障”即义务教育、基本医疗、住房安全有保障）中住房安全保障工作。全年对19514建档立卡贫困户和建档立卡以外37093农户的住房进行全面排查，完成740户农村危房改造任务，全县农村贫困户住房全部达到安全标准，实现贫困户住房安全鉴定100%，解决危房户住房安全100%，全县贫困户住房安全率达到100%。完成辽阳镇黄家会、五里堠、西长义，桐峪镇隘口村、南冶村，麻田镇大林口、山庄村、西崖底，芹泉镇大南庄、东水村，拐儿镇故县、秋林滩，寒王乡段峪村、后寨村，龙泉乡垴上村、西瑶村，粟城乡粟城村、苏亭村，羊角乡十字岭、高家井，石匣乡合玉村、川口村22个绿色村庄申报任务。推进麻田镇和南会村乡村风貌提升试点工作，制定完成左权县农村人居环境整治三年行动实施方案，完成农村人居环境信息系统录入工作。 （孙世兵）

【住房保障】 至2018年年底，左权县建成公共租赁房1882套，分别为盘城安居小区352套，怡苑小区168套、盛世小区104套、岿山小区170套，学苑小区324套，东长义764套，全部分配入住；完成易居苑、安居苑、乐居苑、福居苑4个易地扶贫搬迁集中安置点项目建设任务，共安置1772户4886人。 （孙世兵）

【行政审批】 2018年，左权县住建局办结各类预审、审批事项112件，其中办理《建设项目选址意见书》1件，《建设用地规划许可证》3件，《建设工程规划许可证》24件，居民自建房审批24件，

《建筑工程施工许可证》24 件，联合办理预审项目 36 件，各类审批事项均在规定时间内办结，群众满意度达 100%。（孙世兵）

【城建重点工程】　2018 年，左权县实施城建重点工程共 21 项，其中 A 类 18 项，B 类 3 项，总投资 41.65 亿元，至年底，城建重点工程项目完成投资 15.39 亿元。包括：东长义保障性住房、鑫城三期、盘城棚户区、紫文阁、润景家园、阳光尚品、西关砖厂、汽车站旧址综合改造等，拥军路、市民之家、城中村改造、滨河北街西段改造工程（亚行项目）、清漳河河道综合治理项目（亚行）等建设项目。

（孙世兵）

【城中村改造】　2018 年，左权县保障性安居工程经省住建厅审核批复，全县城中村涉及改造范围为 13 个片区、5 个城中村，共计货币化安置 1294 户，对口政策资金 13.4 亿元。年底，完成投资 4.15 亿元。（孙世兵）

【城市管理】　2018 年，左权县城市管理综合行政执法局承担县域行政区域内城市管理综合执法工作，依法行使有关行政处罚权。健全城市管理规章制度，建立“三勤合一”（交警、巡警、城管）机制，在开展“拆违治乱提质”城乡环境集中活动工作实践中摸索出“四心五到位”（“四心”：消除老好人心理，消除怕责任心理，消除攀比心理，消除“放水”心理。确保“五个到位”：确保认识到位，确保宣传到位，确保措施到位，确保决心到位，确保成效到位）工作方法，城市环境卫生得到改善、市容市貌得到整治、交通秩序得到规范、集贸市场得到提升，城市管理水平明显提升。（孙世兵）

【住宅小区建设】　2018 年，左权县共有住宅小区 38 个，居住户数 18000 余户，人口约 2.27 万人，其中千人以上小区有 19 个，县住建局以“划分责任、强化监督、核定等级、解决难题”为工作思路，共接待咨询投诉人员 400 余人次，协调处理各类矛盾纠纷 100 余件，出台各项管理制度 3 项，规范整顿物业企业 8 个，重新选聘物业企业 3 个，改选业主委员会 2 个。同时对照《山西省物业服务企业信用等级评价评分表》，通过资料审核、现场考评的方式初步确定企业信用评价等级。其中，BBB 级 2 个（市级评定），BB 级 5 个（市级评定），B 级 5 个（县级评定）。

（孙世兵）

园林绿化

【概况】　2018 年，左权县全年完成新增绿地面积 12.9 万平方米，任务完成率 129%，至年末，绿地率达 36.9%，绿化覆盖率 40.43%，人均公园绿地面积 10.30 平方米，绿地率、绿化覆盖率均提高 0.2 个百分点，人均公园绿地面积提高 0.50 平方米。完成高速连接线配套绿化工程，完成盘城游园、盘城棚户区、文苑小区二期、恬园公寓、供销公司商贸广场等城市绿地建设项目，实施滨河公园提质工程。中秋国庆期间在公园、广场、高速路口、单位门前等地摆放各类花卉3万余盆，同时，滨河、祝融、鳌峰、崋山公园各类景观灯饰按时亮灯。县园林局在2018年度综合考核中被评为优秀等次。（杨先珍 郝宇星）

【城市绿化建设】 2018年，左权县园林局共完成绿化建设项目7项，其中政府投资公共绿地建设项目1项，即滨河公园南岸景观绿化工程，完成绿地建设11.28万平方米，投资1796.60万元；政府投资附属绿地建设项目1项，即新建高速连接线行道绿化项目，完成绿地建设0.35万平方米，投资24.40万元。社会投资完成公共绿地建设项目1项，即位于红军北路的盘城游园建设项目，完成绿地建设0.40万平方米，完成投资50万元；社会投资附属绿地建设项目4项，包括文苑住宅小区二期工程绿化项目绿化0.18万平方米、盘城棚户区建设项目绿化0.22万平方米、恬园公园建设项目绿化0.35万平方米、供销公司商贸广场建设项目绿化0.12万平方米，共计完成社会附属绿地建设0.87万平方米，投资62万元。至年底，县城建成区绿地率达36.9%，绿化覆盖率40.43%。

（杨先珍 郝宇星）

【园林绿化管理】 至2018年底，左权县建成区绿化面积为245.8万平方米，其中园林局管理绿化面积为194.59万平方米（公园绿化83.91万平方米，道路绿化等附属绿地21.98万平方米，防护绿地88.7万平方米）。在绿化养护管理方面，主要采取集中培训和操作现场培训相结合的方式对一线职工进行专业技能培训，提高作业水平；在管理方面进行专门节点的检查提醒，确保绿化养护管理水平提高。

（杨先珍 郝宇星）

左权县园林局举办绿化养护技能与安全生产培训

【花卉增色工程】 2018年，左权县园林局着重在扩大花卉培育基地、保留传统优质花卉种植、因地选择优良花卉进行试种等方面做文章，全年在街道、公园种植摆放花卉约75万株，花卉品种既有传统的万寿菊、牵牛花、孔雀草等品种，又有新试种的蓝花鼠尾草、金鱼草、美女樱等，种植品种达20余个，同时在防护绿地、街旁绿地等空落地块播撒宿根花卉约2.2万平方米。（杨先珍 郝宇星）

【政府购买公园管理】 2018年，左权县园林局推进公园（祝融公园、崋山公园）管理购买服务运作，园林绿化管理社会化改革迈出新步伐。（杨先珍 郝宇星）

【三项创建工作】 2018年，左权县园林局在对崋山公园进行对标提质的同时，指导文峰苑新建住宅小区对照园林小区创建标准进行绿化提质，其中崋山小区被省住建厅命名为“山西省县城三星级公

园”，文峰苑小区被晋中市规管局命名为“市级园林小区”。（杨先珍　郝宇星）

市容环卫

【概况】　2018年，左权县市政局以打造“宜居、便居、美居”左权为目标，以改善城乡人居环境为核心，衡量城乡环境的5项共性指标、7项个性指标全面完成，城乡环境持续优化，全年共接受市政府综合考评6次，其中5次位列晋中市第一，1次第二。（杨韶凯）

【城区精细管理】　2018年，左权县园林局根据县委、县政府提出“达到中等城市管理水平”要求，落实《左权县城市管理精细化管理办法》，严格执行城市道路清扫“六不六净”（六不：不见积水、不见杂物、不见人畜粪便、不焚烧树叶、不往明沟暗渠、下水道内清扫垃圾，不聚众扎堆。六净：路面净、路牙子净、人行道净，墙基、树坑、绿化带净，果皮箱或垃圾箱净，下水道净）标准和16小时保洁机制，县城区内环卫清洁实现了全覆盖，城区21条街道可实施机扫面积152.9万平方米，已实施机扫面积146.2万平方米，机扫率达95.6%，环卫保洁能力和服务水平日益提高。（杨韶凯）

【农村垃圾治理试点县建设】　2018年，左权县市政局《左权县县域农村生活垃圾治理专项规划》出台，全面启动农村生活垃圾治理试点县创建工作，对照创建标准、目标、要求、时间节点，全县10个乡镇全部建成垃圾中转站，投资476万元，新采购5辆车厢可卸式垃圾车、15个移动式垃圾压缩箱体，建立并完善了垃圾收运体系，实现了全县垃圾收运全覆盖。年底，农村垃圾治理试点县各项申报工作完成，并顺利通过市级验收。（杨韶凯）

垃圾中转站

【市政设施管理】　2018年，左权县市政局围绕“灯亮、路平、排水顺畅”总体要求，加大对县城主街道、巷道、地下管网排查力度，全年改造滨河嘉园前门、杏叶岭、迎春巷等街巷7条，硬化面积6000余平方米，修复护网、挡墙等1300余平方米，修缮人行道、广场960平方米，疏通下水管4千米，清掏检查井、雨水篦1200余处，更换井篦井盖80余套，维修景观灯路灯460余盏，县城照明率、市政设施完好率均超95%。在县城公园、广场、小游园等公共场所，配建尊老椅100把，在北乡口、滨河路、五交化公司等处大型扣板宣传栏更换宣传标语3条，在三家村高速口更新大型广告牌5块。

（杨韶凯）

【农村生活垃圾分类处理】　2018年，左权县市政局把创建农村生活垃圾分类处理试点作为一项系统工程和民生工程，努力实现农村生活垃圾减量化、无害化、资源化，改善农村人居环境，助力乡村振兴。制定了《农村生活垃圾分类处理实施方案》，率先在龙泉、辽阳、麻田、桐峪、芹泉等乡镇创建垃圾分类示范村8个。投资223万元，采购四分类垃圾桶1.2万个、垃圾桶3000个、分类垃圾收运车8辆、挂桶式垃圾收集车2辆、三轮农村垃圾收集车23辆。发放宣传资料3000余份，张贴倡议书、宣传版面50块。（杨韶凯）

【乡村清洁工程】 2018年，晋中市市政局对各县区进行6次明察暗访，每两个月一次，全年6次明察暗访考评工作已完成，反馈问题882条，全部进行了整改，整改率100%，全市综合排名5次第一，1次第二，年终综合排名全市第一。县考评办结合市政府考核周期，分日常考评和中期考评，同步对10个乡镇、城区及27个责任单位开展考核，全年共发现各类问题1165条，整改反馈1152条，不整改申请13条，整改率100%，结案率100%。（杨韶凯）

【专项治理】 2018年，左权县市政局开展四类专项治理。（1）“四堆”（柴堆、粪堆、煤堆、料堆）专项治理。投资200余万元，出动机具140余次，重点清理、整治、规范农村“四堆”900余处，卫生死角380处；（2）积存垃圾专项治理。共清理农村积存生活垃圾2836吨，建筑垃圾6759吨，基本无积存垃圾；（3）非正规垃圾堆放点专项治理。共排查上报非正规垃圾堆放点45处，堆体方量100.29万立方米。清理外运9处，1.33万立方米，完成整治41处，完成率91%；（4）城乡结合部、高速出口、新建移民小区等重点部位专项治理。共清理卫生死角53处，清运垃圾628吨，墙体美化4514.3平方米，修复挡墙588平方米。（杨韶凯）

环境保护

【大气污染防治】 燃煤管控。2018年，左权县环保部门继续加强散煤整治，提高煤炭清洁利用水平。推进清洁取暖工程，扩大“禁燃区”面积，由2017年的6.05平方千米扩大到7.23平方千米，建城区清洁取暖实现全覆盖，建城区外3~5千米范围内基本实现清洁取暖全覆盖，农村清洁取暖覆盖率达到15%左右；严格煤质管控。加大散煤销售监管，取缔劣质煤销售网点，为县城庙沟村等未采取集中供热的居民配备了优质低硫煤；提高燃煤供暖设施环保标准。全县36个工业企业和乡（镇）政府、乡镇信用社、工商所、变电站、邮政所、派出所等51个事业单位进行了燃煤锅炉改造，由燃煤锅炉改为用电取暖设施和燃气锅炉。

提升重点工业企业环保治理水平。是年，全县砖瓦窑企业4个，完成大气污染物特别排放限值标准改造，烟气排放标准达到晋中市先进水平；鑫源热电公司投资4600万元对25兆瓦机组进行超低排放改造，已完成主体工程；全县所有储煤、洗煤、石灰、石料等工业企业完成原料和产业全封闭建设，最大限度降低工业粉尘污染。

取缔“散乱污”企业。是年，在2017年已取缔40个散乱污企业的基础上，2018年将全县剩余57个散乱污企业全部进行清理取缔，年底彻底取缔52个。拐儿旧寨村搅拌站、兴泉石材加工厂、突堤石子厂3个企业进行升级改造。

工业废水污染防治。左权正珠、宏远、阜生煤矿对矿井废水治理设施进行提标改造，煤矿矿井水化学需氧量、氨氮、总磷三项污染物达地表水环境质量Ⅲ类标准；选矿、石材企业废水全部回用不外排。

城镇生活污染治理。污水处理厂的污水收集池建设了保温提效设施，2018年，将县城城南河未纳入污水处理厂的污水全部纳入污水收集系统。

农村污染治理。扩展农村水污染防治范围。是年重点实施麻田镇6个村的农村污水处理设施建设。7月，依法关闭禁养区内的下峧村养鸡场、军寨村李广军和李志明养猪场3个畜禽养殖场。

加油站防渗治理工程。至年底，全县有加油站26座。其中，20个加油站进行了储油罐双层改造建设，中石油1个加油站、中石化5个加油站停业整治。

是年，全县通过华能左权煤电有限责任公司烟气超低排放改造、左权金隅水泥有限公司提标升级改造、淘汰90余台燃煤锅炉和龙泉、寒王、辽阳3个乡镇20个行政村居民冬季取暖“煤改气”改造等大气污染减排措施，实现大气指标二氧化硫减排731吨，氮氧化物减排396吨。

（巨如生）

【土壤污染防治】 2018年，左权县环保局开展全县28个重点行业企业用地土壤污染状况调查，有序推进疑似污染地块土壤环境初步调查，建立污染地块名录并动态更新，开展原左权化肥厂用地土壤污染详细调查评估工作；同时争取上级资金，开工修复治理原左权同达煤化有限公司用地污染土壤，已完成修复可研报告和治理方案编制，并得到环保部审核认定；完成5个生产煤矿、6个洗煤厂和6个汽修厂等产生废机油单位的危险废物规范化管理。

（巨如生）

【空气污染防治】 2018年，左权县环保局根据市大气办调度通报，1月至11月，左权县环境空气质量综合指数5.41，同比上升1.3%，全市排名第一；优良天数228天，同比减少19天，优良天数比例68.9%，全市排名第一；二氧化硫平均浓度24微克/立方米，同比下降45.5%，全市排名第一；氮氧化物平均浓度32微克/立方米，同比下降5.9%，全市排名第二；PM10平均浓度90微克/立方米，同比下降2.2%，全市排名第一；PM2.5平均浓度51微克/立方米，同比下降1.9%，晋中市排名第一；一氧化碳百分位数浓度1.5微克/立方米，同比上升15.4%，晋中市排名第一；臭氧百分位数浓度172微克/立方米，同比上升68.6%，晋中市排名第五，左权县总体环境空气质量指标全晋中排名位居第一，获晋中市政府环境空气质量改善奖

励至10月累计达1465.03万元。（巨如生）

【水污染防治】 2018年1月至11月，左权县清漳河麻田断面水质平均浓度一直稳定在二类水质标准，优于三类水质任务要求。石匣水库饮用水水质达标率100%，地下水水质保持稳定级别，境内黑臭水体基本实现清零。

通过实施县城污水处理中心提标升级改造、实施部分农村生活污水集中处理、畜禽养殖农业减排、小型企业淘汰降低产能等一系列水污染减排措施，实现水指标化学需氧量减排279吨，氨氮减排88吨，四项主要污染物均超额完成晋中市下达的减排任务。（巨如生）

【环保督察】 2017年，中央第二环境保护督察组和省委、省政府第三督察组先后进行了为期两个月的环保督察，中央环保督察反馈左权县28项问题、省环保督察反馈16项问题。至2018年底，中央环保督察所反馈28个问题中，整改完成14个；省环保督察反馈16项问题中，整改完成13个。

2018年4月13日至28日，为期15天的省委、省政府环保督察"回头看"中，县委、县政府抽调人员组成三个环保督察组，对全县2017年上报市里的40个散乱污企业取缔、燃煤锅炉清零、重点工业企业全面达标排放、建筑工地"六个百分百"管控等重点问题整改情况进行督察再验收。

11月，中央环保督察"回头看"期间，县环保部门收到督察组交办的群众反映问题7批次8个案件，其中6件属实，2件不属实，年底，全部完成办结。

2018年8月20日，蓝天保卫战重点区域强化督察工作进驻左权县，共接整改问题53个（第一轮12个，第二轮15个，第三轮7个，第四轮11个，第七轮4个，第八轮1个，第九轮1个，第十轮2个），年末，全部整改到位。（程俊斌）

【环境执法】 2018年，左权县环境监察大队开展环保执法，结合"双随机"环境监察活动，开展铁腕治污专项行动，饮用水源和汛期环境安全整治、大气污染防治、危险废物环境管理、重点行业环保专项执法检查等环保专项行动。共出动执法行动880余人次，对辖区范围内及重点企业共下达责令改正违法行为决定书59份，处理行政处罚案件61件，其中移送公安机关2件，查封企业11个，罚款428.11万元（已缴纳196.54万元，未缴纳231.57万元）。（王永华）

【环保审批】 2018年，左权县环保局共审批建设项目33个，全部为报告表，总投资29.04亿元，促进环保投资4767.80万元。发放排污许可证16个企业，推行环评登记表备案制度。是年，共备案建设项目登记表34个，总投资4.98亿元，促进环保投资835.40万元。（霍振杰）

节能减排

【概况】 2018年，左权县工业经济保持平稳发展的同时，规模以上工业企业

综合能源消费量趋于平稳放缓趋势，节能降耗工作取得成效。全年万元 GDP 综合能耗下降 3.2%。（李建萍）

【减排降污】 2018 年年初，《左权县秋冬季工业企业错峰生产行动方案》出台。7 月 20 日，县经济和商务粮食局会同县环保局对全县的生产企业召开错峰生产、错峰运输以及重污染天气应急响应措施“一厂一策”工作安排会议，17 个规模以上工业企业编制完成《工业企业重污染天气“一厂一策”应急预案》，陈列《工业企业落实错峰生产、错峰运输及重污染天气应急响应措施“一厂一策”》公示牌，落实企业在物料堆放环节、生产环节、运输环节的大气污染防治工作。（李建萍）

【节能降耗宣传】 2018 年 6 月 11 日，左权县经济和商务粮食局以“节能降耗、保卫蓝天”为主题，开展节能宣传活动，把节能低碳的绿色生产方式、消费模式和生活习惯作为宣传重点。发放节能宣传资料 900 余份，宣传能源短缺现状以及公共机构节能的重要性、必要性，让节能意识深入民心。（李建萍）

【固废综合利用】 2018 年，左权县经济和商务粮食局以“减量化、再利用、资源化”为目标，加大对煤矸石、粉煤灰、炉渣、电石渣、铁尾矿等的利用。全年固废排放总量为 140.10 万吨，（其中：煤矸石产生量为 90.60 万吨、粉煤灰产生量为 35.70 万吨、脱硫石膏产生量为 13.80 万吨），固废利用总量为 49.30 万吨，（其中：煤矸石利用量为 23.40 万吨、粉煤灰利用量为 18.30 万吨、脱硫石膏利用量为 7.60 万吨），固废利用率为 35.2%，完成全年目标任务。（李建萍）

【节能工作督查】 2018 年，左权县经济和商务粮食局每月通过定点与随机抽查相结合的方式对全县范围内重点耗能企业进行检查，重点检查节能制度是否建立和完善，高耗能机电设备台帐是否建立，并宣传国家节能的各种知识等。是年，对全县 17 个规模以上工业企业分批次进行了现场检查和现场督导。（李建萍）

【淘汰落后产能】 2018 年 4 月 9 日，左权县经济和商务粮食局接受并完成中央环保督察组对鑫源热电有限责任公司的 2.5 万千瓦发电机组的拆除检查工作；4 月 18 日接受并完成山西省环保督察组对鑫源热电有限责任公司的 2.5 万千瓦发电机组的拆除检查工作。（李建萍）

【节能知识培训】 2018 年 4 月 25 日，左权县经济和商务粮食局组织县内 9 个重点能耗企业赴晋中市节能执法大队进行为期两天的集中培训学习活动。学习节能的方法和措施，建立企业节能工作队伍。（李建萍）

供暖供气

【概况】 2018 年，左权县县城集中供热首站供热能力 400 万平方米，建成供热分站 38 座，一、二次管网 126 千米，集中供热总面积 318 万平方米，集中供热总用户 25455 户，集中供热普及率

98.76%，基本实现县城既有建筑面积集中供热全覆盖。

左权燃气2018年联通高庄和红卫两个煤层气集输站，煤层气和城市管网实现互联互通，新发展用户1888户，新增燃气中压管网8.95千米，燃气销量809万立方米。（巨晋波 陈海云 薛美霞）

【供热面积扩增】 2018年，左权县实施易居苑、乐居苑、福居苑、安居苑扶贫移民搬迁小区新建换热机组及配套二次管网建设等工程建设。新增易居苑、乐居苑、福居苑、安居苑、鑫城国际、恬园小区、先锋科技苑、东长义、文苑二期等集中供热面积20万平方米，新增供热用户2489户，为用户加装智能锁闭阀3500余块。新增恬园小区8万平方米换热站、瑞福莱4万平方米换热站、东沟2号2万平方米换热站、西河头村5万平方米换热站。（巨晋波）

易居苑管网铺设

【安全管理】 2018年6月，是第17个全国安全生产月。左权县供暖供气公司制定安全生产月活动方案，组织全体员工观看警示宣传片，举办安全知识竞赛、煤改气工程应急综合演练，张贴标语，悬挂横幅，进学校、进社区进行宣传。在县广播台举办燃气安全知识讲座。6月26日，联合县发改局、住建局、环保局、质监局、消防大队和乡镇村举办了“左权县‘煤改气工程’天然气泄漏抢险应急演练”。8月15日，编制完成双重预防《管理手册》《风险管理手册》《员工不安全行为手册》，全年排查出隐患110起，整改落实110起，补栽警示标志桩80余根，监护第三方施工180余次，维护保养架空管道约475米，下发隐患通知书40余份，并对未整改的隐患作为重点监护区域加强巡视。居民用户入户安检率达98%，工营福用户安检率100%。全年，户内隐患排查出83起，隐患排查整改83起，整改率100%。户内维修968起，其中漏气91起，燃气表坏74起，燃气表不显示588起，输不进气215起，维修率100%。居民用户户内排查中下发隐患通知书124份，下发告知书254份。工营福用户排查中查出26起，整改26起，整改率100%。至年底，县供暖供气公司实现连续1248天安全生产连续运营。（陈海云 薛美霞）

【燃气管网拓展】 2018年，左权县燃气管网向西铺设至东长义村，向北铺设至下其至村，向南铺设至马家拐村，与龙泉乡高庄集输站及寒王乡红卫集输站煤层气实现互联互通。扶贫易地搬迁4个小区（东长义小区、红土垴小区、易居苑小区、东沟二期），共计1798户实现户户通气。拓展1个乡镇市场，发展用户1888户。其中，民用户1879户，工营福用户9户（含锅炉几台31.5蒸吨，大灶17台）。是年，新增燃气中压管网约8.95千米、低压管道约4.09千米，累计新增中低压管道13.04千米。主支线阀门井新增12座，累计131个；调压柜（箱）新增3台，累计71台。11月22日，山煤集团鑫顺煤业20吨“煤改气”锅炉正式点火运行。12月8日，潞安集团阜生煤业10吨“煤改气”锅炉正式点火运行。（陈海云 薛美霞）

【煤层气利用】 2018年，左权县供暖供气公司为有效缓解天然气供应紧张的局面，解决供气单一的现状，充分利用左权县域丰富的煤层气资源，11月20日，左权县煤层气利用工程正式开工建设，与左权蓝焰煤层气高庄村和红卫村两个集输站进行对接。12月23日，左权县煤层气利用工程高庄集输站建成并试运行。12月30日，左权县煤层气利用工程红卫集输站建成并试运行。（陈海云 薛美霞）

【服务水平提升】 2018年4月3日，左权县供暖供气公司联合中国建设银行左权支行在将军广场举行左权县天然气网络缴费系统启动仪式，左权县天然气网络缴费系统正式上线，是继2016年开通“天然气服务微信公众平台”之后又新开发的一项基于“微信平台”的在线数字智能化服务功能，实现足不出户线上缴费。8月，公司推出新服务“96577”24小时短号服务热线，是集办理各类咨询业务、紧急报修、紧急抢修、预约安检、服务投诉等为一体的综合服务平台，覆盖左权县100%行政区域。（陈海云 薛美霞）

交通 邮电

地方公路建设

【概况】 至2018年底，左权县公路通车总里程1531.74千米，农村公路占到1261.60千米，占全县路网结构的82.36%，公路密度达到75.53千米/百平方千米，初步形成高速、国省干线双十框架，县乡公路纵横交错，村级公路网络辐射的“一大五小六循环”路网格局。是年，全县先后完成“四好农村路”项目36个、“太行一号”旅游公路项目9个，建设总里程217.00千米。10月，左权县成为在全省“四好农村路”建设推进会上典型交流发言的两个先进县之一，现场观摩的四个样板县之一。被晋中市劳动竞赛委员会荣记集体一等功一次。被评为全省“四好农村路”示范县。 (周红波)

【通村公路建设】 2018年4月18日起，由晋中交通建设有限公司中标承建、山西尧翔交通建设监理咨询有限公司负责监理的高黄线至南垴等16个第三批“四好农村路”项目工程陆续开工，涉及羊角、芹泉、寒王、龙泉、石匣、麻田、桐峪、拐儿等8个乡镇的18个村庄。9月18日全部完工，共计建设里程32.17千米，累计完成投资1924万元，直接帮扶沿线参建贫困户22人，帮助增加收入1.63万元。

2018年6月10日起，由左权建筑工程有限责任公司等13个施工单位中标承建，山西力拓建设监理咨询有限公司等8个专业公司负责监理的左权县城南外环至河南村等17个“四好农村路”撤并建制村项目工程陆续开工，涉及石匣、拐儿、辽阳、桐峪、芹泉、麻田、寒王、粟城、羊角等9个乡镇的18个村庄，至11月20日工程全部完工，共计建设里程17.24千米，累计完成投资1320万元，直接帮扶沿线参建贫困户89人，帮助增加收入25.67万元。

(周红波)

【安全生命防护工程】 2018年5月中旬，由晋中交通建设有限公司中标承建、山西尧翔交通建设监理咨询有限公司负责监理的“四好农村路”安全生命防护工程开工，工程全长38.45千米，全部采用波形梁钢护栏结构，跨越全县10个乡镇，共涉及乡道24.20千米、村道14.20千米。项目从5月中旬开工，9月底完工，累计完成投资723.80万元。（周红波）

【危桥改造项目】 2018年3月26日，由山西环宇建筑工程有限公司中标承建、山西路杰工程咨询有限公司负责监理的云头底通村公路危桥改造项目开工，工程采用钻孔灌注桩基础、6跨150米预应力混凝土连续箱梁结构，其中桥梁宽8.50米，两侧引道全长245.75米，10月16日完工，共计完成投资651.80万元，直接帮扶参建贫困户3人，帮助增加收入4.32万元。

2018年8月5日，由山西同创公路建设有限公司中标承建、山西新世纪交通建设工程咨询有限公司负责监理的县道三柳线马厩危桥改造项目开工，工程采用钻孔灌注桩基础、3跨60米预应力混凝土空心板梁结构，其中桥梁宽8.50米，两侧引道全长391.20米，11月30日完工，共计完成投资371.80万元，直接帮扶参建贫困户3人，帮助增加收入2.37万元。（周红波）

【"太行一号"旅游公路建设项目】 2018年，左权县全面铺开3条主线、6条支线、2条连接线，共计11条旅游公路建设任务，长度147.81千米。全线采取三、四级公路标准的沥青混凝土面层结构设计，至年底，除主线竹宁至阳光占段、连接线石匣至竹宁段等2条公路外，其余主线拐儿至下其至段、竹宁至下丰堠段，支线拐儿至下庄段、羊角至山庄段、梁峪至望阳垴段、泽城至交漳水库段、隘口至龙泉公园段、山庄至麻田段，及连接线小窑上至万达段等9条旅游公路分别由晋中路桥建设集团有限公司等6个施工单位中标承建，山西顺达高速公路技术咨询有限公司等7个专业公司负责监理，工程从5月7日开工，至11月10日完成主体建设，共计建设里程128.94千米，累计完成投资4.01亿元，直接帮扶沿线参建贫困户92人，帮助增加收入41.22万元。随着全县旅游路网的建设完成，届时将形成一个连接全县10个乡镇、覆盖全县90%景区景点的县域生态旅游循环圈，两个循环贯通全县所有A级景区和休闲度假区的旅游闭合圈。使全县近280余处自然景观、人文历史、红色传承、绿色生态、多彩民俗、特色产业旅游资源连点为一线。（周红波）

【县乡公路养护】 2018年，左权县公路管护由被动养护为主动预防性养护，按照“预防为主、防治结合、治早治小”的管养方针，以日常预防性养护为重点，实行季度百分考核、年终测评排名评优机制，在完成全县在册53座桥梁的建档立卡及定期巡检任务，并进一步规范各基层养护站一图两表五制度的长效机制基础上，保证全县农村路公路列养率达到100%，优、良、中等路的比例高于76%以上，路面技术状况列养指数（PQI）均在81.5以上稳中有升。

是年，全县涉及10个乡镇、88条通村公路和3条乡级道路、近198.9千米的中小修养护提质任务，被列入市级短板问题清单，县交通部门主动作为，在前期准备中，将 20 万元以上项目全部公开招标，20 万元以下的路面提质加宽项目通过比选竞价的方式，由 14 个吸纳贫困户参与的土石方施工队中标承建，以提高开工进度。在施工过程中，聘用专业咨询公司负责所有项目的全程监理，工程完结时聘请第三方质检机构负责质量的评价验收。至 10 月底，按期完成路面加宽及增加排水设施项目 48.5 千米，沥青灌缝及贴缝预防处置项目 39.8 千米，沥青同步封层改造项目 17.36 千米，增加标志标线安防设施项目 93.19 千米，累计完成投资 528 万元。　（周红波）

国道　省道建设

【概况】　2018 年，山西省左权公路管理段承担着国道 207 线、省道 319 线、省道 322 线共计 164.67 千米干线公路养护和管理任务。其中：国道 207 线 57.90 千米，省道 319 线 85.53 千米，省道 322 线 21.25 千米。县公路管理段管养的干线公路全部为二级公路，有桥梁 50 座，涵洞 310 道。路龄最短的在 10 年以上，最长的达到 15 年。是年，经国家路网重新规划后，省道 319 线改名为国道 340 线（东营港至子长线），左权公路段管养路线桩号调整为 K566+648 米（起点）至 K651+328 米（终点），管养里程为 84.68 千米；国道 207 线管养路线桩号调整为 K1628+462 米（起点）至 K1686+358 米（终点），管养里程不变；省道 322 线从左权涉县交界（桩号为 K0+000 米）至左权武乡交界（桩号为 K38+932 米），管养里程更改为 38.39 千米。　（王强）

【国省公路提档项目】　2018 年 11 月 19 日，采用 BOT 模式、投资近 31.4 亿元的国道 207 线左权至黎城界及南沁线左权桐峪至河北涉县界一级公路新改建工程日开工建设。国道 207 线南乡段改造项目、投资 2.3 亿元，工程年底前完成招投标并开工。国道 207 线左权北互通至和顺界一级公路改造工程、省道 319 线县城至榆社界一级公路改建工程、省道 319 线泽城西安水电站淹没区改建工程、省道 319 线粟城至邢台省界段公路改造工程项目正在准备列入规划。　（王强）

【国省公路新建、改建工程】　2018 年，左权公路段根据责任路段大车重车多，交通流量大，超龄老路多，等级标准低、各种路面病害频发的路况实际，组建项目前期攻坚领导组，制定项目前期推进计划，明确责任分工和时间节点，有组织、有计划、有步骤地推进工程项目前期各项工作。11 月 19 日，国道 207 线左权至黎城界及省道南沁线左权桐峪至河北涉县界公路新建工程和国道 207 线刘家窑至黎城界改建工程奠基开工。　（王强）

【国省公路管养】　2018 年，左权公路段加强公路养护，开展公路养护管理“八比八看”活动。比路容路貌整洁，看干净整齐环境，结合路域环境整治和道路扬尘污染治理，制定国、省干线公路清扫保洁方案，段与班、班与养护人员层层签订路面保洁责任书，人工配合扫路车全天侯实施保洁；比路面养护精准，看平整舒适路况，全年共完成挖补坑槽1.82万平方米，处理翻浆615.80平方米，局部罩面12.91万平方米；比路基养护稳定，看坚实达标排水，按照路基标准化建设要求，加大公路两侧边坡、路肩、水沟、绿化平台的整修力度，在绿化平台种草种花，优化环境，并及时对排水沟、急流糟等排水设施进行清理和疏通，全年共整修边坡8.64万平方米，整修平台2.25万平方米，粉刷行道树9000株，清理水沟1840平方米；比桥涵隧道完好，看安全耐久保养，从上至下层层落实桥涵监管责任，每座桥梁、每道涵洞都明确具体责任人，加强桥涵的日常检查和维护，及时处治桥面破损，锥坡、护坡勾逢脱落、泄水孔淤塞，防撞墙损坏等各类病害；比沿线设施完善，看齐全标准有效，对损坏的标志标牌及时进行维修更换，对褪色严重的标志及时进行更新，对其他设施损坏的及时进行修补。全年，共增设标志20个，更换里程碑6块，更换百米桩65根，更换轮廓标95根，划设道路标线4.28万平方米；比养护工程管理，看程序规范质量，制定劳务分包、材料采购、机械租赁三个办法，并付诸实施，落实工程质量、进度、安全、廉政等责任，明确各环节、各岗位，各工种的具体要求和工作目标，全员讲规范，抓质量，确保各项工程建设任务顺利完成；比安全生产防范，看制度健全落实；比创新绿色廉洁，看特色亮点效果，组织动员养护员工对石匣停车休憩点进行再整修、再提高，2018年，所辖路面优良路率59.5%，路面使用性能指数PQI平均值为79.52。

2018年，左权公路段筹措资金153.50万元，对国、省干线公路通行环境进行了集中整治。 （王强）

【路政管理执法】 2018年，左权公路段加强路政管理，以提高发现率、查处率为目的，同养护工作配合，健全完善养护、路政联合护路工作机制；同交警部门配合，建立交警路政联合协作机制，实现事故处置、路产索赔、交通管制、车辆疏导等相互配合，同力协作；同公路沿线村、镇配合，签订路地共管协议书，做到路域环境和村容镇貌同整治、齐推进。以全国路政宣传月为契机，采取展示宣传图板、散发宣传传单、现场解疑答惑、车载广播宣传、过街天桥LED屏宣传等，宣传公路法律法规，营造良好的路政工作环境。全年，共散发宣传资料1万余份，张贴散发宣传标语1.6万余份，公路沿线悬挂横幅宣传标语16幅，宣传车沿路宣传2000多千米/20台次，段内LED显示屏滚动宣传50天，县城过街天桥LED屏滚动宣传20天。全年，共查处各类路政案件121件，收取路产赔（补）偿费92.6万元。案件发现率、查处率、结案率均为100%，执法过错事为零，规范办结涉路许可1件，清理路面堆积物41立方米/15处，拆除公路用地范围内非公路标志33块/33处，确保公路建筑控制区无新增违章建筑。 （王强）

交通运输

【城市客运】　2018年，左权县更换新能源纯电动出租车19台，全县新能源出租车达到68辆，占到全部105辆的近65%；城乡公交97辆；优化新增县城至易居苑小区公交线路1条，县城公交线路达到8条；在“九九重阳节”启动实施65岁以上老年人免费乘坐城市公交车的惠民政策。（周红波）

【农村客运】　2018年，左权县交通运输局支持和鼓励恒益公交等客运企业发展农村客运，改造提质公交线路4条，票价直接降幅15%以上，县城周边沿线近4个乡镇、38个村近4.5万群众受益；采取油料亏损补贴办法，及时解决偏远14个行政村冷线直通客车问题，形成村委主任和村委代表日签单确认工作机制，确保客车的全覆盖运营；更新候车亭135个、招呼牌68个，全县203个行政村达到村村有候车停靠点。至年底全县有城乡客运班线19条，城乡公交线路31条，共计投入营运车辆95辆，其中燃油客车33台，纯电动新能源客车62台，绿色出行普及率65.2%，全县通村公交客车覆盖率100%，超过全省平均水平的94.32%。（周红波）

【物流网络建设】　2018年，左权县交通运输部门以供销社电子商务平台为基础，先后完成37个农村物流节点的建设任务，其中县城组建左权县供销社电子商务物流中心1个，在各乡镇分别建设完善乡镇级供销社商务物流站10个，辐射建设村级供销社门市部26个，实现县城至乡镇的全覆盖。（周红波）

【左权汽车站】　2018年，左权汽车站采取加大市场运营力度，全年安全输送游客1251人次。是年，在原翔鸽快运部基础上成立农村物流配送中心，与中通、申通、韵达、等11个快递公司和山西成竹电子商务有限公司展开合作，解决农村物流运输“最后一公里”问题。至年底，农村网点达140个，并开展城区快递配送业务，日均发送快递700余件。（周红波）

【凯达出租汽车有限公司】　2018年，左权县凯达出租汽车有限公司拥有出租车86辆，其中自有车辆25辆，服务管理车辆61辆。12月，公司更新了帝豪牌新能源纯电动出租汽车19辆。（周红波）

【交通执法】　2018年，左权县交通管理部门与县直各执法部门信息资源共享，联合协同执法。全年共出动执法人员2300余人次、车辆1100余台次，通过流动稽查、固定站点检查检测各类车辆30.69万余台次，查处各类违法行为274起，其中道路运输各类违章102起、处罚41.82万元；移交超载运输货车157辆，站点依法卸载176.68吨，驾驶员扣分处罚1500分，全部列入源头治理“黑名单”档案；打击非法营运2起，无从业资格证1起，各类损坏公路案件12件，依法收取赔（补）偿费25.05万元，全部结案率均为100%。

8月15日零点，全省集中启动柴油货车和散装物料运输车污染治理联合执法专项行动，县交通运输局通过新闻媒体、张贴公告等方式开展全方位无死角的宣传造势，组织联合检查流程，形成执法稽查队引导、环保部门检测、交警部门处罚后劝返或引导至二类以上维修企业维修的执法程序，通过左权东高速口固定检查点和流动巡查检查，共出动执法人员2309余人次，执法车辆434余辆次，共检查柴油货车7826辆，源头企业83个，县城工地70处，检查柴油车销售点、农机配件销售点、柴油销售点55个，劝返排放不达标车辆190辆，查处超载车3辆，闯禁行车辆7辆，不按规定使用封闭货厢或者采用其他方式封盖严密的违法行为19起。

（周红波）

【安全生产】 2018年，左权县交通运输局继续落实《安全生产岗位责任制》和《企业安全生产主体责任二十条》，层层签订安全生产责任书，把安全生产落实到每个环节、重点岗位，形成闭合性的责任管理体系；开展安全生产月、安全宣传等系列活动。全年，开展各类安全大检查38次，发现各类安全问题隐患212处，其中工程建设类65处，道路运输类121处，管养路况类26处，整改率达到100%，确保全年无一例安全责任事故发生。（周红波）

铁 路

【概况】 左权站区是阳涉铁路有限责任公司下属的基层生产单位之一，为太原局集团公司和北京局集团公司分界站，管辖寒王、石港口、左权、原庄、粟城站的铁路运输和生产生活水电设备维修，有装车点3个，煤专线3条，2018年为北京局集团战略性装车单位。 （路明）

【运输生产】 2018年，左权站区发展三江煤站新业务。全年共完成装车3.53万车237.9万吨，卸车44车2.9万吨，发运量较2017年下降。 （路明）

【安全综治】 2018年3月1日至9日，左权站区配合特勤中队对铁路沿线重点路段、重要道口、重要单位、废品收购站等重要部位的消防安全和治安管理情况进行深入检查，确保全国“两会”期间铁路沿线治安稳定、运输安全畅通。暑假、中秋、国庆“两节”期间，分别对沿线中小学生开展以“珍惜生命，远离铁路”为主题的安全宣传教育和“知路爱路护路”法制宣传教育活动。按照阳涉公司安全生产结合部问题协调解决工作制，左权站区定期牵头组织有关部门开展联合检查，查找在日常生产过程中结合部存在的安全问题和隐患，共同探讨解决问题的方案，确保运输生产有序进行。 （路明）

邮 政

【概况】 2018年，左权县邮政分公司设有市场营销部、综合办公室（安全保卫部）、寄递事业部。机要室、金融业务中心、集邮与文化传媒中心、渠道平台中心挂靠市场营销部。下辖北大街营业所、滨河路营业所、粟城支局、芹泉支局、拐儿支局、寒王支局、龙泉支局、桐峪支局、麻田支局、石匣支局、羊角代办所 11 个支局（所）。至年底，共设置投递道段 29 条，其中县城范围内 13 条，农村支局道段 16 条。全年，全县邮政各项业务总收入累计完成 1130.40 万元，列晋中市第 7 位，增幅排全市第 5 位。（高冉）

【代理金融业务】 2018 年，左权县邮政分公司代理储蓄业务累计实现收入 582.36 万元，至年底，储蓄总余额 3.50 亿元；代理保险业务实现保费 4705.59 万元，累计收入 202.30 万元；理财累计销量 9159 万元、基金 1.74 万元、国债 33 万元；手机银行新增有效客户 4728 户。（赵卫宏）

【寄递业务】 2018 年，左权县邮政分公司实现收入 56.38 万元，完成市分年计划 107 万元的 52.69%，同比 2017 年增幅-0.85%，完成计划列晋中市第 10 位。

（高冉）

【函件业务】 2018 年，左权县邮政分公司收入实绩 14.71 万元，完成晋中市分年计划 46 万元的 31.98%。（高冉）

【报刊发行】 2018 年，左权县邮政分公司累计完成收入 115.45 万元，完成晋中市分年计划 102 万元的 113.75%，2019 年报刊一次性大收订实现流转额 429 万元。

（高冉）

【集邮专业】 2018 年，左权县邮政分公司实现收入 47.88 万元，完成晋中市分年计划 86 万元的 55.68%。（高冉）

【电子商务】 2018 年，左权县邮政分公司实现收入 6.01 万元，完成晋中市分年计划 22 万元的 27.89%。（高冉）

【分销业务】 2018 年，左权县邮政分公司实现收入 90.79 万元，完成晋中市分年计划 88 万元的 103.17%。（高冉）

【工程建设】 左权县邮政分公司生产、办公楼于 2017 年立项拆除重建。2018 年 1 月，公司租赁位于左权县城东河路西侧机电城作为临时生产办公场地。原办公楼于 2018 年 10 月拆除，12 月开工实施建设。龙泉支局因房屋变形，存在安全隐患，经晋中市银监局同意，于 2018 年 9 月迁至左权县城滨河路，与滨河路营业所同址合并营业。10 月，原网点实施装修改造工程。（高冉）

通　信

【概况】 2018 年，左权移动公司通信服务收入完成 5200 万元，其中集团通信和信息化产品收入完成 160 万元，新增客户数 1.6 万户，净增客户数 4700 户，4G 客户到达数 5.3 万户，宽带净增客户数 4800 户。

2018 年，左权联通分公司发展宽带用户 3668 户，宽带用户达到 17495 户。发展 4G 用户 21057 户，移动用户总数达到 38130 户，固话用户数为 9047 户。全年主营业务收入累计完成 2491 万元，较 2017 年同期增长 0.62%，其中移网收入 1190 万元，较 2017 年同期增长 9.19%。

（卜亚宪　赵霞）

【网络建设】 至 2018 年底，左权移动公司 2G 基站 187 个，NB 基站开通 22

个，4G 基站 302 个，左权移动公司新发展宽带 4800 户，宽带端口数量达到 2.87 万户，宽带客户数达到 1.55 万户。

是年，按照左权县委县政府对贫困村互联网覆盖的要求，左权分公司对孔家庄村和苏家坡村进行 4G 微站覆盖和宽带覆盖，通过微站搬迁对寺凹村、路家庄、水洼、峧沟四个村部分区域做了覆盖，贫困村宽带覆盖率达 31%，贫困村移动互联网覆盖率达 89%。结合县政府对贫困村制定的贫困村 13 项退出指标，关于通手机信号和互联网的要求，左权移动公司通过调整附近基站，完成拐儿镇大炉村和仙人坪村的 2G 信号覆盖，麻田镇云头底村的 4G 信号覆盖，芹泉镇芹泉村 4G 信号的优化改善。

是年，左权联通分公司继续全面推进网络优化，建设川口至石港口环网光缆 32 千米，接入大客户专线 24 条，新建 13 个物理基站。酒店宽带接入 128 线，农村宽带接入 224 线，小区宽带接入 2800 线。实施 IPRAN 成环及（速率）升级改造，使 IPRAN 成环率由 60%提升 75%。OLT 上行扩容改造 6 处。优化补盲开通基站 7 处。完成 12 个固网机房腾退。迁改十字岭等 5 段 20 千米线路。（赵霞　卜亚宪）

【宽带网络】　2018 年，左权联通分公司宽带网全面实行光纤接入。开通西寨煤矿、佳瑞煤矿、高速交警、山西路桥、后寨砖厂、公安局、网吧等 24 条专线，对公安局、中石油专线进行升级改造。电厂、下庄、岢山、川口、东寨、县局 OLT 上行扩容改造 6 处，花园酒店、东都酒店等酒店宽带接入 128 线，高家庄、马家庄、赵家庄、苏家坡、窑底、孔家庄、赵家村等 7 个村庄宽带接入 224 线，宜居苑、红土堖、鑫城二期、恬苑小区、文苑二期等 7 个小区宽带接入 2800 线。FTTH 端口总数达 4.15 万线，行政村覆盖率达 99%。

（赵霞）

【移动网络】　2018 年，左权联通分公司新增 3G 基站 6 个、4G 基站 7 个，逻辑站总数达到 447 个，其中：2G 基站 106 个、3G 基站 191 个、4G 基站 150 个。基站信号覆盖 164 个行政村，覆盖率达 79.2%。（赵霞）

【电信网络建设】　2018 年，左权电信公司建基站 161 个。年内，左权电信公司承接贫困村网络信号覆盖建设，129 个扶贫村中，完成东沟村、桐滩村、麻田村、拐儿村、羊角村等 8 个贫困村的宽带网络建设。无线网络完成段峪村、晴岚村、七里店村、东沟村、川口村等 83 个贫困村的 3G、4G 移动互联网网络覆盖，同时，电信公司推出针对贫困村的低价格易使用的扶贫终端，制定扶贫专属套餐，推出扶贫专属流量包。（李留峰）

【宽带建设】　2018 年，左权电信公司宽带新建网络端口数量 3600 余个，对东沟小区、绿洲小区、盛世商铺、工行宿舍、种子公司宿舍、工程队宿舍老旧小区进行光缆替换升级排除安全隐患，对左权县东长义公租房小区进行端口建设。

（李留峰）

贸易

商务

【概况】 2018年，左权县社会消费品零售总额完成16.57亿元，比2017年增长8.1%，全市排名第六；社会消费品零售限上企业净增数4个；网络商品零售额完成553万元，增幅13.8%。外贸进出口完成30.95万元。

组织食品安全街头宣传2次，发放宣传资料2000余份，出动执法人员214人（次），检查单位128户次。至年底，酒类批发企业36个，散装白酒经营户4户。

配合交通、环保等部门开展车用燃油专项整治和大气污染防治工作；联合环保、公安、市场、交通、交警、安监等部门开展“打三黑”（黑加油站、黑加油车、黑加油点）专项整治工作，出动执法人员1000余人次，打击取缔黑加油点1处，查扣黑加油车4辆。

规范废旧回收市场管理，检查回收站点35个次，城区范围内实行“零”站点。至年底，全县有再生资源集散市场1个，再生资源回收站点35个。

单用途商业预付卡发卡企业的备案登记和日常监管工作，全县共备案登记4个，全年检查16个次。

汽车销售企业的日常监管工作，至2018年底，备案登记汽车销售企业9个，全年检查9户次。 （曹凯）

【农村电商服务站】 2018年，左权县建成电子商务公共服务中心1个。全县203个行政村建设乡村电商服务站点144个；贫困村129个，建有电商服务站点95个，实现“双七十”（村级电商服务点覆盖率达70%，村电商服务站点贫困村覆盖率达70%）目标任务。整合15个快递物流企业入驻物流园，乡村快递覆盖率80%，快递到乡实现次日达，打通乡村快递“最后一公里”，快递发件价格最低达到4元/3公斤。 （牛少华）

【电子商务创业园】 2018年，左权县依托电子商务进农村综合示范项目，县电子商务创业园孵化左权县鑫永恒电子商务有限公司、山西钱串串电子商务有限公司、左权县嘉东农业开发有限公司3个电商涉农企业。至年底，涉农企业达到21个，全年农特产品网上销售额完成5435万元，全县电子商务交易额达到1.53亿元。

（牛少华）

【电商扶贫】 2018年，左权县依托电子商务创业园以及左权县电子商务公共服务平台，精准对接帮扶贫困户299人，其中电商园区企业帮扶贫困户125人，农村物流网点建设帮扶贫困户18人，企业收购农产品帮扶贫困户156人。电商扶贫实现直接或间接帮扶贫困户1971人。组织电商培训14场，培训电商人员3018人次，培训贫困户1578人次，贫困户人数达967人。县电商公共服务中心在工业园区建立左权县农产品电商换购中心，换购中心依托乡村电商服务站达成换购农产品200余万元。（牛少华）

【电商活动】 2018年，左权县为整合各类产品资源，提升左权产品市场价值，举办“左权县域公用品牌战略发布会”，推出多产业公用品牌“太行之巅，左权聚好”，对九个爆款网货的使用正式授权。举办“网红直播举左权·电商网货助扶贫”“电商云集左权、助力脱贫攻坚”2018年特色农产品洽谈会、“扶贫助农·创新创业”农产品大学生电商高校行等11场活动，打开左权农产品销售新渠道，带动和辐射左权县农副产品销全国。

2018年1月8日，左权县举办公用品牌战略发布会

（牛少华）

供销合作企业

【概况】 2018年，左权县供销社完成商品销售总额11.6亿元，超2017年20.11%，实现农资供应5734万元，低于2017年2.8%，农产品购销2.5亿元，超2017年23%，利润实现455万元，超2017年20.9%。恢复重建基层综合服务中心2个。

（朱志毅）

【农资销售】 2018年，左权县供销社农资供应完成化肥销售9800吨，其中氮肥6500吨，磷肥2000吨，复合肥1300吨，农药35吨，地膜270吨，中小农机具250件。（朱志毅）

【专营商品市场】 2018年，左权县烟花爆竹有限公司推行政府提倡的“控炮”措施，烟花爆竹的销量呈下滑趋势，全年完成销售占往年销量1/3。

2018年，盐业公司销售各类盐1023吨。其中，食盐880吨（含加工盐150吨），畜牧盐33吨，工业用盐110吨。

（朱志毅）

【基层社恢复重建】 2018年，左权

县桐峪恢复重建投资28万元，改造供销社原仓库，翻新门市6间。寒王恢复重建完成投资35万，建成庄稼医院、培训中心、农资门市、日用品超市，完善了基础设施建设。（朱志毅）

【土地托管服务】 2018年，左权县供销社实施土地服务面积2133.33公顷，其中托管土地533.33公顷，服务于2500户农户，通过惠农服务中心，农资部门共计服务土地面积1600公顷，给农户在农业生产中带来极大方便。（朱志毅）

【电子商务】 2018年，左权县供销社电子商务有限公司发展电商服务站37个，规范电商服务站10个，解决农村闲散劳动力就业同时又为当地农户开辟了服务项目。（朱志毅）

【电子商务技能培训】 2018年6月，左权县供销社与县益民职业技能培训学校联合举办电子商务技能培训12天，分两批100人，培训内容为网上销售农产品等知识，受训人员全部来自专业社及惠农服务中心。（朱志毅）

【推动消费扶贫】 2018年，左权县供销社电商公司通过中华蜂养殖基地组织联系农户生产土蜂蜜3000瓶，统一回收、加工、储存、包装，供销社电商通过网络推销土蜂蜜1800瓶。从农户手中收购核桃，加工压榨成优质核桃油，从网上推销2500公斤，受益农户120户，户均增收416元。是年核桃受市场影响，价格滑落，供销社农民经纪人和专业社，联系厂家、超市加工成礼品核桃、桃仁，为农民推销核桃1800吨，实现交易额达2160万元，推销玉米1.5万吨、谷物320吨、豆类85吨、中药材38吨，实现交易额3800万元。漳漕万众蔬菜专业社，为全村推销西红柿30万公斤，户均增收3万元，实现助农增收。

（朱志毅）

【基层属性建设】 2018年，晋中市被全国总社列为基层属性建设试点市，县供销社对完成建设的综合服务中心，规范运行，完善制度，全县共吸收入农户1800户，5400人，其中寒王800人、石匣780人、龙泉700人、麻田770人、芹泉650人、下庄500人、羊角1200人。

（朱志毅）

粮食购销

【概况】 2018年，左权县粮食储备中心完成2018年粮食安全省长责任制考核自评报告。完成左权县“粮食应急预案”的调整修编工作。6月7日，宏源粮食公司新粮库建设项目开工建设。

是年，粮食收购完成2190万公斤，占目标2000万公斤的109.5%；粮食销售完成4325万公斤，占目标任务2300万公斤的188%；产销衔接完成2240万公斤，占目标任务1750万公斤的128%；县级储备粮完成464.5万公斤，占目标任务750万公斤的61.9%；全部完成10个粮食应急供应网点。储备粮粮仓“一符六无”（账实相符、无害虫、无变质、无鼠雀、无事故、无陈化、无污染）达标率96%，“三专四

落实”（专仓储存、专人保管、专账记载、数量落实、质量落实、品种落实、地点落实）达到100%。（白有堂）

【粮食市场管理】 2018年，左权县粮食储备中心健全粮食安全机制。组织人员对全县的仓储设施进行安全隐患排查，完善相关安全制度；对乡镇的粮食仓库防汛工作进行排查；开展世界粮食日和全国爱粮节粮宣传周活动，10月16日至10月22日，组织开展为期一周的“世界粮食日”“爱粮节粮保安全，优粮优价促增收”等系列宣传活动。（白有堂）

烟草专卖

【概况】 2018年，左权县烟草专卖局完成卷烟销售5330箱，比2017年减少650箱，下降10.87%，实现毛利润4563万元，比2017年增加367万元，增长8.75%。单条值实现96.88元，比2017年减少0.51元。全年共有贵州、湖北、山昆等10个工业企业在左权县开展品牌营销活动，累计参加客户达300余户，两年培训覆盖面达95%以上。全年在销品规190个，较2017年减少88个，有效的压缩品牌宽度，提升终端结构。是年，左权县烟草专卖局（营销部）被晋中市评为精神文明单位。

（李海明　高波）

【专卖管理】 2018年，左权县烟草专卖局结合营销部门的品牌投放策略，确定市场价格波动较大的品牌规格，推行“一式一法”监管新模式，建立完善“两库一单”，确保公平公正。建立抽查对象名录库、执法检查人员名录库及“双随机”抽查事项清单，制定工作细则。以左权县烟草专卖局行政执法人员数据库为基础，建立执法检查人员名录库。将全县卷烟零售户全部纳入抽查对象名录库，并建档立案，实施分级管理。通过划定重点，对城区卷烟市场重点排查；涉嫌违法经营的名烟名酒店、特别是对外来籍人员经营的名烟名酒店，进行登记造册，并制定具体检查方案，锁定重点打击对象。对不同类型的大户实施不同的监管举措，对于一般卷烟经营大户每两周走访监管次数最少一次；对于非本地常住居民租赁场所经营卷烟和以卷烟零售为主营业务的烟酒店类卷烟零售大户，特别是家族式的或有关联关系的卖烟大户每周走访监管次数最少一次；对于有轻微违法违规行为的卷烟零售大户坚持教育转化。对违规户实施行政许可处理和营销处理，杜绝辖区内卖烟大户二次批发、左右价格、扰乱市场。是年，县烟草专卖局共查获各类违法案件117件，查扣各类违法卷烟1516.6条，案值21.79万元。其中真品卷烟1114.6条，案值8.57万元；假冒卷烟402条，案值13.22万元。

（李海明　高波）

【行政许可】 2018年，左权县烟草专卖局加强对行政审批自由裁量权的约束监督，防范行政许可法律风险，加强行政许可后续监管，推行“三日办结制”。全年共受理烟草专卖零售许可证各类申请546户，其中新办100户，变更8户，延续 302 户，停业 6 户，恢复 1 户，歇业 116 户，审批注销 11 户，回收 2 户，共计注销 129 户。至年底，辖区共有零售户 773 户，其中有效零售户 770 户。

（李海明　高波）

【法制宣传】　2018 年，左权县烟草专卖局利用“3·15”“4·28”“6·29”“12·4”向全社会和广大卷烟零售户宣传《中华人民共和国烟草专卖法》《中华人民共和国烟草专卖法实施条例》《烟草专卖许可证管理办法》《烟草专卖行政处罚程序规定》。（李海明　高波）

【规范市场专项行动】　2018 年 5 月 3 日至 6 月 3 日，左权县烟草专卖局开展严厉打击“非渠道真品卷烟流入”的专项行动。5 月开始查处取缔无证无照经营的专项行动，中秋国庆期间清理整顿卷烟市场专项行动中，重点锁定为外籍卷烟零售户的规范经营、物流寄递环节的违法运输、学校周边的无证经营三个方面。11 月 15 日开始“飓风”百日攻坚专项行动，县局专卖人员制定行动方案。

（李海明　高波）

【现代卷烟零售终端建设】　2018 年，县烟草专卖局继续优化终端服务，完善终端功能，开发终端资源，开展卷烟零售终端建设，全年共建设现代零售终端客户 118 户。（李海明　高波）

【自律互助小组组建】　2018 年，左权县烟草专卖局共组建卷烟零售户自律互助小组 22 个，涵盖零售客户 234 户，完成年初小组计划的 100%。对客户的经营毛利、动销率、品牌宽度等情况进行详细登记、分析，提升小组内客户的经营能力和盈利水平。至年底，小组成员整体盈利水平达到将近 10%个百分点，高于普通客户将近 3 个百分点。

（李海明　高波）

【卷烟配送】　左权县中转站成立于 2015 年 9 月，主要负责左权县、榆社县及和顺县部分客户卷烟配送任务，4 台送货车，8 名送货员，共计 20 条线路，服务 1459 个零售客户。2018 年，累计行驶 11.13 万千米，配送 4.84 万件卷烟，年平均车载量 1.21 万件。（李海明　高波）

石油购销

【概况】　2018 年，左权石油公司轻油零售共计完成 1.18 万吨，完成全年任务 1.35 万吨的 87.2%。非油品销售营业额 790.40 万元，完成市公司下达全年目标任务 865 万元的 91.3%，IC 发卡 1362 张，充值 2401 万元。（乐鹏飞）

盐业市场

【概况】　2018 年，左权县盐业管理经销部门利用“3·15”消费者权益日大型宣传活动、“5·15”防治碘缺乏病日和全县食品安全周启动仪式，开展食盐安全宣传，发放食盐安全知识宣传资料 3000 余份。完善食盐配送服务机制，保障合格食盐的正常供应。加强盐业市场管理，严厉查处盐业违法行为，维护盐业市场正常经济秩序。全年左权县盐业市场稳定，全年公司共购进各类盐908吨，其中入口盐购进875吨。全年销售各类盐908吨，其中入口盐875吨，经疾病控制中心检测，碘盐覆盖率98%，合格碘盐食用率95%，碘盐合格率94.8%。（张晋燕）

物资购销

【概况】 2018年，左权县民爆市场全面开放，左权城丰物资有限责任公司民爆供销下降。全年销售工业炸药924吨，工业雷管49万发，分别比2017年下降9.3%、14.2%；实现营业收入994.41万元，比2017年下降10.1%；上缴税金19.23万元，比2017年下降13.3%。是年，人均月工资增长300元，安全投入26.74万元，经营亏损67万元。（邓雁云）

【民爆供销市场】 民用爆炸物品做为特殊的物资商品，实行专营专供，区域垄断，地区封锁。2006年9月，国务院重新发布《民用爆炸物品安全管理条例》（《民爆条例》）后，民爆市场逐渐开放，为保安全，山西省大部分地区仍保持原有格局。2018年9月，公安部、省、市公安部门相继发文整治民爆物品管理审批突出问题，“区域垄断，地区封锁”被列入重点整治问题之一。左权县民爆供销结束专营专供，全面开放，走向市场。（邓雁云）

商贸企业

【左权县馨达家俱有限公司】 馨达家俱有限公司是集家具销售、展示、仓储、服务为一体的大型专业化商场，是左权最早专业销售家具的企业之一。1990年进入左权市场，2000年与掌上明珠家居联营。2012年成立左权县馨达家俱有限公司。公司主要经营产品：办公家具、钢木家具会议桌、办公椅、沙发、床等。2018年汇聚掌上明珠家居、皇玛·梦丽莎沙发、梦之美软床、A家家居、美迪雅家居等十几个国内知名家具品牌。（邵庆周）

【龙华大酒店】 龙华大酒店位于左权县城滨河路。酒店占地面积1.26万平方米，建筑面积达1.10万平方米。酒店外观气派，内部装饰豪华，有豪华套房，标准间，婚礼房。有自然观光长廊、环境优雅、中央空调、电话程控系统、卫星电视、电子门锁及先进的消防保障设施。房间内配备有网络接口及无线设施，

酒店餐厅设大厅及21个包间，可品尝到由名厨主理的各大菜系，北京烤鸭、精品粤菜、川菜、本地特色家宴，菜肴精美、提供色、香、味、美的地方风味。客房69间，设有桑拿、商务中心、多媒体会议室等配套服务设施。桑拿设有贵宾室，有干、湿蒸，冲浪浴。全年完税16.20万元。

（王丽）

财税金融

财　政

【一般公共财政预算收入】　2018年，左权县公共财政预算收入完成4.56亿元，占预算计划4.72亿元的96.54%，差进度3.46个百分点，短收1633万元，比2017年增长0.44%，增收201万元。其中：国税部门完成7262万元，占计划9000万元的80.69%，同比增长44.89%，增收2250万元。地税部门完成6925万元，占计划7200万元的96.18%，同比下降29.59%，减收2910万元。财政部门完成3.14亿元，占计划3.10亿元的101.23%，同比2017年增长2.82%，增收861万元。　（王永峰）

【一般公共财政预算支出】　2018年，左权县一般公共预算支出19.28亿元，同比增长9.95%，增支1.74亿元。其中：一般公共事务支出1.19亿元，同比增长15.27%，增支1573万元；公共安全支出6736万元，同比下降21.62%，减支1858万元；教育支出2.67亿元，同比增长9.45%，增支2305万元；社会保障和就业支出1.96亿元，同比增长5.64%，增支1045万元；医疗卫生支出9160万元，同比增长14.83%，增支1183万元；节能环保支出6736万元，同比下降9.98%，减支747万元；城乡社区事务支出6337万元，同比下降44.88%，减支5160万元；农林水事务支出6.86亿元，同比增长21.74%，增支1.23亿元；交通运输支出1.86亿元，同比增长224.52%，增支1.29亿元；国土资源气象事务支出2740万元，同比增长9.69%，增支242万元；住房保障支出7097万元，同比下降26.25%，减支2526万元；债务付息支出2792万元，同比增长7.63%，增支198万元。　（王永峰）

【财政扶贫】　2018年，左权县财政局对统筹整合使用财政涉农资金管理办法进行重新修订，印发了《左权县统筹整合使用财政涉农资金管理办法的通知》。按照“大类间打通”“跨类别使用”重新分配使用整合资金，形成“多个渠道引水，一个龙头放水”的扶贫投入新格局。

左权县对纳入整合范围内的6类60项资金做到应整尽整。全年统筹整合财政涉农资金4.19亿元，安排财政涉农资金项目397个，资金总额4.18亿元，其中：“五个一批”脱贫项目205个，投资计划2.40亿元，占总投资57.34%；基础设施建设项目173个，投资计划1.65亿元，占总投资39.40%；公共服务设施建设项目19个，投资计划1362万元，占总投资3.26%。

统筹整合财政涉农资金支出3.78亿元，占计划统筹整合涉农资金4.18亿元的90.56%，超出考核指标10.56个百分点（财政专项扶贫资金支出2.20亿元，占财政专项扶贫资金总额2.25亿元的97.78%，超出考核指标7.78个百分点）。左权县统筹整合财政涉农资金工作受到省、市肯定，上级财政给予左权县脱贫成效奖励500万元。（王永峰）

【金融扶贫】 2018年，左权县财政局强化扶贫管理，建立扶贫小额信贷联席会议制度。联席会议由县财政局、县扶贫办、县金融办、光伏办、人民银行左权支行、县银监办、各承贷银行、晋信鼎担保公司、人保财险左权支公司组成。

激励和引导各金融机构加大扶贫小额信贷发放力度，稳步推进扶贫小额信贷工作，根据各银行完成任务情况，由县扶贫中心统筹协调，足额及时安排补充风险补偿金，合理确定贷款放大倍数，全县建立风险补偿金4110万元。

2018年，全县共有9个商业银行参与扶贫小额贷款。各承贷银行全年发放扶贫小额贷款1.36亿元，贷款期限为1—3年，贷款年利率为央行公布的1—3年期贷款基准利率，占任务1.27亿元的107%，超目标任务900万元，涉及贫困户3102户。

为做好贫困户贷款利息支付工作，根据各承贷银行按季提供贷款人利息清单，经扶贫部门审核，金融办确认后，由县财政按国库直接支付程序及时将贴息资金拨付到各贷款银行进行支付，全年累计贴息资金1136万元，涉及贫困户5052户，并及时将保费补贴资金拨付到承保保险公司，累计贴保资金677万元，涉及贫困户3716户。（王永峰）

【财政支出结构优化】 2018年，左权县财政局压减一般性支出和“三公经费”，集中财力保工资、保运转、保民生、保重点。全县“三公”经费支出863.96万元，比2017年下降0.01%，减支0.10万元。其中：公务接待费188.27万元，比2017年下降19.38%，减支30.56万元；公务用车购置及运行维护费675.69万元，比2017年下降4.34%，减支30.66万元。财政投资评审项目105个，送审金额7.29亿元，审定金额6.39亿元，核减额9002.6万元，核减率为12.34%。政府采购接受采购人委托59次，执行财政集中采购预算1847.55万元，实际采购金额1690.77万元，节约资金156.78万元，资金节约率为8.49%。（王永峰）

【会计管理】 2018年，左权县继续加强全县财会岗位干部基本能力建设，县财政局举办全县行政事业单位财会人员继续教育培训班。为进一步提高农村财会人员素质，更好地为农村经济发展服务，县财政局联合县农经办对全县农村财会人员314人进行培训。组织晋中市第十八届“晋商杯”左权分赛区少儿珠心算比赛，并组队参加晋中市第十八届“晋商杯”少儿珠心算比赛，均取得优异成绩。（王永峰）

【财政监督】 2018年，左权县财政局加大财政检查力度，采取部门自查和督导检查相结合方式，对2016年至2018年的民生资金进行专项整治，对17个项目下达检查建议书。县财政聘请山西德铭会计师事务所对全县范围内2016年至2017年度使用财政性资金的新型农业经营主体的会计信息质量情况和全县代理记账机构的设立条件、制度建设和执业质量进行专项检查。（王永峰）

【农业综合开发】 2018年，左权县农业综合开发石匣乡下峧片生态综合治理项目总投资900万元（中央财政资金600万元、省级财政资金282万元、市级配套财政资金18万元），全部为涉农整合财政资金，实际完成投资额776.97万元。该项目新建截潜流1处，新建C25砼低堰3座，埋设截潜流处自流主干管道长3.80千米，埋设灌溉支干管道长2.67千米；拆除重建及维修M7.5浆砌石河堤长2107.20米，新建100立方米蓄水池1座；改良土壤81.46公顷，修筑砼机耕路4.68千米；栽植水保林（油松、连翘）177.66公顷。生态治理面积177.66公顷。（王永峰）

税　务

【概况】 2018年7月，国家税务总局左权县税务局成立，由国家税务总局晋中市税务局垂直管理，负责所辖区域内各项税收、社会保险费和有关非税收入征收管理。主要负责征收的税种有：增值税、消费税、车辆购置税、企业所得税、个人所得税、土地增值税、房产税、资源税、环境保护税、社会保险费等。（赵中铠）

【税费收入】 2018年，左权县税务局完成各项收入5.20亿元，比2017年增长18.01%，增收7937万元。其中，增值税2.59亿元，企业所得税8814万元，资源税4520万元，个人所得税2771万元，车购税1542万元，城建税1033万元，房产税1661万元，土地增值税654万元，车船税600万元，其他税费4551万元。完成省级以下公共预算收入2.88亿元，比2017年增长17.52%，增收4297万元；完成县以下公共预算收入1.74亿元，比2017年增长22.75%，增收3228万元。（赵中铠）

【机构改革】 2018年7月20日，国家税务总局左权县税务局正式挂牌成立。10月25日，举行“三定”确定机关主要职责、内设机构、人员编制及领导职数宣布仪式，县局21个机构全部实现同址办公。至年底，社保费和非税收入职责划转工作实现平稳承接。（赵中铠）

【税收征管】 2018年6月15日，左权县税务局正式启用“山西省网上税务局”，实现首次办税信息确认、登记变更、存款账户账号报告等 11 项新增功能，减轻纳税人负担。按照“三证合一”“五证合一”“两证整合”的相关工作部署，与市场监管部门配合，简化注销税务登记和税务行政许可事项办理程序，办理优化注销 76 户。强化管户调整，共调整正常状态纳税人 5117 户，注销状态纳税人 1671 户，非正常状态纳税人 198 户，非正常户注销状态纳税人 30 户。开展金税三期系统并库工作，对“大双轨”环境数据进行测试，共梳理出 9 条系统功能问题，测试了 2000 余笔业务。全年共评定 A 级纳税人 44 户，B 级纳税人 485 户，C 级纳税人 102 户，D 级纳税人 120 户，M 级纳税人 848 户。

（赵中铠）

【依法治税】 2018 年，左权县税务局开展各项税收法治工作，提升依法治税水平。开展 4 月税收宣传月和 12 月 4 日“法制宣传日”活动，发放税收宣传资料 1000 余份；开展依法行政示范单位创建、“七五”普法等工作。组织全体在职人员参加山西省 2018 年度宪法知识考试、监察法考试、公共法知识考试，参与率达到 96%，宣传落实《山西省税收保障办法》等。制定《国家税务总局左权县税务局 2018 年税收执法督察方案》，对 2017 年至 2018 年度的执法情况开展自查并进行整改。

（赵中铠）

【纳税服务】 2018 年，左权县税务局以落实优惠政策和助力民营企业发展为重点，全力优化营商环境。结合“万民税干入企服务”，深入 24 个企业开展调研，落实优惠政策 56 条次，实地走访民营企业 5 个，解决反映的热点问题 9 个，收集采纳意见建议 6 条，全年共计减免税 6292 万元。5 月 1 日，办税服务厅高标准实现“一门办税”，落实“最多跑一次”政策。全面推行税务注销便利化改革，与工商部门共建“注销业务专门窗口”。整合网上税务局办税功能，实现 6 大类 191 项涉税业务“一网通办”。8 月 1 日，县税务局不动产交易窗口入驻县政务大厅。严格落实“首问责任制”，将办税所需资料一次性告知纳税人。为新办纳税人提供“套餐式”服务，最大程度简化办税流程、压缩办税时间，简化审批手续，规范审批流程，严格按照法定时限做到“零超时”，着力打通服务纳税人“最后一公里”。（赵中铠）

银行监督

【专项整治】 2018 年，左权银监办督促辖内银行业金融机构加大员工行为排查力度。各机构依据监管要求综合运用日常观察、个别谈话、个人账户异动分析、家访、工商和法院信息核查、走访客户等多种手段，重点排查员工高消费、乱交友、经商办企业或在企业兼职、参与民间借贷、非法集资、充当资金掮客、与涉嫌“飞单”企业有资金往来情况等异常行为；对左权县涉嫌非法集资风险专项排查，受理核实群众举报线索，与县公安局、市场监督与管理局、金融办、中国人民银行左权县支行联合对辖内各类民间投融资中介机构、借贷平台等开展全覆盖、有重点的风险摸排，全面掌握非法集资风险动态，对失信被执行人开展联合惩戒，与县法院建立联席机制，根据《关于对失信被执行人实施联合惩戒的合作备忘录》要求，对纳入失信被执行人名单的人员予以惩戒。

（宫存棠）

【银行业扫黑除恶】 2018年，左权银监办统筹部署辖内银行业的扫黑除恶专项斗争，组织对涉黑涉恶组织和个人授信融资排查，左权农商行及时将6名涉案人员的225.25万元贷款全部收回。（宫存棠）

【金融知识宣传服务】 2018年，左权银监办督导银行业机构利用传统节日、扶贫帮扶等时机，开展金融知识宣传。全县55个城乡营业网点设立宣传点，电子显示屏滚动播出宣传口号，深入学校、社区和农村针对性地介绍金融知识，利用官方网站和微信公众号设置栏目、制作动画漫画等媒体进行广泛宣传。配合兴业银行晋中支行，联合当地政府、公安、保安部门妥善处理兴业银行左权支行各项业务终止营业后的清理及客户持续服务等善后工作，利用媒体对外公告及宣传解释，加强舆情监测，确保金融秩序的稳定和兴业银行左权支行12月21日退出。（宫存棠）

【信贷扶持政策】 2018年，左权银监办辖内新投放扶贫小额贷款1.36亿元，完成年度目标1.27亿元任务的107%，超目标任务900万元。贷款惠及3102户贫困户增收820万元，督导左权银行业法人机构落实信贷扶持政策，充分利用中小法人银行机构支农支小主力军作用，重点扶持小微企业，完成“两增两控”（“两增”即单户授信总额1000万元以下〔含〕小微企业贷款同比增速不低于各项贷款同比增速，贷款户数不低于上年同期水平；“两控”即合理控制小微企业贷款资产质量水平和贷款综合成本，突出对小微企业贷款量质并重、可持续增长的监管导向）任务。（宫存棠）

银 行

人民银行左权县支行

【概况】 2018年，中国人民银行左权县支行（人行左权县支行）设综合办公室、纪检监察审计室、金融管理部、货币金银部、综合业务部、保卫部，共6个部室。至年末，全县金融机构各项存款余额为126.02亿元，较年初增加12.80亿元，增幅为11.34%。其中：储蓄存款十二月末余额为78.94亿元，较年初增加6.79亿元，增幅为9.41%。，12月末，全县金融机构各项贷款余额为74.18亿元，较年初增加5.62亿元，增幅为8.2%。（李文慧 赵贺）

【金融支持经济发展】 2018年，人行左权县支行牵头组织县团委、扶贫办、财政局、保险、银监办及各金融机构成立左权县金融扶贫工作领导组，加强部门间协调，使各部门扶贫政策形成合力。制订出台左权县金融扶贫工作考核办法，对各金融机构金融进行考核评估。是年，全县金融精准扶贫贷款余额6.18亿元，较年初增加2064万元，其中个人精准扶贫贷款余额3.40亿元，较年初增加1844万元，单位精准扶贫贷款余额2.78亿元，较年初增加220万元。人行左权县支行落实再贷款管理工作，按季对再贷款的管理及使用情况进行全面检查。至年底，左权扶贫再贷款共发放1.40亿元。

（李文慧　赵贺）

【金融生态环境优化】　2018年，人行左权县支行围绕夯实金融稳定监测基础，提高金融稳定评估水平和金融稳定分析研究水平开展工作，加强对国有商业银行、小额贷款公司和村镇银行的监测和指导；组织辖内各金融机构开展存款保险知识宣传活动；配合政府金融办打击非法集资宣传活动；加快推进信用体系建设，加强对左权县征信业的监管，利用“6·14”信用记录关爱日，进行征信宣传；建立和完善社会信用体系，加快信用数据的积累，增强贷款客户的资信度。至年底，左权县支行查询个人征信8165笔，查询企业征信252笔。（李文慧　赵贺）

【金融惠民利民】　2018年，人行左权县支行增减或调整各类预算科目379个。对库款支拨、税款入库等服务项目提供方便。全年共办理支拨832支，总金额18.09亿元，接收办理各类纸质及电子缴款收入凭证4.47万笔，总金额8.55亿元。加强横向联网，实现全部纳税人电子化缴税。横向联网业务达2.25万余笔，日均业务量达到近220支税票。

人民币流通环境持续改善。至年底，调出发行基金（残币）2.94亿元，较2017年同期的6914.6万元增加2.25亿元，增长325.6%，调入发行基金9.50亿元，较2017年同期的10.18亿元减少6801万元，下降6.68%；累计投放8.02亿元，较2017年同期的12.96亿元减少4.94亿元，下降38.14%，累计回笼8.77亿元，较2017年同期的2.80亿元增加5.98亿元，增长213.88%，其中：回笼完整券5.74亿元，较2017年同期的2.12亿元增长3.62亿元，增长170.75%；回笼残损券3.03亿元，较2017年同期的6750.6万元增长2.36亿元，增长349.30%。收交标有“法轮功”反动宣传标语的人民币821张，2054.6元。开展小面额现金保障服务工作，提升小面额人民币服务水平，缓解市场零辅币供需矛盾，促进残币回笼，提高流通中人民币特别是小面额人民币的整洁度。强化反假货币管理。要求各商业银行构建源头打击、机具鉴伪、假币监测、技术研判、人员培训“五位一体”的反假货币工作机制。至年底，共收缴假币335张，2.61万元。

（李文慧　赵贺）

【国债文化宣传】　2018年，人行左权县支行开展国债文化宣传区活动。以“金字塔”为模型，建立“国债宣传区”“网格化”管理，在最基层的各个乡镇金融服务站设立国债辅导员1名，将动态化宣传和常态化宣传相结合，负责本网格的国债文化宣传工作。在群众中普及国债知识，引导群众关注国家建设，提高民众的投资收益，达到国家与个人利益共赢。

（李文慧　赵贺）

中国农业银行股份有限公司左权支行

【概况】　中国农业银行股份有限公司左权县支行（农行左权支行）辖支行营业部和北大街、滨河两个离行自助网点。至2018年底，农行左权县支行各项存款余额5.44亿元，各项贷款余额12.11亿元，全年安全无事故。（杜彦波）

【服务三农】　2018年，农行左权支行以“互联网服务三农一号工程”为抓手，在农村支付渠道建设、产品创新上重点倾斜，努力破解传统农村金融难题，为农民提供更加便捷、多元、综合的现代金融服务，发展金融产业扶贫，落实“户贷户用”管理要求，实现小额扶贫信贷的互联网线上投放、批量化、模板化、标准化的“一网三化”新模式，创新“光伏扶贫贷”“一自三合”扶贫贷款等多种模式。全年投放小额扶贫贷款1862.1万元，带动贫困户662户，脱贫人口1650人，超额完成金融扶贫投放任务。（杜彦波）

【风险防控】　2018年，农行左权支行在业务经营上加大对信用卡不良客户的清收力度，面对不同客户采取一户一策的灵活对策，联系县公安局经侦大队，逐个上门催收。开展2018年度员工行为排查工作，做到思想上高度重视、执行上坚定有力、方式上切实有效，确保全行员工行为合规合法；全面落实安全保卫工作，每季度组织一次防抢、防盗、防诈骗实战演练，提高全员案件防范意识，同时进行消防培训和消防演练消除潜在安全隐患。

（杜彦波）

中国建设银行左权支行

【概况】　2018年，中国建设银行左权支行（建行左权支行），一般性存款：余额7.73亿元，新增0.09亿元；其中：个人存款余额3.73亿元，比年初新增0.49亿元。对公存款余额4.00亿元，比年初新增-0.40亿元。全量贷款：31户，余额5.98亿元，比年初新增3168万元，其中：个人类贷款余额3.04亿元，比年初增长3833万元。本年总投放8310万，2203户。其中个人住房贷款198户，共5000万元；个人快贷1800户，共2300万元；个人小额扶贫贷款205户，共1010万元。对公类贷款余额2.94亿元，比年初减少666万元。其中：公司类贷款余额2.43亿元，新增-827万元；小企业贷款余额5196万元，新增162万元。本年累计投放小企业贷款5712.30万元，30户。其中回收15户，共4949.80万元；新增15户，共817.30万元。全年利润总额为2759.42万。（张军）

【服务地方经济建设】　2018年4月，左权建行与中小企业局联合召开“左权县政银企对接暨建行新产品推荐会”邀约县职能部门负责人和80余家企负责人参加，了解企业需求，为企业提供融资服务、保值增值服务、结算平台服务，与县政府、财政局、中小企业局和税务局合作，先后推出“助保贷”“税易贷”“善融贷”等新产品，先后选择符合条件的岗田商贸、麻田顺康、新世纪农业科技、宏源粮食、龙华大酒店、晋苗戏校等28个县域小微企业发放贷款5800余万元。（张军）

【金融普惠服务】 2018年，左权建行投资近300万元代理发行居民社会保障卡15万张，全县居民持有率94%。在全县五乡五镇八大社区共设立210个助农金融服务站，完成各村镇居民“煤改气工程”用气补贴的成功发放，定期组织商户培训及员工深入乡村进行金融知识宣讲，让百姓了解国家政策和金融知识。投资6万元开发医保、养老收费平台，客户通过建行手机银行客户端，生活缴费栏足不出户及可实现缴费。4月，左权建行与燃气公司合作，投资10余万元开发“天然气网络缴费系统”，实现了居民足不出户就可解决买气难问题。（张军）

【助力脱贫攻坚】 2018年，左权建行联系当地三个大型合作社，涉及7个乡镇25个村庄210个贫困户，发放1000余万元小额扶贫贷款，帮助210个贫困户解决脱贫问题。

产业扶贫，选择麻田顺康天然农产品有限公司作为合作企业，提供490万“助保贷”融资服务，使建档立卡贫困户72人有了稳定的工作和收入，企业利用建行善融商务平台为贫困户提供合理、稳定的产品销路。

9月，左权建行联合县经济和商务粮食局、县扶贫开发中心、县电子商务公共服务中心、左权麻田顺康、红不落、秒盈科贸、鑫森酒业、太行明珠、妈妈传、山西五福等十几个地方机构及企业举办“秋至太行金满园，善融扶贫惠左权”活动，借助建行“善融商务”平台，吸收更多的商户入驻，为商户拓展线上销售渠道，增加企业收入，拓宽贫困户增收渠道。

（张军）

中国工商银行左权城区支行

【概况】 2018年，中国工商银行左权城区支行（工行左权城区支行）各项存款时点余额2.58亿元，较年初净增7398.20万元。其中，储蓄存款时点余额1.93亿元，较年初净增6293.85万元；公司存款时点余额5195.63万元，较年初净增996.46万元；机构存款时点余额1213.34万元，较年初净增107.81万元。各项贷款余额2.99亿元，较年初净增4476.12万元，其中，公司贷款时点余额1.99亿元，较年初净增5841.80万元；个人贷款时点余额1亿元，较年初减少1365.68万元。实现中收82.44万元，较2017年减少13.16万元；营业利润实现598.65万元，税后净利润630.82万元，较2017年净增75.5万元。（刘宇　谷昕）

【贷款投放】 2018年，左权工商行为大型项目华能左权煤电有限责任公司成功办理2亿元的流动资金贷款，为大唐左权清洁能源有限公司办理项目贷款流程。通过与北京南礼士路支行组成银团贷款，左权工商行分贷 1.30 亿元，争取 2019 年实现投放。左权工商行个人住房贷款全年实现投放 2510 万元。（刘宇 谷昕）

【扶贫贷款】 2018 年，左权工商行与金融办、扶贫办、银监局等相关部门沟通，对接左权县石匣乡白堠庄园农民专业合作社，发放 182 笔金额总计 830 万元小额扶贫贷款，超额完成任务 430 万元。

（刘宇 谷昕）

【票据贴现业务】 2018 年，左权工商行开拓新客户，开展市场调研，了解企业发展需求，从市场上抓客户，走进企业，服务企业。营销人员通过走访当地企业，了解企业需求，高效快捷地为企业办理票据的贴现。全年，左权工商行办理了 3417 万元票据贴现业务，同时储备 2 户新的贴现企业。（刘宇 谷昕）

【内控案防】 2018 年，左权工商行坚持把内控案防工作放到支行各项业务发展的首要位置，继续以“固本强化年”活动为主线，参加市分行“合规在路上”演讲比赛，营造支行合规安全的运行环境，继续加强警示教育和业务学习，强化全员案防意识，加强员工行为动态排查，消除案件隐患，加强监督检查，防范操作风险。

（刘宇 谷昕）

中国银行股份有限公司左权支行

【概况】 2018 年年底，中国银行左权支行（中行左权支行）两项存款余额为 2.18 亿元，较年初增长 3055 万元；其中个人储蓄存款时点余额为 1.57 亿元，较年初净增 1106 万元；个人存款日均余额 1.39 亿元，较年初净增 8 万元。外币存款时点余额为 37 万美元，日均余额为 43 万美元。公司存款余额 6048 万元，较年初净增 1949 万元。（杨凯强）

【内控案防】 2018 年，中行左权支行坚持业务发展与内控案防相结合，利用晨会与周例会进行相关案例与制度的集中学习，提升内控案防意识。配合当地人民银行和银监局组织的各项宣传活动。每季、每逢节假日组织员工进行防火、防盗、防抢演练，坚持“以检查促整改，以整改促完善”的原则，重点关注省、市分行及公安等部门安全保卫检查所发现的问题，做到早发现、早整改、早预防。（杨凯强）

【个人小额扶贫贷款】 2018，中行左权支行累计投放 130 户，金额为 650 万元的小额扶贫贷款，完成任务指标 500 万元的 130%，在左权县 9 家金融机构考核中排名第四。（杨凯强）

左权农商银行

【概况】 2018 年，左权农商银行各项存款余额 86.84 亿元，较年初净增 9.74 亿元；各项贷款余额 49.11 亿元，较年初增加 9.96 亿元，全年累计投放扶贫贷款 3 亿元，扶持贫困户 6460 户，小微企业贷款余额 32.69 亿元，支持小微企业户数 380 个。

（赵书丽）

【金融扶贫】 2018 年，左权农商银行精准扶贫贷款余额达到 4.76 亿元，2018 年累放 3 亿元，其中单位精准扶贫贷款余额 2.66 亿元，2018 年累放 2.49 亿元，支持小微企业 13 个，带动 990 户贫困户；个人精准扶贫贷款余额 2.09 亿元，累放 5087.01 万元，通过“户贷户用”“光伏扶贫”“企业+农户”等模式，共带动 4535 户贫困户脱贫致富，每户每年可增收 3000 元以上。（赵书丽）

【公益慈善事业】 2018 年春节前，投资 50 万元面向全县 2238 名 80 岁以上老人开展“送盘送碗送春联”活动，7 月，组织员工参与光彩事业助力脱贫攻坚募捐活动，累计捐款 24.89 万元，对鹿鸣、里长两个帮扶村进行多次下乡扶贫走访慰问。（赵书丽）

【金融普惠体系】 2018 年，左权农商银行辖内 32 个营业网点遍布城乡，实现金融服务全覆盖，客户进入网点存取款、开户、贷款、各类代理缴费等需求均可有效得到满足；创新服务媒介，依托网上银行、手机银行、微信银行等渠道，为偏远地区客户提供便捷的一站式普惠金融服务。至年底，在全县共安装自助设备 16 台，布放 POS 机具 224 台，助农设备终端 83 台。（赵书丽）

【服务地方经济】 2018 年，左权农商银行支持县域经济发展，扩大信贷投入，强化产业帮扶，开展农信业务。全年累计贷款投放 47.51 亿元，其中：小微企业贷款余额 32.69 亿元，支持小微企业户数 380 个；普惠金融贷款余额 4.71 亿元，较年初增加 1.95 亿元，户数 276 户，较年初增加 65 户。（赵书丽）

中国邮政储蓄银行左权县支行

【概况】 至 2018 年底，左权县邮储支行储蓄余额 1.67 亿元，较年初净增-345 万元；公司存款余额为 6563 万元，较年初净增-1089 万元，年日均余额为 7296 万元；各项贷款结余 3269 万元，较年初净增 903 万元。全年发放信用卡 2287 张；销售理财 2203 万元；代理基金业务 418 万元；代理保险 58.40 万元；ETC 发放 742 台。全年实现业务收入 664 万元。（郭婷婷）

【支持地方经济】 2018 年，左权县邮储支行，累计投放各类贷款 1 亿元，其中公司流动性贷款发放 8000 万元；个人贷款发放 2011 万元，其中扶贫贷发放 915 万元。完成 900 万元投放计划的 101.66%，在县政府规定的时限内第二家提前实现计划目标。在公贷方面，9 月，成功发放华能煤电流动性资金贷款 8000 万元，解决企业部分资金短缺。（郭婷婷）

【多元化金融服务】 2018 年，左权县邮储支行不断优化服务平台，提高业务效率和市场影响力。（1）更新自助服务设备：在两个网点布放两台 ITM 柜员机，提供便捷的服务，缩短用户等待时间；将一台 ATM 自助取款机机更换为 CRS 存取一体机。（2）推广注册手机银行业务，是年通过进村、进社区、进商圈等方式，推进邮储电子银行的注册，全年累计注册手机银行 2355 户，让客户通过手机银行 APP 便可快捷地实现转帐、查询、申请办理贷款等业务。(3) 通过移动展业上门发放绿卡，全年累计发放各类借记卡6250张。让客户享受到足不出户就能拥有一张自已想用的绿卡。(4) 扩大信用卡的发放范围，全年累计发放信用卡2287张，信用卡的投放可以让客户享受资金免费使用期，解决他们的资金周转需求，还可以享受每周的优惠活动。（郭婷婷）

【内控管理】 2018年，左权县邮储支行在年初逐层签订安全目标责任书和案防责任书，落实安全保卫工作职责。开展市场乱象整治活动，及时发现和整改相关问题。开展扫黑除恶排查活动，通过外部、内部加大对涉黑涉恶人员的排查力度。外部排查方面，根据县公安局扫黑办下发的左权县公安局涉黑涉恶案件犯罪嫌疑人统计表，在信贷系统里逐一核对身份信息，通过对借款人信息、借款人配偶信息、借款人担保信息查询，并且与信贷员进一步核实情况；内部排查方面，对全行员工通过深度摸排、单独座谈、交叉验证等方式排查，未发现员工有“涉黑涉恶”行为及与黑恶势力有业务合作的违法行为。

（郭婷婷）

晋中市左权华丰村镇银行股份有限公司

【概况】 至2018年底，晋中市左权华丰村镇银行股份有限公司（左权华丰村镇银行）各项存款余额为5.27亿元，较年初增加5219.56万元。其中：储蓄存款余额为4.56亿元，较年初增加4013万元；对公存款余额7146.96万元，较年初增加1206.56万元；各项贷款余额3.8亿元，较年初增加4374.54万元。（霍佳　王阿敏）

【公司治理】 2018年1月19日，左权华丰村镇银行召开左权华丰村镇银行第二届董事会第二次会议、2017年度股东大会、第二届董事会第三次会议、第二届董事会第四次会议，审议通过董事长与监事长人选的变更、设立新支行的议案及2018年工作计划共8项议案。2018年度临时股东大会重点审议《晋中市左权华丰村镇银行股份有限公司章程的议案》、审议更换职工监事的议案，年初完成营业执照变更、监事、职工监事备案工作。

（霍佳　王阿敏）

【市场定位】 2018年，左权华丰村镇银行不断创新服务小微企业模式，科学合理地运用信贷资金，帮助企业排除资金紧缺矛盾。是年，推进精准扶贫贷款力度，成立精准扶贫工作小组，由行领导带队，对建档立卡贫困户挨村挨户进行走访，了解其家庭情况、造成贫困的原因、可从事行业和资金需求情况，对龙泉乡519户贫困户、1143口贫困人口完成走访和建档立卡工作；在扶贫工作对接和走访过程中，结合业务特点，通过三种模式带动贫困户脱贫。(1) 通过与前期对接、考察的合作社和养殖企业，采用合作社或公司与贫困户托管扶贫小额贷款资金合作经营的模式带动贫困户脱贫致富；(2) 贫困户利用扶贫小额信贷资金购买猪牛羊等，由合作社或公司代养，贫困户利用养殖收益等实现脱贫；(3) 贫困户利用扶贫小额贷款资金自主经

营，通过经营收益脱贫。（霍佳　王阿敏）

【金融知识宣传】　2018年，左权华丰村镇银行各网点根据实际情况，创新宣传手段，开拓宣传渠道，丰富宣传内容，形成宣传特色。（1）通过电视台等主流媒体开展金融知识宣传活动；（2）以网点为依托，通过大堂经理、一线柜员介绍金融知识等，营造系统性、撒网式的宣传格局；（3）充分利用网点设施，在网点摆放宣传资料，通过电子显示屏、液晶电视等播放宣传片，在门楣显示屏宣传金融知识等，营造多形式、多感官的宣传氛围；（4）采取“走出去，请进来”的方式，组织业务骨干开展“进社区、送知识”“金融知识下乡”“金融知识进校园”等活动。

是年，华丰村镇银行举办送金融知识进校园活动，共发放宣传读本300余本，受益学生和老师400余人。坛房街支行依托左权县首家“金融知识普及示范点”的优势，采取举办金融知识讲座等多样化的宣传形式，扩大宣传范围。3月开始华丰村镇银行各网点开展金融知识进学校、进社区、进商场、进景区活动，年内累计宣传100余次，发放宣传资料1万余份。开展左权县第二届“华丰杯”庆五四徒步活动，活动现场对参与者、组织者等200余人进行集中宣传和讲解金融知识，共发放宣传资料200余份。（霍佳　王阿敏）

【风险防控】　2018年，左权华丰村镇银行建立与市场定位、业务规模和管理能力相匹配的、相互制约、运行高效的风险管理体系，新设立风险管理部，初步形成内部稽核和风险防控的双向内部审计机制。指导、督促各部室对经营管理、财务会计、信息科技、信贷管理、业务风险管控及案件防范等7大类共计29项制度，进行全面的修订和完善。以稽核保卫部牵头，风险管理部配合全面组织开展内部审计和监督，共开展内部专项检查14项，按季度对信贷档案、贷款资金流向、内控制度执行、业务操作流程等业务部门进行常规时序检查，实时有效地杜绝了差错及各类违规问题的发生。（霍佳　王阿敏）

【金融服务】　2018年，左权华丰村镇银行协助全县开展易地扶贫搬迁工作，为保证32个行政村1964户贫困户集中安置，10月31日开始，采取集中办公一站式服务形式，配合县扶贫开发中心、农投公司、供暖公司、自来水公司、电力公司等相关单位对搬迁户办理入住手续，至年底，共办理住户280户，收取房款2296.31万元。

2018年，华丰村镇银行参与山西省第十五届运动会公路自行车决赛活动，赞助左权县第二届太行民歌会；组织左权县第二届“华丰杯”徒步活动暨“华丰会员成长计划”；开展“六一儿童节”彩绘活动、“端午节”会员活动，以及“爱心助力高考”“送金融知识下乡”等活动。

（霍佳　王阿敏）

【金融普惠服务】　2018年，左权华丰村镇银行不断提升农户金融服务现代化水平。将移动金融与改善农村支付服务环境结合起来，开发推出网上银行和手机银行产品，形成以电话银行、网上银行、手机银行、自助银行等为主的多渠道、分层次、广覆盖，功能完善、特色鲜明的电子银行服务体系，构成与实体营业网点互为补充、互为促进的发展格局。同时，推动低成本移动支付普惠金融服务优势，因地制宜开发支持不同客户需求的手机支付业务，为“三农”客户提供支付快捷、操作简单、安全性高的移动支付产品。

（霍佳　王阿敏）

晋中银行股份有限公司左权支行

【概况】　2018 年，晋中银行左权支行存款余额 2.57 亿元，比 2017 年（9109 万元）增长 1.66 亿元，其中零售存款余额 2.01 亿元，比 2017 年底（5516 万元）增长 1.46 亿元；对公存款余额 5636 万元，比 2017 年底（3593 万元）增长 2043 万元；理财累计销售 4.02 亿元，借记卡开卡数本年新增 1640 户，代销贵金属本年销售 206 件，支行贷款余额为 1.04 亿元，总户数为 409 户。其中，公司贷款 7795 万元，小微企业贷款 200 万元，个人贷款 2433.67 万元。其中，扶贫小额信贷 199 万元，个人消费类贷款 119.67 万元，其他个人经营类贷款 324 万元。比 2017 年余额（3330 万元），新增贷款 7098.67 万元，增幅为 213.17%。截至年底，担保公司保证金余额为 619.79 万元，应收利息 655.77 万元，实收利息 655.77 万元，收息率为 100%，不良率为 0%。全部贷款都正常，无逾期、欠息情况。

（王左玲）

在扶贫小额信贷工作中，完成总行下达的 2000 万扶贫小额信贷任务。截至 11 月 23 日，累计投放扶贫小额贷款 2005 万元，共计 401 户，12 月底提前偿还贷款 15 万元，共计 3 户。同时，县扶贫办在支行开立风险补偿金专户，并严格按照比例注入 251 万元风险补偿金，放大倍数为 7.9 倍。

（王左玲）

【安全生产】　2018 年，晋中银行左权支行从四个方面推进安全生产的落实：(1) 抓安防知识和技能的学习培训以及各类防抢、防恐、消防演练，支行每月定期组织全体员工进行两次安全知识技能培训和一次形式多样的防抢、防恐、消防演练。(2) 加强单位治安防控，执行日常 24 小时值班、节假日领导带班、干部轮流值班制度，及时做好值班记录，落实重大情况报告制度，畅通信息渠道，随时反馈治安、安全防范动态。(3) 加大安防检查，堵塞安全漏洞，每逢节假日或不定期，对网点安防工作进行检查。(4) 强化安全技能培训，邀请专业人员对支行员工进行消防知识培训和突发事件应急处置讲解，组织培训人员进行现场消防器械的操作使用，提高全员安防意识。

（王左玲）

【金融知识宣传工作】　2018 年，晋中银行左权支行通过进企业、进农村、进市场、进学校、进社区、进机关开展各种主题的金融知识宣传活动 17 次。是年 11 月，晋中银行左权支行在晋中市“金融与诚信”知识主题教育工作活动中荣获“先进单位”奖项。

（王左玲）

保　险

中国人民财产保险股份有限公司左权支公司

【概况】　2018年，中国人民财产保险股份有限公司左权支公司（简称人保财险左权支公司），全年共实现保费收入2001.13万元；车险完成713.09万元，非车险完成1288.04万元，整体业务比2017年增长699.89万元。其中突出民生方面的保险有：（1）承保全县核桃种植扶贫保险2233.33公顷。在4月7日的冻灾中，赔付1565.97万元，涉及全县7个乡镇81个村的农户和10个种植大户。（2）承保全县3个乡镇玉米种植保险2.7万亩，涉及农户6058户。全年，2506户玉米种植户因风灾、病害原因造成损失，保险赔款达21.41万元。（3）承保全县“五位一体”个人贷款保证保险，为全县3716户建档立卡贫困户办理扶贫小额信贷保证保险，涉及实施主体27个，承保贷款1.84亿元。（4）承保政府救助责任保险，为全县33090个已脱贫的建档立卡贫困人口提供返贫保障，每人责任限额2万元，每次责任限额1000万元，累计责任限额8000万元。保障内容：在保险有效期内，被保险人因意外事故造成的死亡、伤残；因意外事故、疾病原因造成自负的医药费用；因子女就学造成超额学费。（5）承保6129户低保户农村农房保险，保险金额2451.6万元，承保1014户优抚户农村农房保险，保险金额608.4万元。另外还承保汽车保险、企业财产、部分医疗机构医疗责任险、校园的校方责任险、人身意外险、个人短期健康险等多个险种。（刘彦明）

【政企合作】　2018年，人保财险左权支公司国家安全领导小组成立，人保财险左权支公司扫黑除恶专项斗争工作领导小组根据本领域工作职责和特点，主动参与各类国家安全工作机制的建设、运行和扫黑除恶专项斗争。公司与县交警大队和县人民法院分别签署合作协议警保联动，缓解交通安全压力，减少交通事故；协助法院深化司法改革，解决保险纠纷，提高审判质效。（刘彦明）

中国太平洋财产保险股份有限公司左权支公司

【概况】　2018年，中国太平洋财产保险股份有限公司左权支公司保费完成371.79万元，同比增长15.33%，简单赔付率32.16%，同期赔付率30.81%，未决估损50.45万元。其中车险保费336.57万元，业务占比90.52%，结案率96.97%；非车险保费18.29万元，业务占比4.92%。农险保费（玉米种植保险）16.94万元，业务占比4.56%。主要销售渠道有直销、电网销、银行代理和产寿交叉销售渠道。险种开设有：机动车车辆交强险、商业险、个人和团体意外险、短期健康险、企业财产险、家庭财产险、建工意外险、环境污染责任险，安全生产责任险，电梯安全责任险、第三者责任险、首台（套）重大技术装备综合保险、财产诉讼保全保险等。是年开设农业保险、扶贫保险、育肥母猪和肉牛养殖保险。（张俊娥）

综合经济管理与监督

经济发展和改革

【概况】 2018年，左权县以高质量发展为根本，持续推动转型升级，经济结构发生积极变化，服务业稳步增长，新兴产业逐步崛起，投资结构持续优化。七大经济指标全部实现正增长，其中四项增幅超全市平均水平。全年完成地区生产总值58.66亿元，同比增长7.3%；规模以上工业增加值完成18.7亿元，增长9.2%；固定资产投资完成52.9亿元，增长1.7%；社会消费品零售总额完成16.6亿元，增长8.1%；一般公共预算收入完成4.69亿元，增长3%；城镇居民人均可支配收入完成2.71万元，增长7%；农村居民人均可支配收入完成6056元，增长15.2%。 （冯海波　程叶飞）

【重点工程】 2018年，左权县抓住“转型项目建设年”活动的有利契机，全力推进转型项目建设，推进县级重点项目110项：A类80项重点工程开复工项目77个，开复工率96.25%，累计完成投资43.3亿元。B类30项重点工程正在推进。重点工程完成投资额占固定资产完成投资额的86.5%；投资拉动GDP增长6个百分点。其中总投资75亿元的东方希望左权氧化铝项目完成选址，总投资18亿元的中晋太行年产30万吨还原铁项目、玖辉神采年产100万台散热器、一帆纸业高强度瓦楞纸等项目有序推进。高质量发展的基础不断夯实，全年储备项目110个，总投资410亿元，其中转型项目89个，总投资387.4亿元，转型项目数量、投资占比均超80%；强势推进转型项目建设，带动项目完成投资43.4亿元，占固定资产投资的82.1%，其中新兴产业投资369亿元，占转型项目投资的85%；非煤工业得到发展，煤炭增加值占规上工业比重同比下降7.9个百分点，工业结构开始良性反转；持续推进民企倍增计划，新登记市场主体1267户；十大农业示范园有序推进，园区化面积比重达20%，农产品加工销售收入

3.6亿元，占农业总产值的46%；服务业对经济的贡献率达到41.5%，带动经济增长同比上升3个百分点。（冯海波）

【招商引资】 2018年，左权县招商签约项目51个，总投资254.11亿元，占当年任务150亿元的169.4%；开工项目33个，开工率为64.7%，完成目标开工率30%的任务；资金到位48.1亿元，占目标到位资金45亿元的78.5%，为全县经济发展，增强了发展动力。（程叶飞）

【营商环境优化】 2018年，左权县率先扩大范围对5亿元以下的备案项目和200万元以下的本级财政投资项目试行承诺制实行无审批管理。优化再造管理流程。变部门审批为企业承诺，变先批后建为先建后验，变事前审批为事中事后服务监管。审批手续由繁化简。保留审批事项压减，可承诺事项简化，政府服务事项增加等多项改革措施，深化改革试点先行。是年，将左权华奥煤业有限责任公司年产180万吨洗选煤厂项目和左权县山西一帆纸业有限责任公司年产60万吨高强瓦楞纸生产线项目确定为左权县企业投资项目试行承诺制实行无审批管理的试点项目。年底，项目立项、环评、能评手续办理完成，用地列入增减挂钩计划。企业投资项目试行承诺制实行无审批管理工作。8月1日，进入企业投资项目试行承诺制无审批管理程序的项目20个，其中县领导包项目10个，办理立项项目12个。进入承诺制办理的项目分别为：年产100万台散热器生产项目、2×160万吨/年氧化铝项目、新建宏源粮食仓库项目、左权桃树湾住宅二期项目、左权县碧桂园项目、牛羊屠宰及肉类加工、左权县吉阳芙蓉小区项目、盘城安居小区棚户区安置住房项目、龙泉乡三教村北沟小组养殖驴项目、农商行石港口支行营业大厅项目、汽配物流园加气站项目、汽配物流园项目、年产7万吨优质陶瓷原料和精密铸造型壳材料项目。已开工项目4个，分别为：新建宏源粮食仓库项目、左权桃树湾住宅二期项目、左权县碧桂园项目、盘城安居小区棚户区安置住房项目。对所有承诺制项目实行动态管理台账制度，实行项目化管理。对所有备案类项目实行一项目一台账管理。

（曹涛峰）

物价管理

【概况】 2018年4月1日起降低一般工商业用电价格，每千瓦时降价1.59分，山西电网一般工商业用电输配电价同步降低每千瓦时1.59分。

5月，《关于制定左权县居民管道天然气价格的通知》出台。居民炊事、生活热水等生活用气每立方米销售价格：第一档（每户每月用气量在28立方米及以下）2.33元，第二档（每户每月用气量在28立方米及以上至42立方米）2.80元，第三档（每户每月用气量在42立方米及以上）3.50元；居民独立采暖用气每立方米销售价格：第一档（每户每月用气量在420立方米及以下）2.33元，第二档（每户每月用气量在420立方米及以上）2.80元；执行居民用气的非居民用户每立方米销售价格2.57元。以上价5月25日零时起执行。

5月1日起，根据电力行业增值税税率调整再次降低一般工商业用电价格，每千瓦时降价1.85分，山西电网一般工商业用电输配电价同步降低每千瓦时1.85分。

8月，《关于调整管道天然气价格的通知》出台。根据国家、省、市《关于理顺居民用气门站价格的通知》，居民炊事、生活热水等生活用气每立方米销售价格：第一档（每户每月用气量在28立方米及以下）2.64元，第二档（每户每月用气量在28立方米及以上至42立方米）3.17元，第三档（每户每月用气量在42立方米及以上）3.96元；居民独立采暖用气每立方米销售价格：第一档（每户每月用气量在420立方米及以下）2.64元，第二档（每户每月用气量在420立方米及以上）3.17元；执行居民用气的非居民用户每立方米销售价格2.88元。以上价8月15日零时起执行。

7月1日起，再次降低一般工商业用电价格，每千瓦时降价3.2分，山西电网一般工商业用电输配电价同步降低每千瓦时3.2分。9月出台《关于左权县住宅物业管理区域车辆停放服务收费指导价格及有关事项的通知》（指导价见附表）

左权县住宅物业管理区域
车辆停放服务收费指导价格

<table>
<tr><th colspan="2">收费项目</th><th>停车条件</th><th>单 位</th><th>指导价格</th><th>备 注</th></tr>
<tr><td rowspan="4">机动车</td><td rowspan="3">小型车</td><td>露天</td><td>元/月·车位</td><td>45</td><td rowspan="3">需按照相关规定和技术规范配置门禁、监控、智能化管理系统等。</td></tr>
<tr><td>非露天</td><td>元/月·车位</td><td>90</td></tr>
<tr><td>机械式立体车库</td><td>元/月·车位</td><td>130</td></tr>
<tr><td>摩托车</td><td>非露天</td><td>元/月·车</td><td>17</td><td rowspan="3">需有固定车棚、设置专人管理服务。三轮的加收50%。</td></tr>
<tr><td rowspan="2">非机动车</td><td>电动自行车</td><td>非露天</td><td>元/月·车</td><td>10</td></tr>
<tr><td>自行车</td><td>非露天</td><td>元/月·车</td><td>5</td></tr>
<tr><td colspan="2">说 明</td><td colspan="4">1、本指导价格为最高收费标准，下浮不限。
2、小型机动车车辆临时停放。1.0元/车·小时，不足1小时按1小时计费，超过1小时不足2小时的，按2小时计费，依次类推。同一车辆一个计费周期内累计收费（连续停放24小时为一个计费周期）不超过15元。
3、其他车辆临时停放。自行车、摩托车、电动自行车1元/辆·次。连续停放超过24小时以上的，每24小时计费一次。
4、机械式立体车库的车位服务费中，包含车位的安全检测和日常维保费用。</td></tr>
</table>

10月30日下发《调整城乡客运票价的批复》，根据全市城乡道路客运一体化发展水平评价工作实施方案的通知，降低票价15%。

11月，左权县2018年至2019年采暖季“煤改电”用电价格及有关事项的通知发布，供热电价由三种计价方式。

（1）峰谷时段计价方式：（价格见附表）

峰谷时段计价表

分类		居民用户		执行居民电价的非居民用户		其他用户		
		峰段	谷段	峰段	谷段	峰段	平段	谷段
时段划分		8:00–20:00		20：00–次日 8：00		8:00–11:00 18:00–23:00	7:00–8:00 11:00–18:00	23:00–次日 7:00
用电价格	不满1千伏	0.5070	0.2862	0.5070	0.2862	0.8650	0.5971	0.3480
	其他电压等级	0.4970	0.2802	0.4970	0.2802	0.8350	0.5771	0.3373

⑵ 用电量计价方式：一个供暖期，用电量在 1.30 万千瓦时内，用电价格执行 0.2862 元/千瓦时，超出部分用电价格按 0.507 元/千瓦时。⑶ 平段电价计价方式：采暖用电不执行峰谷电价和阶梯电价，采暖用电量不受限制，用电价格 0.477 元/千瓦时。

12 月 27 日，《关于左权县城区居民生活用水实行“阶梯式”水价的通知》出台。从 2019 年 1 月 1 日起各级水量及对应用水价格如下：

对已完成“一户一表、水表出户”改造和具备实行“阶梯式”计量水价条件的居民用户，实行“阶梯式”计量水价。

（一）居民生活用水

一级水量：3 立方米/人·月（含 3 立方米/人·月）以下，2.2 元/立方米；

二级水量：3.01 立方米/人·月—4.5 立方米/人·月（含 4.5 立方米/人·月），3.3 元/立方米；

三级水量：4.5 立方米/人·月以上，6.6 元/立方米。

对未实行“一户一表”的合表居民用户，其用水价格为 2.2 元/立方米。

（二）非居民生活用水为 4.25 元/立方米

（三）特种用水为 30 元/立方米。

（张敏）

【粮油肉蛋菜价格】 2018 年，全县粮油价格基本持平，1 月至 3 月粮食价格，特一粉价格平稳，价格为 0.99 元/公斤，大米价格稳定为 1.09 元/公斤，玉米粉价格稳定 1.20 元/公斤。食用油价格稳定，花生油价格为 145 元/5 升，菜籽油价格为 2.25 元/公斤。鸡蛋价格 1 月 2.30 元/公斤，2 月 2.19—2.49 元/公斤，3 月为 1.58—1.94 元/公斤。猪肉（五花肉）价格 6.75 元/公斤，牛肉价格 15 元/公斤，羊肉价格 17.50 元/公斤。蔬菜价格：大葱价格 1 月 0.64 元/公斤，2 月 0.90 元/公斤，3 月 0.76 元/公斤，大蒜价格 1 月 1.50 元/公斤，2 月 2.00 元/公斤，3 月 1.80 元/公斤，茴子白价格 1 月 0.39 元/公斤，2 月 0.41 元/公斤，3 月 0.30 元/公斤，豆角价格 1 月 3.00 元/公斤，2 月 3.50 元/公斤，3 月 2.56 元/公斤，大白菜价格 1 月 0.24 元/公斤，2 月 0.39 元/公斤，3 月为 0.33 元/公斤，土豆价格 1 月 0.44 元/公斤，2 月 0.56 元/公斤，3 月 0.69 元/公斤，西红柿价格 1 月 0.89 元/公斤，2 月 0.94 元/公斤，3 月为 0.98 元/公斤，黄瓜价格 1 月 1.00 元/公斤，2 月 1.86 元/公斤，3 月 1.43 元/公斤，油菜价格 1 月 1.24 元/公斤，2 月 1.81 元/公斤，3 月 0.96 元/公斤，茄子价格 1 月 1.09 元/公斤，2 月 2.44 元/公斤，3 月 2.11 元/公斤。

4月至6月粮食价格，特一粉价格平稳，价格为0.99元/公斤，大米价格平稳，价格为1.10元/公斤，玉米粉价格稳定，价格为1.20元/公斤。食用油价格稳定，花生油价格145元/5升，菜籽油价格稳定2.25元/公斤。鸡蛋价格4月1.90元/公斤，5月1.90元/公斤，6月为1.86元/公斤。猪肉（五花肉）价格4月5.90元/公斤，5月4.90元/公斤，6月4.90元/公斤，牛肉价格稳定15元/公斤，羊肉价格17.50元/公斤。蔬菜价格：大葱价格4月0.34元/公斤，5月0.50元/公斤，6月0.95元/公斤，大蒜价格4月1.47元/公斤，5月0.74元/公斤，6月1.03元/公斤，茴子白价格4月0.24元/公斤，5月0.64元/公斤，6月0.33元/公斤，豆角价格4月1.29元/公斤，5月1.50元/公斤，6月1.48元/公斤，大白菜价格4月0.34元/公斤，5月0.74元/公斤，6月0.64元/公斤，土豆价格4月1.00元/公斤，5月1.00元/公斤，6月0.81元/公斤，西红柿价格4月1.29元/公斤，5月0.74元/公斤，6月0.73元/公斤，黄瓜价格4月0.64元/公斤，5月1.00元/公斤，6月0.53元/公斤，油菜价格4月0.64元/公斤，5月1.00元/公斤，6月0.53元/公斤，茄子价格4月1.50元/公斤，5月1.34元/公斤，6月0.66元/公斤。

7月至9月粮食价格，特一粉价格0.99元/公斤，大米价1.10元/公斤，玉米粉价格1.20元/公斤。食用油价格稳定，花生油价格145元/5升，菜籽油价格稳定2.25元/公斤。鸡蛋价格7月1.80元/公斤，8月2.44元/公斤，9月2.36元/公斤。猪肉（五花肉）价格7月5.27元/公斤，8月4.45元/公斤，9月6.25元/公斤，牛肉价格稳定15元/公斤，羊肉价格7月17.50/公斤，8月17.5元/公斤，9月16.50元/公斤。蔬菜价格：大葱价格7月0.86元/公斤，8月0.74元/公斤，9月1.24元/公斤，大蒜价格7月1.26元/公斤，8月0.94元/公斤，9月1.50元/公斤，茴子白价格7月0.29元/公斤，8月0.34元/公斤，9月0.44元/公斤，豆角价格7月1.55元/公斤，8月1.34元/公斤，9月2.78元/公斤，大白菜价格7月0.53元/公斤，8月1.00元/公斤，9月0.64元/公斤，土豆价格7月0.56元/公斤，8月0.69元/公斤，9月1.00元/公斤，西红柿价格7月0.97元/公斤，8月1.00元/公斤，9月0.81元/公斤，黄瓜价格7月0.79元/公斤，8月1.00元/公斤，9月1.38元/公斤，油菜价格7月0.78元/公斤，8月1.50元/公斤，9月1.10元/公斤，茄子价格7月0.54元/公斤，8月0.44元/公斤，9月0.96元/公斤。

10月至12月粮食价格，特一粉价格为0.99元/公斤，大米价格为1.10元/公斤，玉米粉价格稳定1.20元/公斤。花生油价格为145元/5升，菜籽油价格稳定为2.25元/公斤。鸡蛋价格10月2.13元/公斤，11月2.23元/公斤，12月为2.19元/公斤。猪肉（五花肉）价格10月7.25元/公斤，11月7.25元/公斤，12月为6.75元/公斤，牛肉价格为15元/公斤，羊肉价格10月16元/公斤，11月16元/公斤，12月为18元/公斤。蔬菜价格：大葱价格10月1.16元/公斤，11月1.00元/公斤，12月0.96元/公斤，大蒜价格为1.50元/公斤，莔子白价格10月0.36元/公斤，11月0.21元/公斤，12月为0.19元/公斤，豆角价格10月1.86元/公斤，11月1.64元/公斤，12月为1.49元/公斤，大白菜价格10月0.38元/公斤，11月0.19元/公斤，12月为0.16元/公斤，土豆价格10月0.50元/公斤，11月0.50元/公斤，12月为1.14元/公斤，西红柿价格10月1.49元/公斤，11月1.31元/公斤，12月为1.45元/公斤，黄瓜价格10月1.01元/公斤，11月0.94元/公斤，12月1.95元/公斤，油菜价格10月0.63元/公斤，11月0.44元/公斤，12月0.87元/公斤，茄子价格10月0.99元/公斤，11月0.89元/公斤，12月为1.15元/公斤。（张敏）

【成品油价格】《国家发改委关于降低国内成品油价格的通知》规定，成品油价格由成品油生产经营企业根据市场情况自主制定具体价格。左权县2018年度成品油零售价格14次上提价格11次下降价格，1月至10月价格有升有降，11月后呈现下降趋势。具体价格变化情况如下：

2018年度成品油零售价格调整统计表

汽油V（元/升）			柴油V（元/升）					调价时间	升降
89号	92号	95号	0号	+5号	-10号	-20号	-35号		
6.49	6.94	7.49	6.66	6.53	7.06	7.40	7.66	2018.1.12.24时	升
6.54	6.99	7.54	6.72	6.58	7.12	7.45	7.72	2018.1.26.24时	升
6.42	6.85	7.40	6.58	6.44	6.97	7.30	7.56	2018.2.09.24时	升
6.27	6.70	7.24	6.42	6.29	6.80	7.12	7.38	20182.28.24时	降
6.40	6.84	7.38	6.56	6.43	6.95	7.28	7.54	2018.3.28.24时	升
6.44	6.88	7.43	6.60	8.47	7.00	7.33	7.59	2018.4.12.24时	升
6.63	7.08	7.65	6.81	6.68	7.22	7.56	7.84	2018.4.26.24时	升
6.58	7.00	7.58	6.76	6.62	7.16	7.50	7.77	2018.4.29.24时	降
6.70	7.16	7.73	6.90	6.76	7.32	7.66	7.94	2018.5.11.24时	升
6.90	7.37	7.95	7.12	6.98	7.54	7.90	8.19	2018.5.25.24时	升
6.80	7.26	7.84	7.01	6.87	7.43	7.78	8.06	2018.6.08.24时	降
6.76	7.22	7.79	6.96	6.82	7.38	7.78	8.01	2018.6.25.24时	降
6.69	7.47	8.02	7.19	7.04	7.62	7.98	8.27	2018.7.10.24时	升
6.87	7.33	7.92	7.08	6.94	7.51	7.86	8.15	2018.7.23.24时	降
6.92	7.79	7.98	7.14	7.00	7.57	7.98	8.22	2018.8.06.24时	升
6.88	7.35	7.93	7.10	6.96	7.53	7.88	8.17	2018.8.20.24时	降
7.01	7.49	8.09	7.25	7.10	7.63	8.04	8.33	2018.9.03.24时	升

续表

汽油 V（元/升）			柴油 V（元/升）					调价时间	升降
89 号	92 号	95 号	0 号	+5 号	-10 号	-20 号	-35 号		
7.12	7.61	8.21	7.37	7.23	7.88	8.18	8.48	2018.9.17.24 时	升
7.30	7.80	8.42	7.57	7.42	8.03	8.41	8.71	2018.9.30.24 时	升
7.42	7.93	8.56	7.71	7.56	8.17	8.56	8.87	2018.10.19.24 时	升
7.14	7.63	8.24	7.39	7.25	7.84	8.21	8.50	2018.11.02.24 时	降
6.76	7.23	7.80	6.97	6.83	7.39	7.74	8.02	2018.11.16.24 时	降
6.36	6.80	7.34	6.52	6.39	6.91	7.24	7.50	2018.11.30.24 时	降
6.27	6.70	7.23	6.42	6.29	6.80	7.12	7.38	2018.12.14.24 时	降
6.00	6.41	6.91	6.11	5.99	6.48	6.78	7.03	2018.12.28.24 时	降

【价格机制改革】 天然气价格改革：2018 年，左权县根据《山西省发展和改革委员会关于提高山西国化能源有限责任公司等管输企业冬季非居民天然气最高门站价格的通知》，左权县结合实际，制定冬季非居民用管道天然气销售价格每立方米 3.88 元。执行期限为 2018 年 11 月 1 日至 2019 年 3 月 31 日。

水价改革：2018 年 12 月 18 日召开关于调整县城区供水价格及“阶梯式”水价听证会，形成听证报告并报县政府，12 月 26 日县政府审核通过。从 2019 年 1 月起对具备条件的用户实行“阶梯式”水价政策。

（张敏）

【清费减负】 2018 年，左权县物价管理部门编制 2018 年目录清单 5 个，其中：《行政事业性收费项目及标准》清单，涉及单位 37 个，项目 102 项；《行政事业性收费涉企收费项目及标准》清单，涉企收费部门 14 个，项目 41 个；《政府定价或政府指导价经营服务收费》（涉企收费）目录清单，涉及单位 21 个，项目 77 项；《政府定价项目》目录清单，涉及部门 13 个，项目 16 项。

（张敏）

【物价监督检查】 2018 年 5 至 8 月，左权县物价管理部门开展供暖、供气、供水、电信领域专项检查，立案调查 2 件，涉及金额 319 万元。9 月至 12 月全面铺开清理规范转供电环节收费工作，清查单位 41 个（其中：物业企业 31 个，商业综合体 9 个），物业企业全部清理规范，9 个商业综合体涉及终端用户 307 个。清理规范后，为一般工商业用户减负 10.73 万元。

（张敏）

统计管理

【统计调查季】 2018 年 4 月开始，左权县统计局开展为期一个季度的“统计调查季”工作。6 个专业股室专业人员赴

10个乡镇、47个企业对源头数据开展重点核查，了解掌握统计工作开展情况、数据报送情况；列出问题、逐一责令整改。

（段振宇　赵志燕）

【统计执法年】　2018年，左权县统计局对乡镇、社区和企业开展“双随机”检查，并配合省局检查企业20多个；同时，组织部、人社局、考核办，将统计造假、弄虚作假纳入考核管理，实行“一票否优制”和“一票否决制”。通过开展“送学到基层，送法进党校，双随机执法检查”等工作，推动和提高全县统计法制化建设。

（段振宇　赵志燕）

【统计基层基础建设】　2018年，左权县统计局强化“三基建设”，不断优化全县统计系统服务能力和水平。全年组织业务骨干集中开展业务培训16次，累计培训200余人次，组织业务人员分批次参加省市组织的专业培训达60人次；出台《关于开展乡镇基层基础规范化建设活动的通知》和《关于开展联网直报单位基层基础规范化建设活动的通知》，组织开展基层基础规范化建设；5月29日，县统计局组织召开统计管理体制改革暨业务培训大会，聘请市统计局10位专业科室科长对全县240余名统计工作人员进行全覆盖培训，对进入重点联网直报单位和所有乡镇的基层基础规范化建设工作进行督促指导。

（段振宇　赵志燕）

【开发区统计制度指标体系编制】　2018年初，左权县设立生态文化旅游开发区，县统计局按照省、市的文件要求和安排部署，修订行政管理事项目录、制定和完善处罚办法和统计制度，组建工作机构，与部门协调配合，按月完成全年统计指标体系上报工作。　（段振宇　赵志燕）

【区域转型升级考核】　2018年，左权县统计局根据《山西省区域经济转型升级考评办法》，联系相关指标责任单位，对全县10大类21小项48项考核指标数据考核，准确反映左权县2018年区域经济转型升级情况。　（段振宇　赵志燕）

【县域经济图片展】　2018年，左权县统计局为纪念改革开放40年，反映左权县40年来国民经济和社会发展的重大成就，举办改革开放40年县域经济发展图片展览活动，共展出图片62幅，真实描绘了1978年至2018年左权县的经济总量、社会民生和城市基础设施建设等发展状况。

（段振宇　赵志燕）

【第四次全国经济普查】　2018年2月18日，左权县人民政府召开全县第四次全国经济普查动员会。成立普查工作领导小组，制定实施方案，组建内设机构，8月中旬，从社会、大学校园、村官队伍中招聘、

2018年9月20日，左权县开展第九届“中国统计开放日”暨第四次全国经济普查宣传活动

抽调人员583名担任指导员、普查员，9月20日上午，县第四次经济普查领导小组、县统计局、国家统计局左权调查队、县志愿服务联合会联合在左权县将军广场举行“走进四经普”主题宣传活动。9月21日，全体普查员、指导员全部进入各乡镇、社区进行实地入户清查和现场指导。12月4日，左权县第四次经济普查宣传月活动仪式在县宣传文化中心举行。全国第四次经济普查入户登记将于2019年初全面展开。（赵志燕）

国土资源管理

【土地资源】 2018年，左权县国土总面积20.22万公顷，左权县耕地保有量1.71万公顷，其中基本农田1.39万公顷。据2017年地籍变更数据库显示，农用地10万公顷（其中耕地1.72万公顷，园地714公顷，林地7.86万公顷，其它农用地3613公顷）；建设用地9190公顷（其中城镇村及工矿用地3776公顷，交通运输用地2170公顷，水域及水利设施用地3244公顷）；未利用地9.98万公顷（其中草地6.71万公顷，水域及水利设施用地3244公顷，其他土地2.95万公顷）。（王丽君）

【矿产资源开发利用】 左权县矿产资源较为丰富，尤其是煤、铁、白云岩、石灰岩、含钾岩石、玄武岩、硅石、石榴石、红板石、蓝晶石、白云母、紫砂陶土等资源量丰富，开采条件优越，品位优良，具有很好的开发利用前景及潜在经济价值。至2018年，左权县开发利用的矿产资源仅有煤、铁、石灰岩和白砂岩等4种，有矿山企业共计29座，其中煤矿12座、铁矿11座、石灰岩4座、白砂岩2座。全年征收采矿权价款367万元。完成全县矿山企业开采信息公示工作，申请上报石灰岩采矿权出让计划6处。（王丽君）

【地质灾害种类与防治】 左权县是晋中市地质灾害多发县份之一，地质灾害种类较多，危害程度相对较大，2018年，有地质灾害隐患点119处。按地质灾害类型划分：崩塌（包括潜在崩塌）102处，滑坡（包括潜在滑坡）5处，泥石流（包括潜在泥石流）10条，地裂缝2条（组）。按规模划分：大型的7处，中型的44处，小型的68处。

是年，县国土局组织地质灾害应急撤离演练10场。农村地质灾害90户搬迁任务已全部完成。（王丽君）

【不动产登记启动】 2018年，左权县国土局以“优质、高效、便捷”为目标，流程再造，时限再缩，全年共办理各类登记2319件，其中颁发不动产权证553件，不动产登记证明1766件。（王丽君）

【第三次国土调查】 2018年，左权县第三次国土调查工作全面启动，成立了调查领导组和领导组办公室，制定实施方案，深入广泛宣传，通过招标确定山西省煤炭地质物探测绘院为实施单位，各项工作稳步推进。（王丽君）

【保障发展用地】 2018年，左权县国土局突出重点，保障脱贫，助力转型，土地利用总体规划调整完善方案获省政府批复，为东方希望集团等32个400余公顷项目落实用地指标，完成试点村寒王村的村级规划编制；规范土地管理，组卷上报3宗4.05公顷用地资料，保障了西关砖厂等项目的用地需求。供应国有建设用地58宗13.67公顷，收缴土地出让金1.31亿元。

（王丽君）

【土地开发整理】 2018年，左权县开展"激活农村资源、促进乡村振兴"攻坚行动，实施土地开发项目29个，规模575.56公顷，总投资5405.65万元，拟新增耕地329.56公顷，年底基本完工；敲定高标准农田项目7个，投资1.13亿元，建设规模3047.26公顷，年内正在积极实施；实施增减挂钩项目3个，建设面积186.21公顷，拟新增耕地126.11公顷。 （王丽君）

【执法监察】 2018年，国土部下发左权县土地卫片监测图斑116个，面积154.8公顷，耕地面积68.05公顷。其中违法用地图斑23个，实测面积6.31公顷，耕地面积2.84公顷，违法占用耕地面积比例为5.8%，连续10年实现卫片执法检查"零约谈，零问责"。是年，开展"大棚房"问题专项整治，查处各类违法占地案件20件，面积20余公顷，其中耕地10.93公顷；是年开展废弃矿井专项整治、打击破坏生态环境等打击非法违法采矿专项行动，共排查废弃矿井113处，对排查出的不符合标准的46处进行集中整治，制止非法违法采矿30余起，立案查处非法采矿案件19起，确保矿业开发秩序持续稳定。

（王丽君）

【测绘工作】 2018年，左权县登记在册的国家级测量标志有98个，经查保存完好的有44个，可利用18个，破坏29个，未找到7个。 （王丽君）

国有资产管理和经营

【国有资产监管和经营】 2018年，左权县以管资本为主，加快转变国资国企监管方式，尽快实现从以管企业为主向管资本为主转变，把工作重点转到管好国有资本布局、规范资本运作、提高资本回报、维护资本安全上来，年内，县国有资产管理部门围绕国资国企监管，先后起草《左权县国资国企改革推进方案（讨论稿）》《左权县关于改革和完善国有资产管理体制的实施意见（讨论稿）》《左权县国有企业资产暂行管理办法（讨论稿）》等一系列制度办法。同时，对全县100多个行政事业单位国有资产出租出借行为进行全面清查。

2018年，强化国资国企监管能力，县国有资产管理部门实施"两供一业分离"和"混合所有制经济改革"两项改革。"两供一业"分离改革，涉及全县分离移交的国有企业有一户，即左权县供电公司，小区1个，职工家属48户。是年，供水与物业均签署分离移交正式协议，维修改造资金已上报申请下发，完成家属区资产清查审计，自来水公司现已到县发改局备案，供水分离移交50%进度款正在下发，物业分离移交50%进度款已申请。年底与自来水公司和物业公司分别签订资产无偿移交协议。年内成立业主委员会。混合所有制经济改革，经过调查研究，《左权县关于县属国有企业发展混合所有制经济发展意见（讨论稿）》起草完成，在继续修订完善的基础上，明确试点企业，加以推进。

（侯亚丽）

市场和质量监督管理

【行政审批】 2018年，左权县市场和质量监督管理局在落实好原有改革政策基础上，先后实行“三十证合一”，企业名称自主申报制度改革、个体工商户登记制度改革、“审核合一、一窗受理”“证照分离”改革、后置审批事项调整、规范企业经营范围登记等改革政策，市场主体登记更加方便快捷。全年，新登记市场主体1267户，其中新设立企业292户，个体907户，农合68户，提前2个月完成新发展市场主体1000户的年度目标任务。全县市场主体共计10790户，注册资本达160亿。持有统一社会信用代码营业执照的在业市场主体共计6963户，发放电子营业执照634张。严格食品药品准入和特种设备使用登记，共受理食品许可审批703件，新办理农村药店药品经营许可证1户，变更8户，办理GSP认证2户，办理特种设备使用登记311件。（窦旭刚）

【动产抵押】 2018年，左权县市场和质量监督管理局办理动产抵押10件，抵押物价值4.45亿元，主债权金额1.27亿元。办理股权质押设立9件，出质股权5.65亿元，被担保债权金额1.77亿元。

（窦旭刚）

【检验检测】 2018年，左权县市场和质量监督管理局共检定各类计量器具1300余台件，为企业减免检测费50余万元。加强对计量器具使用单位的监督检查，督促26个企业1166件计量器具，以及民生领域的421件强检计量器具进行检定，确保计量器具使用安全和精准计量。

（窦旭刚）

【药品监测】 2018年，左权县市场和质量监督管理局健全不良反应及医疗器械不良事件监测网络体系，收集上报药品不良反应数据254条，医疗器械不良反应数据39条，化妆品不良反应数据10条，不良事件监测数据上报超额完成市局下达的指标数。（窦旭刚）

【品牌质量】 2018年，左权县商标注册数再创新高，新申请注册商标92件，比2017年增加近1倍，全县有效注册商标总数达302件。品牌创新取得突破，鲜淼酒庄、左权生态文化旅游开发区被评为全市品牌创新三等成果，山西将军虎民俗文化传媒有限公司被评为四等成果。质量提升工作再获佳绩，金隅水泥在全市重点质量攻关项目中被评为C类等级，以上四个企业获得市级奖励补助资金共计14万元。同时，做好地理保护标志的应用和新申请工作，引导核桃种植大户利用“左权绵核桃”地理保护标志证明商标，提升左权产品的市场知名度和竞争力。配合畜牧部门，申请“左权山羊”地理标志证明商标，年

底，国家商标局已受理。（窦旭刚）

【市场监管】 2018年，左权县市场和质量监督管理局围绕社会关注，问题突出的领域和环节，开展猪肉、食醋、疫苗、回收药品等重点品种，学校周边、旅游景区、大型商场超市、农村市场等重点区域，医疗机构、药品经营店、特种设备使用、学校食堂、加油站等重点单位，无照经营、制假售假、虚假宣传、商标侵权等重点行为开展一系列市场专项执法检查50余次，累计出动执法人员8000余人次，检查市场主体6000余户次，查处各类违法经营案件65件，罚没总金额45.93万元。（窦旭刚）

【信用监管】 2018年，左权县市场和质量监督管理局通过张贴海报、发布公告、微信转发、集中培训等多种方式全力督促企业履行年报法定义务。企业年报率97.34%，排名晋中市第一。“双随机一公开”工作全面实行。是年，共完成3次共计534户次的双随机抽查工作，完成“双随机一公开”抽查不低于5%的任务。“一张网”建设稳步推进。全县40个职能部门完成7229条行政许可、830条行政处罚、1500条抽查检查、21条联合惩戒信息等信息的归集共享；20个职能部门完成双告知认领信息2983条，认领率达到100%，全市排名第一。（窦旭刚）

【消费维权】 2018年，左权县市场和质量监督管理局加大消费维权工作力度，不断改善消费环境。全年，接待消费者咨询190余次，累计受理投诉38起。其中：食品投诉举报16起，特种设备投诉1起，其他类商品质量投诉21起，受理率100%，调解处理率95%，为消费者挽回经济损失5万余元。（窦旭刚）

【队伍建设】 2018年，左权县市场和质量监督管理局坚持依法行政。利用“3·15”“3·31”“5·25”三小条例（小作坊、小摊点、小经营店）实行，安全生产宣传月、安全用药月、“七五”普法等重要时间点，加大对相关法律法规的宣传。全年核审一般程序案件54件，开展3起行政处罚案件听证会。开展食品安全知识培训15期，药品从业人员培训2期，受训人数达3500余人。配备80余万元的食品安全检测车，投入20余万元食品检测经费，全年完成245批次的国家食用农产品抽检任务，299批次的自定抽样检验，完成快检实验室的建设3个。全年共完成19次重大接待活动餐饮服务保障工作。预期完成保健食品3批次、化妆品5批次、药品37批次以及2批次共计17户次煤质检验和24批次柴油、4批次车用尿素的监督抽检工作。投入12万余元，为芹泉所、桐峪所进行“煤改电”。投入6万余元，完成机关楼顶彩钢安装和检验所外墙维修。投入40万元，提升检验所检测能力和软硬件建设，包括购置新的检测设备和实验室工作环境提升。投入30万元，对市场监管综合执法系统进行更新升级。（窦旭刚）

安全生产监督管理

【概况】 2018年，左权县安监（煤

炭）局共监管各类企业 117 个。煤炭行业：属地监管煤矿企业 12 个；非煤矿山行业：监管企业 32 个，分别为铁矿企业 7 个（共 24 个系统），选矿厂 9 个，尾矿库 10 座，石料厂 6 个；危化行业：危险化学品生产经营企业 34 个，烟花爆竹公司 1 个，固定零售点 1 个，民爆公司 1 个，长输管道分输站 1 个；冶金工贸等八大行业：建材企业 9 个，冶金企业 2 个，轻工企业 3 个，商贸企业 6 个；洗选型煤行业：全县煤炭洗选、储、型煤企业共 15 个（证件齐全），其中，洗煤企业 9 个、型煤企业 2 个、发运站 2 个、储煤企业 2 个。（蔺力娟）

【安全生产情况】 2018 年，左权县共发生道路交通事故 6 起，死亡 6 人，工矿商贸领域无事故，事故起数和死亡人数继续保持双下降，且低于“十二五”（2011 年至 2015 年）期间平均数（16.6 起、14.4 人），工矿商贸领域安全事故为零，低于“十二五”期间平均数 2.8 起、1.2 人。（蔺力娟）

【安全生产领域改革发展】 2018 年，左权县制定《中共左权县委左权县人民政府关于推进安全生产领域改革发展的实施意见》和安全生产领域 79 项改革重点任务分工方案，对中央、省、市提出的安全领域改革任务进行细化分解。79 项改革任务中，年前需要完成的 42 项改革任务，至年底，已完成《安全生产“十三五”规划》、配合安全巡查、明确部门职责等 28 项改革任务，剩余 51 项改革任务正在推进中。

（蔺力娟）

【非煤矿山监管】 2018 年，左权县安监（煤炭）局根据《晋中市安全生产监督管理局关于进一步推动全市非煤行业双重预防机制建设工作的通知》要求，督促正常生产的左权县鑫瑞冶金矿山有限公司一矿小路矿段等 6 个非煤矿山企业开展双重预防机制建设。昌鑫已完成双重预防机制建设，鑫瑞一矿小路矿段、二矿武家峧斜井和华海石材 3 个非煤矿山企业于 11 月底完成建设，12 月通过市、县非煤专家验收；左权金隅水泥有限公司完成双重预防机制建设，待验收；左权县神头冶金矿业有限公司双重预防机制建设完成，因采矿证于 2018 年 11 月 17 日到期，年底办理延期处于停产，待验收。（蔺力娟）

【危险化学品、烟花爆竹和民爆行业监管】 2018 年，是左权县危险化学品生产经营企业专项整治年，确立“五大目标任务”（控制危险化学品事故的发生，确保安全生产形势持续稳定；通过双重预防机制、安全生产标准化工作的创建，提高企业全员安全意识，夯实危险化学品企业安全管理基础；通过加强岗位人员教育培训，提高从业人员素质，加强安全投入，提高企业的安全技术装备水平，强化应急演练，提高应急救援能力和安全保障水平；通过严格执法、规范执法，使安全生产法律法规在企业得到有效落实；实施重大危险源预警系统建设，加强重大危险源管控，确保重大危险源风险得到有效防控）。“十大整治内容”（开展企业落实法律法规的整治，开展风险防控和隐患排查治理的整治，开展安全条件较差企业强化安全管理的整治，实施重大危险源管控的整治，开展安全生产标准化创建达标的整治，开展危险化学品企业源头管控的整治，开展提高企业员工素质的整治，继续开展各项重点部位重点环节的整治，开展提升危险化学品应急救援工作的整治，开展职业危害和职业健康管理的整治）。左权县继续开展危险化学品综合治理工作，继续建立完善全县危险化学品企业档案；加强危险化学品重大危险源管控；牵头建立完善辖区危险化学品安全管理局际联席会议制度，增补相关成员单位，明确成员单位职责，强化统筹协调能力；推进危险化学品企业安全生产标准化建设，全县危险化学品企业已有25个达到安全生产标准化三级，1个达到安全生产标准化二级。（蔺力娟）

【冶金工贸行业监管】 2018年，左权县安监（煤炭）局在冶金工贸行业先后开展“两节”及“两会”期间安全检查、有色冶炼企业重大生产安全事故隐患排查治理、冶金工贸行业粉尘防爆和受限空间作业专项整治、冶金工贸企业开展安全隐患大排查大整治、推动冶金工贸行业企业开展安全风险分级管控和隐患治理双重预防机制创建等。（蔺力娟）

【专项整治行动】 2018年，左权县安监（煤炭）局开展安全生产大检查、煤矿安全攻坚年、危化综合治理、道路交通安全专项整治、电气火灾综合治理等20余项行动，累计出动督查、检查组541个，累计检查企业2350个次，查出问题隐患1500余条，年底全部整改完毕。

（蔺力娟）

【打非治违】 2018年，左权县安监（煤炭）局打击私挖滥采立案查处5起非法采矿行为，收缴罚没款10.31万元，查封非法采出矿产品40吨，切断路矿道路8条；打击黑加油站点，共开展联合执法行动7次，出动执法人员144人，查获黑加油车2辆，行政处罚6万元；在城镇燃气行业，查处1起违法行为，罚款3万元；建筑施工行业，罚款9万元；食品药品特种设备行业，罚款20万元；煤矿方面，罚款47万元；非煤矿山方面，罚款14.1万元；消防领域，因冒险作业引发火灾，行政拘留2人。取缔非法违法企业1个。

（蔺力娟）

【应急演练】 2018年，左权县安监（煤炭）局修订完善应急预案，完善《左权县安全生产事故灾难应急预案》《左权县煤矿事故灾难应急预案》以及非煤矿山、冶金工贸、危险化学品、烟花爆竹、民爆事故灾难应急预案等7个应急预案，从总体上和重点行业领域达到应急预案全覆盖。组织开展应急专项检查、参与应急演练，是年，共开展应急专项检查16次，开展消防应急演练、道路交通演练等34次；开展应急管理和舆情应对培训，县政府应急办对如何区分安全事故、突发事件、群体事件，以及如何上报、如何处置等重要事项进行专题培训，提升基层干部和企业负责人的应急处置能力。（蔺力娟）

【安全生产宣传】 2018年，左权县

安监（煤炭）局借助左权电视台、左权网等新闻媒体，发布报道安全资讯20余条；“安全生产月”活动期间，累计开展各类咨询20余场，发布各类安全知识传单1万余份；创建“左权县安委办”公众号，发布安全信息50余条；出台“安全简讯”10份等，开展华能“9·19”事故警示教育大会，通过左权电视台、安委办微信公众号对2处重大隐患进行曝光。（蔺力娟）

【安全巡查】 2018年4月25日至7月10日，晋中市安全生产第三巡查组进驻左权县开展巡查。8月7日，市委市政府安全生产巡查左权集中反馈会召开，安全生产第三巡查组巡查期间共对左权县19个机关单位和14个企业进行巡查，发现各类问题隐患128条，其中，共性问题6条，个性问题122条，全部整改完毕。（蔺力娟）

【国务院安全督导】 2018年3月13日至3月15日，国务院第十督导组对左权县安全生产工作进行督导，听取县政府安全生产工作汇报，对7个企业进行督导检查，发现问题隐患20条，全部督促整改完毕。

（蔺力娟）

审计监督

【概况】 2018年，左权县审计局完成审计项目75个。审计查出各类问题金额1.79亿元，其中：违规金额1276万元，管理不规范金额1.67亿元；县审计局全部按规定进行处理处罚，移交问题线索5条，提出各类审计建议128条，收缴审计罚款18余万元，核减工程金额1675.96万元。是年，被晋中市审计局评为“审计工作目标责任考核优秀单位”。（范红艳）

【财政审计】 2018年，左权县审计局开展的县本级财政预算执行审计主要涉及县财政、地税等9个单位，查出各类问题金额共计8539万元，县审计局全部依据法律法规进行处理处罚，并要求相关部门做出整改。完成麻田镇、羊角乡、辽阳镇3个乡（镇）财政决算审计，审计中发现未按规定征收缴纳收入、决算内容不完整、决算报表不实等违规违纪金额666万元。

（范红艳）

【经济责任审计】 2018年，根据左权县委组织部委托，县审计局开展15名领导干部任职期内经济责任履行情况审计，审计中发现各单位存在应缴未缴预算收入、挤占挪用资金、未经政府集中采购等违规违纪金额3430万元，县审计局全部按照法律法规进行处理处罚，并提出相应建议。

（范红艳）

【投资审计】 2018年，左权县审计局对全县市政建设方面、社会事业方面、200万以上涉农扶贫等方面34个政府性投资项目进行决算、结算审计，送审金额3.36亿元，核减金额1675.96万元，为县财政节约了公共资金，规范了投资行为。

（范红艳）

【跟踪审计】 2018年，依据山西省审计厅、晋中市审计局安排，左权县审计局对重大政策措施落实情况进行跟踪审计，通过审计促进完善相关制度1个，推动3

个项目实施，推进各项重大政策在左权县的实施。（范红艳）

【专项审计】 2018年，依据晋中市审计局安排，左权县审计局开展了六个专项审计：（1）派出相关人员赴吕梁市石楼县开展2017年保障性安居工程审计项目，通过审计，收回保障房5套，清理违规享受保障待遇218户，移送案件4件4人；（2）对左权县供热公司2016年和2017年建设运营管理情况开展审计调查；（3）对县人民医院及中医院2016年和2017年医改政策落实、财务收支管理及经营情况进行审计；（4）探索性地开展对水资办领导干部自然资源资产审计；（5）对晋中银行左权县分支机构2016年和2017年资产负债损益情况进行审计；（6）派出审计人员配合市审计局赴运城开展大气污染防治审计。（范红艳）

【追加审计项目】 2018年，左权县审计局配合晋中市审计局完成审计任务3项，具体为：市财政预算审计、和顺县决算审计和介休市决算审计。（范红艳）

农村经济经营管理

【概况】 2018年，左权县农村经济经营管理中心（左权县农经中心）主要承担农村集体“三资”（集体资金、集体资产和集体资源）管理、农村土地承包经营权确权登记颁证、规范引导农村产权流转交易、新型经营主体指导服务等工作。机关内设“一室三股”，即办公室、审计股、新型经营主体指导股、农村常住居民人均可支配收入监测股，下设农村产权流转交易中心。（张晋）

【涉农资金监管】 2018年，左权县农经中心对全县2017年度统筹整合财政涉农资金进行专项审计，共审计项目456个，涉及资金4.4亿元，做到专项审计全覆盖，为财政节约资金366万元。是年，中心负责组织200万元以下的审计项目358个（已经审计12个），资金1.48亿元，拨付给实施主体22个主管单位，共聘用4个第三方审计机构对346个项目实施审计。为确保扶贫资金发挥最大扶贫效益，左权县农经中心负责起草《关于脱贫攻坚工程建设项目招投标工作的通知》《脱贫攻坚工程建设流程》等文件。拨付每个乡镇3万元，用于建设标准化招投标场所，促进工程建设项目程序到位、阳光操作、资金安全。资产收益扶贫行动及新型经营主体扶贫成效明显。县农经中心根据年初制定的《左权县2018年资产收益扶贫工作行动计划》和《左权县2018年新型经济体扶贫行动计划》，至年底，共有1个合作社5户贫困户获得入股分红收益1500元，12个合作社为58个贫困劳动力获得务工收益45.44万元，1个合作社为6个贫困户获得土地流转收益3519元。（张晋）

【农村产权流转交易市场建设】 2018年，左权县农经中心在乡镇产权交易所、村级信息员全覆盖及乡镇产权交易所规范化的基础上，拨付每个乡镇3万元，用于建设标准化乡镇农村产权流转交易所，进一步规范农村产权流转交易所运作。在稳定土地承包关系前提下，遵循依法、自愿、有偿的原则，引导农村土地有序流转，是年新增土地流转1066.66公顷，累计流转7200公顷，交易金额6600万元。（张晋）

【农村集体产权制度改革】 2018年，按照市委、市政府印发的《晋中市农村集体产权制度改革实施方案》文件精神，左权县制定《左权县农村集体产权制度改革实施方案》，并成立左权县农村集体产权制度改革工作领导小组。年底，完成77个非贫困村清产核资工作，并启动集体经济组织成员身份确认工作，完成6个试点村清产核资工作，成员身份认定已确认公示。

（张晋）

【农村土地承包经营权确权登记颁证】 2018年，左权县农村土地确权按要求通过省级、市级全面验收。按县委政府不留一村的要求，全力推进剩余农户的合同签订工作；整理完成寒王乡、石匣乡、辽阳镇档案，并移交县档案局进行永久存放。寒王乡、石匣乡颁发了经营权证。（张晋）

【新型经营主体指导服务】 2018年，左权县共注册各类农民专业合作社1007个，注册资金7.68亿元，认定家庭农场44个。左权县农经中心规范培育国家级示范社1个，市级示范社1个，县级示范社2个，县级示范家庭农场2个。（张晋）

【行政村集体经济收入“破零”全覆盖】 2018年，左权县农经中心在县委组织部牵头带领下，与县农委、县财政局、县扶贫开发中心联合出台《左权县2018年发展壮大村级集体经济工作方案》，对全县所有行政村集体经济收入进行排查摸底，并制定6种村集体经济收入路径。至年底根据乡村两级上报认定，全县129个贫困村集体经济收入全部实现破零，其中：1万元以下0个村，1万元至5万元32个村，5万元至10万元41个村，10万元至30万元49个村，30万元至50万元3个村，50万元至100万元4个村，100万元以上0个村。（张晋）

文化 旅游

文化工作

【概况】 2018年，左权县不断推动公共文化服务体系建设，实施文化惠民工程，加强非遗保护、文化市场管理等。继续实施了“文化扶贫”免费送戏下乡工作，全年免费送戏下乡演出126场。放映公益电影126场。县图书馆开展图书服务、科普知识下基层活动。县文化馆音乐、书法、绘画、舞蹈室、民歌、小花戏功能厅全部对外开放，并组织开展老年大学教学、文艺爱好者和文化站管理员业务培训、基层文艺活动指导等形式的群众文艺活动。

2018年，举办“社火节”群众文化活动、“大美左权 唱响太行”第二届太行民歌会和全民文化活动月系列群众文化活动。在全省纪念改革开放四十周年“全民文化活动季”活动中，山西省文化厅授予左权县开花调艺术团优秀基层文化团队的称号，授予左权盲人宣传队基层文化特色团队的称号，授予郝利宏和郭建斌乡土文化能人的称号，授予苗世明优秀文化志愿者的称号。

是年，开展2018年至2020年度“中国民间文化艺术之乡”申报工作。至2018年底，左权县非物质文化遗产项目共65项。全县文化市场管理开展了文化市场扫黑除恶“扫黄打非”专项整治工作，共排查经营场所30余个、关停3个。 （张瑜）

2018年，左权精品小花戏《桃花迎春》参加元宵节民间社火展演

非物质文化遗产保护

【文化和自然遗产日宣传】 2018年6月9日，左权县第十三届“文化和自然遗

产日”宣传活动进入盛世花园小区，由县民歌研究中心、城区管委会和县文明办，联合举办“非遗进社区-端午‘粽’文明”活动。活动现场，向社区居民发放“香荷包”、剪纸、花戏扇等非遗小礼品和非遗宣传资料，举行了非遗知识有奖问答和非遗保护现场签名活动。（张瑜 李俊芳）

【乡土文化纪录片《边村》首映】 2018年9月5日，左权县文化局主办、北京星河公益基金会协办，在中影国际影城举行乡土文化纪录片《边村》首映式。纪录片《边村》，由县委宣传部、教科局、文旅委、城建局等联合策划，北京星河公益基金会出品，特邀著名学者田青、著名电影艺术教育家司徒兆敦等任总顾问，记录和反映左权艺人、民居、村落、古建等特色乡土文化，是一部挖掘乡村记忆的地方文化纪录片。（张瑜）

2018年9月5日，乡土文化纪录片《边村》首映式在左权县举行

【非遗项目进景区】 2018年4月14日，左权民歌、左权小花戏、剪纸、面塑、布艺虎等一批体现左权地方文化特色的非物质文化遗产项目走进莲花岩景区，在莲花岩崖居设立非遗展厅，向游客进行全方面、零距离、活态化展示。（张瑜）

【民歌小花戏展演】 2018年6月13日，左权县文化局组织国家级非遗项目左权民歌、左权小花戏代表性传承人，在晋中大剧院，参加晋中市第十三个“文化和自然遗产日”活动，举办国家级非遗项目左权民歌、小花戏“桃花红、杏花白”专场演出。左权民歌国家级传承人刘改鱼、省级传承人冀爱芳、市级传承人郝利宏和左权小花戏省级传承人李明珍、李铭芳等表演了《桃花红、杏花白》、左权民歌《有了心思慢慢来》、舞蹈《做军鞋》、传统民歌《亲格蛋下河洗衣裳》和新创作的音乐小品《核桃树下》等节目。（张瑜）

【盲宣队节目进央视】 2018年6月13日，左权县盲人宣传队应中央电视台三套《回声嘹亮》栏目组邀请，演唱并录制左权红色民歌经典曲目《拥护八路军》，并用辽州小调翻唱著名女高音歌唱家于淑珍的《我们的生活充满阳光》，8月，在中央电视台第三套节目播出。（张瑜）

2018年6月，左权盲宣队录制的红色民歌经典曲目在中央电视台播出

【晋中市原创音乐学会在左权采风】 2018年5月22日，晋中市音协原创音乐学会，先后在麻田八路军总部纪念馆、石占明民歌基地、开花调艺术团等地进行实地采风，与当地民间艺术家进行交流。（张瑜）

【乡村文化记忆工程】 2018年，左权县民歌研究中心在文化志愿者的配合下，完成寒王乡、芹泉镇现存文化遗产、文化场所、文化活动等文化资源的调查和整理，健全完善了相关档案资料。（张瑜　温亮）

【非物质文化遗产保护项目传承人】 2018年，左权县县级非遗项目“端午香包习俗”“左权剪纸”“六合拳”“长城醋”等成功申报为第四批市级非遗项目。至2018年底，左权县非物质文化遗产项目共计：65项，其中：国家级2项、省级4项、市级9项、县级50项。左权县非物质文化遗产项目传承人共计：290人，其中：国家级1人、省级6人、市级20人、县级263人。

2018年左权县非物质文化遗产保护项目及传承人一览表

项目名称	项目级别	传承人
左权小花戏	国家级	省级：李明珍
		市级：韩永青、赵文芳、杨　琳、陈苗苗、李云珍
		县级：李韶晶、李焕世、李重庆、李新建、朱献国、张　洋、李贵锁、柴　青、高焕仙、王江兰、王珂心、王炳叶、刘保珍、李丽萍、郭小宁、白小丽、候爱叶、王丽花、赵　静、王　静、王丽娜、李志平、赵春叶、陈鹏鹏、杜东伟、江丽霞、原星星、原晶晶、王　洁、张旭峰、张　荣、刘菲菲、张　娟、李　楠、贾晓雪、冯　叶、宋晓路、申　杰、郝会波、石宏亮、李少凯、张少宇、李换琴、常　俊、皇甫慧英、皇甫慧琴、赵镰激、高　丽、李翠青、陈翠芳、刘文强、杨华芳、王庆明、范翠先、魏向平、尹喜花、常春燕、裴保平、刘锁风、王丽红、李丽英、杨素萍、王旭跃、范红艳、赵海丽、王　芳、王倩倩、李军华、孟丽芳、刘文丽、张俊花、王　青、王少波、朱永华、高红霞、霍春雷、罗佳荣、杨　洋、李新芳、赵凯丽、左　红、姚慧娜、周　娜、张双双、边丽琴、李素英、魏小霞、李清芳、王成芳、崔丽平、刘　瑜、王　丽、宋雪琴、王凤华、牛先江、常　英、马梓萱、王煜琪、马昭昕、董炳鑫、巨　鹏
左权开花调	国家级	国家级：刘改鱼
		市级：石占明、张保平、曹彦明、窦兵花、郝利宏、王建英、李鹏飞
		县级：张小霞、毛丽芳、郝云籽、许爱田、成保英、常　新、赵立斌、赵宏伟、王国平、陈　毅、郑兰先、王　俊、贺生伟、申媛源、宋恩云、刘俊花、申玉爱、刘海平、崔瑞宁、王　熙、张明叶、王秀萍、石改芳、石先明、张　顺、江　波、邢彦飞、张永亮、霍亚琴、霍旭琴、王永光、王先红、郭秀军、杨　冰、李　波

续表

项目名称	项目级别	传承人
五里堠竹马	省级	省级：刘　剑 市级：李左红
左权剪纸	省级	省级：杨献江
河南村黄河阵	省级	省级：王俊杰 市级：王俊琦 县级：王宪成、王联江、曹雨田、李艳宁、王喜娥、王耀录
布艺虎工艺	省级	市级：李爱萍 县级：雷兰风、李守风、高向芳
突堤会鼓	市级	市级：白飞野 县级：樊瑞凤
麻田梅拳	市级	市级：邢晓东 县级：师建忠、刘彦林、阎剑威、刘彦军、韩守忠、师风山
小会吊挂	市级	市级：程向军 县级：程向华、程世华
辽州板话	市级	市级：王艾甫 县级：王守田、常建林、王保明、马晋臻、王　栋、高乃文、高　飞
左权琴书调	市级	市级：刘红权 县级：王树伟
长城醋制作工艺	市级	县级：郝宏跃
左权剪纸	市级	县级：张志强、赵兰芳、杨艺萍、张华珍、郝秀云、李海秀、郝林籽、石兰芳、李香风、野玉凤、候金鱼、王秀萍、杨雅萍
左权端午习俗	市级	县级：王巧凤
六合拳	市级	县级：孙连世、任福恩、刘宪文、王利华、宋海金、乔治平、赵太恩、胡世伟、路永林、路世林、曹治军、孙长青
辽州社火节	县级	
左权丑社火	县级	
桐峪八音会	县级	县级：王治文、郭玉庆、霍树荣

续表

项目名称	项目级别	传承人
三打祝家拳	县级	县级：药世平、梁存虎
紫金山传奇	县级	
虎头山传奇	县级	
神女峰传奇	县级	
文峰塔传奇	县级	
太子莲池传奇	县级	
龟兔山传奇	县级	
二月二打铁花	县级	
七月十五放河灯	县级	
丧葬习俗	县级	
婚嫁习俗	县级	
甜柿饼制作工艺	县级	县级：田建林、苏玉珍
民间炕围画	县级	县级：李维红、李培渊、王云喜、张新成
荆条编织工艺	县级	县级：赵喜江、赵新华
刘家窑高跷	县级	县级：刘吉庆、刘云跃
铁器工艺	县级	县级：张海江、巨成世、樊老二、孙计祥、杨海忠、刘子兰
道教音乐	县级	县级：青彦忠
佛教音乐	县级	县级：穆云魁

续表

项目名称	项目级别	传承人
梁家鼓吹乐	县级	县级：梁三旦、梁四旦、梁永红、梁志红、梁小红
胡平拐	县级	县级：魏海生
老油房	县级	县级：韩喜云、霍荣荣
面　塑	县级	县级：王宏彦、王新华、张兰先
串火盘	县级	
红　拳	县级	县级：申保庆、贾润生
串　拳	县级	县级：李和平、李文平
木雕工艺	县级	县级：王玉恩、王乃庆
黄骠马	县级	县级：樊邦栓
布　阵	县级	县级：张守庆
老太老架太极拳	县级	县级：王利华、王志军、张世军、赵彦文、张守庆
大洪拳	县级	县级：成海林、李俊宏、李云江、王乃平、张世明、赵治华
枪　画	县级	县级：张守庆
小会麻纸制作工艺	县级	
左权豆腐	县级	
根　雕	县级	县级：刘自力、常海江
龙母的传说	县级	县级
辽州赶旱船	县级	
石　雕	县级	县级：赵瑞兵
工尺记谱法	县级	县级：邢献先
古崖居	县级	
点金灯	县级	
传统古村落（里长）（禅房）	县级	
石龙庙会	县级	
扑蝴蝶	县级	
辽州甜酱	县级	
先轸祠堂	县级	
小二黑故居	县级	

群众文化

【概况】 2018年，左权县各级文化部门依托县、乡、村公共文化设施，组织发动群众，在春节、元宵节、妇女节、儿童节、“七一”“八一”、国庆节等节日期间举办了各种群众文化活动。6月15日至10月10日，“山西省庆祝改革开放40周年群众文化系列活动”中，县文化部门根据县域文化特色和群众文化需求，组织各文化团体开展各类系列群众文化活动。省文化厅分别授予左权县开花调艺术团优秀基层文化团队、左权盲人宣传队基层文化特色团队、郝利宏和郭建斌乡土文化能人、苗世明优秀文化志愿者等荣誉称号。

（张瑜）

【社火节文化活动】 2018年春节、元宵节的左权县“社火节”系列活动中，在宣传文化中心剧场举办“太行明珠杯”左权民歌大赛和“圆梦2018大美左权歌盛世”2018左权春晚，在县城滨河大街、北大街、市政广场、将军广场等举办元宵节民俗展演、社火定点表演、精品文艺汇演、第六届李有才板话等，在全县10个乡镇、城区开展送文化下乡惠民演出活动。 （张瑜）

【第二届太行民歌会】 2018年6月27日至28日，“大美左权 唱响太行”第二届太行民歌会在石匣乡红都村“山西桃花红·杏花白民歌传承基地”举办。活动由开幕式演唱会、左权民俗文化展演、著名歌手演唱会、唢呐展演四项活动组成，县“开花调”艺术团、县盲人宣传队、县域内非遗项目代表性传承人和被誉为“陕北黄莺”北京歌剧舞剧院的王小妮、原生态民歌歌唱家高保利、羊倌歌王石占明等优秀民歌手同台演出。 （张瑜）

【全民文化活动】 2018年，左权县为纪念改革开放40周年，8月，以“放歌新时代、唱响新征程”为主题，在县城将军广场举办纪念改革开放四十周年专场晚会、纪念左权县盲宣队成立八十周年文艺晚会、扶贫助学消夏晚会、小花戏大奖赛等“全民文化活动月”系列群众文化活动。扶贫助学消夏晚会上，山西瑞邦集团有限公司出资10万元、左权县志愿服务联合会出资5万元，捐助左权品学兼优、家境贫困的中、小学生45名。 （张瑜）

【太行明珠杯民歌大赛】 2018年春节、元宵节期间举办了2018年“太行明珠杯”民歌大赛。160余名民歌选手参加海选，63人参加复赛，27名选手进入决赛。

（张瑜）

【国庆文艺晚会】 2018年9月29日晚，山西国宾房地产开发有限公司赞助，县文化局、县文明办和城区管委会主办，在宣传文化中心举办国庆69周年文艺晚会。县“开花调”艺术团和县盲宣队演出舞蹈《花开盛世》、歌曲《中国好运》、左权民歌联唱《民歌情》《红歌联唱》等传统节目和宣传脱贫攻坚、扫黑除恶的表演唱《亮剑扬正气》、舞蹈《脱贫路上》《宣传中共十九大》《我们的生活充满阳光》等节目。 （张瑜）

【小花戏赴京演出获奖】 2018年9

月10日，左权县辽州情小花戏演艺中心受北京“中国美·夕阳红”组委会邀请，在北京星光园参加“中国美·夕阳红”纪念改革开放40周年文艺展演活动。选送的左权小花戏《共筑致富路》获得一等奖。（张瑜）

文化惠民

【概况】 2018年，左权县通过免费对外开放和政府购买公共文化服务、社会力量共同参与等方式，面向城乡开展送戏下乡、农村公益电影放映、送文化产品和培训指导服务到基层等惠民活动。（张瑜）

【基层图书服务】 2018年，左权县图书馆春节期间组织开展“同筑中国梦 墨润书香年”送春联进企业和“年俗文化”展活动。2月，在“书香左权 经典同行”阅读季活动中举办“决战2018”精准扶贫送科技下乡知识讲座和“精准扶贫送科技图书进农村”活动。在“4·23”世界读书日活动中，在县图书馆阅览大厅设立“亲圪蛋书架”并挂牌，为姜家庄村捐赠图书200余册，在职业中学、宏源中学、左权中学举办题为“从书中看花戏”文化讲座和“践行全民阅读 共建书香左权”“跳花戏的亲圪蛋”专场讲座，同时还免费为群众送书160册、送《农民科技文摘》资料500份。7月，开展农家书屋管理员倡导全民阅读与综合文化服务培训，开展“践行全民阅读 建设书香左权”进基层活动。9月，开展助力脱贫攻坚百日冲刺“科普三晋”下乡村活动，为群众发放科普杂志300余册，科普宣传资料800余份。（周爱萍 张瑜）

【基层文艺辅导】 2018年，左权县文化馆音乐、书法、绘画、舞蹈室、民歌、小花戏功能厅全面对外开放，组织开展老年大学教学、文艺爱好者和文化站管理员业务培训、基层文艺指导及群众文艺活动。5月8日，举办老年舞蹈培训班，30余名平均年龄72岁的老年文艺爱好者参加培训。5月下旬，县文化馆组织舞蹈专干，举办2018年少儿舞蹈免费培训班。7月中下旬，县文化馆举办为期20天少儿器乐培训，开设唢呐、笙、葫芦丝、竹笛、萨克斯等课程。（霍鑫鑫 刘丽莎 张瑜）

【公益电影下基层】 2018年，左权县太行影苑有限责任公司遴选《厉害了，我的国》《红海行动》《战狼2》《建国大业》《空天猎》等一批主题鲜明、弘扬主旋律、反映改革开放成就和群众喜闻乐见的优秀影片，进军营、进农村、进寄宿制学校、进文化活动月免费为全县城乡居民放映公益电影2567场。（张瑜）

【送戏下乡】 2018年，左权县继续开展“文化扶贫”免费送戏下乡活动。通过县财政集中采购，确定送戏下乡工作承接主体为县开花调艺术团、鑫博晋剧团、彩焱文化有限和双馨文艺演出公司。全年共演出传统晋剧、折子戏、综艺晚会和新编晋剧《黄土岭上》126场。（张瑜）

文化市场管理

【概况】 2018年，左权县加强文化

市场管理。年内对辖区内所有网吧文网卫士安装情况进行检查，开展安全文化进校园“护苗2018·绿书签”宣传和文化市场安全宣传活动。重点开展文化市场扫黑除恶“扫黄打非”专项整治工作，共排查经营场所30余个、关停3个。（李俊霞　张瑜）

【文化市场安全监管】　2018年，左权县文化市场行政综合执法队定期不定期，特别是春节期间、暑期、中秋、国庆等重要时间节点对公共文化场所进行安全隐患大排查，主要对消防设施、安全通道、电力线路安全制度是否建立等进行检查，发现问题责令整改。（李俊霞　周洁）

【文化市场扫黑除恶】　2018年，左权县文化市场行政综合执法队坚持日常检查和“双随机”抽查相结合，强化监管，全面清查文化市场违法违规经营行为，重点查处娱乐、演出、网吧等文化市场欺行霸市、充当保护伞等违法违规经营行为；对于检查发现的文化市场涉黑涉恶线索，及时向相关职能部门通报。同时，利用横幅、电子屏、媒体等多种形式广泛宣传，为推进在文化市场领域扫黑除恶专项斗争营造氛围。（李俊霞）

【电游电玩场所管理】　2018年5月24日，左权文化市场执法队对辖区内电子游戏、电玩场所进行排查摸底。执法人员详细检查各场所内电子游戏、电玩机，并对证照、游戏机名称、台数等情况进行登记造册。检查各场所的安全生产责任制度、应急制度、消防制度等台帐。（李俊霞）

【文化执法交流协作】　2018年7月25日，在晋中市、朔州市文化综合执法对口交流协作座谈会上，左权县文化市场行政综合执法队与山阴县文化市场行政综合执法队达成对口交流协作单位，签订《2018—2020年文化综合执法对口交流协作协议书》，就加强文化市场管理、维护文化市场秩序、净化文化环境等进行交流，建立对口交流协作机制。（李俊霞）

【出版物市场监管】　2018年，左权县文化执法队持续组织开展出版物市场专项整治，执法人员重点针对印刷复制企业是否印制含有反动、淫秽、迷信内容和国家明令禁止出版、印制的其他内容的出版物；是否严格执行印刷复制制度；消防设备是否合格等内容进行检查。（李俊霞）

【校园周边环境整治】　2018年，左权县文化市场行政综合执法队在春秋季开学之际，组织开展校园周边文化环境专项整治行动。重点整治学校周边非法违规经营的网吧、出版物、音像经营门店、歌舞娱乐场所、影院等文化市场经营场所，全面排查安全隐患和违规接纳未成年人等违法违规经营行为。（李俊霞）

广播电视

【概况】　2018年，左权县广播电视台全台职工66人，内设机构由原来的12个调整设置为14个，其中公共管理部门5个，节目生产部门6个，播控部门3个；自办节目频道由原来的两套整合为一套。盘城岭高山台站实施“中央无线数字化覆盖工程”建设项目，可转播（包括中央、省、县）16套数字电视节目，同时转播“中国之声”“中国乡村之声”和“太行之声”的调频广播。全台累计播出有线电视节目35.09万小时，高山台站无线发射传输电视信号7万小时，调频广播节目7920小时。（刘文臻）

【新闻宣传】 2018年，左权县广播电视台围绕县委、县政府的中心工作和重点任务，突出宣传习近平总书记嘱托：“谱写新时代山西新篇章”“决战一八 决胜脱贫”“来自重点工程一线报道”“扫黑除恶进行时”“两会盛况”等为主题的新闻报道，全年播出《左权新闻》249期，1500余条；《一周要闻回顾》46期。同时加大对外宣传力度，增加市级以上电视台发稿量。其中《左权：生态旅游活动季项目签约达60亿》《贫困县的小米走出了一条“科技路”》《30万亩森林绿化，让绿意充满百姓生活》等8条新闻被《山西新闻联播》《山西经济频道》播发；全年上送晋中电视台新闻稿200余条，被《晋中新闻联播》采用播发170条；《晋中特别报道》播出《今日左权篇》55期。是年，获得晋中市好新闻奖二等奖1件，三等奖2件。县级新闻奖一等奖1件、二等奖2件、三等奖2件、优秀奖5件。（刘文臻）

【融合媒体】 2018年，左权县广播电视台尝试融合新媒体运用，实现广播电视功能延伸，建立自己的门户网站，开通左权广播电视台微信公众号和APP手机客户端，实现在手机上《左权新闻》回看、回放功能。利用手机公众号对左权县2018年春节文艺晚会、左权县2018年元宵节民间社火展演、太行（左权）生态文化旅游启动仪式、著名讲师纪连海——新解乾隆朝三大名臣等大型活动进行线上直播，点击量分别达到42.69万、102.04万、10.62万、8.07万人次。7月，优化微信公众平台栏目，开辟“百姓心声”“百姓直播”等栏目，贴近百姓生活，讲述百姓故事。（刘文臻）

【广播电台恢复重建】 2018年，左权人民广播电台在停播20年后恢复重建，10月1日，《太行之声》正式开播，频率FM100.4，日播出时长15个小时，讲述左权故事，传播党的声音，成为全县广大人民群众获取正能量，接受宣传教育的重要渠道。（刘文臻）

通 讯

【概况】 2018年，左权县委新闻中心以《今日左权》报、今日左权手机报、“左权发布”、左权政府网及上级各类媒体为平台，围绕县委、县政府确定的脱贫攻坚、项目转型、生态文化旅游开发区建设、扫黑除恶专项斗争、“三基建设”、庆祝改革开放40周年等中心工作开展宣传报道。全年编印出版《今日左权》报33期，编发今日左权手机报99期，出版《晋中日报》“县市特刊·左权新闻”22期、宣传专版8个；在市级以上报刊、网络发表稿件456篇，其中，《山西日报》等省级媒体52篇、《晋中日报》291篇，《晋中晚报》

108篇。特别是在中国网、黄河新闻网等国家、省级网络媒体中，刊发20多篇脱贫攻坚系列稿件，全景式展现左权打赢脱贫攻坚战、全面建成小康社会的生动实践和显著成就。（陈晓文）

图书馆

【概况】 2018年，左权县图书馆是全县唯一一所面向全社会免费开放的公共图书馆，是专门收集、整理、保存、传播文献，并提供利用科学、文化和教育的服务机构。馆内建筑面积1503平方米，图书馆实行总分馆制建设后，县、乡、村三级实现馆际互借图书14.29万册，电子书1700余册，电子借阅机1台，少儿阅读机1台，报刊阅读机1台，新购置电脑4台。2018年，县图书馆荣获山西省图书馆学会颁发的2018年“同筑中国梦　共度书香年”活动优秀单位奖，2018年“全民阅读优秀组织单位奖，2018年“科普宣传周”先进单位奖，被中共晋中市委宣传部、晋中市社会科学界联合会命名为“晋中市社会科学普及宣传基地”。（周爱萍　常晨华）

【图书馆分馆服务体系建设】 2018年12月，左权县图书馆完成麻田文化站图书室、拐儿镇文化站图书室分馆建设，实现图书自动化管理8197册。

（周爱萍　常晨华）

【农家书屋工程】 2018年，左权县图书馆在全县农家书屋工程全覆盖的基础上，为每个农家书屋补充更新图书64册，共计1.30万册；期刊12册，共计2436册。7月5日至6日，“农家书屋管理员倡导全民阅读与综合文化服务”培训分别在麻田镇、桐峪镇举办，受训60人次。

（周爱萍　常晨华）

【图书服务下基层】 2018年初，左权县图书馆开展“迎新春　下基层”系列活动。元旦期间，将《中华人民共和国公共图书馆法》、左权红色文化内容制作成板面、条幅，在县馆内展出，并到10个乡镇进行巡展。全县203个农家书屋补充更新图书期刊1.64万余册，全年编排打印发放宣传资料800余份，发放期刊300余册。编辑印制《农民科技文摘》四期发放到乡村300余份。（周爱萍　常晨华）

【书香年主题系列活动】 2018年2月9日至10日，左权县图书馆组织开展“同筑中国梦　墨润书香年”送春联进企业活动。聘请左权县书法爱好者挥写春联，发放春联和“福”贴共计800余对。2月8日至3月8日，县图书馆运用国家图书馆数字文化资源制作《年俗文化展》，在宣传文化中心大厅展出，分：“春节溯源、春节之礼、腊八、祭社、贴春联、祭祖、守岁、拜年、放爆竹、赏花灯、迎财神、走亲戚”等民俗文化内容，参观人数达到2000余人次；《中华人民共和国公共图书馆法》展，参展人数900余人。

（周爱萍　常晨华）

【世界读书日活动】 2018年4月23日，左权县“书香左权　经典同行”阅读季活动启动仪式在县宣传文化中心举行。

系列活动主要有：在姜家庄举办“亲圪蛋书架”揭牌仪式，在县职业中学、宏远学校、左权中学举办“从书中看花戏”进校园文化讲座，特邀长期从事民间音乐研究的刘红庆，山西省小花戏非物质文化遗产传承人、国家一级编导李明珍，中国音乐家协会会员、国家一级演奏员刘瑞琪，非物质文化遗产推广人弓宇杰主讲，听讲1500余人次。（周爱萍　常晨华）

【全民阅读活动】　2018年，左权县图书馆购置盲文图书100余册，设置盲人阅读区，为视障人群提供服务平台。7月7日至18日，县图书馆以“践行全民阅读建设书香左权”为主题，利用流动图书车，到麻田、桐峪等乡镇开展全民阅读宣传进基层活动，受益群众800余人，县图书馆将500余册政治、法律、文学、语言文字等多种类型的图书放置在流动图书车内外供群众阅读，发放全民阅读宣传资料及推荐书目800余份。7月30日，“放下手机陪孩子一起阅读——左权县百日阅读诵读活动启动仪式”在帝君宾馆举办，参加启动仪式的中小学生及家长达200余人。

（周爱萍　常晨华）

【知识讲座】　2018年5月22日，由山西科学技术出版社主办、左权县图书馆、新华书店左权分公司、拐儿镇文化站承办的“‘决战2018’精准扶贫送科技下乡知识讲座”在拐儿镇多功能厅举办，参加培训的村民150余人。讲座特邀省著名小杂粮专家、省农科院作物研究所副所长张耀文研究员，以“小杂粮高产栽培技术”为题进行宣讲。8月4日，北京市海峡两岸书画家联谊会副会长李强在县图书馆与左权书画爱好者见面座谈。9月21日，县图书馆以“创新、协调、绿色、开放、共享”为发展理念，以“创新引领时代　智慧点亮生活”为活动主题，在馆内举办健康知识讲座，由中国安全健康教育网山西站健康指导员，健康管理师李秋香授课。

（周爱萍　常晨华）

2018年5月21日，左权县图书馆联合山西科学技术出版社、新华书店左权分公司在拐儿镇举办“决战2018”精准扶贫送科技下乡知识讲座

档　案

【概况】　2018年，左权县档案局继续推进档案信息化建设，按照“存储数字化、管理自动化、利用网络化”的要求，开展信息化建设，土地档案实现全文数字化，全年录入文件目录和案卷目录共计2万多条，累计44万多条。年内完成革命历史档案扫描141卷，共7140页，累计966卷，共3.75万页，全部做了备份，但尚未达到异地备份的要求。开展涉密档案的鉴

定、降解密工作，总计70卷，300条。组织指导基层档案室达标升级。全年重点对县交警队档案工作晋升省一级标准进行业务指导，对全县重大建设项目档案的指导监管，对中晋冶金科技有限公司气基还原铁技术研发及生产示范基地项目建设工程档案进行业务指导。依法向社会开放馆藏应开放的档案，全年利用档案2470卷次，借阅档案38卷，接待查档538人次。参与县政府重大活动档案2次。继续开展县直各单位的档案监督检查，对石匣水库管理处、社保所、政府办及10个乡镇的档案工作进行行政执法检查，并对存在问题的麻田镇、石匣乡送达《限期改正通知书》。

（孙珮璇）

【档案法治建设】 2018年，左权县档案局制定重大行政处罚备案制度、规范行政处罚事项的自由裁量权幅度。组建档案行政执法检查组，以“贯彻执行国家档案局8号令、9号令、10号令”“档案安全体系建设”为主要内容，对乡镇和交警队、政府办、盘城煤矿等单位进行业务指导。同时接受市档案局对左权县档案安全工作的专项督查。档案局按照执法内容、程序开展档案行政执法检查，加强档案法治建设。（孙珮璇）

【综合档案馆建设】 2018年，左权县档案局加强档案安全体系建设，经常性开展安全教育和安全检查，增加安全设施，严格馆藏档案出入库登记。按照《左权县档案局（馆）关于档案资料接收进馆的实施方案》要求，接收土地局宅基地、物价局、审计局有关档案，接收民政局婚姻档案1828件，同时，收藏马厩村李云庆捐赠《李氏家谱》和《李氏家谱世系表》，征集《左权文学》等书籍，共计35册。至年底馆藏档案5万多卷（册、件），资料1万多卷（册、件）。（孙珮璇）

【档案利用体系建设】 2018年，左权县档案局档案利用按照“存储数字化、管理自动化、利用网络化”要求，加快馆藏档案数字化建设。编制涉密文件目录70卷，共计300条。完成1988年拟开放档案的鉴定、划控500多卷。全年利用档案2470卷次，借阅档案38卷，接待查档538人次。参与县政府重大活动档案2次。

（孙珮璇）

图书发行

【概况】 2018年，山西新华书店集团晋中有限公司左权分公司营业总收入977.6万元，利润95万元。连锁POS机图书完成94.2万元，教材完成84万元，教辅完成758万元。扩大销售，探索书店发展路径，北街示范小学校园书店每周增加80分钟的集体阅读课，与下午开放式自由阅读形成共享，专门编写制作阅读笔记本，免费为师生提供，并且不定期举办各种形式的阅读竞赛，朗诵竞赛，提升阅读效果，年内在宏远学校开设校园书店一所。创新思路，建设研学旅行基地，依托龙泉国家森林公园的研学旅游资源，打造“旅行+教育”模式的研学旅行基地。基地在9月开

营，1500 名师生参加研学旅行。（王涛）

民办文化单位简介

【苗世明藏报博物馆】 苗世明藏报博物馆创建于 1998 年 6 月，馆藏从明朝万历年间至今的中外报刊 6 万多种，百万余份册。2003 年，在平遥古城开办中国珍奇报纸陈列馆。两馆对外开放以来每年接待中外参观者百万余人次。2018 年 1 月 1 日，苗世明藏报博物馆商标在国家工商总局成功注册。同日，“精品报国”馆训出台，藏报博物馆荣获晋中市民办文化“五星级服务单位”称号。9 月 9 日至 21 日，先后在平遥古城、左权宣传文化中心举办“庆祝改革开放 40 周年”苗世明集报精品展，参观者 5 万余人次。中国文明网、《山西日报》《晋中日报》等 50 余家媒体予以报道。9 月 9 日，省报业协会确定藏报博物馆为“山西报刊文化传承示范基地”，《晋中日报》社确定藏报博物馆“新闻研究与实习基地。9 月 30 日，苗世明藏报博物馆入选省文物局、山西电视台主办的“守望文明，走进博物馆”专题栏目。馆藏清朝雍正七年 11 月的《邸报》被评选为“山西十大镇馆之宝提名奖”。（苗世明）

【山西将军虎民俗文化传播有限公司】 山西将军虎民俗文化传播有限公司原属左权三星制衣手工艺品厂，2010 年单独登记注册。公司主要生产将军虎、如意狮、绣球、十二生肖、壁挂、民族服装服饰，儿童中式套装、鞋垫等 1000 余种。

将军虎民俗手工技艺历史悠久，流传甚广，尤以左权麻田一带最具特色。抗战时期八路军总部进驻麻田，当地老百姓就把他们一针一线亲手绣制的布老虎送给八路军官兵，希望他们打胜仗，更希望他们勇敢平安。1942 年八路军副参谋长左权将军在麻田十字岭殉难时从身上掏出的布老虎，就是当地老百姓送给将军随身携带的礼物，为纪念左权将军，老百姓把布老虎称作将军虎，象征一种民族精神。公司产品先后获中国第六届民间艺术节银奖。将军虎、如意狮、绣球在多届工艺大师作品暨国际大师精品博览会上获“百花杯”优秀奖、银奖。在中国（山西）特色农副产品交易博览会上获金奖。将军虎入选《新中国国礼艺术家精品》，被推荐为国礼使用，并随文化部赴土耳其进行文化交流。将军虎申报取得十一项国家外观专利。2018 年，公司总资产 106.6 万元，总收入 582.1 万元，净利润 11.78 万元。（陈凤）

【东方酒器博物馆】 东方酒器博物馆创办于 1986 年，2009 年 9 月 24 日开馆。馆内现收藏有汉、南北朝、唐、宋、元、明、清等不同年代的铜、锡、紫砂、水晶、玉石、玻璃等酒器百余种。还藏有法国、德国等 20 多个国家和地区的酒器，其藏品数量及品种均居全国民间酒器收藏前茅。馆内分华夏古老酒器精品展厅、饮酒器皿展厅、酿造器具展厅、酒容器与量器展厅、酒类包装及商标和酒文史资料展厅。博物馆先后被授予山西文明单位、爱国主义教育基地、青少年爱国基地、山西科普教育

基地，晋中市文化四星级博物馆、山西文学艺术左权县采风基地等称号。（韩旭峰）

【左权县文史博物馆】 原名曙光钱币博物馆，创办于2001年6月，是经山西省文物局登记备案的民办非企业博物馆。展馆面积约400平方米，分为两大类，六个专题陈展，其中文史资料万余件（册）、历代货币系列有千余种万余枚，古契老约（票证）约一千余份，各时期布艺绣件1500余件，藏有清代雍正十一年版《辽州志》，早期夏、商、周、唐、宋、元、明、清直至新中国成立后各个不同历史时期货币。藏品还有地方志、行业志、村志、回忆录、史稿；散文、小说、诗歌、民歌、民谣、木刻、绘画、微型书法及红色资料为主的书籍、报刊、证书、奖章、照片等达万余件（册、张）。（魏建忠）

【候乃田农民文化大院】 位于左权县芹泉镇中寨村，2007年9月30日挂牌，至2018年占地333平方米，设展厅9个，藏书1.2万册。其中，小人画书500本，报刊18万份，科技书籍3000册，法制书籍2000册，票据130张，画报1520册，图片820张，民路物品100件，其文物品50余种，小学生辅导课本、作文指导1000余册。大院内还有扑克、象棋、锣鼓、笙、笛、管、啸、胡、琴等娱乐设备。

农民文化大院接待来访读者有农忙与农闲之别，正常情况下农闲时天天接待，农忙时周日接待，特殊情况特殊对待。2018年接待读者游客数万人。

周边农民把农民文化大院当作提升自身素质的“充电站”，经常到大院学习技能知识、获得外界信息。其中，中寨村民王永田通过阅读大院藏有的科技书籍，治好了矮化核桃腐烂的病根。

农民文化大院创办后，侯乃田获得多项荣誉。其中，2010年4月19日左权县委政府授予侯乃田“左权拔尖人才”县委联系专家称号；2010年和2012年两次出席晋中市阅读、演讲比赛荣获第二名；2015年5月25日赴北京参加历时五天的图书论坛会议；2016年度被晋中文化办评为晋中“敬业奉献”的好人；2016年11月9日荣获“左权县劳动模范”奖章一枚，2018年3月8日至9日左权县电视台连播四次奇人侯乃田，并发表到网上。2018年7月26日参加左权县文化家庭表彰会，并颁发荣誉证书。（侯乃田）

【左权县有芳剪纸艺术公司】 2013年，有芳剪纸艺术公司成立，位于山西省左权县城内小南街5号，由剪纸传人赵兰芳和女儿杨理、儿子杨平安共同创办，均为中华文化促进会剪纸艺委会会员。公司采取“公司+农户”的生产经营方式。有工作人员10名，其中从事四十余年的剪纸传承人2名。2017年，在晋中市宣传部的资助下，建成晋中市第一个民间剪纸艺术展览馆，总面积800平方米，展出各种流派各式风格的古今中外剪纸经典作品上万件，其中有革命抗战故事、毛泽东等革命伟人等身像和《孟母教子》《二十四孝》《十大母亲》《十二金钗》等剪纸作品。同年挂牌左权县非遗剪纸传习所。公司剪纸作品多次应邀在北京、上海、昆明、太原、榆次等地展出，并远销美国、日本、俄罗斯、新加坡等国家和台湾、香港地区。至2018年底，剪纸作品多次在县、市、省报刊、杂志和网站刊登，获得省级荣誉多项，其中2015年9月9日参加山西省第二届文化产业博览交易会，抗日故事《廉在太行》剪纸作品受到省、市领导的高度评价，2015年获得“山西省文化产业博览交易会‘神工杯’工艺美术精品奖”金奖。2018年6月，剪纸作品荣获山西省“弘扬禁毒文化，畅享绿色无毒”展览优秀奖，同年10月剪纸《辉煌40年》在庆祝改革开放40年暨第五届“三晋巧女”活动中荣获优秀奖。

公司不断挖掘、抢救、保护、传承剪纸文化，培养剪纸人才。剪纸文化先后深入校园、社区、乡村。至2018年底，共举办剪纸培训班20余期，培训800多人，带动晋中市120多个剪纸爱好者和他们所在地的生产基地集群共同发展。公司不断创新研发，注重产业拓展和延伸，其产品由传统的装饰品发展为时尚美术工艺品、馈赠礼品、旅游纪念品、剪纸挂历、剪纸贺年卡、剪纸扑克、各种剪纸版面、户外大型即时贴剪纸装饰产品、编写出版“剪纸”系列丛书和小学剪纸教材等等。

公司注重公益事业。至2018年底，公司为左权80岁以上的老人做剪纸《福》《寿》挂轴4000余幅，为在左权县召开的各类现场会无偿赠送剪纸作品千余件。公司以剪纸展览馆为窗口，年接待游客上万人次。成为一个集教学、研究、设计、生产、剪纸文化体验、旅游观光度假为一体的特色文化体验园。 （杨彦伟）

【巨文明文化园】 创建于2005年，分7个展厅。2018年，按照创建公共文化服务体系的建设标准和新的要求，以收藏、保护、展览、教育为经营理念，在管理建设方面，进行自主创新和高位推进。建筑使用面积由原来的480平方米扩展到580平方米，并对古碗古盘、古茶壶、老茶缸、酒器具、工兵书和民俗民风物品、各类证件、新旧课本书、各类笔记本及左权县文史资料等十几大系列的藏品珍品进行分类陈列。在文化园的文化建设中，增设“中国共产党红色宝典展览馆”，收藏和陈列马克思、恩格斯、列宁、斯大林、毛泽东的理论著作；国际共运与中国共产党的历史资料及各个历史时期共产党的方针、政策贯彻落实情况的有关历史资料。红色宝典展览馆开馆至2018年接待党员干部在校学生等社会各界人士13万人次。 （巨建军）

文物保护与管理

【概况】 至2018年，左权县经各级人民政府确定并公布为重点文物保护单位91处。其中：国家级重点文物保护单位4处5个点（文庙大成殿、麻田八路军总部旧址、西河头一二九师司令部旧址、寺坪普照寺、苇则寿圣寺），省级重点文物保护单位5处（十字岭左权将军殉难处、盘恼黄泽关内长城遗址、桐峪晋冀鲁豫边区临时参议会旧址、南会八路军前方总部旧址、

山庄新华日报社旧址），市级重点文物保护单位3处（三元阁、钟鼓楼、礼拜堂），县级重点文物保护单位78处。（常宏亮）

【文物古建筑维修】 2018年，左权县实施完成国家级重点文物保护单位寺坪普照寺大殿、苇则寿圣寺保护修缮工程，总投资800余万元。（常宏亮）

【红色文物维修】 2018年，左权县实施完成省级文物保护单位十字岭左权将军殉难处保护项目，总投资1000万元；实施完成省级文物保护单位南会八路军前方总部旧址保护维修工程，总投资150余万元。（常宏亮）

【不可移动文物核查】 2018年，左权县开展不可移动文物核查工作，将全县境内不可移动文物的保存状况、管理状况、产权归属、安防消防设施状况进行了详细登记造册。（常宏亮）

旅　游

【概况】 2018年，左权县抢抓锻造太行旅游品牌的历史机遇，确立以“发展全域旅游、建设全景左权”，创建国家全域旅游示范县和国家级旅游业改革创新先行区的目标，编制《左权县全域旅游发展规划》。启动乡村旅游专项规划工作，完成29个国家级乡村旅游扶贫重点村规划编制。开工旅游公路11条，总规模147.8千米，总投资6.3亿元。6月，挂牌成立旅游巡回法庭、左权县麻田旅游警察大队、左权县桐峪旅游市场监督管理所。实施文化旅游类重点工程项目20余项，累计完成投资1.06亿元。左权太行冰酒小镇、松树坪3D动漫村被评为国家AAA级旅游景区。至年底，左权县已拥有AAAA级景区2个，AAA级景区5个。出台《左权县乡村旅游扶贫工程实施方案》，旅游扶贫工程共带动601户、1511人脱贫。在2018中国新型旅游产业发展大会上，左权县荣获“中国最美生态文化旅游名县”和“中国最佳红色文化体验旅游名县”称号。（王立明）

【市场营销】 2018年，左权县文旅委策划并承办了以“走进红色左权、唱游秀美太行”为主题的“太行（左权）生态文化旅游活动季”，相继举办太行红色文化和生态旅游发展交流研讨会、翻山越岭俺寻你来——太行（左权）民歌会、“旅游+生态庄园+乡村振兴”发展论坛、“走进红色左权、畅游秀美太行”精品线路推介活动、百名艺术家进太行采风活动、“不忘初心、牢记使命”纪念改革开放四十周年电影展演活动、晋冀鲁豫边区红色文化旅游节、文化活动月及国画大师陈硕石纪念馆开馆仪式等十大系列活动，带动全县上半年游客接待量达162.5万人次、旅游综合收入达12.7亿元，同比分别增长28%、28.1%。同时围绕活动季的举办，进行大力度宣传营销。（1）6月5日，举行“太行生态文化旅游活动季”十大系列活动新闻发布会，邀请中央、省、市各级媒体记者30余家，对发布会进行全方位宣传报导；（2）在晋中电视台为期1个月播出15秒宣传广告，每天循环播出15次；（3）高速公路跨桥左权服务区悬挂广告6个月；⑷ 在全国火车站（271个火车站，其中高铁站125个，普通车站146个，共4161台高清电视）9月3日至10月8日，播放10秒广告1个月；⑸ 通过中国旅游网、新华网、人民网、中国网、旅游卫视、山西经济频道、晋中电视台、黄河卫视、山西公共频道等新闻媒体宣传报道共计120家次。（巨欣）

【项目建设】 2018年，左权县生态、文化、旅游深度融合，快速发展，成立左权生态文化旅游开发区。全年入境游客人数438.39万人次，比2017年增幅24.01%，实现旅游综合收入37.64亿元，比2017年增幅26.78%。是年，重点抓招商、助投资，旅游类项目签约9项，签约总金额83.2亿元。政策性引资落地901.45万元；重点项目总投资14.38亿元，当年计划投资2.16亿元，实际完成投资1.68亿元。（郭峰）

【行业管理】 2018年，左权县文旅委配合安全生产监督管理股和质量监督所对旅行社、分社、营业网点、景区景点是否悬挂有效证件、相关制度、合同签订、收据签发、宣传资料是否存在超范围等方面进行检查30余次。组织选手参加山西省首届“大槐树杯”金牌导游大赛，指导督促旅行社、星级酒店进行网上系统报送。5月初，参加晋中市旅游综合行政执法培训。7月，按照省、市旅发委在全省范围内开展暑期旅游市场秩序专项整治，即“利剑行动-2”的统一部署，经局务会议研究特制定左权县暑期旅游市场秩序专项整治工作方案，组织企业先行自查，随后展开多次明察暗访，营造行业新风，全面提升旅游服务质量，不断净化旅游市场环境，提升游客满意度，构建“规范有序、和谐稳定”的旅游市场秩序，10月，组织景区三名选手参加全市导游员讲解员大赛，喜获佳绩。11下旬，组织参加全市星级饭店技能大赛。12月，省市旅发委召开全市关于对全国旅游监管服务平台使用进行培训，全国旅行社将全面启用旅游监管服务平台。（李淑锐）

【安全监管】 2018年初，左权县调整旅游行业安全领导组及其工作机构，以正式文件进一步细化和完善领导干部“一岗双责”、工作职责和股室责任，在各项评优评先中严格执行安全“一票否决”制。制定《左权县旅游突发事件应急预案》，各旅游经营单位结合实际也制定旅游突发事件应急预案。实行目标管理，县旅游局与监管的27个旅游企业分别签订《旅游安全目标责任书》，按照“属地管理”“谁主管、谁负责”的原则，对全县所有旅游经营单位全部实行了安全监管部门、监管领导、监管人员“三落实”，组织全县所有旅游经营单位法定代表人签订《安全承诺书》。年内，对全县所有旅游经营单位逐月排查，共排查98次，查出安全隐患10处，对所有查出隐患，在县旅游局直接监督下，由隐患单位和相关部门限期整改，保证件件隐患要落实。举办全县旅游系统消防安全知识培训会和安全应急演练现场观摩会，各旅游经营单位负责人和安全员均参加会议，全年左权县旅游行业持续安全平稳发展。（张娟）

教　育

教育管理

【概况】　2018年，左权县设普通高中1所，职高1所，单办初中4所，九年一贯制学校11所，小学34所，教学点11所，公办幼儿园42所，附设幼儿园18所。教职工1813人（左权中学243人，职业中学87人，宏远职高部不在高中统计范围），其中，高中教职工672人，初中教职工500人，幼儿教职工311人。中小学生和在园幼儿26166人。其中，高中在校生3707人（左权中学2250人，职业中学339人，宏远职高部1118人），初中在校生5660人，小学在校生11972人，幼儿在校生4827人。（何章庆）

【办学条件】　2018年，左权县完成固定资产投资2780万元改善办学条件，其中引资2029万元。至年底，左权中学综合教学楼、5所村级幼儿园新改建项目竣工投用，羊角中学综合楼完工，思源实验学校二期项目主体完工，拐儿小学学生宿舍楼项目二层封顶。新建左权中学项目进入财政部PPP项目库，前期手续完成，至年底土地手续和准备社会资本方招标在办理中。投资740万元，改造8所农村学校甲醇火，整修19所农村学校老化电力线路，维修24所农村学校校舍和暖气管道。（何章庆）

【智慧教育】　2018年，左权县依托“腾讯智慧校园”项目，建设智慧校园、打造智慧课堂，推进管理水平和教学质量提升。61所项目校注册成员52351人，教师、家长关注率分别达到94.3%和82.3%，覆盖129个贫困村，7398名贫困生及家长受益。2018年8月20至24日，制作视频《智慧校园为老区教育教学注入新动能》代表晋中市参加山西省第二十届基础教育教学信息化交流展示活动。在“一师一优课、一课一名师”活动中，传送优课678节。教师应用科大讯飞畅言软件资源，全面推进“互联网+课堂教学”。继续在宏远学校开展“电子书包”试点。（白守元）

【师资培训】　2018年，左权县教育科技局分层次、分类别、分学段实施教师素养提升计划，全年培训教师4000余人次。组织全体教师学习全国教书育人楷模、中国好老师等先进典型事迹，落实教师个人师德报告制度，强化师德师风建设。太原师范学院教授吴丽萍、焦佩婵的理念性培训，小学教师“新理念、新课程、新技术和师德教育”培训，“差点教育”创始人黄宝国教授的因材施教策略，帮助教师确立现代教育理念。组织教学点教师培训、初中薄弱学科教师培训、新教师岗位培训和特殊教师群体培养。外派70余名教师参加“国培”（中小学教师国家级培训）学习，扩大“青蓝工程”实施面，牵手千里培训学校开展“送教下乡”活动，提升教师实践能力。以片区组织大教研活动，开展访名校活动，加大校本研训力度，大幅度提升教师专业水平。（何章庆）

【教师进修】　2018年，左权县教师进修学校按照《关于对政府购买性岗位教师、临时聘用教师进行跟踪培养培训的实施方案》，全县各学校政府购买性岗位教师、临时聘用教师（简称“新教师”）进行摸底，全县新教师共计249人。3月起，对新教师进行跟踪指导，6月底，对新教师学习、教学、教研等工作进行阶段性考核。8月底，对87名新教师（政府购买性岗位教师）进行为期一周的集中培训。9月以后，结合考核情况，以集中教研、骨干教师、名师引领等形式“一对一”“面对面”对新教师进行指导。

依据《左权县骨干教师培养培训计划》，对未认定的骨干教师进行为期2个月的补修。2018年初，县教科局人事、督导等股室完成对补修教师全面认定考核。36名骨干教师申请认定，其中10名教师因业务资料、说课答辩、学校年终考核、调查评议以及“冬春行动”个人表现不达标等情况未通过考核认定，26名教师认定为“左权县骨干教师”。对已认定的200多名骨干教师通过赛课、赛讲等形式督促其巩固提升。

2018年，寒假及开学初在教育科技局师资股的组织下培训小学、初中新教师100多名，暑期培训薄弱学科教师150人，是年利用清华远程培训平台，培训教师共计208人，赴清华面授9人。

年内，组织全县中小学教师参加全员培训。参加《中国教师研修网》全员远程培训共347人。参加山西省“国培计划”项目信息技术能力提升培训共计1358人。

2018年，县教师进修学校继续教育全员培训。组织全县中小学教师参加全员培训。参加《中国教师研修网》全员远程培训共1504人。参加山西省“国培计划”项目教师工作坊培训160人。参加山西省“国培计划”项目信息技术能力提升培训共计1288人。对1700名教师进行继续教育学习笔记考核以及审证、验证工作。10月，学校派出2名教师参加“国培”项目培训。（宋建琴）

【管理体制改革】　2018年，左权县教育科技局完成25所具有独立法人资质的中小学、幼儿园校（园）长职级制改革，取消公办中小学校和中小学校长的行政级别，其中正科级5人、副科级21人；选拔聘任中小学校长25人，其中新选拔14人、直接过渡11人。改革中，将校长、副校长和党组织书记、副书记全部纳入改革范围，实现班子成员全纳入；建立校长人才库，通过竞聘让行家里手走上校长岗位，实现“专家治校、教育家办学”；建立统一的职级薪酬标准，实现了城乡和各学段校长绩效零差别；确定适中的考核难度系数和权重比例，实现校长业绩考核科学公平；下放权力7项，实现学校自主办学；市县财政每年下拨校长职级薪酬和教师团队奖励专项经费735万元，教师职业幸福指数得到提升。

2018年，左权县教师“县管校聘”管理改革全面启动。组织人员外出学习、调查研究，出台《左权县中小学教师“县管校聘”管理改革试点实施方案》，11月中旬，县政府召开左权县中小学教师“县管校聘”管理改革动员大会，改革工作正在进行中。

高中阶段学校考试招生制度改革有序推进。完善学生综合素质评价制度，并将评价结果作为高中阶段学校招生录取的依据。在2017年培训学习的基础上，出台《左权县初中学生综合素质评价指导意见（试行）》，明确评价内容、方法和程序。依托初中学生综合素质信息管理评价平台，组织平台使用培训2次，并及时上传相关数据和信息。（白守元）

【德育实践活动】 2018年，左权县教育科技局开展“中华魂”《腾飞的祖国——改革开放40年》主题教育读书活动，免费发放读本1.1万余册，组织演讲比赛和读书征文活动，并遴选优秀作品编辑成《辉煌与梦想》一书。以纪念左权将军殉国76周年为契机，分别在左权烈士陵园、麻田八路军总部旧址和十字岭左权将军殉难处举行“传承红色基因、争做时代新人”主题教育活动。举办“中共十九大精神进校园”和“纪念改革开放四十周年”宣讲报告会23场，1.3万余名学生参与活动。深入各学校做家庭教育讲座26场，受培家长2万余人，推动家校融合发展。组织开展“研学实践和体验”活动。利用晋中及周边丰富的历史文化资源和人文自然资源，设计选定实践活动线路与主题，分批组织全县八年级学生1800余名，走进煤博馆、科技馆、海洋馆、官道巷等7个研学实践体验基地拓展学生视野。（何章庆）

【体育艺术教育】 2018年，左权县中考体育成绩名列晋中市第三。各类体育竞赛多有斩获：晋中市中小学生田径运动会创历史最好成绩，小学、初中、高中代表队分获团体第五、第七和第四；晋中市校园足球联赛，小学组分获第三、第六，初中组分获第七、第四；晋中市柔力球比赛，示范小学获第二；晋中市高中篮球锦标赛，左权中学获第四。指导学校开展健康知识普及和健康养成教育，多种形式对学生进行爱滋病预防、口腔卫生、爱眼、爱牙等宣传教育。县教科局被国际奥比斯组织和山西省政府“看得见的希望”项目部授予“最佳支持单位”。加大国防教育力度，分别创建国家、省、市级国防教育特色学校1所、3所和5所。

举办左权县第六届中小学生艺术展演，

选送213个（幅）优秀节目、作品、工作坊、优秀案例参加市级展演，获一等奖29个、二等奖45个。选送3个节目、5幅作品、3篇案例、1个工作坊参加全省展演，其中3个节目被推荐参加全国第六届中小学生艺术展演。在晋中市音体美教师基本功技能大赛中，10名教师获奖，其中一等奖2名、二等奖3名、三等奖5名。

优秀传统文化走进校园。组织师生参加“阅读国学经典、传承中华文明”全国中小学师生读写比赛和2018“中华通韵”诗词创作征集活动。在全市“国学”系列活动中，荣获“小学国学达人挑战赛暨汉听大赛”一等奖。在全市国学培训中，13名教师获得读写比赛奖，1名教师作示范课，3名教师被聘为市国学经典骨干教师。（何章庆）

【语言文字工作】 2018年，左权县教育科技局做好山西省语言文字工作督导评估各项准备工作，开展第21届“推广普通话”活动。督导左权中学等8所学校的语言文字工作，暑期与县书画协会联合举行中小学生书法扶贫培训班，培训学生45人。南街小学和西关学校分别被认定为省级语言文字规范化示范校和省级规范汉字书写教育特色校。语言文字督导评估经验，在全市研讨会上进行了交流。（何章庆）

【教育扶贫】 2018年，左权县教育科技局春季学期资助贫困学生4382人（含建档立卡贫困学生4016人），其中幼儿1475人、小学寄宿生810人、初中寄宿生924人、普高生594人、中职生579人，资助金额289.3万元。秋季学期资助贫困学生4196人（含建档立卡贫困学生3835人），其中幼儿1225人、小学寄宿生764人、初中寄宿生953人、普高生642人、中职生612人，资助金额284.4万元。发放生源地信用助学贷款1264万元，资助贫困大学生1963名。有关部门、社会组织、企业和爱心人士多方筹措资金，资助贫困学生648人，资助金额186.89万元。引进培植基金105万元（每年21万元，资助5年），定向资助泽城学校、麻田中学、羊角学校和左权中学师生。出台《左权县第二期特殊教育提升计划（2018—2020年）》，强化4个特教资源室建设、管理和使用，核查6周岁至14周岁残疾儿童少年入学情况和特教经费管理使用情况。多渠道提高特教教师专业化水平，帮助送教上门教师解决实际困难。全县适龄儿童学前教育入园率达到98.1%，九年义务教育阶段无因贫辍学学生，为左权县如期脱贫提供保障。（白守元）

【平安校园建设】 2018年，左权县教育科技局出台《左权县校园安全网格化管理方案》，在全体教职员工中推行“全员安全值班制度”。开展“做自己的首席安全官——平安校园行”“珍爱生命、预防学生沉迷网络教育”“安全文化进校园”等宣传教育活动。邀请专家开展危化品安全管理暨禁毒工作培训、应急救护培训和消防器械使用培训。常态化开展应急演练和应急避险能力训练测试，提高师生抵御和应对突发事件的能力。与县政法委联合开展“扫黑除恶”宣传进校园暨预防学生欺凌活动，发放宣传资料2.16万余份，组织教职工集体学习1次，安排国旗下讲话1次，举办主题班会1次，参加扫黑除恶答题活动1次。针对可能存在的23类涉校“霸、痞、乱”现象开展全面排查，共摸排出涉校扫黑除恶专项斗争工作线索2条。开展“利剑行动”整治校园及周边环境，清理流动摊点300余起、占道经营55起，校园周边环境得到好转。（何章庆）

学前教育

【学前教育行动计划实施】 2018年，左权县教育科技局联合县发改局、财政局、人社局出台《左权县第三期学前教育三年行动计划实施方案（2017—2020）》。投资153万元，为全县60所幼儿园配备玩具、桌椅、音箱、电钢琴、消毒柜、玩具柜等。认定左权一幼和宏远幼儿园为普惠性民办幼儿园，全县普惠性学前教育覆盖率达到90%以上。举办“我是幼儿园教师”学前教育宣传月活动，开展防止和纠正“小学化”专项治理，并对乡镇中心园进行发展性评估。组织43名业务园长和骨干教师进行幼儿园游戏活动观摩培训。接受县人大学前教育发展情况专题调研，针对存在问题和短板进行整改。（何章庆）

【幼儿教育】 2018年，左权县教育科技局对全县幼儿园实行分类指导、动态监管多举措鼓励民办幼儿园发展，其中为金蒙特梭利艺术幼儿园提供灵活多样的服务，指导一日活动、环境创设、教研活动，组织参与培训观摩，派驻帮扶教师2名；城内幼儿园重点开展各项活动，其中左权一幼的儿童体验城，成为幼儿扮演各种角色的成长乐园；乡镇中心园开展“自主游戏”联片教研活动，提高教师的实践能力与理论水平；村办园重点规范一日活动，杜绝“小学化”倾向。（白守元）

基础教育

【义务教育均衡发展】 2018年，左权县教育科技局构建保障义务教育均衡发展的长效机制，通过“义务教育发展基本均衡县”国家督导复查，创建义务教育阶段现代化学校10所、义务教育管理标准化学校33所，实施“阳光招生、均衡编班”“阳光考试”。（何章庆）

【教研教改】 2018年，左权县教育科技局持续实施提升教育教学质量“冬春行动”，全员参与，齐抓落实。推行以“包党风、包质量、包安全”为主要任务的包校制度。推广上海“单元视角备课”“作业研究”“课例研究”等课改经验。举办“以学为中心”课堂行动模式研讨会和2018年中考质量分析会，开展小学教学及教研工作调研。选派10名教师参加晋中市小学青年教师教育教学能力大赛，其中获一等奖1人、获二等奖4人。以点带面推进“三靠近”（教育设备以点带面靠近学生、靠近教师、靠近教学）工作，督促学校开放功能室、开足实验课，全方位提高各类器材使用效益。举办左权县中小学实验教学说课活动，并推荐7名教师参加全市比赛，获得优秀组织奖。（白守元）

【教育教学质量】 2018年，左权县

普通高考二本B类以上达线536人，一本达线158人。理科600分以上共8人，最高分645；文科600分以上共3人，最高分613。左权中学二本B类以上达线495人，其中应届生达线人数首次突破300人，达到315人，较上年增加32人，增幅达11.3%；一本达线152人，较2017年最高纪录增加13人，增幅达10.2%。左权宏远学校二本B类以上达线41人，较上年增加5人，增幅达13.9%；一本达线6人，与上年持平。全县百余名学子走入名校，其中北京大学录取4人，左权县获得晋中市“高中教育质量先进单位”称号。中考成绩保持在全市第六，消除全市后20名学校，石匣、二中、宏远冲进全市前30名。　（何章庆）

职业教育

【概况】　左权县职业技术中学创办于1984年，是左权县唯一一所全日制、多学科、多层次的公办、省级重点中等职业技术学校，左权县职教中心依托基地，中华职业教育社社员单位，中国职业技术教育协会管理工作委员会理事单位。多年来学校先后荣获“山西省平安校园”“山西省消防安全示范校”“晋中市文明单位”“晋中市教育系统先进单位”等荣誉称号。学校占地面积6.66公顷，建筑面积3万余平方米。开设计算机应用、机电设备安装与维修、会计、旅游服务与管理、社会文化艺术、汽车运用与维修、老年服务与管理、电子商务等12个专业。拥有功能齐备的机电一体化、电工电子、电子焊接、会计电算化、网络综合布线实训室，拥有计算机应用专业和汽车应用与维修专业多个实训基地。校长职级制改革实现学校新老班子交替，组建了一支高、中职级布局科学，老、中、青衔接合理的优秀的“双师型”师资团队，确立“规范办学行为，提升服务能力，为学生的终身发展负责，为脱贫攻坚助力”的发展目标、“政府管教育，学校办教育，社会评教育”的办学思路和“管理就是服务”的办学理念。　（张晓霞）

【管理机制改革】　2018年，左权县职业中学继续完善各项管理制度及考核评价体系，学校领导班子率先垂范，团结创新，确立了“提升学生自治能力，为学生终身发展负责，为脱贫攻坚助力，办人民满意教育”的发展目标，学校管理层次分明，德育工作井然有序，课堂秩序有条不紊，职业中学的发展全面步入高效运转的快车道。　（张晓霞）

【办学条件改善】　2018年，左权县职业中学开辟新实训基地，强化品牌专业建设。除对现有两个计算机云教室，两个机房，一个网络综合布线室，一个汽车应用与维修实训室合理建设利用外，继会计专业、机电专业申报省级重点专业成功，三个功能完备的会计实训室、三个机电安装与维修实训室已进入验收阶段，园林实习实训基地正在稳步推进建设中。学校为提升专业特色，又兴修了高标准、设施齐全的武术训练室，投资300万元的社会文化艺术基地正在申报中。　（张晓霞）

【办学模式】　2018年，左权县职业

中学利用一流基地和师资优势，继续引进人才，开放办学。书画协会、诗歌协会、刘红权民间艺术传习所已成为学校名片，社会名流、行业专家开辟的“社会大讲堂”，已成为学校专利性的特色课堂。“学校办教育，社会评教育”的办学管理模式基本成形。学校与国有资产有限公司、新太行汽修、中北大学（华澳商学院）等联办单位签订联合办学协议，推行“企业师傅到校任教，职中教师到企业实践，职中学生进车间实战”的办学实训模式，做实校企联合办学，走出校企合作零距离的职教新路子。（张晓霞）

【校园微管理平台建设】 2018 年，左权县职业中学利用大众微信平台、智慧校园平台，组建左权职中微官网、班级圈、师生家长结对群、左权职中教师工作群、社团群、协会群和教科研群。师生利用“师生家长结对群”，老师和家长无限沟通，交换学生（子女）在校学习、生活、表现、情感等情况，老师和学生适时沟通，及时掌握学生在校状态和生活学习中存在的困难，以及同学及朋友之间关系，及时给予帮助。微信平台已成为学校、教职员工、学生、家长思想沟通交流的主阵地，传播学校发展正能量的绿色通道，学生管理的无限延伸平台。（张晓霞）

【教育教学】 2018 年，左权县职业中学在教育教学方面拓展思路，创新管理模式。建立“以学生为中心，以师资队伍为根本，以专业建设为重心”的三维教学理念，开展“3 个 1”建设工作，即一个中心：以学生为中心；一支队伍：以师资队伍为本，打通教师企业实践通道，获得市场最新技术资源，创造教师业务培训机会，提高教师业务水平，开展教师技能竞赛活动，促进师资队伍技能提升；一项建设：以专业建设为重心，课程分解为项目，项目融入技能，技能源于岗位，实现教学技能与企业岗位零距离，学生入企即上岗。打造“以文为基，以技为髓，以艺为魂”的三维教学模式。推行“3 有人才”教学思想，即有文化：大力推行以中华汉语文化为基础，打造以阅读、朗诵、演讲、写作能力为核心的文化教学课堂；有技能：倾力打造以工匠技能为精髓，以校企合作为途径，以师徒结对为手段的专业技能教学课堂；有才艺：深入开展以传统文化艺术为灵魂，以书法传统文化为出发点，以音乐美术欣赏为着力点，以中国舞蹈为塑造点的思想灵魂教育课堂。（张晓霞）

【德育教育】 2018 年，左权县职业中学创新德育教育工作，提出“三个一”工作思路：坚持一个理念——“成才先成人，育智先育德”；落实一个目标——德育“六化”：班主任管理规范化，班会实施课程化，教育养成精细化，教育活动自主化，家校推进互动化，心理教育普及化；形成一套模式——“制度管理，榜样引领”的模式。本着让学生“自我教育、自我管理、自我服务”的原则，吸纳全校优秀学生组建学生自己的组织——学生会，参与学校和学生日常工作管理。同时，发挥校团委的先锋队作用，抓好共青团的组织建设，

组织开展校园创先争优活动，“奋斗新时代，出彩新青年”已成为学校发展的一张亮丽名片。（张晓霞）

【职业技能大赛】 2018年，在省市技能大赛中，左权县职业中学师生成绩大幅提升。山西省技能大赛中，2名机电教师获得机电设备安装与维修三等奖；4名学生分获机电一体化设备组装与调试二、三等奖；2名计算机教师获得数字影视后期制作三等奖；1名学生获得数字影视后期制作三等奖；1名学生获得会计电算化三等奖。晋中市技能大赛中，1名教师获得声乐三等奖；1名教师获得制冷与空调三等奖；1名教师获得导游讲解三等奖；2名学生获得会计电算化三等奖；4名学生获得机电一体化三等奖。（张晓霞）

【对口升学】 2018年，左权县职业中学参加对口升学考试共计38人，达本科线4人，专科线32人，升学率94.7%，提前自主招生53人达线，9人提前批被华奥学院直接录取，50人获华奥奖学金共计10万元。（张晓霞）

【就业培训】 2018年，左权县职业中学充分发挥职教中心功能，开展社会劳动技能培训工作，与学校职教中心成员单位配合，开展各类培训，共计培训4005人次，162人取得相应职业资格证，其中精准扶贫人员141人，培训成果显著。此外面向社会培训家政服务员39人次，手工刺绣44人次，中式烹调师88人次，服装缝纫44人次，电工88人次，完成培训任务。（张晓霞）

成人教育

【招生培训】 左权县教师进修学校组织开放教育招生、培训学习、考试等各项工作。2018年，共招收新生23名。对学员集中面授培训学习10次，参加学习人数达320人次。完成2166科次的课程注册与报考工作。开展20次网上教学辅导活动，完成113人次作业评阅。组织学员考试，参考人数169，考试科次895科次。开展论文评审，共评审论文32份。举行开放教育毕业生毕业典礼，毕业学生67名。（宋建琴）

农业广播电视学校

【概况】 2018年，左权县农业广播电视学校（简称农广校）围绕“三农”工作和乡村振兴战略要求，培育农民实用人才900余人，对已认定的200名新型职业农民进行跟踪服务，认定为新型职业农民100人。建立健全新型职业农民培训制度。学校通过多渠道，购进《现代农业创业指导》《水果蔬菜保鲜技术》《测土配方技术》《植物病虫害防治》《农药安全使用》《无公害农产品杀菌技术》《常见猪病防治》等资料，以及自行车、摩托车修理技术等40余种200多套光盘，分别发送到十个乡镇有关村庄，进村组织播放40多场，参加学习人员近2000人，科技入户技术指导900多人。（赵向东 王静）

【新型职业农民认定服务】 2018年，左权县农广校在已认定的200名新型职业农民基础上，本着规范科学的原则，对参加新型职业农民培训的900名农民进行考察调研，经过申报、初审、核查、评审、公示等环节，认定100位农民为新型职业农民。对2016年、2017年已认定的200名农民进行复审及跟踪服务。并有针对性的对学员进行再培训，培训课程为《瓜果优质丰产技术》《玉米生产技术大全》《农民实用技术手册》《生态农业与庭院经营》《新农村文化建设》《水果、蔬菜、花卉贮藏保鲜技术》《设施蔬菜栽培与病虫害防治技术》，并结合教学内容组织学员到培训基地进行教学实践活动共计40课时。

（赵向东　王静）

部分学校简介

【左权中学】　左权中学是左权县唯一一所普通高级中学，是晋中市示范高中学校，是晋中市十六所重点高中之一。左权中学是以革命先烈——左权将军英名命名的一所老区中学，其前身创建于1945年3月，1949年9月，山西省人民政府成立，校名相应改为“山西省立左权中学校”；1953年，按照省政府统一规定，正式定名为“山西省左权中学校”。学校占地面积5.93公顷，有教学楼、综合楼、实验楼、行政办公楼各1栋，学生公寓楼3栋，学生餐厅1座、教工餐厅1座，总建筑面积3.50万余平方米。

学校在校学生人数2400人。有在编教职工234人，其中专任教师221人，男教师91人，女教师130人；山西省特级教师1人，高级专业技术职务教师55人，中级专业技术职务教师98人。山西省特级教师1人；山西省骨干教师9人；晋中市学科带头人2人；晋中市教学能手6人；左权县教学能手38人；左权县教育名师8人；左权县师德标兵4人。

2018年高考，学校应届达线316人。2018年8月被晋中市教育局、市政府教育督导室评为高中综合考核良好学校。11月，被市教育局、市国防教育办公室命名为晋中市国防教育示范学校。　（刘利）

【左权第二中学】　左权县第二中学占地面积4.05万平方米，建筑面积1.30万平方米，绿化面积4160平方米。学校有教学班30个，10轨制，学生1509名。教职工121名。学校高级专业技术职务教师23人，中级专业技术职务教师45人，初级专业技术职务教师38人。有省级学科带头人1人、省级教学能手5人、省级骨干教师5人，省级优秀实验教师15人，市级学科带头人2人，市级教学能手8人。

学校教学设施完善，拥有录播室、微机室、实验室、仪器室、舞蹈教室、音乐教室、心理辅导室、阅览室及藏书四万余册的图书室等专用室。每个教室均安装现代化教学设备，实现多媒体班班通教学，每位教师配备备课用计算机。学生机房、教学用机、教师用机均与Internet相连，实现资源共享，办公现代化。还有400米塑胶跑道的标准操场，音、体、美专用器材一应俱全，为师生创造舒适优雅的教育教学环境。

学校秉持“为学生一生发展着想，对学生终身幸福负责”的办学理念，坚持“以德立校、依法治校、科研兴校、特色办校”的治校方略，以“德智双全、身心两健、学创俱能、全面发展”为育人目标，形成以“主体参与、自我管理、自主发展”为内涵的“主体教育”办学特色。

学校先后荣获全国 JIP 实验先进学校、国家级语言文字规范化示范校、山西省素质教育示范校、山西省义务教育示范校、山西省义务教育优秀示范学校、山西省基础教育课程改革实验基地、山西省德育示范校、山西省文明学校、山西省基础教育课程改革先进学校、晋中市文明单位、晋中市文明学校、晋中市优秀家长学校等省市级以上荣誉。（刘凯）

【左权第三中学】 左权县第三中学是一所六轨制初级中学，其前身为南街中学，隶属于城关镇（现为辽阳镇）管辖。1990 年 9 月，由当时的南街中学、西关学校、沐池中学合并为城镇中学。2000 年 9 月，更名为左权县第三中学校，成为县直学校。

县委、县政府相继实施的校安工程、学生营养餐、校园美化等各项惠民工程均惠及三中学校，尤其是在国家教育均衡县验收时，县委、县政府、县教科局加强学校配套设施建设，极大地改善了办学条件，为师生的学习、生活创设了安全、舒适、优雅的环境。

学校有 18 个教学班，在校学生 786 人，教职工 76 人，其中专任教师 74 人（高级教师 11 人，中学一级教师 31 人）。省级优秀教师 6 名，市级骨干教师 8 名，有 98 人次被评为县级优秀教师。

学校以“为学生的终身发展奠基，为教师的专业成长导航”为办学目标，全面实施素质教育。以精细化管理为手段，以常规管理为突破口，以“八大习惯”（文明礼仪习惯、自主学习习惯、阅读习惯写作习惯、健体习惯、卫生习惯、勤俭朴素习惯、热爱劳动习惯）为主要内容，积极开展学生日常行为规范养成教育。坚持“落实就是硬道理，有效方显真水平”的战略举措，抓小事、抓细节、抓落实，力求把每一项工作、每一个环节都做到位，各方面都实现历史性的突破。连续多年被县委、政府评为“先进集体”，先后跨入“晋中市德育示范校”“晋中市六大创建先进校”“晋中市依法治校先进单位”“晋中市优秀学校”“晋中市禁毒教育宣传先进单位”“山西省食堂食品安全单位”的行列，全面提升办学水平和办学品位。（郝炳红）

【左权宏远学校】 左权宏远学校始建于 2006 年 8 月，是山西宏远集团公司投资兴建的一所综合性学校。学校坐落在左权县滨河新城宏远街，占地面积 6.25 公顷，其中建筑面积 3 万余平方米。学校开设小学、初中、职高三个学段。在校学生 3300 余人，教职工 320 余人，其中全国模范教师 1 人，山西省特级教师 1 人，山西省模范教师 2 人，山西省学科带头人 4 人，山西省教学能手 6 人，山西省优秀班主任 8 人，晋中市模范教师 8 人，晋中市教学能手 17 人，三晋名师 2 人。

在“三年理顺，五年创牌，八年建成中华名校”的教育教学实践中，学校以课堂教学改革为抓手，积极探寻教育教学真谛。小学部的“三单四段式开放高效导学模式”，初中部的“三三四高效课堂教学模式”和职高部的“任务驱动、问题导向、成果展示教学模式”的科学运用，全力提升了学生的自主学习能力，使课堂教学质量更加高效。2018 年普通高考共有 41 名学生达二本以上录取分数线：美术 28 人，音乐 11 人，舞蹈 2 人；其中达一本线 6 人：美术 4 人，音乐 2 人。学校的课堂教学改革曾受到国务院原副总理刘延东等中央及省、市、县领导人的高度称赞。省、市、县三级课改现场会分别在学校召开，有 70 多所省内外学校 2000 多名领导、教师到校学习交流。“宏远模式”已被全县、全市乃至全省学习和推广。学校先后被全国民办教育协会评为“全国民办学校先进单位”和“保障示范单位”，被省教育厅、省人民政府评为“山西省素质教育示范学校”，被山西省基础教育研究室确定为“课堂教学改革基地校”，被省教育学会命名为“课题引领课改实验学校”，并荣获省“三晋课改示范校”、“三晋名校”等荣誉称号。（巨旭斌）

【左权思源实验学校】 左权思源实验学校创建于 2017 年 9 月，是由香港言爱基金会援建，县委县政府投资近亿元新建的一所功能齐全、设施一流的现代化新型九年一贯寄宿制学校。学校位于左权西部新城七里店村南，占地 4.86 余公顷，建筑面积 2.86 万平方米。学校外观设计新颖独特，融实用性和艺术性为一体，教学楼、餐厅楼、宿舍楼、风雨操场和报告厅通过空中走廊整体连通。学校有 35 个教学班，在校生 1659 人，教职工 166 人。其中国家德育模范教师 1 人，省教学能手 1 人，市模范教师 8 人，市教学能手、骨干教师等 10 人。

学校结合思源教育“教育、移民、扶贫”的办学思想，旨在办成一所服务边远地区、生态移民农村孩子、进城务工人员子女、留守儿童的“优质贫民学校”。

学校始终坚持“为学生终生幸福奠基”的办学宗旨；努力实现“教好一个学生，幸福一个家庭；办好一所学校，造福一方百姓”的办学目标；以“幸福教育”为切入点；以“幸福校园、幸福课程、幸福课堂、幸福社团、幸福活动”为抓手；以“三周三节”为载体；在成就“幸福学生、幸福教师、幸福家庭、幸福人生”的道路上不断探索。

思源学校以全新的教育模式，以现代化的办学理念和家园式的教育氛围，把学校打造成山里娃享受城市教育的“幸福基地”“示范基地”“公益基地”和全市一流、引领全省的现代化教育示范校。（王飞）

【左权县示范小学】 左权县示范小学始建于 1984 年，是一所窗口性、示范性、实验性的省级示范小学，前身是“左权县城镇北街示范小学”。2012 年 10 月与北街小学合并，更名为左权县示范小学。学校占地约 3 公顷，建筑面积 1.20 万平方米。学校有教学班 58 个，在校生 3067 人，教职工 165 人，专任教师 139 人，省级学科带头人 3 名，教学能手 5 名，市级学科带头人 52 人，教学能手 26 名。中小学副高教师 3 名，中小学一级教师 79 名，中小学二级教师 54 名。学生活动场所有 200 米环型跑道塑胶操场 1 个、有 1000 平方米足球场 1 个；有微机室、录播室、电子监控室、实验室、仪器室、图书室、阅览室、音乐室、工作坊、美术室、书法室、乒乓球室、舞蹈室、校园图书店、禁毒教育基地、国防教育展室、校史室等。

左权县示范小学以“为谁培养人、培养什么人、怎样培养人”为办学方向，凝练出紧扣时代特色的学校精神文化。

校训：“学有道，明致远，达天下”

办学理念：“德育为先、能力为重、全面发展”

校风：“团结紧张，严肃活泼”

教风：“严谨治学”

学风：“善学，善思，善行”

学生培养目标：培养有道德、有良好习惯、有健康身体、有学习能力、有思考能力的五有学生。

办学目标：实现教育现代化、创建智慧校园、书香校园，做晋中强校。

办学特色：左权县示范小学立足于以文育人、以文化人，把强素质、提质量、创特色作为学校办学方向。

学校获得社会、家长的认可，多次获得国家、省、市、县表彰。学校阳光大课间被教育部评选为全国中小学阳光体育运动优秀案例；被中国舞蹈家协会、中国舞蹈教育专业委员会评选为中小学舞蹈教育传统学校；学校选送的舞蹈节目“桃花红、杏花白”在全国第五届中小学生艺术展演活动中获小学甲组一等奖；先后被上级部门评为国家“研学实践教育优秀组织单位”、山西省“特色学校”、山西省“文明学校”、山西省“最美家长公益主题教育活动先进单位”、山西省“最爱阅读书香校园”、晋中市“国防教育示范校”、晋中市“金融与诚信主题教育工作先进单位”、晋中市“关心下一代先进集体”。 （杨志华）

【左权县西关学校】 左权县西关学校为县城寄宿制小学，始建于 1948 年。占地面积 8300.89 平方米，建筑面积 5993.59 平方米。学校为 4 轨制，有 24 个教学班，1193 名学生，273 名住校生，外来务工子女 50 人，留守儿童 76 人，年入学率、巩固率为 100%。现有专任教师 67 人，全部为大专以上学历，高级职称 2 人，省模范教师 2 名，省学科带头人 1，省能手 2 人，省骨干 1 人，省模范班主任 2 人，市级荣誉 14 人，学校坚持“以爱育爱”的办学思想，秉承“为学生幸福人生奠基，对教师专业发展搭台”的办学理念，形成“民主协作、奋发创新”的校风，营造“仁爱、严谨、合作、责任”的教风，养成“明礼诚信、乐学善思”的学风，实施“团结向上、主动勤奋”的校训，以“教书育人、环境育人、文化育人、活动育人、管理育人”为载体，实施“以爱促养、自主发展、快乐成长”的办学特色，立足课堂学做人，生活传真情，活动炼品德，培养“四有”

新人，教育教学成效显著。学校先后获得“全国素质教育示范单位”“山西省基础教育课程改革先进单位”“山西省德育示范校”“山西省巾帼文明示范岗”“山西省少先队红旗大队”“晋中市示范小学”“晋中市文明学校”、晋中市“十佳德育序列化示范学校”、多次获县“先进集体”和“课改先进单位”。（张和彦）

【左权县南街爱乐希望小学】 左权县南街爱乐希望小学始建于1952年，前身为左权县城关镇南街村办校，1997年10月，由北京音乐厅、山西省团委援助，扩建为一所县直寄宿制学校。占地面积1.05万平方米，建筑面积7684平方米，27个教学班，一个特教中心。在校学生1259人，教职工90人，配置有图书阅览室、民乐活动室、声乐训练室、美术室、舞蹈室、乒乓球训练等活动室；有实施完备、功能齐全的学生住宿楼和洗浴中心；有标准化的学生活动场所，是集教学区、活动区、生活区、住宿区四区一体的标准化校园。

左权县南街爱乐希望小学坚持“智慧教育成就智慧人生”的办学理念；坚持“厚德、尚礼、启智、健体”的校训；坚持“培育智慧学生，培养智慧教师，打造智慧校园”的办学目标；形成善学、善思、善言、善行的学风；乐教、乐学、乐研、乐修的教风。以“一中心三层面六维度”（一中心：以智慧课程为中心；三层面：国家层面、地方层面、环境层面；六维度：学会学习、责任担当、实践创新、人文比用、科学精神、健康生活）为智慧课程体系，在素质教育上求突破。以“一图一案一课件；一观一议一评价；一册一本一试卷”为智慧课堂的主抓手，向课堂教学要质量。以“六素养六目标六途径”为重点，夯实德育基础，养成良好习惯。以“老中青，三优化，三要求”为途径，促进教师队伍发展，提升教育教学水平。形成工作有计划，进度有日历，责任有分工，过程有监管，结果有评价，考核有兑现的精细化管理模式。先后荣获“国家小学生作文教学改革示范学校”“山西省文明学校”“山西省德育示范校”“山西省艺术教育先进单位”“晋中市体验教育示范校”“晋中市红领巾示范校”“晋中市‘三育人’先进集体”“左权县先进集体”等荣誉称号，成为国家、省、市、县多项课程改革实验基地。（原东红）

【左权县第一幼儿园】 左权一幼是左权县创办最早的一所幼儿园，前身是左权县职工幼儿园，始建于1971年，2003年6月搬迁改制为“民办公助”幼儿园。由左权县民营企业家李宏波、李小琴夫妇投资300余万元兴建。2010年，扩建了二部。左权一幼为山西省省级示范园、晋中市一级一类园。先后被评为“晋中市文明单位”“全国巾帼文明岗”。2018年被山西民办教育协会评为“改革开放四十年山西民办教育典范学校”。

左权一幼占地面积8000平方米，建筑面积7560平方米，可容纳32个教学班，900余名幼儿。全园共有大、中、小、托班31个，设有900多个日托床位，幼儿

923 名，配有活动室、寝室、盥洗室、保健室、资料室、综合活动室、特色功能室、餐厅、小礼堂等。班班有网络电视、VCD、磁性黑板、消毒柜，玩具柜、钢琴等设施设备。户外有 6 套大型活动器械、多种中小型活动器材，可供全园幼儿游戏。有教职工 119 名，其中公办教师 43 名，聘用教师 33 名，保育教师 31 名，后勤人员 13 名，县派保安人员 6 名。教职工中有中教一级教师 16 名，中教二级教师 27 名，市保教能手 6 名，县骨干教师 12 名，县学科带头人 2 人，教育名师 2 人，县模范教师 24 人，县优秀班主任 26 人，全体教师本科学历达 90%以上。

为提高保教质量与办园水平，左权一幼加盟北师大京师幼学幼儿园，左权一幼继续开展园本课程，传承和发扬左权文化，制定具体的活动内容，组织编写教案，形成一套完整的本土教材，并渗透到五大领域当中，形成特色课程，使幼儿从小受到家乡文化、人文资源情感的陶冶，增加幼儿对自然、社会、家乡的感知与了解，激发他们爱家乡情感。2018 年 9 月，创建七彩梦想儿童体验城，是对幼儿园、中小学生进行综合实践教育训练的场所，是完全按照真实社会建造的微缩版的儿童社会，通过体验成人的职业角色，帮助儿童了解大人的世界，增强儿童表达能力、动手能力、理财能力、团队协作能力、责任意识等，弥补素质教育的缺陷，打造集教育、科技、安全、文化在内的 5 星级成长教育空间，为左权县首创。

左权一幼办园理念：作为一名自豪的幼儿教师，相信，一百个孩子有一百种语言；要做，赋予儿童学习意义与价值的人；期望，家长是与儿童一起成长的教师的合作伙伴；奉行，教育让童年更美好，注重儿童个性化教育和全面发展，爱上学习，“用爱与专业守护孩子一生唯一童年”。（康云燕）

【左权县第二幼儿园】 左权县第二幼儿园创建于 1991 年 1 月。2002 年 3 月与大众幼儿园联合办园，为公民联办园。2005 年被晋中市教育局验收通过为一类一级幼儿园。2015 年 7 月，民办方退出办园，县第二幼儿园独立办园，性质为公办园。全园占地面积 2000 平方米，建筑面积 2000 平方米，共有 13 个班级，460 多名幼儿，教职员工 57 人，在编教师 21 人，临时聘用人员 37 人，其中省骨干教师 1 人，省、市保教能手 5 人，市优秀班主任 2 人，县模范、教学能手、学科带头人、教育名师、师德标兵、优秀班主任 43 人次，取得大专以上学历的教师占教师总人数 100%。

左权县第二幼儿园秉持“快乐培育，培育快乐”的教育理念，为孩子们营造健康、和谐的成长环境。坚持“爱心为本，童心飞扬”的办园理念，“快乐一个孩子，幸福一个家庭”的办园宗旨，牢记“让人们因我的存在而感到幸福”的园训，让教师幸福，孩子开心，家长满意，社会赞誉，办人民满意的教育。先后荣获“巾帼文明”、“两学一做”先进单位等荣誉称号，2018 年 10 月，被县妇联评为“好家风好家训创新实践基地”。（王丽英）

科学技术

科　技

【科技宣传培训】　2018，左权县教育科技局共开展宣传活动10次，发放科技资料3000余份（册）。协同农、林、牧等部门，分别在上庄村、桐峪镇、寺坪村、县城举办农业科技培训15次，受培人员1200余人次。先后组织芹泉镇小南庄春瑞蔬菜农民专业合作社种植大户45人，到原平市、榆次区修文镇学习温室大棚蔬菜种植管理技术；组织乡土科技人员到山西农大参加“三区人才”培训；组织科技干部及企业骨干赴山西“农谷”、能博会观摩学习，提高企业和农民的科技水平。　（何章庆）

【科技惠民】　2018年，左权县教育科技局实施“蚯蚓生物肥生产”“马铃薯高产栽培”“高寒冷凉山区设施蔬菜绿色防控”“高寒区设施养殖及饲料加工”4个省“三区人才”（边远山区、贫困山区、革命老区）项目，落实专项资金28万元，引进省市科技特派员20人，推广新技术新产品4个，培育龙头企业4个，培训职业农民500人次，培养省市科技特派员3名，带动全县种养产业高效、健康、快速发展。实施“优质核桃标准化种植管理示范”“设施蔬菜绿色防控”“药材防风种植”“高寒区苗木新品种培育”“‘辽核一号’核桃标准化种植”“丘陵山区核桃栽培研究”6个市科技计划项目，投入科技专项资金38万元，带动189户贫困户增产增收。组织左权鱻淼葡萄酒酿造有限公司申报省级民营科技企业，提升企业的科技含量和产品市场竞争力。　（白守元）

科　普

【左权县科协代表大会召开】　2018年11月13日，左权县科协第五次代表大会召开，选举产生新一届科协领导班子，根据县委关于群团工作改革的总体部署，结合工作实际，多方征求社会各界及科技工作者的意见，制定出台《左权县科学技术协会深化改革实施方案》，从健全科协组织体系、改进科协工作方式方法、提升围绕中心服务大局的水平、加强和改进党对科协工作的领导四大方面进行改革。

（赵海军）

【科普惠农】 2018年3月，左权县科协参加第十九届农民科技节，在桐峪镇举办“山西农科110技术下乡培训会”，邀请省农科院玉米研究所副所长张中东为村民介绍玉米的主要特性，详细解说如何使玉米高产的实用技术，并为村民们发放科普图书和优质农资。5月，邀请山西省农科院玉米研究所技术员郭正宇，在田间地头为村民讲解膜侧播种技术。在全县公路沿线、重点村庄更换科普信息栏，更新科普知识。至年底，更换68余块科普信息栏。 （赵海军）

【科普助教】 2018年，左权县科协组织全县中小学生踊跃参与第八届晋中市青少年机器人竞赛。左权县宏远学校和示范小学6名学生组成3组，参与“轨迹”比赛项目，均取得一等奖和二等奖。9月12日，中国流动科技馆左权站巡展在左权县宏远学校成功举办，为左权县青少年零距离接触科学、体验科技、开阔眼界、增长知识搭建平台，通过青少年亲自观看、体验，真正感受到科技所带来的魅力、科技所带来的快乐以及科技所带来的改变，激发了广大青少年对知识的渴望，对科学的热爱。9月19日，在南街小学和西关小学开展科普知识进校园宣传活动。投资10万元，购买32件科普设备，在左权宏远学校建立校园科技体验馆。 （赵海军）

【科技助力扶贫】 2018年，左权县科协完成并拨付中央及省级科普行动专项计划资金58万元：（1）玉米杂粮膜侧单粒播种示范基地项目40万元。在桐峪镇桐峪村，麻田镇泽城村、郭家峪村建设“玉米杂粮膜侧单粒播种示范基地”3个，培训种植户500人次，探索山区有机旱作农业高产模式；（2）鑫淼酒庄葡萄种植技术推广项目15万元。在鑫淼庄园实施葡萄种植500亩，坚持以贫困农民为主体，上联市场、下联果农，采取“公司+基地+合作社+农户”的形式，推动当地农民脱贫致富；三是创新驱动学会服务站建设项目3万元。建设鑫淼酒庄学会工作服务站，提升冰葡萄酒的产量、质量，扩大市场占有率。

（赵海军）

【“互联网+科普”工程】 2018年，左权县科协在泽城、桐峪、莲花岩建设“科普中国乡村e站”，6月下旬完成验收，投入使用。“科普中国乡村e站”采用“互联网+科普惠农”的形式，为农民搭建实用技术学习平台、远程互动培训平台、即时信息查询平台、农村电商创业平台、专家在线服务平台等，是农村信息化建设的重要内容。 （赵海军）

气象

【气候评价】 2018年，左权县平均气温7.8℃，与历年同期8.0℃相比偏低0.2℃；年降水量497.9毫米，与历年同期494.3毫米相比偏多3.6毫米；全年日照时数为2349.6小时，与历年同期2445.6小时相比偏少96.0小时。全年日极端最高气温33.5℃，日极端最低气温-24.0℃；全年共出现大风日数8天；全年出现大雾天气日数32天；终霜冻出现在5月3日，初霜冻出现在9月22日，无霜期141天。

（王榕榕）

【气象业务现代化建设】　2018年，左权县气象局新建称重式雨量传感器1台、光电式数字日照计1台、农田综合气象探测仪3部，持续推进气象业务现代化建设。

2018年，县气象局申报中国百年气象站，获“五十年站认定”，被中国气象局授牌，列入中国气象站重点保护名录。

（王榕榕）

【气象服务】　2018年，左权县气象局及时发布预报、预警，为全县科学防灾减灾救灾等工作提供决策依据。全年共发布各类预警信息80次。接收人员44720人/次。针对重要节日、重大活动、重大过程提供专题气象预报9次，发送32个重点单位、用户。

依托“三农”服务专项，开展“直通式”气象服务，为麻田镇柴城村、拐儿镇河东村、石匣乡葡萄庄园分别安装农田综合气象探测仪。开展特色农业气象服务，制作核桃专题预报，参加核桃采摘听证会，指导农民核桃采摘。利用“3·23”世界气象日、“5·12”防灾减灾日、科技活动周、“12·4”国家宪法日等重要时间节点，开展气象科普上街、下乡、入企、进校园、进社区等宣传和气象法律知识讲座活动。全年开展大型宣传活动5场次，发放各类宣传资料5000余册。（王榕榕）

【人工影响天气】　2018年，左权县气象局形成以雷达监测天气状况，“37”高炮、“火箭”和地面碘化银装置联合作业的人工影响天气系统。及时开展防雹作业，有效减轻冰雹灾害给农民造成的经济损失；抓住有利天气过程，开展增雨（雪），缓解旱情，服务农业，降低森林火险气象等级，有效缓解森林防火压力。

（王榕榕）

【防雷专项整治】　2018年，左权县气象局继续强化以防雷安全为重点的社会职能监管。在全县范围内开展“防雷安全专项整治”，采用“双随机”检查机制，对煤矿、通信、石油、化工、金融等32个重点行业、重点单位进行防雷安全检查，建立监管台账，及时发现和排除隐患，确保安全生产。（王榕榕）

地　震

【地震监测】　2018年，左权县地震局建立宏观观测点8个，分别为辽阳镇车上铺牛场、芹泉镇西黄漳村西山红农业合作社驴厂、芹泉镇杨家庄羊场、拐儿镇拐儿村虹鳟鱼养殖基地、拐儿镇秋林滩村养羊基地、鹿鸣村养牛基地、龙泉乡连壁村羊场、桐峪镇南峧沟养蜂场。

加强超短波监测仪器运行管理，运行率达98%。建立24小时震情值班制度，每月按时上报月会商资料，按时参加晋中市震情会商，切实提高震情监测数据质量。

至年底，全面完成左权县地震信息平台建设工作，并架设专网，实现集中收集处理市、县所有地震监测信息及市、县地震监测信息联网和资源共享。（尤宪章）

【防震宣传】 2018 年，左权县地震局建立抗震设防要求事中事后监管机制。建设工程抗震设防要求审批事项共 9 项，全年审批均无违规现象。以“5·12”防灾减灾日和“7·28”唐山大地震 42 周年纪念日为契机，联合人武、消防、交通等十多个部门，开展以“行动起来，减轻身边的灾害风险”为主题的防灾减灾科普宣传活动，接受群众咨询近千余次，发放宣传资料一万余份，发放宣传纪念品两千余份。年底，“左权县地震科普体验馆”完工建成。地震科普体验馆集知识性、趣味性、科学性、实践性、普及性于一体，通过体验地震情境，切实增强群众临“震”不乱、遇“震”不慌的应急能力。推进“平安中国”防灾宣导系列宣传活动。开展防震减灾科普知识“进社区”活动，为西花苑小区、南区、怡苑小区、清漳苑小区制作安装固定科普知识宣传版面，多次在左权二中、鹿鸣小学、思源学校、南会小学、辽阳乡镇府、左权县城区管委会、购物中心、将军广场等地，通过形式多样的宣传活动，增强全民防震减灾意识。加强群测群防工作，对全县“三网一员”进行全员培训 1 次，对全县宏观监测员工作检查 5 次。开展防震减灾示范创建工作。左权二中成为山西省防震减灾示范学校、县第一幼儿园成为山西省防震减灾科普教育基地。

（尤宪章）

【救援应急演练】 2018 年 4 月 26 日，左权县地震局联合消防队在购物中心开展“地震消防联合疏散演练”活动，对购物中心进行隐患排查，引导群众进行疏散，参演人数达 200 人。演练活动开始时，先进行应急避震，当主震结束后，再进行疏散，到集中地点集中，以防余震发生。通过应急疏散演练，群众临震不乱、遇震不慌的能力得到提高，同时增长群众防震减灾知识，提高防震减灾意识，提升自救互救能力。（尤宪章）

【应急避难场所】 2018 年，左权县地震局完善 3 处地震应急避难场所，分别为祝融公园、滨河公园、宏远大操场，对 3 处应急避难场所的标识标志牌进行了更换。新建沙河公园应急避难场所1 处。（尤宪章）

【“三网一员”体系建设】 2018 年，左权县地震局调整充实左权县“三网一员”（即防震减灾宏观观测员、宣传员、速报员、防震减灾助理员）队伍建设，基本实现“横向到边，纵向到底”的“三网一员”网络。明确制度，进行检查，做到任务到人，责任到人，确保观测正常。7 月 18 日，县地震局对“三网一员”工作人员进行业务培训，组织经验交流，提高其专业技能和业务水平。（尤宪章）

卫生 体育

医疗卫生

【概况】 2018年，左权县卫生部门，坚持新时代卫生与健康工作方针，稳中求进，以建设健康左权为目标，深化医药卫生体制改革，改善和提高群众的健康服务水平。5月，省政府授予“左权县2017年度全省新一轮计划生育优质服务先进单位”，6月，市政府授予“左权县2017年度人口计生工作目标责任制考核优秀县”，芹泉镇、粟城乡卫生院被命名为“2018年山西省中医药特色基层医疗卫生机构”。5月，县精神文明建设指导委员会授予左权县卫生和计划生育局（2016—2017）文明单位标兵称号。 （王彦宏）

【民生实事】 2018年，左权县卫生和计划生育局组织完成城乡怀孕妇女免费产前筛查和诊断服务1011人（任务950人），完成率106%；完成免费孕前优生健康检查755对（任务750对），完成率101%；对8601名35岁至64岁适龄农村妇女进行“两癌”免费检查，完成乳腺检查人数8607人，宫颈检查人数8603人，超额完成检查任务。 （王彦宏）

【村级卫生室建设达标】 2018年，村级卫生室达标是贫困县退出14项指标中的其中一项，为确保村级卫生室建设符合全县脱贫摘帽整体要求，左权县卫生和计划生育局严格按照省市标准，针对性地开展一系列工作，采取早摸底、早部署、早定责的“三早”工作措施，保证村卫生室达标建设工作扎实推进。是年，全县达标村卫生室196个，达标率100%（全县共有203个行政村，其中贫困村129个，非贫困村74个。应设村卫生室196个，实有村卫生室196个）。 （王彦宏）

【健康扶贫工程】 2018年，左权县卫生部门继续落实建档立卡农村贫困户住院患者县域内“先诊疗，后付费”，住院费用在出院时“一站式”结算；落实建档立卡贫困户住院患者医药费用“136”医保政策，降低贫困患者住院自付医药费用；开展“健康扶贫村村行、千万行动惠民生”

主题月活动和“健康扶贫，八方参与、爱心传递，你我同行”为主题的系列扶贫义诊宣传活动。深入全县 11 个乡镇（城区）开展政策宣讲 11 场次，活动中发放宣传资料 2.30 万余份，接受咨询和诊断指导 4000 余人次，免费发放药品 3000 余元，服务建档立卡贫困户 1600 余人次；完成山西护工培训 205 人，完成率 103%。（王彦宏）

【贫困人口双签约服务】 2018 年，左权县通过建立乡村干部（驻村干部）、家庭医生签约团队与建档立卡贫困人口中的因病致贫、因病返贫困难群众“双签约”工作机制，确保农村贫困人口中的因病致贫、因病返贫群众都有一个健康服务家庭医生团队，都有一个医疗服务政策保障团队。是年，全县共组建签约团队 133 个 260 人，组建乡村干部、村卫计服务员签约团队 133 个 1086 人。全县因病致贫、因病返贫建档立卡困难群众 1934 户、3873 人，已全部签约，签约率为 100%。并对全县非建档立卡农村低保户 2224 户 3706 人进行“双签约”服务。（王彦宏）

【公立医院改革】 2018 年，左权县卫生部门落实国家基本药物制度，继续实行药品零差价销售，健全药品供应保障体系，规范阳光采购、基本药物配备优先使用等制度，药品购销继续实行“两票制”；联合县发改局对县人民医院部分医疗服务项目价格和收费标准进行规范调整，印发《关于规范和新增我县部分医疗服务项目价格的通知》《关于调整左权县人民医院、中医院医疗服务收费标准的补充通知》；引进蓝海之略项目，与珠海市蓝海之略股份有限公司合作，引进国内外先进设备 43 台，开展新技术新项目 35 个，新设康复科，聘请知名专家常年派驻耳鼻喉科和康复科专家座诊和技术指导，有效地提高疾病治愈率。是年，公立医院门诊人均费用 145.20 元，较 2017 年同期减少；住院患者人均费用 5372 元，较 2017 年同期减少 85 元；药占比控制在 30%左右。（王彦宏）

【县乡医疗卫生机构“六统一”管理】 2018 年 4 月，左权县卫生和计划生育局组织县医疗集团院长、部分乡镇卫生院院长、县医改办人员到阳曲县和运城盐湖区对县乡医疗卫生机构一体改革工作进行考察学习，5 月，对县乡医疗卫生机构一体化改革任务进行分解，召开医改成员单位联席会议，明确各自任务和职责，确保改革任务落实到位。6 月 28 日，将人、财、物工作移交县医疗集团，实现行政、人员、资金、业务、绩效、药械“六统一”管理；将药品采购平台、8 个药品供应企业及药品采购费用等情况移交医疗集团，实现药品采购目录制定、药品议价、采购、配送、结算“五统一”管理。完善集团内部管理制度，起草《加强医疗卫生行业监管工作方案》，出台《医疗集团“三重一大”制度》《医疗集团政务公开制度》《职工代表大会制度》；制定《2018 年重点科室和乡镇卫生院建设计划》，将外科、内科、耳头科、中医康复科打造为县级重点学科，通过对口支援 2 个至 3 个乡镇卫生

院和每月组织巡回医疗等活动，推动优质资源下沉。（王彦宏）

【家庭医生签约服务】 2018年，左权县卫生部门加大家庭医生签约服务政策宣传力度，累计发放宣传资料3万余册，制作宣传版面400余块；开展家庭医生上门服务，根据家庭医生签约内容和国家基本公共卫生服务要求，每个家庭医生签约团队每季度都要深入签约居民家庭，“一对一”“面对面”进行健康指导。全县累计完成家庭医生签约10.15万人，签约率为61%，其中重点人群签约3.10万人，签约率为73%；建档立卡贫困户签约5.03万人，签约率为100%；计划生育特殊家庭签约43人，签约率为100%。（王彦宏）

【公共卫生服务】 2018年，左权县卫生和计划生育局下发《左权县基本公共卫生服务项目绩效考核实施方案》，全县累计完成建立居民健康档案14.88万份，其中城镇3.08万份，农村11.80万份；规范化电子档案14.76万份，其中城镇3.12万份，农村11.16万份；建档率90%，规范化建档率89%。高血压、糖尿病、重性精神病患者范管理人数分别完成1.13万人、1575人、577人。65岁以上老年人健康管理1.63万人，体检1.18万人，健康管理率89%。预防接种建卡建证率为100%，0~6岁儿童健康管理率为89%，均达到或超过上级指标要求。重新组建社区服务中心。结合公共卫生工作实际，将辽阳镇卫生院和河南分院的业务职责进行调整，河南分院全面承担辽阳镇农村居民基本公共卫生服务项目工作，辽阳镇卫生院主要承担县城内社区基本医疗和公共卫生服务，确保县城社区公共卫生服务项目顺利实施。

（王彦宏）

【基层卫生岗位练兵和技能竞赛】 2018年5月12日，由左权县劳动竞赛委员会、县总工会、县卫生和计划生育局主办，县人民医院承办的“全县基层卫生岗位练兵和技能竞赛活动”，共有16个代表队60名选手参赛。经过初赛、复赛、决赛，县医疗集团人民医院、博爱医院、康复医院分别获得2018年全县医护技能比赛全科医疗城市组团体一、二、三等奖；麻田镇中心卫生院、石匣乡卫生院、河南卫生院分别获得全县医护技能比赛全科医疗农村组团体一、二、三等奖。8人荣获“2018年全县医护技能标兵”荣誉称号；16人荣获“2018年全县医护技能能手”荣誉称号。

（王彦宏）

【首届医师节报告会】 经国务院批准，自2018年起，将每年8月19日设立为“中国医师节”。经过层层选拔，2018年8月16日，左权县县乡村三级医疗机构的10名医务工作者分别作先进事迹报告。授予李勇、张海霞、曹晓燕、刘国红、张凤琴、张瑞明、曹学斌、刘鸿飞、宋四祥、赵卫明“左权县首届十佳医师”荣誉称号。

（王彦宏）

【援疆工作】 2018年，左权县为贯彻落实中央新疆工作会议、全国对口支援新疆工作会议精神，为“维护国家统一，促进民族团结，实现中华民族伟大复兴”，按照省市对口支援新疆目标任务总体要求，经精心选拔，严格审核，石匣乡卫生院副院长原向东同志被市委组织部批准选派到新疆生产建设兵团第六师奇台医院红旗分院进行为期一年（2018年9月至2019年8月）的援疆工作。（王彦宏）

【“大爱红色左权·情系老兵健康”公益活动】　2018年8月25至26日，由北京中医药大学管理学院健康管理高级研修班、太行人民抗战研究院、中国保健协会、北京伍连德公益基金会、北京南锣鼓巷商会联合举办的“大爱红色左权·情系老兵健康”公益活动，在左权县举行。活动中，举办方为10名老兵每人送上1万元慰问金和价值2800元的保健大礼包；专家们为10名老兵和居住于红军光荣院的老兵、老兵遗孀、南下干部进行义诊；为县人民医院捐赠一台20余万元的子午流注低频治疗仪，免费为老兵康复治疗提供服务；在县人民医院为医护人员举办专题讲座。

（王彦宏）

爱国卫生

【国家卫生乡镇创建】　2018年，按照晋中市全面创建国家卫生城镇的总体部署和县政府的统一安排，左权县爱卫办组织开展龙泉乡和桐峪镇创建国家卫生乡镇工作。分别成立县乡两级创建国家卫生乡镇领导组，设立办公室和八个专项工作组，结合实际制定创建方案；全面开展环卫基础设施、街容街貌、卫生死角、行业卫生等综合治理，开展创卫宣传，运用创卫联席会、现场集中办公、市级督导等方式，开展专业化、精准化督导，确保创建方向精准、目标任务精准、工作落实精准。是年11月，龙泉、桐峪通过省创卫专家组暗访。

（江晶晶）

【农村厕所改造】　2018年，左权县出台《左权县推进“厕所革命”2018年工作实施方案》，组织举办乡镇分管领导、施工队负责人和技术员共计50余人参加的农村改厕业务规范培训，组建技术指导小组，并通过打造改厕示范户、示范点，让老百姓变被动为主动，以点带面整村推进。至年底，共改造户厕1900座、公厕120座。

（江晶晶）

【省级健康县城试点建设】　2018年，左权县推进省级健康县城试点建设，县爱卫办结合实际探索制定《左权县健康细胞建设标准（试行）》，5月25日，组织召开全县建设健康县城工作会议，择优确定健康细胞试点单位13个。（江晶晶）

【爱国卫生宣传活动】　2018年4月19日，左权县爱卫办组织爱卫成员单位在宣传文化中心举办以“关注小环境、共享大健康”为主题的第30个爱国卫生月集中宣传活动。通过设置展板、悬挂标语、播放录音、发放宣传资料、义诊等多种形式，向群众宣传“厕所革命”的重要意义以及爱国卫生法律法规，广泛普及卫生健康知识，倡导健康理念，推广健康生活方式，增强群众维护自身健康的意识。活动现场共发放健康教育、改厕、食品安全、环境

保护等各种宣传资料1万余份，“除四害”药品15箱，义诊60余人。（江晶晶）

【病媒生物防治】 2018年，左权县为认真落实创建国家卫生乡镇工作，控制病媒生物危害，9月，县爱卫办聘用左权县佳靓保洁有限责任公司在龙泉乡、桐峪镇建成区内开展灭蚊、灭蝇、灭鼠、灭蟑螂等除“四害”活动，重点对农贸市场、沿街商户、机关事业单位、卫生院、广场公园、绿化带、公厕、垃圾收集站点、污水处理厂等区域进行统一消杀，消杀面积约2.4万余平方米，有效降低“四害”密度。

（江晶晶）

疾病预防控制

【计划免疫】 儿童疫苗接种工作：2018年，左权县新出生儿童1336人，建卡、建证率100%。儿童基础免疫报告：乙肝疫苗接种4477人次，接种率为99.78%，乙肝疫苗首针及时率为98.66%；卡介苗接种1326人次，接种率为99.91%；脊灰疫苗接种6127人次，接种率为99.77%；百白破疫苗接种5013人次，接种率为99.61%；白破疫苗接种1140人次，接种率为98.79%；含麻疫苗接种3022人次，接种率为97.04%；A群流脑疫苗接种3140人次，接种率为99.77%；乙脑疫苗接种3106人次，接种率为99.92%；甲肝疫苗接种1741人次，接种率为99.82%；A+C流脑疫苗第一针接种1134人次，接种率为99.54%；A+C流脑疫苗第二针接种946人次，接种率为99.16%。县疾控中心共启动冷链系统运转11次，保障了全县各适龄儿童得到及时、有效的预防接种服务。

接种证查验工作：2018年，全县入托儿童预防接种证查验补种工作，应查验托幼机构60个，实查验60个，应查验儿童1457人，实查验1457人，需补证4人，实际补证4人。本次工作入托查验率100%，补证率100%，疫苗补种率80%。入学儿童预防接种证查验补种工作，应查验小学44，实查验44，应查验儿童1867人，实查验1867人，需补证11人，实际补证11人。本次工作入托查验率100%，补证率100%，疫苗补种率67%。初中以上学生预防接种证查验工作，应查验学校18个，实查验18个，应查验学生3507人，实查验3507人，查验率100%。

预防接种疑似异常反应处置工作：2018年，全县预防接种门诊共报告预防接种异常反应34例，均在发现病例48小时内进行网络报告，及时率达到100%。其中33例一般反应（社区10例，羊角6例，石匣和芹泉各3例，粟城、拐儿和桐峪各2例，寒王、龙泉、辽阳、下庄和麻田各1例）；石匣报告1例异常反应，报告72小时内进行流调，未对受种者造成不可逆损伤。全县报告单位覆盖率为92.31%。

麻疹/风疹监测工作：2018年，全县共报告7例疑似麻疹/风疹病例，其中确诊3例，排除4例。左权县人民医院报告3例，确诊1例；拐儿镇卫生院报告2例，确诊1例；桐峪镇卫生院报告1例并确诊；粟城乡卫生院报告 1 例已排除。

AFP 监测工作：2018 年，全县有 1 例由山西省妇幼保健院网络直报的 AFP 病例，及时将该病例的免疫史录入，60 天后进行电话随访。

脊灰灭活疫苗补种工作：2018 年，IPV 补种工作中常住儿童共摸底 7248 人，应种 1858 人，实种 1802 人；流动儿童摸底 74 人，应种 72 人，实种 70 人，接种率均达到 95%以上。 （温换琴）

【传染病防治】 传染病疫情报告：2018 年，左权县共报告法定传染病 13 种 417 例，其中乙类传染病报告 9 种 278 例，发病数居前三位的病种为：肝炎 162 例、肺结核 49 例、梅毒 37 例，计 248 例；丙类传染病报告 4 种 139 例，发病数居前三位的病种为：手足口病 110 例、其他感染性腹泻 22 例、流行性腮腺炎 5 例，计 139 例；无甲类传染病报告病例。全年共接收传染病预警 28 次，其中及时响应 27 次。

传染病防控：2018 年，全县共报告手足口病病例 111 例，报告发病率 32.75/十万，报告发病数较 2017 年 55 例上升 101.82%。无重症及死亡病例报告。其中，本地报告 95 例。左权县人民医院，全年应采集 30 份普通病例手足口病咽拭子标本，实际采集 30 份，完成率为 100%。送检 30 份标本，送检率 100%。检测 30 份，检测率为 100%。检出阳性 25 份，阳性率为 83.33%；全县未发生传染病突发公共卫生事件，未报告传染病突发公共卫生事件相关信息。 （温换琴）

【艾滋病性病防治】 艾滋病疫情：2018 年，左权县共报告 HIV/AIDS35 例，其中死亡 10 例，存活 25 例，年内已经对所有的感染者及病人进行了 cd4 检测，对 12 例抗病毒治疗病人进行病毒载量检测，检测率 100%，抗病毒治疗率 100%，开展艾滋病高危行为的干预，共干预暗娼人群 100 人次。梅毒病例 5 例，丙肝 1 例；

艾滋病监测与检测：2018 年，县疾控中心和医疗机构配合进行检测，孕产期检测 1780 例，术前检查 3043 例，受血制品前检测 29 例，其他就诊者检测 186 例，自愿咨询检测 223 例，发现 1 例 HIV 感染。新兵体检 151 例，专题调查 109 例，其他 250 例，其他羁押人员 179 人，未发现 HIV 感染者，共计 5950 例，完成全年上级所下达的任务量。 （温换琴）

【结核病防治】 诊断和治疗：2018 年，左权县结核病门诊新登记活动性结核病人 47 例，其中肺结核 37 例，结核性胸膜炎 10 例。肺结核病例中新发涂阳肺结核病人 5 例，新发涂阴肺结核病人 32 例（含 4 例重症病例）。确诊的 47 例结核病人，全部按照国家化疗方案提供免费抗结核药品，并实施全程督导和强化期督导管理，其中全程督导 9 例，强化期督导 38 例。肺结核病人治疗覆盖率为 100%。新登记涂阳肺结核病人两个月末痰菌阴转率达 100%；活动性结核病人规则服药率达 100%；涂阳肺结核病人治愈率达 100%；新发涂阴肺结核病人全部按要求完成规定疗程，成功治疗率为 100%。接受治疗的病人，全部按要求实施系统管理，系统管理率为100%。是年，县人民医院配备结核病分子生物学检测设备。

转诊和追踪：2018年，全县非定点医疗机构共报告的本报本肺结核病例9例，转诊9例，转诊率为100%。共报告现住址为本辖区的活动性结核病例70例，其中重复报告5例，出院病例2例，需要追踪67例。对全部67例进行追踪，追踪率为100%。追踪到位61例，追踪到位率为91.04%。

学校疫情处置：2018年，县内医疗机构报告辖区学校肺结核病例1例，外报本辖区内学生病例2例，均组织开展密切接触者筛查，共登记筛查112人，其中学生95人，教师17人，未发现新病例，确定两所学校为肺结核散发疫情。

贫困患者补助：肺结核病在贫困人口中多发，是因病致贫、因病返贫的一个重要原因。2018年，通过基层调查摸底后，最终确认9例结核病患者予以补助，每人给予补助600元。（温换琴）

【地方病防治】　碘缺乏病防治：2018年，左权县疾控中心继续严格执行《食盐加碘消除碘缺乏病危害条例》及《山西省地方病防治条例》，根据全国地方病监测方案依法对全县的盐业市场进行监督监测。5个乡镇共采集监测食用盐300份，其中居民户200份，孕妇100份，碘盐覆盖率100%，合格率93%、非碘盐率0。碘盐覆盖率均达到国家标准；无碘盐率均为0。收集8~10岁学生尿样200份，尿碘中位数227μg/L，尿碘均数为232.08μg/L。碘营养水平为超适宜状态；收集孕妇尿样100份，尿碘中位数373.50μg/L，尿碘均数为282.91μg/L，碘营养水平为碘适宜。布病：共发现布病病16例（其中外报本2例），对16例本地病例全部建立档案并进行治疗。氟中毒：继续巩固多年来的防治成果，加强对病区8~12岁儿童氟斑牙监测，16岁以上成人中未发现氟骨症病例发生，完成氟中毒多项防治任务。大骨节病：继续巩固多年来的防治成果，7~16岁儿童无新发病例。现症病人调查：根据左权县实际情况，于8月份对全县10个乡镇，204个行政村进行初期摸排、专家组会审、汇总上报，历时15天完成全年地方病现症病人个案调查工作。共排查出临床诊断地方病现症病人225例，其中II度甲状腺肿93例、地方性克汀病85例、氟骨症7例、大骨节病40例，排查出的病例在规定时限内完成数据录入、审核、上报工作。疟疾：县医院不明原因发热病例血检人数全年为90人，阴性血片数90张，全年血检计划任务数为85人，血检人数任务完成率为105.88%。（温换琴）

【慢性病防控】　左权县65岁以上老年人健康管理：至2018年底，全县登记65岁以上老年人登记数为16870人，健康管理人数13764人，健康管理率81.59%；65岁以上老年人城市登记数为3669人，健康管理人数2994人，健康管理率81.60%；65岁以上老年人农村登记数为13201人，健康管理人数10770人，健康管理率 81.58%；高血压管理情况：全县估算高血压患者 32918 例。高血压登记人数为 16220 人，健康管理率 49.27%；规范管理人数为 12066 人，规范管理率 74.39%，高血压患者控制人数为 11835 人，控制率 72.97%。糖尿病管理情况：全县估算糖尿患者 12670 例。至年底，糖尿病登记人数 2900 人，健康管理率 22.89%，规范管理 1956 人，规范管理率 67.45%，控制人数 1874 人，控制率 64.62%。死因监测工作情况：全县人口数为 165984 人，至年底录入死亡 1007 人，死亡率为 6.07‰（全年人群居民粗死亡率 6‰以上），其中男性死亡 616 人，死亡率为 61.17%；女性死亡 391 人，死亡率为 38.83%；儿童死亡：1 人，死亡率为 0.12%；孕产妇死亡：1 人，死亡率为 0.12%。严重精神病患者管理情况：全年，疑似患者筛查 102 例，诊断复核 62 例；通过残联进行门诊治疗补助服药患者 0 人，住院治疗补助 0 人，随访患者 665 人 2257 次，应急医疗处置补助 0 例，解锁救治关锁患者 0 例；死亡患者 14 例，失访患者 13 例，非在管患者 1 例。（温换琴）

【检测检验】 2018 年，左权县完成艾滋病初筛 232 人次，盐碘化验 300 份次（乡镇 200 份，孕妇 100 份），尿碘化验 300 份次，布氏杆菌化验 126 人次；生活饮用水水质化验枯水期和丰水期各 39 份，共计化验 78 份，2652 个检验数据；县水利局水检验中心委托化验生活饮用水微生物指标共 10 份 40 个数据；手足口共向市 CDC 送检 30 例；每月到县医院对疟疾血图片进行复核；艾滋病病人血向市 CDC 送检 CD425 人次，病载 12 人次。（温换琴）

【食源性疾病监测】 2018 年，左权县食源性疾病病例信息共报告 170 例，覆盖率为 100%。（温换琴）

【病媒生物监测】 2018 年，左权县疾控中心分别对龙泉乡、桐峪镇开展病媒生物监测工作，此次监测对象为：老鼠、苍蝇、蚊子和蟑螂，据统计，老鼠：监测生境有农村居民户 132 户，重点单位 19 个，共发放鼠夹 244 个、粘鼠板 228 张，有效鼠夹 242 个，捕获鼠数 2 只，捕获率（鼠密度）为 0.83%；有效粘鼠板 228 张，捕获鼠数 5 只，捕获率（鼠密度）为 2.19%。苍蝇：监测生境有居民区 4 处、饭店 4 处、学校 2 处，共布放 12 个诱蝇笼，经过认真辨别有麻蝇 18 只、丝光绿蝇 1 只、其它 2 只，捕蝇密度为 1.75 只/笼。蚊子：监测生境有猪圈 3 处、养殖场 1 处、医院 2 处、农户 4 处，共布放 10 盏诱蚊灯，经过认真辨别均为淡色库蚊，共有 151 只雌蚊，捕蚊密度为 15.10 只/(灯 * 夜)。蟑螂：监测生境有超市 2 处、饭店 4 处、旅店 4 处、医院 2 处、居民区 4 处，共布放 160 张粘蟑纸，经过认真辨别有德国小蠊 541 只，蟑螂粘捕率为 18.75%。（温换琴）

【重点职业病监测】 2018 年，左权县重点职业病职业健康体检机构有康复医院和博爱医院两家。提供数据的职业健康检查机构数共 12 家，至年底职业健康体检个案卡录入数：博爱 1783 条，康复738 条。（温换琴）

【健康教育】 2018年，左权县疾控中心抓住重点传染病防控和群众普遍关注的预防保健、公共卫生等热点问题，通过多渠道、采用多种形式如讲座、大众宣传、发放资料、文艺节目表演、新闻媒体等，传播和传递疾病预防控制知识信息，提高广大群众健康知识的知晓率和行为形成率。利用“3·24”“4·25”“4·26”等各类宣传日，在人群聚集的场所举办健康教育活动20期，制作拱门8个，支起宣传帐篷18个，设置咨询台14个，悬挂横幅44个，版面53块，发放宣传资料29种1.41万余份，折页1100张，手册850份，海报60张，年画100张，扑克10盒，围裙100个，宣传包1090个，抽纸1600盒，纸巾1800个，毛巾100个，安全套200盒，播放光盘6个2.5小时，表演文艺节目2个，义诊200余人，现场测量血压、血糖共计200人次，受教育群众、医务人员达7661余人。共开展知识讲座14次，参加人数达4347人；与县电视台签订联合开班《健康教育》电视栏目协议书，全年共播放52期780小时；全年对乡镇医务人员共培训12次，人次达293人，全年共印制《疾病预防控制与健康教育工作简报》53期。

（温换琴）

妇幼保健计生

【孕产妇健康管理】 2018年，左权县活产数1188人，孕12+6周建册937人，孕产妇系统管理1041人，管理率85.94%；孕产妇死亡率为0；高危孕产妇168人，系统管理168人，系统管理率100%。全县4~6个月孕妇数1775人，B超筛查1690人，筛查率95.21%，出生缺陷率54.79/万。

（何蓉蓉　李玲）

【0~6岁儿童健康管理】 2018年，左权县活产数1188，新生儿访视949人，新生儿访视率79.88%；0~2岁儿童应管理3568人，健康管理3257人，健康管理率91.28%；3~6岁儿童健康管理中，应管理儿童4778人，健康管理4106人，健康管理率85.94%，；新生儿疾病筛查；活产数722例，筛查622人，新生儿疾病筛查率达85.15%。

（何蓉蓉　李玲）

【孕前优生检查工作】 2018年，左权县孕前优生检查任务数750对，完成755对。其中发现高龄人群147人、肝功或乙肝五项异常79人、内分泌系统疾病8人、病毒四项筛查异常3人、甲功低下24人、超体重指数8人、高血压8人、肾功能异常1人、甲功低下24人、甲功亢进4人。

（何蓉蓉　李玲）

【叶酸预防神经管缺陷项目】 2018年，左权县妇幼保健计划生育服务中心全年发放叶酸1.42万板，新增应服用人数2575人，服用人数2383人（农村2049人、城镇334人），服用率92.54%，服用依从人数2069人（农村1805、城镇264人），依从率86.82%，调查人数3090人，知晓人数2919人，知晓率94.47%。

（李蓉蓉　李玲）

【“三病”筛查母婴阻断工作】 2018

年，左权县妇幼保健计划生育服务中心围绕所有孕妇、产妇及孕前保健等目标人群开展 HIV 检测。预防艾滋病、梅毒、乙肝母婴传播保健知识宣传率达 100%。“三病”监测人数 1192 人，其中乙肝表抗阳性 13 例，梅毒 1 例、艾滋病全部阴性；阳性个案全部给予干预。（李蓉蓉　李玲）

【农村妇女“两癌”免费检查】　2018 年，左权县农村妇女“两癌”免费检查任务数 8601 人。年内宫颈癌检查 8603 人，生殖道感染人数 2182 人，组织病理检查 22 人，其中低级别病变 102 人，高级别病变 39 人，微小漫润癌 1 人，漫润癌 1 人；乳腺癌完成 8607 例，彩超检查 2 级 287 人，3 级 71 人，4 级 28 人，5 级 1 人，确诊为乳腺癌 5 人。（李蓉蓉　李玲）

【免费产前筛查与服务】　2018 年，左权县免费产前诊断与服务任务数 960 人，检查 1008 人，其中高风险 91 人，全部给予转诊随访。（李蓉蓉　李玲）

【儿童营养改善项目】　2018 年，左权县儿童营养包发放 1.94 万包，村级发放营养包 1.63 万包。项目覆盖儿童数 2690 人，其中已满 24 月龄溢出儿童数 804 人。至年底项目应覆盖儿童数 1760 人，其食用营养包儿童数 1350 人，营养包发放率为 76.70%。

【托幼机构管理】　2018 年，左权县托幼机构入园儿童总人数 1231 人，体检 1231 人。体检率 100%。在园儿童体检人数 2859 人，体检率为 98.56%。托幼机构幼儿教师（包括保育员等）共体检 298 人，全部持证上岗。（李蓉蓉　李玲）

【出生医学证明】　2018 年，左权县妇幼保健计划生育服务中心贯彻落实《山西省〈出生医学证明〉管理办法》，《出生医学证明》实行微机专人管理，严格把关，规范发放，做到证、章分开保管。年内，首次签发 790 人份，换发 11 人份，补发 7 人份，特殊签发 37 人份，作废 6 人份。

（李蓉蓉　李玲）

卫生监督

【概况】　2018 年，左权县卫生监督所以医疗卫生和公共卫生监督为主，对医疗市场监督、生活饮用水卫生、传染病卫生等社会关注的热点问题，全面开展各项卫生监督工作。加大经常性监督频次，加强突击性卫生监督抽检的力度。通过从业人员培训、指导等手段，提高被监督单位负责人和工作人员的法律意识和卫生知识，建立内部卫生质量控制体系，外部约束与内部自律结合。全年全所共出动卫生监督员 890 人次，对 694 个单位进行 944 次监督检查，完成省卫计委下达的双随机抽检计划 1 次，采集各种监测样品 108 份，对 14 家不符合卫生要求或存在违法行为的单位进行行政处罚，累计罚款人民币 1.50 万元。（范翠英）

【公共卫生监督】　2018 年，左权县卫生监督所对县域内公共场所 149 个进行日常卫生监督检查，监督覆盖率达 100%。全年共发放卫生许可证 35 个，从业人员健康合格证发放 687个。11 月 28 日至 12 月

5日进行公共场所从业人员大型培训，公共场所从业人员培训630余人。（刘亚丽）

【学校卫生监督】 2018年，左权县卫生监督所对县城9所、乡村22所中小学校进行专项监督检查，监督覆盖率达100%。（刘亚丽）

【生活饮用水卫生监督】 2018年，左权县卫生监督所对1个城市集中式供水单位进行日常监督，监督覆盖率达100%。对左权县自来水公司的第三季度水质检验不合格进行处罚，罚款0.30万元。

（刘亚丽）

【餐具集中消毒卫生监督】 2018年，左权县卫生监督所对县域内的1个集中餐具消毒单位进行监督检查，监督覆盖率100%。（刘亚丽）

【医疗、传染病防治、放射卫生监督】 2018年，左权县卫生监督所对全县248个医疗机构（乡镇卫生院、县城内医疗机构、村卫生室）医疗执业行为、消毒管理情况等进行全面的日常监督检查，监督覆盖率达100%；对249医疗卫生机构的传染病防治工作进行专项监督检查，监督覆盖率达100%；完成对15个不同等级的医疗机构进行了传染病分类监督效果的评价工作；完成对2个职业病体检机构和6个放射诊疗机构的专项监督检查，监督覆盖率达100%。

对全县医疗机构的医疗废物和放射诊疗机构的放射源及生活饮用水生态环境突出问题开展自查自纠，查找各类影响生态环境和环境卫生的问题，重点对医疗废物处置和环境卫生整治进行督查，对检查中发现的问题，督促各医疗卫生机构立即研究制订整改方案、细化整改任务、明确整改目标、严格整改时限，确保问题整改彻底到位，杜绝医疗废物乱扔乱放影响环境卫生的现象。

对全县的预防接种管理工作和抗菌药物的临床使用进行全面检查，规范医疗卫生机构的预防接种管理和抗菌药物临床使用管理工作。

全年共对8个医疗机构的医疗废物未按规定分类收集管理、对2个医疗机构违规执业、对1个非法行医、2个放射诊疗机构未复验诊疗许可证等进行卫生行政处罚，罚款1.20万元。（陈海燕）

【卫生稽查】 2018年，左权县卫生监督所全年稽查4次，下达稽查文书8份，执法建议书1份。对15个乡镇卫生院和1个社区服务中心的协管巡查报告工作进行4次督导检查，对卫生监督协管工作做了规范。是年对乡镇（社区）卫生监督协管员进行2次卫生监督协管工作培训。7月，监督员进行为期一周的相关法律法规知识培训。对辖区内6个从事计划生育技术服务的医疗、保健机构进行日常监督，监督12户次，监督覆盖率100%。

（范翠英）

【双随机一公开】 2018年，左权县卫生监督所对7个医疗机构、5个学校、6个公共场所（2个住宿场所、2个游泳场所、2个美容美发场所）、1个市政集中式供水单位等进行双随机抽查，完结率

100%，并于公共信用平台和左权政府网站予以公示。（刘亚丽）

左权县人民医院

【概况】 左权县人民医院是左权县集医疗、科研、教学、预防保健为一体的综合性医院，也是全县唯一一所综合性二级甲等医院。编制床位160张，实际开放病床210张，拥有总资产3107万元，全院有干部职工459人，设置有12个临床科室、6个医技科室、16个职能科室。2018年，业务收入5341万余元，门诊103471人次，门诊人均费用147.80元，住院6930人次，住院患者人均费用7241元，手术例数1111例。（李世军）

【科室设置】 2018年，左权县医院设置有12个临床科室即：外科、内科、骨科、妇产科、麻醉科、儿科、眼科、耳鼻咽喉科、中医科、急诊科、口腔科、感染性疾病科；设置有6个医技科室即：检验科、功能科、影像科（CT室、放射室、核磁室）、药剂科、体检室、供应室；设置有16个职能科室即：院办室、党办室、医务科、护理部、人事科、门诊部、院感科、科教科、财务科、预保科、信息科、医保科、设备科、总务科、保卫科、营养科。（李世军）

【医疗人才队伍】 2018年，两院（左权县人民医院、左权县中医医院）共有干部职工459人。两院在编职工193人，离退休人员97人，非在编人员169人。全院卫生技术人员304人，行政后勤人员58人。高级卫生技术人员41名，中级卫生技术人员78人，初级卫生技术人员185人。（李世军）

【设施设备】 2018年，左权县医院占地面积1.30万平方米，总建筑面积1.64万平方米，其中业务用房1.25万平方米，行政用房1800平方米，其它用房2079.17平方米。拥有128层64排螺旋CT机、核磁共振、全自动生化分析仪、彩色多普勒诊断仪、DR机、全自动血流变分析仪、日本奥林巴斯纤维胃镜、电解质分析仪、酶标工作站、艾滋病筛查室、医院信息化管理系统等医疗设备，设备总价值达2000余万元。（李世军）

【临床管理】 2018年，左权县医院单病种质量控制、临床路径管理达13个专业，60个病种，入径率91%。在抗菌药物使用管理方面，多部门齐抓共管，严格落实处方书写制度和处方点评制度、“双十制度”（开具药品前10名医生、前10位药品品名）等，做好抗菌药物和辅助用药管理。一类手术切口抗菌药物使用率25.50%，比2017年下降6.50个百分点；门诊抗菌药物使用率6.98%，比2017年同期下降3.94个百分点；急诊抗菌药物使用率10.99%，比2017年同期下降0.75个百分点。（李世军）

【医联体和对口支援】 2018年，左权县医院完成健康扶贫下乡义诊活动，共派出医务人员96人次，出动车辆14车次，共义诊2000余人次，发放健康宣传资料1

万余份，免费发放药品价值共计4000余元。全院医师100%参与“双签约”活动，全县贫困户、残疾人、低保户双签约率为100%。

在做好县乡一体化改革工作的同时，加强与上级医院医联体建设工作。是年，县医院同山西省人民医院、山西省肿瘤医院签定医疗联合体协议书，同时与山西省人民医院、山西省肿瘤医院、山西省中医学院附属医院建立对口帮扶关系，并同山西省人民医院开展“1+1+1+3”医疗联合体创新模式。山西省人民医院共派驻25名医师、山西省肿瘤医院共派驻3名医师、山西省中医学院附属医院共派驻2名医师常年在县医院开展帮扶工作，人均驻科3个月以上。（李世军）

【科研教学及重点专科建设】 2018年，左权县医院继续加大科研教学力度，借医联体对口支援工作，以及外请专家等形式，来院授课题18次，院内自行组织培训10次共参加1389人次；“三基”考试3次，参加307人次。接收晋中卫校、山西老区职工医学院等医学院校实习生44人，接收左权县粟城卫生院一名医生、左权县麻田镇卫生院一名医生来院进修。外派10名医务人员到山西省人民医院、中山大学第五附属医院、北京天坛医院进修；到各地参加培训学习97人次。全院开展新技术一项：红细胞抗体筛查，有效防止输血不良反应的发生。5月县医院承办了由县总工会、县卫计局联合主办的“纪念‘5·12’国际护士节暨左权县卫计系统医护技能比赛”，在活动中，县医院参赛选手取得团体、个人第一名的优异成绩。参加市卫计委组织举办的技术操作比武大赛，取得可喜的成绩。在专科建设方面，县医院将内科、外科、妇产科、骨科、急诊科列为县级重点学科加强建设，并将内科向市卫计委审报市级重点专科。外科开展微创腹腔镜技术，仅12月开展手术20余例；妇产科开展无痛人流手术，开展手术10余例。（李世军）

康复医院

【概况】 左权康复医院是左权县第一家民办医院，拥有较为先进的医疗设备、医疗技术与管理模式的非营利性综合民营医疗卫生机构，是一所综合性一级甲等医院，占地面积1500平方米，建筑面积2540平方米，其中业务用房2480平方米，是左权县城乡居民医疗保险定点医院。编制床位48张，设置有内科、外科、妇科、儿科、中医科、口腔科、康复医学、手术室、中西医结合科、医学检验科、医学影像科等11个科室，医院现有职工66名，其中副主任医师2名，主治医师11名，医疗技术人员56名，占全院职工总人数的85%。2018年，医院新增全自动发光免疫分析仪、彩色B超诊断仪、DR机、电子肠胃镜、全自动生化分析仪、尿十项分析仪、电解质分析仪、心电监护等，是年，康复医院建立先进的信息化系统，实现电子化病历。全年共收住各类住院病人2000余人

次，病例均已整理归档，门诊就诊35870人次。（李迎春、李瑞英、孙青青）

【健康体检服务】　2018年，左权县康复医院体检部业务面积400多平方米，内设有内科、外科、妇科、眼科、耳鼻喉科、口腔科等专科室；配备B超（彩色多普勒诊断仪）、DR机、心电图、自动生化仪、尿十项分析仪、阴道镜、利普刀、电子血压计等设备，专业体检医技人员15人一站式服务，形成相对独立的体检系统。是年职业健康体检2500人次，健康体检3000余人次，其他单项体检及复查人员共计500余人次，全年完成国家公共卫生项目“家庭医生双签约服务”，为左权县康宁社区共建档3956人，随访高血压人群544人，随访糖尿病人群178人。

（李迎春、李瑞英、孙青青）

佑爱医院

【概况】　左权佑爱医院是一所集医疗、科研、预防保健、社区服务为一体的综合性民营医院。2018年，编制床位20张，实际开放病床位50张，总资产1500万元，全院有职工62人，医院内部共设置临床科室8个：外科、内科、妇产科、儿科、急诊科、中医科、公共卫生科、母婴保健科；设置医技科室6个：检验科、功能科、医学影像科、药剂科、消毒供应科、预防保健科；设置职能科室7个：院办公室、党支部、医务科、财务科、预防保健科、信息科、院感科。全年门诊47810人次，年住院1346人次，手术人次81例，病床使用率51.30%，年总收入突破千万元。

（马瑞新）

【设施设备】　2018年，左权佑爱医院占地面积446.80平方米，建筑面积2509.60平方米，其中业务用房面积2000平方米，先后购进数字式十二道心电图机1台、多参数监护仪2台、数字式阴道镜1台、阴道分泌物干式化学分析仪1台、恒温加热器1台、BIOBASE系列分立式全自动生化分析仪等专用设备仪器，并按规范化要求装备了手术室。（马瑞新）

【人才队伍】　2018年，左权佑爱医院共有职工62人，其中副主任医师3名、主治医师5名，执业医师6名，护师3名，护士23名，检验师2名，药剂师2名，放射医师1名，行政后勤人员12名。是年，采取“送出去请进来”的办院模式，加强人才培训。31名医护人员参加了医疗机构组织的全方位培训，院内开展各类业务培训24次，组织“三基”（基础知识、基础技巧、基础操作）知识考核3次。（马瑞新）

【公共卫生服务】　2018年，左权佑爱医院建档立卡7008人，其中高血压1087人、糖尿病278人、老年人1142人、0~6岁儿童558人、孕妇39人、产妇16人。免费为社区65岁以上老年人体检894人，共随访4698人次；其他体检138人，预防接种134人次，儿童体检355人。访视新生儿67名。免费为西关经济联合社居民诊疗及发放药品价值10万余元。

（马瑞新）

【健康扶贫工作】 2018年，左权佑爱医院以“家庭医生进万家，送服务、保健康”健康扶贫工作为主，共签约2035户，送服务7008人次。开展“送温暖、献爱心”活动，先后捐款4512元。救助困难大学生1人，慰问金额5000元。为农村建挡立卡贫困人口承担民政部门不予报销的目录外用药费用1.19万元。进入岩山、皇母圣社区为389名老年人开展送温暖送健康服务；到长城、石匣、辽阳、麻田、羊角、龙泉、粟城、拐儿、芹泉敬老院免费对437人次全财政供养孤寡老年人开展了健康教育、测血压、测血糖、做心电图、切脉、合理用药咨询服务。 （马瑞新）

2018年9月21日，佑爱医院马瑞新院长在羊角敬老院开展合理用药健康指导活动

左权博爱医院

【医疗队伍建设】 2018年3月，左权博爱医院组织开展医护人员礼仪服务比赛，要求全院45周岁以下职工在认真学习《医务人员礼仪规范》的基础上参加。4月26日，举办“5·12”护士节医护人员技能比赛。严格要求每位职工按照十八项医疗核心制度执行，用制度加强医疗质量管理。从病例书写、处方书写、隔离消毒、医疗废物处理以及门诊首诊负责制、病历讨论制、三查七对制、院科主任查房制进行严格要求，全年没有发生大的医疗纠纷和事故。 （杨永生）

【基础设施建设】 2018年4月，左权博爱医院对检验科进行整体环境布局改造，重新合理化装修。对门诊一楼卫生间进行改造。在门诊二楼修建300多平方米小儿推拿科和中医理疗科，开设眼科门诊。 （杨永生）

【公共卫生服务】 2018年，左权博爱医院组织下乡体检队，在县城万寿社区及周边8所中小学校、5个乡镇，对65周岁以上的重点人群进行健康体检，历时38天，共完成5275人次的健康体检，为11012名中小学校学生建立居民档案。院内组织行政后勤的医务人员组成公共卫生随访小组，对万寿社区502名慢性病人进行入户随访。在门诊、住院对建档立卡贫困户开展先诊疗后付费的一站式服务。 （杨永生）

【医疗技术引进】 2018年，左权博爱医院妇产科于3月开展无痛人流术。4月，派医师到省人民医院进行为期一个多月的增强技术学习，购置高压注射器系列设备，成为全县唯一一家开展增强CT技术的医院。检验科增加胃功能检测项目，通过抽取人空腹静脉血2~3毫升，测定其中

胃泌素 17（G-17）、胃蛋白酶原Ⅰ、Ⅱ，并加以综合分析，从而辅助诊断胃黏膜疾病的方法，是一项无创伤、无痛苦、安全、经济的胃病检测方法。与修正药业合作，在门诊二楼新设置小儿推拿专科，并选派两名医师分别到北京、运城进行专业培训学习，对小儿疾病提供了绿色治疗。在中医科增设超激光治疗仪和冲击波治疗仪。每月底周四聘请省心血管医院专家来院坐诊。6 月，住院部购置先进、安全、节能、高效的制氧系列设备。（杨永生）

体　育

【概况】　2018 年，左权县体育运动中心以“亲民、便民、利民”为原则，坚持“办民生体育，让体育惠民”，激发群众参与健身活动热情，全年广泛开展全民健身运动 30 余次，承办了 2018 年山西省第十五届运动会“龙泉杯”公路自行车赛。

（李健健）

【省运会自行车赛】　2018 年，左权县体育中心承办了 2018 年山西省第十五届运动会“龙泉杯”公路自行车赛，共有全省 7 个城市专业车队，150 名职业选手参赛。

（李健健）

【全民健身运动】　2018 年，左权县体育中心以“亲民、便民、利民”为原则，坚持“办民生体育，让体育惠民”，激发群众参与健身活动热情。利用春节体育大拜年、“三八”“五一”“七一”“八一”“九九重阳节”等重大时间节点，组织开展传统武术、柔力球、象棋、篮球、乒乓球、羽毛球、健身舞、健身秧歌比赛等系列活动。发展新型体育项目，开展了徒步、游泳、自行车等比赛活动。开展传统农民篮球赛、“桐滩风”武术比赛等，全年全县组织的各级体育比赛活动达 60 余次。

（李健健）

【基层基础建设】　至 2018 年底，左权县组织成立老年体协和乒乓球、羽毛球、篮球、象棋、钓鱼、门球、信鸽、广场舞、武术、自行车等 11 个体育单项协会；培训各级各类社会体育指导员预计 800 余人，县城内设置健身指导站点 80 余个，均配备 1 名社会体育指导员，203 个行政村配齐了至少 1 名三级社会指导员，先后争取 100 万余元在 23 个重点行政村、7 个移民小区配置体育健身器材，城市 500 米健身圈累计在县城 8 个社区共建设健身场地 18 个，小游园 5 个，辽州森林公园健康步道 1 条、滨河体育公园 1 个，全县实现“学校有操场、农村（社区）有场地、乡镇有广场、县级有健身圈”的全民健身大格局。（李健健）

社会生活

人力资源和社会保障

【城乡就业】 2018年，左权县城镇新增就业岗位2265个，失业人员再就业392人，就业困难人员再就业110人，创业带动就业732人，农村劳动力转移3510人，累计为31个单位安置公益性岗位50人，6个见习单位安置见习岗位高校毕业生21人。

县人力资源和社会保障局实施全民技能提升工程培训，全年开展培训60期，培训学员2954人；开展创业培训10期，培训学员300人，累计成功创业94人，带动就业人数252人。实施培训就业扶贫专项行动，组织召开各类招聘会17场，转移“建档立卡”贫困劳动力19016人，实现“就业一人，脱贫一户”的目标。继续加大“左权家政”劳务品牌推广力度，培训家政服务类学员514人，成功就业108人。

（于滨　刘云刚）

【社会保障】 2018年，左权县城镇职工基本养老、基本医保、失业、工伤、生育保险参保人数分别为1.83万、2.18万、1.47万、1.70万、1.56万，城乡居民养老、医保参保人数分别为8.61万人、13.71万人，全部完成参保任务。发放社会保障卡13.39万张。

落实各项保险待遇。2018年，全县城镇企业职工养老保险待遇发放人数4024人，发放金额1.25亿元；机关事业单位养老保险待遇发放1984人，发放金额8847万元；失业保险待遇发放480人，发放金额549万元。城乡居民农村养老保险发放23714人次，发放金额2864.26万元。

推进社会保障制度改革。全县172个机关事业单位的4166名在编人员参加机关事业单位养老保险，完成对参保人员个人养老保险和职业年金预扣的核对、审核、一次结算、二次清算工作。自收自支事业单位开始纳入机关事业单位养老保险并实现入轨运行。医保和生育保险合并成效明显，396人次享受生育保险待遇。推进医保付费改革。对新的左权县医疗集团实行总额控制和打包付费改革。全年费用总额

4365万元，降低了群众治病用药负担。实施异地联网直接结算改革。全年通过简化异地备案流程、减少盖章手续，开通电话转诊备案等，共办理异地就医备案登记3760人次，247名参保患者分别在省外和省内实现异地联网直接结算。

落实建档立卡贫困人口帮扶政策。(1) 为全县符合条件的16~60周岁（含16和60周岁）“建档立卡”贫困人口33349人，按照100元/人的标准，代缴养老保险费333.49万元，“建档立卡”贫困户享受政策人数达到100%。(2) 按照“三保险三救助”政策要求，全县建档立卡贫困人口综合保障水平达到90%以上。

各项贫困退出指标工作全面完成。2018年，全县50595名贫困人口全部参加城乡居民医疗保险，参保率100%；符合参加城乡居民养老保险条件的33349名贫困人口参加城乡居民养老保险，参保率100%；全县应参加城乡居民医疗保险人数137665人，实参保137155人，参保率99.63%，超过参保率不低于95%的标准；全县应参加城乡居民养老保险人数87236人，实参保86102人，参保率98.7%，超出全省平均水平95%的3.7个百分点。

（于滨　刘云刚）

【劳动监察】 2018年，左权县人力资源和社会保障局围绕创建无欠薪县工作目标，劳动保障监察大队“以防风险，构建和谐的劳动关系”为重点，落实工资保证金制度。全年住建33个项目，交通19个项目工资保证金实现全覆盖。全年企业签订维护农民工合法权益承诺书185份，建筑施工等重点行业投诉率同比下降53%。全年共接待信访43起，其中受理工资类投诉19起，为463名务工人员协调解决工资768.86万元，结案率100%。（于滨　刘云刚）

【人事人才工作】 2018年，左权县人力资源和社会保障局组织实施“桃杏工程”，为安监局、教科局等19个事业单位招聘工作人员36名；评审各类专业技术人员183人，其中高级资格31人，中级68人，初级84人；聘任各级职称114人，其中高级20人，中级25人，初级69人；对全县5200多名在岗工作人员边远津贴进行调整；对符合条件的3591人次一般工作人员完成公务员工资晋级晋档业务和事业单位晋薪级工作；完成乡镇工作补贴审核；完成遗属认证和遗属补助金调整审批353人，其中认证已死亡的12人；完成机关事业单位退休人员基本养老金的调整；全年大中专毕业生实名制登记362人；并对省市下达的151名2018年离校未就业高校毕业生的就业等情况，进行电话回访，并录入系统，充实左权县人才库。

（于滨　刘云刚）

计划生育

【人口数量】 至2018年9月底，左权县总人口167386人。2017年10月至2018年9月共出生1350人，出生性别比104.86；出生率为8.07‰；自然增长率为1.79‰。（孙彩萍）

【完善扶助保障】 2018年，左权县累计奖扶对象9570人，兑现奖扶资金363.99万元，其中县级配套193.48万元。并对全县计生特殊家庭成员缴纳医疗保险的个人部分进行全额资助。将计划生育特殊家庭联系人制度、就医“绿色通道”以及家庭医生签约服务“三个全覆盖”工作落到实处。

严格落实计划生育奖励扶助政策，全县累计奖扶对象，国家两项：国家一般奖扶1069人102.62万元，国家特别扶助53人38.7万元（死亡由每人每月500元提高到650元，伤残由每人每月400元提高到550元）。省四项：独生子女7654人452.88万元，退二孩指标62户30.6万元，双女绝育户2户3000元，左权县城镇无业非农独生子女709人8.51万元。市级特扶21人6.6万元。县政府对全县计生特殊家庭成员缴纳医疗保险的个人部分进行全额资助。完善信息档案，将计划生育特殊家庭联系人制度、就医“绿色通道”以及家庭医生签约服务“三个全覆盖”落到实处。

是年，县计生管理部门组织发动引导全县计生家庭4905户交纳意外伤害保险24.78万元，为209名妇女办理女性安康险1.06万元，为303名村级计生人员家庭（涉保人数1059人）办理意外伤害保险0.909万元，为遭受意外伤害的85人办理理培9.98万元，理培率33%。2017年为25户（33人）计生失独家庭、21户（54人）计生伤残家庭办理住院护理险2万元。三种保险共入保28.75万元。

是年，左权县组织开展“情暖留守家庭”、节前送暖、“闻道启智、圆梦太行”关爱女孩等系列活动。先后为43户留守家庭、35户计生特殊家庭、10户计生困难女孩家庭送上价值2.6万元的慰问品，27名品学兼优的计划生育贫困女孩参加了为期6天的“我要上北大、携手进清华”的游学营活动。并为孩子们发放每人200元的金秋助学金。多次组织县乡两级医护人员深入各敬老院、计生特殊家庭、居家养老计生户，为他们免费送医送药。倡导全社会共同关爱女孩成长，关注留守儿童、留守老人健康，关心流动人口生活，关心计生特殊家庭生活。

继续推进医养结合。按照晋中市人民政府关于加快推进医养结合的精神要求，印发《关于推进医疗卫生与养老服务相结合的实施方案》，建成村卫生室和老年日间照料中心试点2个，即龙泉乡卫生院和龙泉乡西寨村敬老院、寒王乡卫生院和里长村日间照料中心。全县1个二级医院，15个乡镇卫生院开通老年人优先就诊的绿色就医通道，初步实现养老机构基本医疗卫生服务全覆盖。建立起以家庭医生为主的“点对点”健康服务体系，家庭医生服务团队主动深入社区和家庭，通过实施家庭医生签约服务和老年人健康体检等，对老年人进行分级分类健康管理。

继续推进创建幸福家庭活动。以创建幸福家庭活动“文明、健康、优生、致富、奉献”为主题，以提升家庭发展能力为主线，开展幸福家庭创建示范活动。通过宣传引导，活动引领，强化服务，产生了一批群众口碑好、认可度高的幸福家庭示范户。是年，推选出幸福乡镇2个、健康村居18个、幸福家庭示范户20个。

深入推进流动人口基本公共卫生计生服务均等化工作。全年全县创建流动人口健康促进示范企业2个、示范学校2个、示范家庭6个。（孙彩萍）

民　政

【概况】　2018年，左权县发放低保金1937.97万元，发放特困供养金642.4万元，发放各类优抚款650.3万元，发放孤儿生活补助42人次31.3万元，发放临时救助18506户671.5万元。（刘晓斌）

【农村基层政权建设】　2018年，左权县民政局根据市并村简干领导小组下发的《关于晋中市开展“并村简干”工作的实施意见》文件精神，制定出台《左权县“并村简干”工作实施方案》，并按要求对全县200人以下的村进行撤并。通过撤并行政村，适度扩大乡村规模，优化农村资源配置，提高资源利用效率，建设精干高效村干部队伍，加强“三基建设”，夯实农村脱贫攻坚和小康社会建设工作基础，为全面建成小康社会发挥推动促进作用。

（刘晓斌）

【城市社区建设】　2018年，左权县社区建设实现党建、社会保障、环境卫生、综合治理、信访安全、司法调解、计划生育、社区文化、群团组织和社区服务等20余项工作走进社区。社区参与社会管理和服务的功能日趋完善。（刘晓斌）

【民间组织管理】　左权县社团事务依法开展日常登记和年检工作。2018年，全县办理社会组织行政审批20件，登记社会组织58个。4月，成立中共左权县社会组织综合党委，社会组织中成立党组织的45个，覆盖率达到78.9%，其中单建7个，联合建38个。（刘晓斌）

【地名勘界】　2018年，左权县地名普查按照国务院及民政部意见继续修改，验收工作持续进行，不规范地名整治实施方案已下发各单位并执行。按照省、市要求编制2018年至2020年三年地名管理工作规划方案，拍摄微电影《戏说石台头》并在国务院第二次全国地名普查委托网站光明网展播。完成阳光尚品住宅区、碧桂园住宅区以及拥军路、拥军桥命名及清华金园更名等工作；区划勘界已对峻极关位置进行确认并出具报告结果，晋中、长治两市界线联检工作已完成。（刘晓斌）

【双拥工作】　2018年，军地双方互办实事，左权县政府为驻军部队排忧解难，驻左部队开展形式多样的拥政爱民活动，在全县形成独树一帜的老区双拥特色。连续第七次获得“全国双拥模范县”荣誉称号。顺利通过省市级双拥模范县验收工作，为争创第九次“全省双拥模范县”，第八次“全国双拥模范县”荣誉称号打下良好基础。（刘晓斌）

【优抚安置】　2018年，左权县全面落实优抚安置政策，按时兑现各类优抚对象待遇。八一期间慰问各类优抚对象926人，发放慰问金、慰问品等折合13.50万元；发放各类优抚对象抚恤金650.30万元；优待金119人，242万元；为2017年退役的58名军人发放自主就业一次性经济补助金81.90万元。涉军群体总体平稳可控。对全县5000余名退役军人和其他优抚对象进行信息采集，走在晋中市的前列。

（刘晓斌）

【困难救助】 2018年，左权县发放低保金1937.97万元，发放特困供养金642.40万元，发放各类优抚款650.30万元，发放孤儿生活补助42人次31.30万元，发放临时救助18506户671.50万元。

（刘晓斌）

【城乡低保】 2018年，左权县实施“一提高、两降低、三倾斜”。“一提高”就是提高城乡低保标准，城市低保由上年每人每月485元提高到515元，农村低保由上年每人每年3240元提高到3660元；“两降低”就是根据当前粮食价格和经济形势降低家庭收入测算标准，根据子女家庭收入、贫困状况降低赡养费标准，从而达到低保扩面的目的；“三倾斜”就是农村低保向贫困户倾斜、医疗救助向贫困户倾斜、临时救助向贫困户倾斜。确保建档立卡贫困户中符合低保条件的及时纳入低保对象。全年城乡低保对象人数达11630人，发放城乡低保金1937.97万元，保障城市低保对象572户921人，发放低保金341.40万元，农村低保对象6298户10709人，发放低保金1596.57万元。（刘晓斌）

【城乡医疗救助】 2018年，左权县修订《左权县城乡医疗救助实施办法（暂行）》，实施“12111”工程。“一降低”就是全县建档立卡贫困户住院医药合规费用由原来的2000元以上降至1000元以上的享受医疗救助。“两不变”就是农村低保对象救助比例70%不变，其中重特大病种救助比例80%不变；农村分散供养的五保对象医疗救助比例100%不变；“一提高”就是全县建档立卡贫困户住院医药合规费用1000元以上的享受医疗救助，比例由原来的20%提高到30%，24种重特大疾病由原来的30%提高到50%；“一保留”就是重特大病种继续保留二十四类；“一增加”就是五保对象、城乡低保对象、建档立卡贫困户人口患有24类重特大疾病，病情处于晚期，可申请享受一次性大病关怀救助5000元。至年底，按照新规定的医疗救助标准发放医疗救助432.3万元，享受救助人数达3668人。（刘晓斌）

【特困供养】 2018年，左权县特困供养对象1238人。其中分散供养922人，集中供养316人。1月1日起，农村特困供养对象提高到4836元/人/年。护理补贴：分散供养对象全自理标准、半自理标准和全护理标准分别是60元/人/月、120元/人/月、180元/人/月，集中供养对象全自理标准、半自理标准和全护理标准分别是152元/人/月、380元/人/月、760元/人/月。全年投入特困供养方面经费799.70万元，其中供养金642.40万元，敬老院运行经费130万元，埋葬补助27.30万元。（刘晓斌）

【防灾救灾】 2018年，左权县继续加大救助力度。7月中旬，麻田、桐峪、石匣等乡镇相继发生风雹灾害。灾情发生后，县委、县政府高度重视，县、局领导实地察看灾情，要求受灾乡镇加强领导，落实措施，组织群众开展生产自救，努力把灾害损失降到最低限度。为帮助灾民顺利度过今冬明春困难时期，根据乡镇上报结果，县民政局向上级申请生活困难群众救灾资金90万元，并及时按程序拨付到受灾困难群众手中。 （刘晓斌）

【婚姻登记管理】 2018年，左权县全年共办理结婚登记929对，离婚登记276对，补领结婚登记418对，补领离婚登记17对，全部合法有效，登记合格率100%。 （刘晓斌）

【社会福利】 2018年，晋中市局下达左权县10家农村老年人日间照料中心建设任务均已完工，通过验收，投入使用。在日间照料中心建成后，村级聘请第三方有相关资质的部门进行验收，并按规定拨付款项。为确保日间照料中心正常运行，运行费用将按照农村人口和服务对象多少分别给予补贴，实行按月考核，按季发放制度。县社会福利中心设床位200张，已建设完成，制定公建民营实施方案，面向社会招投标。 （刘晓斌）

【流浪乞讨人员救助】 2018年，左权县流浪乞讨中心正常运行。对前来救助人员严格审查其基本情况，坚持自愿救助，无偿救助的原则，对部分重点救助对象采取先治疗后护送的原则，结合实际给予生活、医疗、发放返乡路费等多形式救助。对主城区内的流浪乞讨人员进行了全面摸底排查，通过流动救助、劝导救助等方式，共救助18人次，滞留1人，托养1人。 （刘晓斌）

老龄工作

【概况】 2018年，左权县80周岁以上老年人达到2496人。其中，80~89周岁2320人，90~99周岁175人，100周岁以上1人。全年发放高龄补贴100.67万元。年内，县老龄办充分运用各种形式广泛开展老龄化国情宣传教育，建立涉老成员单位联动机制。发挥老龄部门组织、协调、督促、指导相关部门履行好涉老工作职能作用，建立协调部门和单位的沟通联络长效机制。推进老年协会规范化建设“131”（1：每个乡镇推进一个乡级示范协会；3：每个县从乡级示范协会中选取三个作为县级示范协会；1：从三个县级示范协会推进一个市级示范协会）计划，推进老年人优待政策全面落实。开展“敬老文明号”创建。 （李勇　李华）

【老龄宣传教育】 2018年，左权县老龄委利用“12·4”宪法宣传日、九九重阳节等重大节日和单位系统各种会议，开展老年法规解读和宣传活动。通过县电视台《普法在线》栏目、《太行之声》电台，《今日左权》报等媒体，宣传老年法及山西省实施办法，宣传老有所为和孝亲敬老先进事迹。9月20日，下发《关于深入开展2018年“敬老月”活动的通知》文件，召开“敬老月”宣传活动联席会议，利用各种媒体和平台宣传老年法规和孝亲敬老传统美德，散发《中华人民共和国老年人权益保障法》（《老年法》）读本。县领导同县老龄办工作人员到百岁老人家中慰问，医务人员对百岁老人进行常规体检。10月16日，与县委老干部局、县体育中心联合在县将军广场举行“敬老月”主题宣传暨老年节庆祝活动。表彰孝亲敬老先进个人和老有所为先进个人30人。200余人的老年队伍进行文体活动节目展示。联合民政、司法、公安、卫计、工行、医院等部门开展了涉老政策宣传咨询和医疗义诊服务。活动现场共设立咨询台8个，发放各类宣传资料2000余份，活动现场医疗义诊台为老年人进行量血压、测血糖等便民服务。（李勇　张丽萍）

2018年“敬老节”主题教育暨“老年节”庆祝活动

【基层组织建设】　2018年，左权县乡镇城区老龄工作机构实现全覆盖。村级老年协会规范建设。推选出万寿社区老年协会、芹泉中店村老年协会、寒王里长村老年协会为县级先进协会，并择优推选里长村为市级先进老年协会。（赵左彬　张丽萍）

【特困救助】　2018年，左权县老龄委通过个人申报、基层初审、核实、公示等程序，对特困老人进行救助。老年节期间，为老十亩村61户老年人家庭送去白面共计2745元。“两节”前对老十亩9户贫困户进行慰问，送去米面等生活必需品共计1287元。全年县级特困救助167人，每人300元，共计5万元；市级老年特困救助34人，每人500元，共计1.70万元。

（李勇　王婷）

【“敬老文明号”创建】　2018年，左权县老龄委制定“敬老文明号”创建方案，把“敬老文明号”创建纳入“老年优待服务窗口”等示范内容，县乡医疗机构开通“老年人就诊绿色通道”并在醒目位置设立“老年人优先”标志，公交车上设立老年人专座，为广大老年人提供优惠、便利服务。

（赵左彬　李华）

【优待政策落实】　2018年，左权县老龄委主动沟通对接，推动老年优待政策落实。从老年节开始，全县65周岁以上老年人免费乘坐市内公交车，7000余名70周岁以上老年人享受免缴医保费154万元；百岁以上老年人免费进行两次体检，建立健康档案；对65周岁以上老年人建立居民健康档案17021人；每年一次免费体检；每年进行一次中医药健康指导；65周岁以上老年人进龙泉公园免门票；为困难老年人提供免费法律援助。

（李勇　王婷）

乡镇（城区）

辽阳镇

【概况】 2018年，左权县辽阳镇国土面积183平方米，辖28个行政村。年末总户数7781户，总人口20209人，其中男性10108人，女性10101人，农业人口19163人，占99%，非农业人口1046人，占1%。

境内资源以煤、石灰石、黏土最为丰富，旅游景观有辽阳八景之一的“石佛松涛”和西河头村的“一二九师师部”等。

全镇耕地面积1532公顷，主要粮食作物有玉米、谷子、大豆、薯类，粮食总产量5011吨，人均占有248千克。主要经济作物有蔬菜72公顷，产量234万千克；油料37公顷，产量27万千克。林地面积668公顷，森林覆盖率达36%。年牲畜存栏1.64万头（只），出栏1.92万头（只），年家禽存栏5.9万只，出栏2.24万只。至是年底，全镇生产总值同比增长8%，达到9.72亿元，农民人均可支配收入增长11%，达到8850元；完成招商引资签约任务7000万元，固定资产投资1.18亿元。农村集体经济不断发展壮大，行政村全部实现“经济破零”，21个村收入在5万元以上，3个村收入达到100万元以上。

全镇28个行政村实现移动电话、宽带网络全覆盖。

全镇设有中心卫生院1个，有医务人员8人，住院床位8张。

全镇有小学7所，教师47名，在校学生315名。（崔耀天）

【脱贫攻坚】 2018年，左权县辽阳镇8个贫困村、5个非贫困村，建档立卡贫困户1346户3522人。至年底，实现8个贫困村全部整村退出，建档立卡贫困户1343户3513人稳定脱贫。在脱贫攻坚工作中，镇党委、政府围绕村退出13项指标和户脱贫5项指标，主要抓了五方面工作。发展产业脱贫一批。统筹整合财政涉农资金793万元，通过改造核桃经济林、新增杂粮种植、发展高效养殖、种植中药材、种植食用菌壮大传统产业；大力发展新型产业，投资300万元，以吸收易地搬迁户为主，建起职中实训基地，增加贫困人口就业岗位200余个；西长义服装加工厂，带动60余个贫困人口人均年增收8500元；王家店村免烧机砖厂、农机专业合作社、清漳苑粮食加工项目等效益都很好。易地搬迁脱贫一批。实施东长义、东沟、红土垴3个扶贫移民安置点建设，可接纳984户易地搬迁户，9个整体搬迁自然村完成“双签”120户247人，完成同步搬迁48户93人。社会保障兜底脱贫一批。完成低保评审371户634人，特困供养114人；发放临时救助金37.84万元，救助755户1589人，足额发放高龄老人、重度残疾人等优抚对象政策补贴；25户贫困户进行了危房改造；组织妇女检查1552人；脱贫攻坚募捐2.21万元。完成带资入企403户，连续3年享受3000元每年的收益，扶贫小额贷款232户，1146.5万元。教育培训脱贫一批。组织贫困户开展家政、烹饪、月嫂等技能创业培训，全年培训200余人次。雨露计划资助98人，享受补助30.6万元，2014年至是年底二本B类以上累计52人享受补助，光彩助学12人每人2000元等。生态补偿脱贫一批。聘用54个贫困户为生态护林员，人均年收益5600元；组建林业、水保、土地专业队4支，带动96户318人实现增收。（崔耀天）

【重点工程项目建设】 2018年，左权县辽阳镇在特色种养、新型产业、保障住房、环境整治、交通建设、农田水利等方面项目100余个，完工率达到80%以上。镇五个重点工程项目正常推进：东长义扶贫移民安置点工程，已竣工搬迁入住。沐池前龙养羊项目，投资63万元，采取“村集体代管—农户分羊”模式，实现206户贫困户户均3只羊，是年每户分红360元。河南村道路改造工程，投资200万元，新建改造2.4千米进村公路，已完工验收。东沟扎坝工程，正在施工建设。老井村核桃油加工项目，正在办理前期手续。协调服务三星制衣、玖晖供暖设备、碧桂园等县级项目，完成15余公顷占地和地面附着物清理工作。督促完成东沟西梅种植、河南蘑菇大棚等54个村级项目，实施退耕还林83.89公顷，完成东山供水占用土地复垦22.13公顷，整治清河源、晋阳苗木大棚房问题2处，复垦土地0.19公顷。

（崔耀天）

【美丽宜居乡村创建】 2018年，左权县辽阳镇积极探索农村社区化管理新模式，主要进行“三个创建”。宜居新村创建。实施小会村城中村改造，总投资1.4亿元，共涉及141户107座院落，已完成拆除房屋76户。推进易地搬迁，是年建设的安居苑（红土垴）、福居苑（东沟二期）、乐居苑（东长义）三个易地扶贫搬迁安置点已全部竣工，易地搬迁户和同步搬迁户已搬迁入住。保障住房安全，完成危房改造任务35户，在鱼跃口、突堤两村建起2处9间统建房，解决了9户特困供养人员住房问题；实施突堤文苑小区地质灾害安置工程，新建小二楼37套。秀美新村创建。投入资金400余万元，重点实施了贫困村提升工程、乡村振兴环境提质工程及贫困户“五洁净、六要六有”达标工程，实现城乡环境进一步提档升级。全镇硬化街道2万平方米，建卫生挡墙1800余米、文化上墙8000平方米、美化墙体4.9万平方米，新建七里店垃圾中转站，新增垃圾桶260个、清理生活垃圾6万吨，荣获县“2018年乡村环境治理红旗乡镇”。文明新村创建。实施乡村文化繁荣工程，构建乡村文明建设阵地，镇文化站有活动室、图书室、阅览室，建筑面积达到300平方米以上，完善村级综合文化服务基础设施建设，有16个行政村建设建筑面积超过200平方米，“全国文明村镇”称号得到巩固提高。（崔耀天）

【“三基建设”】 2018年，左权县辽阳镇以“三基建设”为重点，抓党建促脱贫。根据年初确定的“三基建设”13项主要指标和35条具体任务，党委书记与班子成员、各村支部书记分别签订目标责任书；班子成员分工负责，一级抓一级，层层抓落实。以开展“一突出八规范”（突出党组织政治建设；规范组织体系设置，规范班子队伍建设、规范党员教育管理、规范党内组织生活、规范便民服务体系、规范活动场所建设、规范工作运行机制、规范基本工作保障）为主要内容，“一创建”（开展“十星双评”星级党组织创建活动，每年定期对基层党组织进行考核验收、星级评定、分类定级）为主要载体，推进基层党组织标准化建设，重点对四里堠、丰婆峪、前龙3个软弱涣散党支部集中进行整顿。制定和完善《基层党支部工作绩效考核制度》，规范农村党员干部管理，培养入党积极分子38名，确定发展对象13名，转正16名。严格落实每村1万元党建经费，逐年提高村“两委”主干报酬，千人以上村主干2017年报酬达2.70万元，全镇两委主干平均报酬达1.5万元。投入300多万元新建和修缮村级活动场所，重点打造东沟、蛤蟆滩、王家店、七里店村4个基层党组织示范村。单位制作公示了单位机构示意图、人员去向牌、干部岗位牌，强化干部日常管理。完善乡村便民服务体系，实现老弱病残上门服务。（崔耀天）

【正风肃纪】 2018年，辽阳镇把政治建设作为管党治党的第一位任务，强化党风廉政建设“两个责任”，着力解决群众身边的不正之风和腐败问题。开展扫黑除恶专项斗争。镇党委班子把扫黑除恶专项斗争列入重要议事日程，做到有人抓、有人管、有成效。发放各类宣传资料2万余份，悬挂横幅、标语300余条，参与扫黑除恶网络知识答题1.10万余人次，多方式、全方位进行宣传发动。以侵吞集体资产、非法占地、强揽工程、欺行霸市、非法放贷、暴力讨债等黑恶势力为重点对象，鼓励引导群众踊跃检举揭发，围绕涉枪涉爆、电信诈骗、黄赌毒等12类违法犯罪活动进行严厉打击。筑牢平安基石。保障信访稳定，落实领导班子成员包案制度，对重点人群实行“五包一”（村干部、包村干部、派出所干警、包案镇领导和联系县领导，五方面包一个案），责任分解到人，一批问题户、上访户得到稳控；落实煤炭企业安全生产监管责任，防控安全生产风险；加强非煤企业、危化品、建筑施工、道路交通、烟花爆竹、药品、食品、森林防火、防汛等重点行业的专项治理；深化“铁腕治污”行动，对督导反馈和自查发现的问题及时进行整改，进一步整治工业、建筑、道路、垃圾等污染；加强地质灾害防治工作，狠抓治超工作；做好社会治安综合治理工作。抓案件查处。镇党委、纪委针对辽阳历史遗留问题多、群众反映的热点难点问题多的实际情况，坚持发现一起查一起。全年办结涉纪信访案4件，处理违纪党员3人。（崔耀天）

麻田镇

【概况】 2018年，左权县麻田镇国土面积226.64平方千米，辖28个行政村。年末总户数8541户，总人口23785人，其中男性13256人，女性10529人；农业人口21985人，占92%，非农业人口1800人，占0.8%。人口自然增长率2‰。人口密度每平方千米104.7人。

境内资源有丰富的土地资源、森林资源、土特产资源、旅游资源等，土特产有莲菜、核桃、花椒、柿子等。麻田镇旅游业资源特色鲜明，且人文与自然景观资源组合良好。人文景观以红色旅游资源为主。抗日战争时期麻田镇为华北敌后抗战军事、政治中心，革命纪念地有八路军总部旧址、十字岭左权将军牺牲纪念亭、中共中央北方局旧址、新闻烈士纪念碑等。自然景观以太行山水风光为主，有“太行百里画廊”美称。百里之内雄伟刚猛的虎头山，苍茫蜿蜒的卧龙岗，奇异副真的骆驼峰，惟妙惟肖的神女峰，天真雅趣的龟兔岩，步移景异，是闻名全国的革命老区，山西省省级历史文化名镇，全国爱国主义教育基地，全国100个红色旅游景点景区之一，有太行山上“小延安”“小江南”美誉。

全镇林地面积8000公顷，森林覆盖率达37.2%，有大小牲畜存栏1.8万头（匹、只），出栏0.5万头（匹、只）。年末耕地面积1575.9公顷，主要粮食作物有水稻、小麦、玉米，全年粮食总产量8503吨，人均占有349千克。2018年主要经济作物为核桃，全镇已拥有核桃树2666.67公顷，核桃总产量250万公斤，总产值4300万元，人均核桃收入达1870元。农业总产值1991万元，畜牧业产值580万元；林业收入4419万元；工业产值125万元。全镇经济总收入1.99亿元。农民人均纯收入7338元。固定资产投资1.50亿元。

全镇28个村全部通移动电话，电话装机1050部，宽带用户2850户。全镇设麻田和泽城两个中心卫生院，有医务人员26人（麻田18人，泽城8人），住院床位15张，全年入院49人次。共有28个村级卫生所，有村级卫生室28个，村医28人。全镇有麻田和泽城初级中学2所，小学校12所（麻田片8所，泽城片4所），教职员工147人，其中中学教师56人，小学教

师 91 人；在校学生 1785 人，其中中学生 491 人，小学生 1294 人。（王国斌）

【脱贫攻坚】 2018 年，左权县麻田镇以“六个精准”（扶贫对象精准、项目安排精准、资金使用精准、措施到户精准、因村派人精准、脱贫成效精准）“五个一批”（发展生产脱贫一批、易地扶贫搬迁脱贫一批、生态补偿脱贫一批、发展教育脱贫一批、社会保障兜底一批）为基本方略，因地制宜、因人因户因村施策，突出产业建设，扶贫项目覆盖全部贫困村，贫困户扶贫措施实现“1+N”（以核桃产业为主，生猪养殖、中药材种植、光伏发电等）全覆盖，实现稳定增收脱贫，是年全镇 799 户 2007 人贫困人口脱贫，7 个贫困村退出贫困序列；完成西泽山、南山等 5 个村、235 户、655 人易地搬迁“双签”工作；危房改造户共 254 户，实现应改尽改，对 300 余户贫困户实施“五洁净、六要六有”（“五洁净”指建档立卡贫困户，要院内净、卧室净、厨房净、厕所净、个人卫生净；“六要六有”指住房要安全、要有玻璃和纱窗，庭院要规整、要有大门和围墙，屋内要亮堂、要有床柜和桌椅，电器要添加、要有电视和电话，内力要激发、要有自信和自立，陋俗要革除、要有好的习惯和家风）工程，使贫困户面貌焕然一新。（王国斌）

麻田村光伏发电

【特色产业】 2018 年，左权县麻田镇在 2017 年引进左权县莲鱼共生新型生态养殖农民专业合作社的基础上，继续投资 600 万元的下口村莲鱼共生项目，完成莲菜品种改良 33.33 公顷，进行龙虾、螃蟹等水产品养殖、销售，已发展螃蟹养殖 0.73 公顷，龙虾养殖 5.93 公顷，鱼塘 2 公顷，每亩纯收入可达 4000 元~5000 元。（王国斌）

【特色小镇建设】 2018 年，左权县麻田镇投资 1000 万元的麻田特色小镇建设项目，与百镇建设项目共同推进，年底已完成麻田污水处理管网改造、虎头山生态治理等工程，建起可容纳 80 个车位的生态停车场、大型雕塑 5 个，小型人物雕塑 10 余个，将军路街道立面改造已全部完工。（王国斌）

【农村人居环境改善】 2018 年，左权县麻田镇以泽城村人居环境改善为试点，投资 500 余万元，修建泽城村外环路，完成村中心广场维修、主街道绿化、新建公厕、饮水管道改造及污水处理等项目。建成省级美丽宜居示范村 3 个，市级美丽宜居示范村 4 个，完成省级示范村规划 2 个，全国小集镇建设规划 1 个，农村人居环境显著改善。（王国斌）

【重点工程项目建设】 2018 年，左权县麻田镇投资 650 万元，完成凤凰山万亩核桃园低产林改造1400公顷，沿途补栽补种核桃树141.33公顷，高标准核桃示范园20公顷，惠及全镇全部农户；投资360万元的柴城村、大林口、东峪村与大象集团合作实施生猪养殖项目，采取“合作社+农户+大象集团”经营模式，为贫困户分红每年不少于3000元；投资205万元的武军寺、柴城、南会村特色采摘园项目，已经完工，全镇特色采摘园项目挂果后可带动220余户贫困户每户增收200元~300元；投资540万元，在北艾铺、山庄、郭家峪、东峪等村栽植连翘457.33公顷；投资350余万元，在泽城村栽植柏树连翘混交林133.33公顷；在泽城、郭家峪等村种植射干、瞿麦166.66公顷；投资100万元在西安、东泽山、车谷新建服装加工厂，带动当地及周边农户120余户每年增收1.5万元左右；在泽城等6个村各安装100千瓦村级集中式光伏电站1座，为村集体年增收12万元，在麻田等村共建设农户屋顶式光伏电站327座，每户年增收6000余元。（王国斌）

【基础设施建设】 2018年，左权县麻田镇着力打通麻田镇四大出口，十字岭至羊角乡县乡公路已全部完成；大林交至涉县县际公路路面施工已完成；泽城至南山联村路已完成70%；云头底、西山等5座水毁桥梁已完成90%；投资226万元完成苏公、泽城、大林交等14个村农村人居安全饮水工程，修建西安莲菜园区、云头底、泽城等村护村坝，完成下口、菜园、下麻田等村渠系配套工程。（王国斌）

桐峪镇

【概况】 2018年，左权县桐峪镇国土面积154平方千米，辖16个行政村。年末户籍总户数4755户，总人口11531人，其中男性6005人，女性5526人。人口密度每平方千米75人。至是年底农民人均纯收入7780元。

是年，桐峪镇以巩固四个“国”字号荣誉为基础，以创建“国家卫生乡镇”“省级园林乡镇”“乡村振兴示范镇”为抓手，大力实施“特色农业大镇、采选工业强镇、乡村旅游新镇、文明和谐名镇”四大战略，通过“省级文明乡镇”复验，荣获“山西省优秀乡镇工会”荣誉称号。

（陈志风）

【脱贫攻坚】 2018年，左权县桐峪镇8个贫困村全部实现脱贫摘帽，1899户、5088口贫困人口实现稳定脱贫，贫困发生率控制在0.46%。易地搬迁“双签”工作完成100%，入住率100%；3个集中式光伏电站并网收益；投资4000余万元，实施了各类大小工程40余个，其中入库项目15个，全部竣工，完成投资845万元，惠及贫困户1899户。（陈志风）

【产业发展】 2018年，左权县桐峪镇壮大产业发展，实施增收工程。涉及6个项目，完成总投资255万元，惠及贫困户1899户。投资65万元，实施优质核桃补植补栽工程，新栽植核桃树6.86万株，惠及贫困户1500余户。投资20万元，实施上武村蔬菜大棚建设项目，新发展设施蔬菜大棚2.8公顷，42栋；投资30万元，实施上武村生态采摘园项目；投资40万元，在南冶村实施藏香猪养殖项目，中庄村实施肉牛养殖项目。入股200万元，帮助顺隆养殖农民专业合作社扩大养殖规模，是年414户贫困户享受分红18万元。项目已全部完工并通过验收。此外努力发展功能农业，促进庄园经济提档升级。发展设施蔬菜大棚2公顷，30栋；建成丰谷园有机杂粮种植示范基地；推广富硒果树5.33公顷，1.7万株，育苗1.33公顷。顺隆合作社十万只鸡、万头猪养殖场上档升级；下武村农产品加工厂建设项目基建工程已基本完成；森焱保温建材加工新技术企业建成并投产。（陈志凤）

【基础设施】　2018年，左权县桐峪镇投资25万元，实施生活垃圾中转站项目；投资75万元，实施下武村污水处理厂建设项目；投资70万元，实施苇则村人畜饮水二期工程项目；投资217万元，实施上武村、隘口村、下武村8千米田间道路硬化项目。对全镇16个行政村卫生室进行修缮；下武村下水道管网铺设及大堰建设工程建设完成；马家坪村河道清淤、护村护地坝工程，申家峧村、石暴村、碾草渠村人畜安全饮水工程建设完成；隘口村至皇家庄村5.61千米柏油路旅游专线建设完成。

在村容村貌改善、实施宜居工程中，总投资203万元，惠及贫困户1899户。实施乡村环境整治提质工程和村容村貌提质工程，在下武村建起形象墙、风景挡墙、标志牌，对街道进行粉刷、美化等；在桐滩村建成文化大院、党建广场、红旗舞台、党建文化一条街，完成集贸市场建设、500米街巷硬化，694座厕所改造等；在苇则村实施花墙建设、墙面美化，街巷硬化等工程；上武村实施街巷、公园绿化，小景点打造等。其他12个村全部进行街巷环境卫生整治，墙面粉刷美化，以及绿化亮化工程。项目已全部完工并通过验收。（陈志凤）

【旅游产业】　2018年，左权县桐峪镇结合太行山百里画廊总体规划和左权县全域旅游发展总体要求，按照“以牌串线、以线治片、以片促园（生态采摘园、幸福家园）”的旅游发展思路，依托莲花岩、上武村、下武村和桐峪镇荣获的四个“国”字号品牌为据点，在207国道沿线空挡建设小游园、小景点，形成207国道沿线旅游长廊，促进生态采摘园、幸福家园的健康发展。实施莲花岩旅游开发项目，丽山宫旅游开发项目和谷车沟旅游开发项目。（陈志凤）

【民生事业】　2018年，左权县桐峪镇组织核桃树管理、电子商务、农家乐、健康扶贫等就业创业培训11班次，参加人数达2000余人次。成功举办第19届农民科技节，组织5次义诊活动。开展低保扩面评审工作，495户，881人享受低保。发放临时救助金36.78万元，覆盖困难户743户。同时加大各项安全工作力度。对2处疑似采矿点进行浆砌封堵填埋。在森林防火、防汛抗旱期间，实行24小时值班制度，做到早计划、早部署、早排查、早落实，努力确保群众生命财产安全。

（陈志风）

拐儿镇

【概况】　左权县拐儿镇地处县境东北部，东、南与芹泉相邻，西南与粟城乡接壤，西与辽阳镇、寒王乡相连，北与和顺县松烟镇毗邻。东经113°29′11″，北纬37°00′33″～37°10′52″。镇政府驻拐儿村，距县城23千米。电话区号0354，邮政编码032606。全镇辖23个行政村12个自然村，其中行政村有拐儿、骆驼、寺坪、秦家庄、路家庄、天门、阪上、老井、小窑上、玉心沟、西五指、南岔、赵垴、东五指、桃园、板峪、后板峪、旧寨、故县、秋林滩、仙仁坪、大炉、河东。

全镇土地总面积2.29万公顷。其中农业用地1513公顷，占总面积的6.53%；林地5653.33公顷，占24.63%；草地3133.33公顷，占1.37%。种植业以粮食为主，主要农作物以玉米、谷子为主。其次有豆类、莜荞麦、杂粮、油料等。全镇天然草地面积313.33公顷，主要草种有狼尾草、白羊草、野豌豆、披碱草等。主要矿产有白砂岩、粉砂岩等建筑材料资源。全镇核桃种植面积2133.33公顷、年核桃总产量可达180万公斤，人均核桃收入近2000元，品种以绿岭核桃、香玲核桃及本地核桃为主。　　（王茸茸）

【脱贫攻坚】　2018年，拐儿镇有21个贫困村、2个非贫困村，建档立卡贫困户2995户7803人，是年脱贫959户2511人，剩余贫困人口29户55人，贫困发生率由原来的58.5%降到0.41%，顺利实现全镇脱贫。主要通过四种渠道增收脱贫。产业增收：核桃产业持续健康发展，栽植良种核桃树2133.33公顷，90余万株；发展壮大养殖产业，采用“合作社+贫困户”模式，在骆驼、秋林滩建设旱鸭养殖示范园区，年出栏20余万只；探索发展功能农业，在后板峪发展富硒功能农业，建立百亩富硒功能示范园，中药材种植面积达139.93公顷。劳务输出：是年全镇劳务输出4022人，贫困户享受外出务工交通补贴250余万元，直接带动7251人增收。集体经济破零：全镇21个贫困村全部有县集中光伏电站，2个非贫困村入股光伏电站，已联网发电，半年收益3.9万元。后板峪、寺坪、骆驼、天门、故县5个村完成114户农户屋顶式光伏发电，户均年收益3000元。三支工队：全镇成立造林专业队6支，农建水保专业队5支、土地整治专业队4支，带动500余户群众增收。聘用生态护林员70人，人均年收益5600元。

（王茸茸）

【项目建设】　2018年，拐儿镇完成西五指、秦家庄等8个行政村133.33公顷垫地工程；完成赵垴村、骆驼村、秦家庄、寺坪、旧寨等行政村1.9万余平方米街巷硬化工程；完成寺坪、秦家庄、板峪等10个村组的饮水提质工程。投资2000万元故县石子厂建设项目，已经建设投运；投资120万元建成骆驼村核桃初加工基础设施项目；投资100余万元对全镇666.66公顷核桃树进行综合管护；在寺坪、骆驼、桃园等村发展养牛，已存栏1000余头；完成种植中药材139.93公顷；完成骆驼、秦家庄等10个行政村的2000余米护村护地坝工程。（王茸茸）

【农村人居环境改善】 2018年，拐儿镇共投资1000余万元，着力打造美丽和谐宜居村镇，共清除违建占地面积5705平方米，拆除违建面积4305平方米，退出土地面积5705平方米，恢复路面2312平方米，粉刷墙面5万余平方米，绘图3000平方米，打造寺坪、骆驼、旧寨、秋林滩等宜居示范村。（王茸茸）

【生态文化保护】 拐儿镇是左权县文化名镇和生态优镇，有"辽阳十景"之二手踪崖、黑龙潭，有佛教遗迹天门寺，有民俗旅游老井村。2018年，全镇继续进行文化内涵发掘和生态环境保护，与河北源贵山集团达成初步协议，依托老井、天门两村，投资5亿元打造电影小镇和画家村，发展乡村文化旅游。（王茸茸）

芹泉镇

【概况】 2018年，芹泉镇国土面积180.7平方千米，辖15个行政村。年末总户数6076户，总人口15994人，其中男性8432人，女性7562人；农业人口15640人，占98%，非农业人口354人，占2%。人口密度每平方千米90.2人。

全镇境内有丰富的土地资源、森林资源、土特产资源、石材资源、旅游资源等，土特产有核桃、板栗、柿子等，石材资源主要是白砂岩，旅游景观有绿色景观（紫金山风景区、母子山风景区、日月星、煤苑、小二黑、红石等生态庄园）、红色传统（晋冀鲁豫边区公署和辽东县政府旧址）和金色文化（箕山积雪、紫金山郭守敬天文观象台和紫金山书院、"小二黑结婚"原型地和赵树理旧址、禅房古村落等），都极具开发价值。

全镇林地面积3000公顷，森林覆盖率达17%，有家槐、老榆树等珍稀物种。年末耕地面积1401.2公顷，主要粮食作物有玉米、谷子、豆类、马铃薯，全年粮食总产量8948吨，人均占有559千克。主要经济作物为核桃，全镇已拥有核桃树2333.33公顷，核桃总产量30万公斤，总产值600万元，人均核桃收入达370元，林业收入650万元。农民人均纯收入5461元。全镇15个村全部通移动电话，电话装机520部，宽带用户940户。

全镇设芹泉和下庄两个中心卫生院，有医务人员20人（芹泉14人，下庄6人），住院床位15张（芹泉7张，下庄8张）。共有14个村级卫生所，有村级卫生室14个，村医14人。

全镇有芹泉和下庄2所初级中学，8所小学校（芹泉片3所，下庄片5所），教学点2个（芹泉片、下庄片各1个）；教职员工123人（芹泉片63人，下庄片60

人），其中中学教师42人（芹泉片20人，下庄片22人），小学教师81人（芹泉片43人，下庄片38人）；在校学生1160人（芹泉片410人，下庄片750人），其中中学生312人（芹泉片108人，下庄片204人），小学生848人（芹泉片302人，下庄片546人）。（苏小东　段旭亮）

【脱贫攻坚】　芹泉镇贫困户共计3421户9656人，至2018年全部完成脱贫。其中芹泉、五里铺、禅房、大南庄、小南庄、上庄、下庄、东山8个村整体脱贫1458户3940人。

2018年，全镇共实施完成现代农业产业园、芹泉秸秆综合利用养殖、贫困村提升、大南庄水患治理、小南庄通村道路建设、西黄漳暖棚回收重建、上庄养牛等统筹整合财政涉农资金扶贫项目34个。完成杨家庄、水坡、横岭、北峧4个整村搬迁自然村和高峪、上水磨、土棚、赵家沟4个分散搬迁自然村双签任务，集中安置已完成双签193户488人，并已全部入住。将符合条件的人员全部纳入低保范围，做到应保尽保。全镇扩面达到1260户2063人，贫困户享受低保人员比例达20%。实施农户个人屋顶式光伏发电项目，已有230户实现并网发电。雨露计划补助243人，“吉时雨”补助67人，975人参加蔬菜种植、核桃修剪管护、电焊工、护理工等各类新型职业农民培训。3638名外出务工人员享受了交通补贴。将孝老养老的传统美德和扶贫工作有机结合，引导子女赡养老人尽孝心，使孝善文化在农村真正落地开花，共计为997户老年人家庭发放孝善基金9.7万元。（苏小东　段旭亮）

【产业发展】　2018年，芹泉镇投资3221万元，新发展大棚40余公顷，西黄漳新建1.33公顷日光温室，进一步扩大设施农业规模并完善道路、冷库、灌溉、交易市场等配套设施，带动589户贫困户脱贫致富。全年实施核桃综合管理增效工程666.66公顷，为全镇15个村3344户贫困户增加收入。

全镇共实施养殖扶贫项目11个，其中养猪3个、养牛4个、养驴3个、养羊1个、旱鸭园区1个，带动280户贫困户增收。重点打造日月星、小二黑等生态旅游项目，推进景区提档升级，完善基础设施建设，实施完成土地整理、塘坝等建设项目。（苏小东　段旭亮）

【市级现代农业产业园创建】　2018年，芹泉镇成功创建市级现代农业产业园。全镇设施农业规模达到113.33余公顷，建设高标准蔬菜大棚，打造设施蔬菜“五化”基地（即：蔬菜园区规模化、生产标准化、产品无害化、科学技术化、管理规范化），

现代农业产业园高标准蔬菜大棚

继续配套道路、水利、交易市场等基础设施，以西红柿为主导产业的产业园初具规模。全年设施蔬菜产量达到1250万公斤，产值近4000万元。（苏小东　段旭亮）

【基础设施】　2018年，芹泉镇因地制宜，分类施策，着力改善农村基础设施。实施箕山、上庄、漳漕等8个村的水源、管道和蓄水池工程，全镇所有村实现安全饮水。完成214户危房改造和旧房提质工程，15个行政村全部无危房。完成原山、水坡等村通村道路硬化工程，实现所有自然村通村路硬化的目标。箕山、中店等11个村完成土地整理66.66公顷。完成下庄、小南庄、西黄漳、芹泉、中店5个村规划编制，并参加了全省改善农村人居环境示范村申报。（苏小东　段旭亮）

【民生保障】　2018年，芹泉镇以改善农村环境、建设美丽乡村为突破口，大力开展贫困村提升和环境提质工程。认真组织实施新农合、新农保、救灾救济、临时救助和大病医疗救助工作；对640名适龄农村妇女进行“两癌”免费检查；新建箕山、禅房、漳漕3所农村老年人日间照料中心；新建五里铺卫生所，修缮禅房、东水、小南庄等3村的卫生所，卫生所全部实现达标；推进“厕所革命”，大南庄村完成155户户厕改造任务。（苏小东　段旭亮）

石匣乡

【概况】　2018年，石匣乡国土面积435.65平方千米，辖28个行政村。年末总户数5924户，总人口13904人，其中男性7181人，女性6723人。少数民族2人，为傈僳族。人口密度每平方千米32人。

石匣境内有中型水库一座，水资源丰富，旅游景观有石匣水库，清漳河，鱻森葡萄庄园，赵家庄苍鹭农场，红都民歌基地，苏家坡深水山泉，小花戏、传统民居等。

全乡林地面积3.12万公顷，森林面积1万公顷，森林覆盖率达23.02%，有黑鹳等珍稀物种；全乡现有羊存栏35000余只，猪存栏600余头、鸡存栏11万只、牛存栏1500余头。

年末耕地面积2762.25公顷，主要粮食作物有玉米、谷子，大豆，全年粮食总产量9667.7吨，人均占有695.32千克。全乡经济总收入农村经济总收入7313.43万元。全年人均可支配收入达5205.6元。

全乡28个村全部通移动电话，电话装机830余部，宽带用1200余户。

全乡设有1个中心卫生院，有医务人员17人，住院床位8张，全年入院4人次。无村级卫生所，有村级卫生室28个，村医25人。

全乡有1所初级中学，1所小学校；教职员工40人，其中中学教师15人，小学教师18人，幼儿教师7人；在校学生179人，其中中学生46人，小学在校生82人，幼儿51人。（李晟）

【脱贫攻坚】　2018年，石匣乡11个村，1001户、2274人脱贫，贫困发生率降为0.345%，除蒿沟村外实现全部脱贫，并已于12月18日接受全省第三方专项评估检查验收；村退出13项指标和户退出5项指标全部完成；204户危房改造全部完工；1053人异地搬迁任务整体推进；贫困村提升工程整体提质；群众满意度抽样保持95%；扶贫小额贷款任务完成116%。全乡脱贫任务已基本达标。重点实施了“4·3”“2·2”“3·1”工程。即四个三千人、两个二千人、三个一千人的帮扶措施。分别为：四个三千人，即，川口、姜家庄、白嵺等12个村1332户3171人通过养羊入股实现增收；合玉、道佛沟、管头等16个村1336户3254人通过富硒农业实现增收；全乡1256户3165人通过生态造林实现增收；全乡1288户、3012人通过集体光伏发电实现增收。两个二千人，即：943户2168人通过贷资入企实现增收；932户2173人通过党建加劳务实现务工收入增收。三个一千人，即：在店上、大林、林河等6个村765户1412人通过集体组织实施蔬菜增加收入；在小岭底、狮岩等5个村445户1112人通过集体经济合作社特种种植实现增收；561户1402人通过其它养殖实现增收，如在蒿沟村发展养牛入股。全年共发放脱贫攻坚宣传《入户告知书》2126户、发放宣传资料2000余份，刷写固定标语65条，精准脱贫手册及宣传画2000余份。（李晟）

【乡村旅游建设】 2018年，石匣乡总投资1亿元进行乡村旅游建设。合玉药膳养生园建设项目，已完成投资4000余万元，完成溢流景观坝、海棠大道、樱花谷、芍药园、荒山荒坡复垦等建设项目。“诗文谷”田园综合体项目，完成项目立项、规划等前期手续，并着手开始民居改建、荒山荒坡复垦、田间路改造等建设项目。“马柳沟”田园综合体项目，以林河为中心，投资200余万元实施乡村环境整改、水上冰点乐园项目。完成“桃花红、杏花白”民歌基地的餐饮服务中心建设项目，成功举办第二届太行民歌会。（李晟）

寒王乡

【概况】 寒王乡位于左权县城北20千米处，辖19个行政村13个自然村、14367人，全乡总面积为169.4平方千米，耕地面积1997.33公顷，平均海拔1250米，基层党组织25个，党员846名，人均纯收入8850元。乡域矿产资源丰富，主要有煤炭、铝矾土、石灰石等；农产种类丰富，主要有高粱、马铃薯、莜荞麦等；区位交通便利，207国道、阳涉铁路横穿全境，阳左、阳黎高速交会贯通；人文底蕴深厚，因寒冬腊月桃花傲雪怒放而享誉在外，有六百年的明代民宅、四百年的清朝官邸，又是不周山神话的发源地。

（翟桐莹）

【脱贫攻坚】 2018年，寒王乡建档立卡贫困户1018户2475人已脱贫1004户2451人，9个贫困村全部实现整村退出。（1）以户为基，因户施策，确保真本质脱贫。做到帮扶队伍应派尽派、帮扶措施应有尽有、帮扶产业应带尽带、惠民政策应享尽享、环境面貌应改尽改。贫困户最少享受一项足以支撑其脱贫的帮扶措施，最多的享受到10项帮扶措施，1018户贫困户全部实施“五洁净”“六要六有”。(2)以村为战，因村制宜，确保高质量退出。努力打好集体经济破零、基础设施改善、基本公共服务、基层组织建设四场攻坚战。9个村集体经济全部破零，水、电、路等基础设施，卫生院、学校、村级活动场所等公共服务实现全覆盖。(3)以点带面，因势而上，确保可持续发展。在产业发展上注重长短结合、三产融合、内外联合，既注重传统种养等短平快项目，也注重光伏发电、生态旅游等长远收益项目；既注重发展洗煤、型煤等传统产业，也注重发展汽修、餐饮、洗浴等服务业；既注重本地产业发展壮大，也注重引进外来企业投资建厂。 (翟桐莹)

【农业生产】 2018年，寒王乡以农业增效、农民增收为主线，全力实施“扶持一批优质农业项目，培育一批农业新型经营主体，发展一批农业龙头企业，引导一批产业带头人投资投产”四个一批工程，农业区域化布局、规模化经营、标准化生产、质量化控制、产业化开发明显增强。投资2000余万元完成玉泉山庄园中药材种植与加工项目、水横村千亩农业种植示范园项目、段峪村中药材试验田项目、互联网+药用植物园都市农业综合体项目等中药材种植项目；投资300万元完成李云湖羊养殖项目一期工程建设；投资200余万元建成段峪、鹿鸣、宋家庄、石港口4个百头牛场；投资220万元建成里长村年出栏72万只旱鸭养殖项目；投资90万元完成农机两个资产性收益项目及3个丘陵山区补助项目。 (翟桐莹)

【重点项目建设】 2018年，寒王乡实施的重点工程项目共计44个(省市县重点工程项目3个，乡重点工程项目41个)，总投资71.12亿元，其中，工业项目5个，农业项目13个，基础设施项目25个，旅游项目1个。固定资产投资2.6亿元；招商引资1.5亿元。鲁博新材料优质陶瓷原料和精密铸造型壳材料建设项目、普丰煤炭商贸有限公司500万吨储配煤中心建设项目、蓝剑洁能有限公司储煤厂建设项目、12兆瓦集体地面光伏电站发电项目等44个项目全部完工。 (翟桐莹)

【基础设施建设】 2018年，寒王乡投资500万元完成石港、骆驼岩、清河店、下其至、前寨、后寨6个村的人畜饮水工程及石港口、段峪两个牛场的饮水工程。投资2050万元完成总长16.5千米的曹家沟—后寨路、段峪出村路、鹿鸣出村路、蒲峪—寒王路、石港口通牛场路、石港口通杏鲍菇路、水横出村路七条公路，配合县交通局完成竹丰线、下下线1号旅游公路建设。投资300余万元完成平王至寒王1.5千米、段峪出村路1.9千米、丰堠沟旅游路景点绿化、后寨高速口绿化工程及153.33公顷退耕还林、1000公顷荒山绿化；完成5村122户5.51公顷土地增减挂钩，完成补偿拆迁5.50公顷，11月，全市土地增减挂钩现场会在寒王召开。

(翟桐莹)

【民生事业】 2018年，寒王乡开展各项惠民工作。生产方面：完成土豆种子7.20公顷1.08万公斤、谷籽3169袋、有机肥2964袋、宽地膜323卷、窄地膜500卷等农资发放；实施社会化服务耕作，免费为段峪、里长、鹿鸣、上丰堠、石港口5个村耕地400公顷耕作。卫计方面：完成全员人口信息大核查13792人，孕前优生90对，产前筛查是100人，妇女“两癌”筛查1194人。民政方面：评出低保户340户592人，五保户集中43户43人，分散8户8人，发放临时救助款563户1118人31.22万元。文化方面：开展文化兴乡，组织全乡文艺骨干参加县春节文化游行活动，成功举办第三届农民广场舞大赛。安全生产方面：全乡全年未发生安全事故。综治方面：开展扫黑除恶专项斗争，悬挂横幅40余条，张贴宣传标语500余份，张贴宣传挂图50余份，张贴通告和奖励公告200多份，排查问题线索3个；3月和11月开展综治宣传月、国家安全日教育活动；开展矛盾纠纷排查，排查各类矛盾纠纷共20起，调处17起；做好特殊人群管理工作，重点对4名社区矫正人员、15名刑释解教人员、52名精神障碍患者加强管理。 （翟桐莹）

龙泉乡

【概况】 2018年，龙泉乡国土面积178平方千米，辖20个行政村。年末总户数4368户，总人口10629人，其中男性5387人，女性5242人；人口自然增长率0.5%。人口密度每平方千米59.7人。

全乡境内矿产资源丰富，主要有煤、石灰石、铁矿石、铝矾土等矿藏资源，现有阳煤、潞安、汾西集团等三大国有大中型企业，是左权县重要的煤化工生产基地。南五村气候温和，水源充沛，全年无霜期130天~150天，非常适宜农林牧全面发展。全乡旅游资源丰富，龙泉公园太行人家2号酒店主体及装修于2018年10月完工，中小学生研学营地于9月19日开营。松树坪3D动漫旅游村成功创建国家AAA级景区。

全乡林地面积3636公顷，主要粮食作物有玉米、大豆、土豆、谷子等，全年粮食总产量620万公斤。2018年，全乡社会生产总值达到12.9亿元，同比增长8.4%；固定资产投资完成33100万元，完成全年总任务的220%；招商引资完成1.50亿元，完成全年任务的500%；农民人均可支配收入达到8480元，同比增长10.5%。

全乡20个村全部通移动电话，电话装机50部，宽带用户880户，其中联通700户，移动180户。

全乡设有卫生院1个，有医务人员13人，住院床位12张。共有19个村级卫生所，有村级卫生室19个，村医20人。

全乡有龙泉1所初级中学，2所小学校（龙泉、草亭）；教职员工37人，其中中学教师19人，小学教师14人（龙泉13人、草亭1人），幼儿教师4人；在校学生124人，其中中学生44人，小学在校生56

人（龙泉 55 人、草亭 1 人），幼儿 24 人。

2018 年，龙泉乡两次荣获左权县卫生红旗乡镇称号。（陈霞）

【脱贫攻坚】 2018 年，龙泉乡依托特色农业、光伏发电、就业务工、生态护林员、三支工队、产业分红等带动贫困户 600 户，户均增收 8000 元。做到产业扶贫精准覆盖和帮扶措施到户到人。贫困发生率为 0.54%，退出指标全面提升。（陈霞）

【项目建设】 2018 年，农业上，龙泉乡已形成养猪、养牛、种驴、肉鸡、蛋鸡等多个特色化规模健康养殖基地；畜禽养殖规模全县第一。工业上，中晋太行焦化、还原铁项目顺利推进，恒诚煤化、飞宇煤化、鼎盈煤化、获鑫建材环保技改项目全部完工。新能源上，龙泉乡光伏装机达到 36 兆瓦，全县第一。（陈霞）

2018 年 6 月 30 日，丈八沟光伏并网

【环境优化】 2018 年，龙泉乡以特色创建为引领，发展环境跃上新台阶。7 月 2 日至 4 日，山西省第十五届运动会公路自行车决赛在龙泉乡境内成功举办。10 月，龙泉乡创国卫工作顺利通过省爱卫办暗访检查。12 月，成功创建树坪 3D 动漫旅游村，成功创建国家 AAA 级景区。（陈霞）

【社会工作】 2018 年，龙泉乡高标准建成佛口、松树坪两个村老年日间照料中心。完成龙则、连壁等 8 个村卫生室达标提升工程，实施东村、东寨等 10 个村安全饮水提升工程，完成 99 户危房改造、旧房提质工程，42 户易地扶贫分散搬迁集中安置贫困户全部入住新房。碾上—丈八沟、土门、大垴、独兰凹、草亭沟、新安庄 6 条四好农村公路全部完工。全乡 20 个村全部实现集体经济破零，18 个村集体经济收入达到 5 万元以上。（陈霞）

粟城乡

【概况】 2018 年，粟城乡乡域总面积约 126.4 平方千米。全乡辖粟城、苏亭、原庄、柏管寺、柏峪、石台头、马家楼、南沟、石窑坪、故驿、上交漳 11 个行政村，庄南、路村、南坡 3 个自然村，3 个自然村归粟城村管辖。年末全乡有 3161 户，79563 人。

粟城乡属于深山区，辖区内气候温和，属温带大陆性气候，无霜期 125 天，全年降水量 502 毫米，适宜农林牧全面发展，境内蕴含丰富的铁、云母、蛭石等矿藏资源。

全乡耕地 575.2 公顷，主要粮食作物有玉米、谷子、大豆等，全年全乡生产总值 7625.5 万元；全乡农民人均纯收入 6972 元。

粟城乡交通便利，有通往桐峪、芹泉的两条县乡级公路，太邢公路、阳涉铁路贯穿东西。

全乡11个村全部通自来水、通电、通公路，全乡100%的村实现进村路、主街道、户道、巷道硬化。

全乡共有中小学3所，在校学生583人。有粟城卫生院1所，医护人员10名，村级卫生所11所，村级医护人员11人，实现村级卫生所全覆盖，村村有卫生所，100%的农民参加医疗合作，100%的农民参加农村新型养老保险，村村有广场、有农家书屋、有篮球场、有基层组织活动阵地。

粟城乡境内有3处县级文物保护单位，分别为：苏亭里正墓、苏亭战斗遗址和粟城村寿圣寺正殿；有两处革命纪念地，柏峪村纪念地和苏亭村东寺垴脚下河湾纪念地。另据考证，粟城村西有一古槐，生于隋朝年间，距今已1400多年历史，树高十余丈，根干围四丈，虽历经山河劫荡，目睹千古沧桑，依旧墨叶参天，倔干迎风，四方八野奉为神枝仙骨。（胡倩）

【脱贫攻坚】 2018年，粟城乡建档立卡贫困户1144户2768人，按照退出程序及步骤要求，其中未脱贫9户25人，已脱贫1135户2743人，贫困发生率为0.33%。7个贫困村在光伏产业建设分配收益分红基础上，集体经济收入都达到5万元以上。其余4个非贫困村集体经营收入都突破1万元。每个村都有符合本地实际的农业增收产业。苏亭、马家楼、石台头、柏管寺发展联户养殖，共新增能繁种羊2200余只；柏管寺、原庄发展集中连片核桃园37.8公顷；上交漳发展核桃园38公顷，新垫地10.13公顷；同时粟城村在新建肉鸡养殖的基础上，发展核桃园48.86公顷，连翘栽植140公顷；石窑坪新建大棚蔬菜1.44公顷；南沟在新垫10公顷耕地上发展核桃园10公顷；故驿在发展30.8公顷退耕核桃园的基础上栽植连翘242.66公顷。全乡14个村组全部实现产业覆盖，每户贫困户都稳定增收项目。全乡14个村组通村公路全部硬化，并开通客运班车，13个村组街巷全部实现硬化美化，12个村组实现亮化。安全饮用水达标，饮用水全部符合地方安全饮水标准，通过对原庄、南沟、庄南村组、路村村组4个村组实施饮水管网和水源地建设，全乡14个村组全部实现自来水不间断供应。全乡行政村和自然村全部通动力电。通过建设柏峪村信号塔，全乡11个行政村和3个自然村全部通互联网。共解决无房、危房户75户，其中危房改造49户，租房2户，通过与子女签订协议安置24户，全乡村民住房安全彻底得到解决。全乡低保户316户，566人；五保户59户60人，符合农村低保标准的贫困人口实现应保尽保，全乡60岁以上贫困人口城乡居民养老保险参保率达到100%；全乡贫困人口新型农村合作医疗保险参合率也达到100%。村级卫生室达标。新改建2个卫生室已投入运营，每个卫生室配有村医生或执业（助理）医师。适龄儿童入园入学。全乡适龄儿童学前入园和九年义务教育巩固率达到全县平均水平，无失学辍学儿童，人均可支配收入6972元。经过测算全乡1135户，2743个贫困人口收入均超过脱贫标准3200元。全乡有粟城、石台头9户25人收入不达标准未脱贫，全乡农民人均纯收入达到6972元。

是年，全乡围绕1144户贫困户的致贫原因，以户为基、科学选择脱贫路径，综合施策、实施精准帮扶，实现增收途径的多元化、收入的稳定性。

产业帮扶。充分利用县农业科技部分惠民政策，全乡以谷子为主的小杂粮种植640户，户均增收400元。联户养殖，利用驻村工作队的鼎力支持，在苏亭柏管寺、石台头、马家楼发展联户养羊，带动贫困户336户增收380元。大药材种植。石密坪村发展大棚种植西红柿1.44公顷，带动26户贫困户增收500元。新老核桃树管护对全乡2.24万株老核桃树实施了五大综合技术管理。对4~20年21.20万株核桃幼树实施提质增效工程，全乡核桃总量稳定在160万斤。2017年遭遇晚霜灾害，为516户479.46公顷核桃补上核桃保险，赔付300.15万元，全乡农民人均核桃收入达到1280元。新造地项目。苏亭、上交漳、南沟3村新造地22.66公顷，为3村村民户均增加土地0.07公顷，增加收入550元。实施劳动力转移。在完成贫困劳动力转移714人的基础上，是年完成贫困户劳动力转移1070个，发放交通补贴4562元，户均增收1.36万。光伏发电。全乡7个贫困村发展集中式光伏2100瓦，柏峪村发展村级电站204千瓦，原庄、上交漳发展个人屋顶光伏24户，带动7个贫困村828户贫困户增收550元。

金融扶贫。全乡共为448个贫困户发放免息贷款2252.5万元，可带动465户，年增加收入3000元。庄园经济和三支工队带动。全乡4个专业工队和6个骨干庄园带动全乡141个贫困户增收3000元。全乡为67个贫困户提供生态护林员岗位，年增加收入5600元。农副产品加工。粟城、上交漳在帮扶单位支持下，分别建起米面加工坊，不仅方便周边农民农产品加工难题，还为81户贫困户增收280元。

易地扶贫搬迁。易地扶贫搬迁涉及果城村的南坡、路村2个自然村，南坡共90户229人，享受分散搬迁政策28户82人，建档立卡双签约36户97人，同步双签22户44人，双签率达99.13%：路村分散搬迁集中安置，双签4户14人双签率1009%，至年底建档立卡双签36户97人已全部入住。

生态补偿扶贫。从2017年，先后在原庄，柏管寺、上交潭、果城南坡、路村村组和故驿村实施退耕还林核桃园建设，累计完成退耕还林核桃园建设107.86公顷，使4村856户贫困户享受到每亩核桃园100公顷的政策补贴，同时在故驿、果城、南坡、路村发展连翘栽植382.66公顷，4个村所有农户户均0.2公顷连翘园。

教育扶贫。全乡“两免一补”惠及77个贫困户，学前教育资助68个贫困户，资助高中教育的贫困户54户，特别是“雨露计划”“吉时雨”助学等帮扶63名贫困学子走出大山，每个贫困户资助额达到4620元。科技培训，三年间，先后在茂丰庄园、粟城、故驿、柏峪等村举办核桃树种植、家政、烹任、电子商务、养殖、杂粮种植等技术培训13期，培训新型农民620余人。

兜底帮扶。按照国家兜底的社会保障政策，对全乡316户、566个贫困人口实施低保应保尽保，对生活特殊户，58户59人实行五保供养，对身体有残疾，影响全家整体脱贫的168户173个2级以上残疾贫困户采取兑现补贴政策，特别是针对65岁以上的346户388个高龄贫困人口，乡党委因势利导，及时在全乡开展以传承“德孝”文化为主体的精神文明创建活动，各村委会设立“孝善”基金，对履行好赡养义务的家庭，村委会给予每个老人200元的养老支助，爱老敬老的中华传统美德在全乡蔚然成风。因病致贫、因病返贫也是影响全乡整体脱贫的关键所在，乡党委始终紧抓在手，全面实施健康扶贫的一系列政策。先后对367户724个贫困人口落实“双签约”政策，对所有贫困户落实了家庭医生，落实大病救助84户85人，办理慢性病补偿256人，享受金额53.7万元。对（1月至9月）因病住院的310个贫困人口严格按照“136”（以1000元、3000元、6000元标准）的个人付费标准，补助医疗费用235.2万元。认真落实返贫保险政策，马家楼李天云（抑郁症）和石台头村文世忠（胃癌）因病没有达到3200元收入水平，分别对其进行了扶贫保险赔付。（胡倩）

【基础设施建设】 2018年，粟城乡共投资65万元在苏亭、原庄等2村街巷进行硬化，硬化面积1.3万平方米。在原庄、庄南、果城、路村实施饮水管网改造工程，彻底解决4个村人畜吃水难题。投资26万元建设柏管寺垃圾中转站，完善全乡垃圾回收处理机制。苏亭、原庄等8个村共投资87万元，全面完成村级环境提升项目，其中修建挡墙960平方米，粉刷墙体5500余平方米，修建垃圾池50平方米，清理垃圾700余平方米。全乡逐步实现垃圾分类全覆盖，共投资5.7万元购置垃圾分类箱600个。共投资92万元，对全乡14个村组实施村庄绿化工程，构建宜居环境。乡政府机关投资18万元，完成卫生公厕改造，投资8万元，建成机关澡堂。粟城、石窑坪共投资5万余元新建公厕。投资27万余元，对村公厕及101户厕所进行无害化改造。南坡村完成村级卫生室、红白理事会和文化活动中心建设；石台头完成卫生室、红白理事会建设以及入村公路改造工程；上交漳完成日间照料中心建设；苏亭、庄南2村完成全村排水管网建设。（胡倩）

羊角乡

【概况】 2018年，羊角乡国土面积106平方千米，辖15个行政村。年末总户数3139户，总人口7849人，其中男性4102人，女性3747人。人口密度每平方千米74人。全乡经济总收入7264.30万元，农民人均纯收入5541元，呈现出经济稳步发展、社会生活全面进步的良好发展局面。

全乡地处丘陵、土石山区，地表岩石

裸露较多。境内平均海拔1380米。年日照总数2570小时，年平均气温7.6度，全年无霜期125天，平均降雨量450毫米，主要集中在6月至9月。境内自然资源丰富，有玄武岩和少量的大理石、铁矿石。有丰富的旅游资源，明长城遗址黄泽关，太行山十八盘古道，石砌商业古街，白求恩战地医院，北魏石佛古寺，唐代娲皇宫，石灰窑古村、古道、古树等旅游资源在左权附近一带享有盛名。

全乡林地面积8233.33公顷，森林覆盖率达77.5%。有大小牲畜存栏1.7万头（匹、只），出栏0.4万头（匹、只）。年末耕地面积1.25万亩，主要粮食作物以玉米为主，谷子、大豆、薯类为辅，均属富硒农产品。绵核桃质优、品高，2018年全乡核桃树数量达到183471株，产量达32万斤，收益达270余万元，人均核桃收入2000元左右。中药材连翘种植面积达到4万亩，每年村民采集连翘收入可达1500元。土鸡蛋在当地一带小有名气，武家坪“羊角跑山”系列笨鸡蛋在左权县鲜森超市有售，村民出售笨鸡蛋人均年收益可达1000元。文玩麻核桃（山核桃）和太行山崖柏也曾经红极一时。

全乡设羊角中心卫生院1个，有医务人员6人，住院床位5张，全年入院48人次。共有15个村级卫生所，村医15人。

全乡共有羊角中心校、新庄小学、高家井小学3所学校，共有正式在编教职员工73人，在校学生543人，其中中学生137人，小学生324人，幼儿82人。（孙美玲）

【脱贫攻坚】 2018年，羊角乡以产业脱贫为根本支撑，实施21项扶贫项目，总计投资1435万元。脱贫707户1782人，瓦缸窑、武家坪、羊角、洞子岩、高家井5村整村退出。至年底，全乡还有未脱贫户25户40人，贫困发生率降为0.52%。（孙美玲）

【“三基建设”】 2018年，羊角乡全年发展入党积极分子27名，培养发展对象10名，发展党员8名，转正党员9名；投入17万元分别对磨沟、新庄2村村级活动场所进行新建、修缮；着力发展了南垴、新庄2个市级集体经济破零试点；对机关办公用房进行改扩建，新建机关食堂和职工文体活动室；着力打造水峪沟党建一条街和高家井党建文化广场；开展支部标准化建设工作，总计投资4.5万元更换版面、门牌，设置党群服务中心、扫黑除恶、脱贫攻坚宣传栏等，各支部党建资料更加规范。（孙美玲）

水峪沟村党建一条街

【重点工程项目建设】 2018年，羊角乡总计投资635万元实施新庄至后岭、泊里、武家坪等9村道路硬化工程，对水峪沟至磨沟通村桥进行修复，实现全乡通村道路硬化全覆盖；投资240万元实施以

“环境整治、村庄美化、道路硬化、街巷亮化”为主的两批次贫困村提升工程，投资20万元实施羊角垃圾中转站项目，全乡村容村貌、户容户貌得到较大改善。投资435万元实施羊角千头猪场、新庄千头猪场、十字岭笨鸡养殖场和高家井改良黑山羊养殖项目，养殖产业逐步产生规模效益；投资278万元在全乡15个村栽植连翘320公顷，连翘园区规模进一步壮大；投资21万元实施四里庄设施蔬菜大棚项目，亩均收益1.5万元；水峪沟发展高标准核桃园13.33公顷，人均核桃达到0.2公顷；投资165万元建成羊角乃至全县最大的农副产品加工厂—武家坪农副产品加工厂，配备日产20吨小米加工设备，正在试运营；分别在瓦缸窑和洞子岩实施村级光伏电站和三星制衣厂带资入企项目，每村每年均获得2万元分红。圪道村实施村级光伏项目，带动56户贫困户户均增收200元，村集体年均增收1.5万元以上。（孙美玲）

【新兴特色产业】 2018年，羊角乡坚持建设连翘大乡总体思路，结合羊角美丽乡村建设、新农村建设和全乡旅游建设规划等工作，按照“集中连片、规模种植、扶优扶强、突出重点”的原则，种植连翘4800亩，集中打造“两线三带（高黄线、羊十线，以转鞍岭为中心分为东、中、西三带）”连翘产业带。全乡连翘规模达到4万亩。（孙美玲）

【农村人居环境改善】 2018年，羊角乡实施美丽乡村建设工程，15个村“五洁净”“六要六有”全部达标，全乡更换纱窗1030平方米，吊顶1044平方米，刮墙100余户，安装简易门栏20余户等。投资240万元实施两批次村容村貌提升工程。新建大型门楼、4个村宣传阵地，实施磨沟街道硬化工程，各村配备垃圾桶、垃圾箱，修建卫生挡墙3000余米、护坝500余米。（孙美玲）

城区管委会

【概况】 2018年，左权县城区管委会国土面积6平方千米，辖8个社区居民委员会，3个经济联合社。年末总户数22772户，总人口67909人，其中男性35312人，女性32597人；农业人口41510人，占61%，非农业人口26399人，占39%。少数民族16人。

旅游景观主要有绿色景点（祝融公园、鳌峰公园、崖山公园、滨河公园、沙河公园）、红色文化景点（烈士陵园、王艾甫抗战纪实馆）。购物中心、宏远广场、将军广场等高档商业中心遍布城内主要街道，成为市民休闲娱乐、购物消费的好去处。

年末耕地面积58.93公顷，主要粮食作物有玉米、谷子、薯类，全年粮食总产量208.9吨，人均占有47.65千克。大小牲畜存栏1160只，出栏1005只。全城区全部通移动电话。固定电话和宽带业务分属联通、移动、电信三大运营商。全城区有影院2个，体育场馆1个，游泳馆2个，极大地方便了广大市民的文化生活。

城区设有辽阳和河南分院两个卫生院，有医务人员37人（辽阳26人，河南分院

11人），住院床位28张。全城区有3所初级中学，5所小学校；教职员工577人，其中中学教师259人，小学教师318人；在校学生10482人，其中中学生3032人，小学在校生7450人。（王瑞琴　常弘）

【“两学一做”常态化制度化】 2018年，左权县城区管委会“两学一做”（学党章党规、学系列讲话，做合格党员）学习教育常态化制度化，进一步明确责任，细化学习计划，科学安排课程，加强跟踪问效，实现党员干部从“要我学”到“我要学”的转变。以集中学习、交流讨论、党日活动、讲党课等方式定期组织，深入学习党章党规、系列讲话，形成常态。全年组织中心组学习12次，“领头雁”延伸培训2次，党员集中学习50余次，社区工作人员集中培训4次，专题宣讲8场，实现社区全覆盖。支部书记带头送学上门，网格党小组长分片送书上门，社区党务工作者分组创建学习微信群，形成固定学习和流动学习相结合的学习模式，解决行动不便党员、长期外出党员学习难问题。城区党工委坚持“干什么学什么，缺什么补什么”的原则，先后组织社区、经联社“两委”主干赴太原亲贤社区、漪汾社区等先进社区交流学习，多次组织各社区之间进行观摩学习。通过理论和实践学习相结合的方式，使党员干部解放思想，创新思路。（王瑞琴　常弘）

【社区党建】 2018年，左权县城区管委会提高标准，突出重点，着力提升社区党建工作。选派经验丰富的退休干部担任社区“两委”主干，明确班子成员分工，做到任务到岗到人。对软弱涣散党支部，扎实开展整顿工作。通过实施学习提高、谈心谈话、民主评议、调整分工、建章立制等整顿环节，扭转班子不和、管理混乱、群众上访的被动局面。按照“一突出八规范一创建”（突出党组织政治建设、规范组织体系设置、规范党内组织生活、规范便民服务体系、规范活动场所建设、规范工作运行机制、规范基本工作保障，开展“十星双评”星级党组织创建活动，每年定期对基层党组织进行考核验收、星级评定、分类定级）基层党建工作目标，从规范发展党员、培训教育、党费收缴、党员管理、基础台帐等方面入手，打造营盘、康宁社区示范型社区党组织，岢山、钟鼓楼社区标准化社区党组织。坚持“三会一课”制度，确保时间、人员、内容、保障和效果五个到位。制定主题党日活动实施方案，确定每月25日为支部主题党日。“七一”之际，城区党工委召开庆祝中国共产党成立97周年暨“两优一先”（优秀共产党员、优秀党务工作者、先进基层党组织）表彰大会，各社区党支部组织社区党员先后到文水县刘胡兰纪念馆、“一二九”师西河头纪念馆、麻田八路军总部纪念馆开展党日活动和迎“七一”文艺演出。全年，各党支部共计开展党课宣讲、环境整治、扫黑除恶宣传、志愿服务等各类党日活动90余次。按照社区“六室两站两厅”（社区党支部办公室、社区居委会办公室、社区警务室、社区图书阅览室、社区特困群众接待室、社区居民问题活动室、社区志愿服务工作站、社区卫生计生服务站、社区居民自治议事厅、社区居民一站式综合服务厅）阵地建设要求，加大社区场所建设力度，解决200平方米以下社区场所问题，配套完善社区基础设施建设。投入资金130万元新建700平方米康宁社区党群服务中心；协调解决永清、钟鼓楼社区服务场所，面积分别由原来的100平方米和150平方米，增加到现在的300平方米和510平方米。在营盘社区建设以党史党建文化廊、党员承诺践诺区、“三基建设”宣传栏、党风廉政教育亭和精神文明宣传栏为主要内容的党建主题广场。在钟鼓楼、皇母圣、岩山、万寿、牧童、营盘6个社区文化服务站配备图书、电子阅览和文体器材等设施。（王瑞琴　常弘）

2018年城区营盘社区开展“改革创新争做先锋表率　奋发有为共建文明社区“活动

【服务居民新成效】　2018年，左权县城区管委会以社区党建为引领，突出社区服务特色，打造品牌服务亮点。在社区便民大厅分类设置办事窗口，为居民办理人口生育、社会保障、困难救助等服务事宜，对低保残疾、流动人口等不同人群进行分类登记，在各功能厅张贴政策法规、办事流程，制作“便民服务联系卡”，方便群众办事，做到服务群众“零距离”。发挥党员的模范带头作用，开展各类便民服务。康宁社区开设便民服务通道，将便民事项待办、社情民意代言、矛盾纠纷代处、焦点问题代访等服务送到居民家中。岩山社区在岩山小区、西华苑小区和桃树湾小区分别设立党员服务站，服务困难群众。牧童社区设置服务专岗，为居民提供网上挂号、医保网上代缴、老年人网上信息采集核对等服务。万寿社区为80岁以上老人送上生日蛋糕，为生活难以自理的老年人开设老年餐桌。全年各社区共计开展交通安全、健康体检、环境整治、帮扶老人等各类志愿服务30余次。严格执行首问负责制、限时办结制等八项制度，公开社区干部工作岗位、联系方式和服务承诺，制订完善社区管理手册、工作手册和便民手册，分项做实基础工作，确保服务高效到位。9月28日，市委组织部深入营盘社区进行观摩指导。（王瑞琴　常弘）

【综治维稳】　2018年，左权县城区管委会围绕“抓发展必须抓稳定，抓稳定必须抓信访”的工作思路，以解决群众实际问题为重点，坚持预防为先，调处与排查并重的原则，从源头上化解矛盾纠纷的发生，妥善处理了经联社遗留问题，化解了陵园街改造拆迁户安置房问题，18户拆迁户住宅和临街门面房全部得到安置，积极推进经联社产权纠纷调解，双方达成一致意见。强化日常信访接待调处和网上信访处理工作，进一步完善信访制度，妥善处置信访事件。全年共接待群众来访60余人次，13件信访案件全部处理到位，同时对194名重点信访人员进行信息核对，完善信访稳控台账。群众的安全感和满意度不断提升。（王瑞琴　常弘）

【扫黑除恶专项斗争】　2018年，左权县城区管委员有序推进扫黑除恶工作。结合城区实际制定扫黑除恶专项斗争实施方案，成立领导小组，先后召开9次专题会议，分析判断形势，研究制定具体措施。在主要街道和各个小区醒目位置悬挂固定宣传标语120余幅，累计制作更换扫黑除恶专题宣传黑板报5期500余块。利用入户走访形式发放入户告知书1.3万余份，张贴公告1000余份，悬挂挂画40幅，同时召开群众大会集中宣传发动24次，发放扫黑除恶知识宣传手册1000册，通过集中宣传和入户走访发放《致全县人民群众的一封信》1.8万余份。围绕重点摸排打击的12类违法犯罪活动，鼓励引导广大居民群众积极踊跃揭发检举黑恶势力违法犯罪线索，城区社区设置举报箱，公开举报电话，畅通信息渠道。营盘社区摸排出两人非法放高利贷线索2条，上报有关单位给予了打击；永清社区、钟鼓楼社区摸排线索3条，经核查，不属于黑恶线索；收到县扫黑办转办的举报线索7条，已全部核实办结。（王瑞琴　常弘）

【安全生产】　2018年，左权县城区管委会以“安全发展”为核心，围绕建设安全城区目标，通过完善安全监管责任体系，扎实开展各项安全生产活动。在各社区开展安全宣传进社区活动，在县城职中、示范小学开展安全宣传进校园活动，发放宣传资料3000余份；对辖区内重点行业领域、重点经营单位实行属地监管，排查各类安全隐患20余条并已督促全部进行了整改；认真做好森林防火工作，确保全年无重特大森林火灾发生；狠抓危房地灾汛期安全，共排查出地灾隐患2处，危房50余处，全部采取应急防范措施，确保城区安全度汛。（王瑞琴　常弘）

【民生事业】　2018年，左权县城区管委会对163户困难居民实施临时救助、为68户申请大病医疗救助；为6名三无人员申请五保待遇；为104名优抚对象提供免费体检；为城区60岁以上293名老人发放补助金35万元。对1293户廉租房开展资格复审工作，经复审，符合入住条件有1250户；同时对40户经适房申请户进行资格审查。组织开展第九个庆“敬老月”活动，评选出“孝亲敬老”先进人物3名，“老有所为”典型人物3名，受到县表彰奖励。组织30多对孕前优生夫妇进行孕前体检；对城区53000多名城市居民进行全员数据大核查；为200余名夫妇办理生育服务证。实施“巾帼创业就业工程”，为3名贫困大病母亲和2名贫困大病儿童开展“点亮心灯　为爱行动　助力脱贫”活动，共发放救助金3500元，为社区居民发放“推动移风易俗　树立文明乡风”倡议书200余份。（王瑞琴　常弘）

【重点项目推进】 2018年，左权县城区管委会全力推进西关砖厂综合改造项目开工。西关砖厂综合改造项目经县国土局、城区管委会等多方协调，已完成地面附属物清理、地质勘探、地基建设等工作，年底处于土地挂牌阶段。大力推进永清社区东城墙地质灾害治理项目。至年底，完成对崖上崖下28户的拆迁工作、崖下238米长5米高的挡土墙修筑、崖上的削坡和一二级锚杆、格构梁建设项目已完工，附属工程明春开工。积极完成城中村改造（一期）项目。配合住建部门对169户入户调查评估工作全部完成，71户拆迁工作已签订协议59户，有2户钉子户难以推进。是年底完成征拆任务。

（王瑞琴　常弘）

【集体产权制度改革】 2018年，左权县城区经联社产权制度改革工作全面启动。2018年7月1日至7月15日，成立领导小组、制定方案、宣传培训等工作。城区、经联社采取多种方式、多种渠道广泛宣传培训，共印发各类宣传资料3000余份、培训100余人，向社员群众宣传开展经联社集体产权制度改革的目的、意义和有关政策法规，使改革政策进社入户、人人知晓，动员广大群众更好地支持改革、参与改革、监督改革。城区多次组织城区、经联社有关人员外出参观学习外地集体产权制度改革新经验、新办法、新措施，通过学习整理总结外地成功经验，结合经联社实际，制定因地制宜，一社一策办法措施，解决了经联社在集体产权制度改革中的困惑与难题。8月，各经联社全面启动清产核资工作。至年底，“三关”第一阶段清产核资工作清理已完成，并登记造册建立台账。是年，全面完成左权县经联社集体产权制度改革试点任务。在此基础上有序推进股份合作制改革。是年底，西关经联社清产核资工作、人员身份界定已全面完成。

（王瑞琴　常弘）

先进集体（个人）

2018年度左权县获“最美晋中人”一览表

获奖名称	姓　名	工作单位及职务
最美创业者	马红丽	左权县源泰商贸有限责任公司
最美导游	李淑锐	山西晋商国际旅游有限公司导游
最美水利人	王军凯	左权县水利局芹泉水管站
最美水利人提名	王文江	左权县水利局麻田水管站
最美扶贫人	郭应林	左权县龙泉乡连壁村党支部书记
最美扶贫人	梁志坚	市人社局驻左权县拐儿镇寺坪村第一书记
最美安监人	魏建忠	左权县昌鑫矿山有限公司安全科
最美身边人提名	乔　叶	左权县作家协会
最美创业者提名	巨世峰	左权县中晋冶金科技有限公司
最美电网人提名	吕步胜	国网左权县供电公司营销部
最美工匠提名	赵利萍	左权职业技术中学校手工刺绣特聘教师

2018年度“最美左权人”一览表

获奖名称	姓　名	工作单位及职务
最美身边人	宋保明	左权县老干部局退休干部
最美身边人	乔　叶	左权县作家协会工作人员
最美身边人	段伟明	左权县桐峪镇桐滩村村民
最美工匠	李爱萍	左权三星制衣有限公司董事长
最美创业者	王海文	左权县恒益交通有限责任公司总经理

续表

获奖名称	姓　名	工作单位及职务
最美驾驶员	赵卫忠	左权县凯达出租车有限公司驾驶员
最美导游	李淑锐	左权县文化和旅游局政务导游
最美水利人	王文江	左权县水利局麻田水管站站长
最美扶贫人	侯军清	左权县农商行驻寒王乡鹿鸣村第一书记
	韩志玉	左权县审计局驻石匣乡寺仙村第一书记
最美环卫工	孙世林	左权县环卫站环卫工人
最美安监人	李维东	左权县安全生产监督管理局安监一股股长
最美电网人	刘　峰	国网左权县供电公司桐峪供电所所长

2018年度受省部级表彰的先进集体一览表

受表彰单位	表彰时间	荣　誉	表彰部门
县政府办	2018.08	基层政务公开标准化规范化试点验收先进单位	山西省人民政府办公厅
县委老干部局	2018.02	全省老干部工作先进集体	省委组织部、省委老干局、省人社局
县检察院	2018.11	全省检察机关第九次“双先”表彰荣获为集体一等功	最高人民检察院

经济社会统计资料

2018 年左权县农业生产条件一览表

指标名称	计量单位	代　码	数　量
甲	乙	丙	1
一、农村基层组织情况	–	–	–
乡镇个数	个	01	10.00
1. 镇	个	02	5.00
其中：城关镇	个	03	1.00
2. 乡	个	04	5.00
3. 涉农街道办事处	个	05	
4. 其他乡级单位	个	06	
村委会个数	个	07	203.00
二、农村基础设施	–	–	–
自来水受益村数	个	08	203.00
通有线电视村数	个	09	184.00
通宽带村数	个	10	201.00
通汽车村数	个	11	203.00
通电话村数	个	12	203.00
三、乡村人口与从业人员	–	–	–
乡村户数（常住户数）	户	13	44145.00
乡村人口（常住人口）	人	14	114692.00
男	人	15	60068.00
女	人	16	54624.00

续表

指标名称	计量单位	代　码	数　量
甲	乙	丙	1
乡村劳动力资源数（常住人口中）	人	17	68542.00
男	人	18	36709.00
女	人	19	31833.00
乡村从业人员（常住人口中）	人	20	56153.00
1. 男	人	21	30382.00
2. 女	人	22	25771.00
其中：农业从业人员（乡村人口中）	人	23	41305.00
（1）男	人	24	22897.00
（2）女	人	25	18408.00
四、农业主要能源及物质消耗	–	–	–
1. 乡、村办水电站	个	26	
装机容量	千瓦	27	
发电量	万千瓦时	28	
2. 农村用电量	万千瓦时	29	4865.63
3. 农用化肥施用量（实物）	吨	30	7313.90
其中：（1）氮肥	吨	31	3631.69
（2）磷肥	吨	32	871.47
（3）钾肥	吨	33	353.75
（4）复合肥	吨	34	2456.99
4. 农用化肥施用量（折纯）	吨	35	2520.28
其中：（1）氮肥	吨	36	937.89
（2）磷肥	吨	37	174.80
（3）钾肥	吨	38	178.30
（4）复合肥	吨	39	1229.29
5. 农用塑料薄膜使用量	吨	40	198.73
其中：地膜使用量	吨	41	197.10
地膜覆盖面积	公顷	42	2992.31
6. 农用柴油使用量	吨	43	1366.58
7. 农药使用量	吨	44	33.98

2018 年左权县夏收粮食生产情况一览表

指标名称	代　码	播种面积	产　量		单　产	
			预计	实际	预计	实际
甲	乙	1	2	3	4	5
夏收粮食	01	13.3	57.5	57.5	288.2	288.2
（一）谷物	02	13.3	57.5	57.5	288.2	288.2
1. 小麦	03	13.3	57.5	57.5	288.2	288.2
（1）冬小麦	04	13.3	57.5	57.5	288.2	288.2
（2）春小麦	05	0.0	0.0		0.0	0.0
2. 夏杂谷物	06	0.0	0.0		0.0	0.0
其中：大麦	07	0.0	0.0		0.0	0.0
（二）夏杂豆	08	0.0	0.0		0.0	0.0
（三）夏马铃薯（鲜薯）	09	0.0	0.0\	&0.0	0.0	

2018 年左权县秋收粮食生产情况一览表

指标名称	代　码	播种面积	产　量		单　产	
			预计	实际	预计	实际
甲	乙	1	2	3	4	5
秋收粮食	01	11292.9	59022.0	59973.8	348.4	354.1
（一）谷物	02	9877.0	54587.2	55679.3	368.4	375.8
1. 稻谷	03	0.0	0.0		0.0	0.0
2. 玉米	04	7513.8	47617.6	48378.1	422.5	429.2
3. 谷子	05	2021.5	6060.3	6405.3	199.9	211.2
4. 高粱	06	72.7	434.1	420.1	398.1	385.2
5. 秋杂谷物	07	269.0	475.2	475.8	17.8	117.9
其中：燕麦（莜麦）	08	59.8	110.3	110.3	123.0	123.0
荞麦	09	72.9	144.1	144.1	131.8	131.8
（二）豆类	10	620.6	1347.1	1348.5	144.7	144.9
1. 大豆（黄豆、黑豆、青豆）	11	612.5	1337.2	1338.6	145.5	145.7
2. 秋杂豆	12	8.1	9.9	9.9	81.5	81.5
其中：绿豆	13	2.6	3.1	3.1	79.5	79.5

续表

指标名称	代码	播种面积	产量		单产	
			预计	实际	预计	实际
甲	乙	1	2	3	4	5
红小豆	14	2.7	1.9	1.9	46.9	46.9
红芸豆	15	0.0	0.0		0.0	0.0
（三）薯类（鲜薯）	16	795.3	15438.7	14730.2	1294.2	1234.8
1. 马铃薯（土豆）	17	758.2	14773.9	14065.7	1299.0	1236.8
2. 甘薯（红薯）	18	37.1	664.8	664.5	1194.6	1194.1

2018年左权县经济作物生产情况一览表

指标名称	代码	播种面积	产量	单产
甲	乙	1	2	3
经济作物	01	2190.8	–	–
一、油料	02	331.4	504.5	101.5
1. 花生	03			0.0
2. 油菜籽	04	2.7	4.1	101.2
3. 芝麻	05			0.0
4. 胡麻籽	06			0.0
5. 葵花籽	07	93.1	184.9	132.4
6. 其他油料	08	235.6	315.5	89.3
二、棉花（皮棉）	09	0.0	0.0	0.0
三、生麻	10			0.0
其中：生大麻	11			0.0
四、甜菜	12			0.0
五、烟叶（未加工烟草）	13			0.0
其中：烤烟（未去梗烤烟叶）	14			0.0
六、中草药材（人工种植）	15	1265.2	2282.0	120.2
其中：人参	16			0.0
甘草	17			0.0
枸杞	18			0.0

续表

指标名称	代　码	播种面积	产　量	单　产
甲	乙	1	2	3
七、蔬菜及食用菌（免报）	19	592.6	25484.0	2866.9
八、瓜果类（免报）	20	1.6	13.2	550.0
九、其他农作物	21		–	–
其中：青饲料（含青贮玉米）	22		–	–
十、特种农作物	23	–	–	–
花卉	24	–	–	
鲜切花	25	–		–
盆栽观赏植物（包括盆景）	26	–	40000.0	–
其中：盆栽花	27	–	40000.0	–
香料原料	28	–	40.0	–
其中：花椒	29	–	40.0	–
补充资料：饲料用青贮玉米面积	30		–	–

2018 年左权县蔬菜、瓜果及中草药材生产情况一览表

指标名称	代　码	播种面积		产　量	
		本季	1–本季	本季	1–本季
甲	乙	1	2	3	4
一、蔬菜及食用菌	01	188.9	592.6	8567.0	25484.0
（一）叶菜类	02	5.4	5.5	30.0	32.0
其中：芹菜	03	0.1	0.1	1.5	1.5
油菜	04	0.1	0.1	1.0	1.0
菠菜	05	5.0	5.0	27.0	27.0
香菜	06	0.2	0.2	0.5	1.5
（二）白菜类	07	48.6	61.9	2207.0	2976.0
其中：大白菜	08	48.6	61.9	2207.0	2976.0
（三）甘蓝类	09	8.5	58.9	371.0	1794.0
其中：卷心菜（结球甘蓝、茴子白）	10	8.5	58.9	368.0	1791.0
紫甘蓝	11		0.0	3.0	3.0

续表

指标名称	代　码	播种面积		产　量	
		本季	1–本季	本季	1–本季
甲	乙	1	2	3	4
菜花	12		0.0		0.0
西兰花	13		0.0		0.0
（四）根茎类（含长山药、榨菜头等）	14	69.4	84.9	2701.0	3081.0
其中：白萝卜	15	28.2	34.1	1026.0	1146.0
胡萝卜（含红萝卜、黄萝卜）	16	41.0	50.6	1464.0	1724.0
生姜	17		0.0		0.0
（五）瓜菜类	18	38.8	108.2	803.0	2509.0
其中：黄瓜	19		28.1	25.0	750.0
南瓜	20	28.5	28.5	718.0	718.0
西葫芦	21	10.3	41.7	60.0	1041.0
冬瓜	22		0.0		0.0
（六）豆类（菜用）	23	4.9	62.7	197.0	1757.0
其中：豇豆	24	4.9	4.9	180.0	180.0
四季豆（豆角）	25		57.8	16.0	1576.0
（七）茄果类	26		182.4	1411.0	11879.0
其中：茄子	27		22.4	18.0	306.0
辣椒（含青椒、菜椒）	28		9.5	4.0	135.0
西红柿	29		149.0	1383.0	11370.0
（八）葱蒜类	30		14.8	33.0	184.0
其中：大葱	31		13.2	33.0	163.0
蒜头（大蒜）	32		0.0		0.0
葱头（洋葱）	33		0.0		0.0
韭菜	34		1.5		16.0
（九）水生菜类	35	13.3	13.3	500.0	500.0
其中：莲藕	36	13.3	13.3	500.0	500.0
（十）其他蔬菜	37		0.0		0.0
其中：黄花菜	38		0.0		0.0
芦笋	39		0.0		0.0

续表

指标名称	代码	播种面积		产量	
		本季	1-本季	本季	1-本季
甲	乙	1	2	3	4
（十一）食用菌（干鲜混合）	40		0.0	314.0	772.0
1. 干品	41		0.0		0.0
其中：香菇	42		0.0		0.0
黑木耳（干品）	43		0.0		0.0
2. 鲜品	44		0.0	314.0	772.0
其中：蘑菇	45		0.0	81.0	436.0
二、瓜果类	46		1.6	3.2	13.2
其中：西瓜	47		0.0		0.0
香瓜（甜瓜）	48		0.0		0.0
草莓	49		1.6	3.2	13.2
三、中草药材	50	141.1	1298.5	2163.0	2282.0

2018 年左权县城镇单位从业人员对照表

单位：人，%

指标	2017 年	2018 年	比上年		备注
			绝对数	增长%	
总计	12833	12863	30	0.23	
国有控股					
分经济类型					
国有单位	8132	7966	-166	-2.04	
集体单位	462	0	-462	-100.00	
其他单位	4239	4897	658	15.52	
分企业、事业、机关					
企业	5395	5546	151	2.80	
事业	5676	5536	-140	-2.47	
机关	1762	1781	19	1.08	
民办非盈利组织					
其他					

续表

指　标	2017 年	2018 年	比上年		备　注
			绝对数	增长%	
按国民经济行业分组					
农、林、牧、渔业	325	316	–9	–2.77	
采矿业	3079	2943	–136	–4.42	
制造业	275	252	–23	–8.36	
电力、热力、燃气及水生产和供应业	931	871	–60	–6.44	
建筑业					
批发和零售业	257	287	30	11.67	
交通运输、仓储和邮政业	46	48	2	4.35	
住宿和餐饮业	60	50	–10	–16.67	
信息传输、软件和信息技术服务业					
金融业	580	579	–1	–0.17	
房地产业	41	42	1	2.44	
租赁和商务服务业	417	415	–2	–0.48	
科学研究、技术服务业	69	71	2	2.90	
水利、环境和公共设施管理业	712	715	3	0.42	
居民服务、修理和其他服务业					
教育	2476	2134	–342	–13.81	
卫生和社会工作	621	636	15	2.42	
文化、体育和娱乐业	162	150	–12	–7.41	
公共管理、社会保障和社会组织	2782	3003	221	7.94	

2018 年左权县城镇单位从业人员工资总额对照表

单位：千元，%

指　标	2017 年	2018 年	比上年		备　注
			绝对数	增长%	
总　计	712611	748660	36049	5.06	
国有控股					
分经济类型					
国有单位	417734	425128	7394	1.77	

续表

指　标	2017 年	2018 年	比上年		备　注
			绝对数	增长%	
集体单位	61209	0	-61209	-100.00	
其他单位	233668	323532	89864	38.46	
分企业、事业、机关					
企业	312707	340152	27445	8.78	
事业	299502	301463	1961	0.65	
机关	100402	107045	6643	6.62	
民办非盈利组织					
其他					
按国民经济行业分组					
农、林、牧、渔业	18640	18260	-380	-2.04	
采矿业	183459	182190	-1269	-0.69	
制造业	12969	13597	628	4.84	
电力、热力、燃气及水生产和供应业	34478	34714	236	0.68	
建筑业					
批发和零售业	10215	9693	-522	-5.11	
交通运输、仓储和邮政业	3251	1885	-1366	-42.02	
住宿和餐饮业	1226	960	-266	-21.70	
信息传输、软件和信息技术服务业					
金融业	69232	78597	9365	13.53	
房地产业	1934	1695	-239	-12.36	
租赁和商务服务业	6222	8659	2437	39.17	
科学研究、技术服务业	5007	4507	-500	-9.99	
水利、环境和公共设施管理业	15638	16260	622	3.98	
居民服务、修理和其他服务业					
教育	163996	157914	-6082	-3.71	
卫生和社会工作	34764	35041	277	0.80	
文化、体育和娱乐业	8241	7015	-1226	-14.88	
公共管理、社会保障和社会组织	143339	160276	16937	11.82	

2018年左权县城镇单位从业人员平均劳动报酬对照表

单位：元，%

指　标	2017年	2018年	比上年		备　注
			绝对数	增长%	
总　计	56041	58389	2348	4.19	
国有控股					
分经济类型					
国有单位	51534	53556	2022	3.92	
集体单位	132487	0	–132487	–100.00	
其他单位	56333	66243	9910	17.59	
分企业、事业、机关					
企业	58968	61510	2542	4.31	
事业	53084	54712	1628	3.07	
机关	56692	60070	3378	5.96	
民办非盈利组织					
其他					
按国民经济行业分组					
农、林、牧、渔业	57178	57603	425	0.74	
采矿业	60229	62266	2037	3.38	
制造业	45827	53743	7916	17.27	
电力、热力、燃气及水生产和供应业	42046	42078	32	0.08	
建筑业					
批发和零售业	39747	33774	–5973	–15.03	
交通运输、仓储和邮政业	70674	39271	–31403	–44.43	
住宿和餐饮业	20433	19200	–1233	–6.03	
信息传输、软件和信息技术服务业					
金融业	119366	135746	16380	13.72	
房地产业	47171	40357	–6814	–14.45	
租赁和商务服务业	14957	20966	6009	40.18	
科学研究、技术服务业	71529	63479	–8050	–11.25	
水利、环境和公共设施管理业	21994	22741	747	3.40	

续表

指　标	2017年	2018年	比上年		备　注
			绝对数	增长%	
居民服务、修理和其他服务业					
教育	65941	73108	7167	10.87	
卫生和社会工作	56071	55445	−626	−1.12	
文化、体育和娱乐业	51830	47399	−4431	−8.55	
公共管理、社会保障和社会组织	51302	53319	2017	3.93	

2018年左权人口抽样调查主要数据

单位：人、‰

	晋中市	左权县
常住人口	3381576	167353
推算出生人口	33858	1755
推算死亡人口	17879	1005
推算出生率	10.04	10.51
推算死亡率	5.30	6.02
推算自增率	4.74	4.49
城镇人口	1872495	77306
乡村人口	1509081	90047
城镇化率	55.37	46.19
男	1752951	87047
女	1628625	80306
性别比	107.63	108.39

左权县城镇居民人均收支情况一览表

指标名称	4季度	1–4季度累计	累计比上年同期增减（%）
一、城镇居民人均可支配收入	6722	27145	7.0
工资性收入			
经营性收入			
财产性收入			
转移性收入			

续表

指标名称	4季度	1-4季度累计	累计比上年同期增减（%）
二、城镇居民人均消费支出	4376	14727.07	23
食品	758.7	2979.71	19
衣着	319	1334.32	30
居住	1636.6	4780.62	16
生活用品及服务	211	894.05	35
医疗保健	290.3	1075.33	52
交通和通信	433	1682.12	11
教育文化娱乐服务	659	1737.49	48
其他商品和服务	67	243.44	6

左权县农村居民家庭收入和支出一览表

单位：元

指标名称	1-4季度累计	累计比上年同期增减（%）
农村人均现金	6056	15.2
# 工资性收入		
家庭经营收入		
财产性和转移性收入		
农村居民人均现金支出	13385	28
# 生产费用支出		
生活费用支出	9015	22
# 食品	2113	0.3
衣着	762	21
居住	2084	24

附 录

2018 年中国共产党左权县委员会文件选目

序号	文件名称	文　号	备注
1	印发《关于全面推进乡村振兴战略的实施方案》的通知	左发〔2018〕1 号	
2	关于 2017 年度目标责任考核表彰的决定	左发〔2018〕2 号	
3	关于召开 2017 年度左权县委常委班子民主生活会的请示	左发〔2018〕3 号	
4	关于追授巨彦军同志“全县优秀共产党员”称号的决定	左发〔2018〕4 号	
5	印发《关于进一步贯彻落实中央八项规定精神的实施办法》的通知	左发〔2018〕5 号	
6	中共左权县委 2017 年度工作情况报告	左发〔2018〕6 号	
7	中共左权县委、左权县人民政府贯彻落实市委经济工作会议精神情况报告	左发〔2018〕8 号	
8	左权县委常委班子 2017 年度民主生活会情况报告	左发〔2018〕9 号	
9	关于成立县委反腐败领导小组的通知	左发〔2018〕10 号	
10	关于左权县贯彻落实省委、省政府环境保护督察组反馈意见整改方案第 01 号整改任务验收报告	左发〔2018〕11 号	
11	关于左权县贯彻落实省委、省政府环境保护督察组反馈意见整改方案第 02 号整改任务验收报告	左发〔2018〕12 号	
12	关于左权县贯彻落实省委、省政府环境保护督察组反馈意见整改方案第 03 号整改任务验收报告	左发〔2018〕13 号	
13	关于左权县贯彻落实省委、省政府环境保护督察组反馈意见整改方案第 07 号整改任务验收报告	左发〔2018〕14 号	
14	关于左权县贯彻落实省委、省政府环境保护督察组反馈意见整改方案第 09 号整改任务验收报告	左发〔2018〕15 号	
15	关于左权县贯彻落实省委、省政府环境保护督察组反馈意见整改方案第 10 号整改任务验收报告	左发〔2018〕16 号	
16	关于左权县贯彻落实省委、省政府环境保护督察组反馈意见整改方案第 11 号整改任务验收报告	左发〔2018〕17 号	
17	关于左权县贯彻落实省委、省政府环境保护督察组反馈意见整改方案第 18 号整改任务验收报告	左发〔2018〕18 号	
18	关于左权县贯彻落实省委、省政府环境保护督察组反馈意见整改方案第 19 号整改任务验收报告	左发〔2018〕19 号	
19	关于左权县贯彻落实省委、省政府环境保护督察组反馈意见整改方案第 20 号整改任务验收报告	左发〔2018〕20 号	
20	关于左权县贯彻落实省委、省政府环境保护督察组反馈意见整改方案第 21 号整改任务验收报告	左发〔2018〕21 号	

续表

序号	文件名称	文　号	备注
21	关于左权县贯彻落实省委、省政府环境保护督察组反馈意见整改方案第 22 号整改任务验收报告	左发〔2018〕22号	
22	关于左权县贯彻落实省委、省政府环境保护督察组反馈意见整改方案第 23 号整改任务验收报告	左发〔2018〕23号	
23	关于左权县贯彻落实省委、省政府环境保护督察组反馈意见整改方案第 26 号整改任务验收报告	左发〔2018〕24 号	
24	关于左权县贯彻落实省委、省政府环境保护督察组反馈意见整改方案第 27 号整改任务验收报告	左发〔2018〕25号	
25	关于左权县贯彻落实省委、省政府环境保护督察组反馈意见整改方案第 28 号整改任务验收报告	左发〔2018〕26号	
26	中央、省环保督察反馈问题整改情况汇报	左发〔2018〕27 号	
27	关于成立县整治群众身边腐败问题领导小组的通知	左发〔2018〕30 号	
28	印发《关于开展民生领域腐败和不正之风专项整治的工作方案》的通知	左发〔2018〕33 号	
29	关于申报省级双拥模范县和推荐省级爱国拥军模范个人的报告	左发〔2018〕34 号	
30	关于进一步强化县四大班子领导包保责任制的决定	左发〔2018〕35 号	
31	印发《关于完善县级领导干部接访约访包案工作制度的意见》的通知	左发〔2018〕36 号	
32	关于印发《左权县农村集体产权制度改革实施方案》的通知	左发〔2018〕37 号	
33	印发《关于落实全面从严治党主体责任的行动计划》的通知	左发〔2018〕38 号	
34	关于举行太行（左权）生态文化旅游活动季的请示	左发〔2018〕39 号	
35	关于表彰全县先进基层党组织、优秀共产党员和优秀党务工作者的决定	左发〔2018〕41 号	
36	关于召开中国少年先锋队左权县第四次代表大会的批复	左发〔2018〕42 号	
37	关于县委全面深化改革领导小组左权县国家资源型经济转型综合配套改革试验区工作领导小组组成人员任职的通知	左发〔2018〕43 号	
38	印发《关于推进安全生产领域改革发展的实施意见》的通知	左发〔2018〕44 号	
39	贯彻落实中央环保督察反馈问题中长期整改方案	左发〔2018〕45 号	
40	贯彻落实省委、省政府环保督察反馈问题中长期治理方案	左发〔2018〕46 号	
41	落实省委省政府环境保护督察“回头看”反馈意见整改实施方案	左发〔2018〕47 号	
42	关于印发《左权县落实省委第二督导检查组反馈意见整改工作方案》的通知	左发〔2018〕48 号	
43	关于表彰教育系统 2017—2018 学年度先进集体和模范个人的决定	左发〔2018〕50 号	
44	关于同意左权县国家税务局、地方税务局联合党委改设左权县税务局党委的批复	左发〔2018〕51 号	
45	关于印发《左权县科学技术协会深化改革实施方案》的通知	左发〔2018〕53 号	
46	“关于左权县贯彻落实中央第二环境保护督察组反馈意见整改方案第 03 号整改任务验收报告”	左发〔2018〕54 号	
47	“关于左权县贯彻落实中央第二环境保护督察组反馈意见整改方案第 26 号整改任务验收报告”	左发〔2018〕55 号	
48	“关于左权县贯彻落实中央第二环境保护督察组反馈意见整改方案第 40 号整改任务阶段整改验收报告”	左发〔2018〕56 号	
49	“关于左权县贯彻落实中央第二环境保护督察组反馈意见整改方案第 51 号整改任务阶段整改验收报告”	左发〔2018〕57 号	

续表

序号	文件名称	文 号	备注
50	“关于左权县贯彻落实中央第二环境保护督察组反馈意见整改方案第55号整改任务阶段整改验收报告”	左发〔2018〕58号	
51	“关于左权县贯彻落实中央第二环境保护督察组反馈意见整改方案第60号整改任务阶段整改验收报告”	左发〔2018〕59号	
52	关于调整县委统一战线工作领导小组有关组成人员的通知	左发〔2018〕60号	
53	关于对我县全域旅游暨生态文化旅游开发区建设给予政策支持的请示	左发〔2018〕61号	
54	关于建立县级党员领导干部挂点联系软弱涣散村（社区）党组织制度的通知	左发〔2018〕62号	
55	关于印发《市委巡察一组巡察左权县工作动员会上的讲话》的通知	左发〔2018〕63号	
56	关于市委第四轮巡察发现共性问题未巡先改自查发现问题整改方案	左发〔2018〕66号	
57	关于成立县委深化党政机构改革领导小组的通知	左发〔2018〕69号	
58	印发《关于坚决打赢精准脱贫攻坚战三年行动的实施方案》的通知	左发〔2018〕70号	
59	印发《关于全面加强生态环境保护坚决打好污染防治攻坚战的实施意见》的通知	左发〔2018〕71号	
60	关于召开县委经济工作会议的通知	左办发〔2018〕1号	
61	关于调整左权县核桃产业大县建设领导组的通知	左办发〔2018〕2号	
62	关于印发《左权县春节元宵节期间禁止垒燃旺火及控制燃放烟花爆竹工作方案》的通知	左办发〔2018〕3号	
63	关于印发《左权县2018年春节、元宵节期间群众文化活动实施方案》的通知	左办发〔2018〕4号	
64	关于转发《中共山西省委办公厅关于认真学习贯彻〈中国共产党第十九届中央委员会第二次全体会议公报〉的通知》的通知	左办发〔2018〕5号	
65	关于印发《左权县年度综合考核办法》的通知	左办发〔2018〕6号	
66	关于印发《左权县垂直管理部门（单位）年度考评办法》的通知	左办发〔2018〕7号	
67	关于2018年春节期间开展为困难群众送温暖活动的通知	左办发〔2018〕8号	
68	关于进一步贯彻落实中央八项规定精神确保春节期间风清气正的通知	左办发〔2018〕9号	
69	“关于印发《左权县2018年县级重点工程建设分类管理组织机构和工作制度》的通知”	左办发〔2018〕10号	
70	关于进一步加强2018年度乡镇重点工程建设工作的通知	左办发〔2018〕11号	
71	关于印发《左权县转型项目建设年（2018）工作方案》的通知	左办发〔2018〕12号	
72	印发《关于召开左权县残疾人联合会第七次代表大会的工作方案》的通知	左办发〔2018〕13号	
73	关于召开左权县残疾人联合会第七次代表大会的通知	左办发〔2018〕14号	
74	关于认真开展学习宣传贯彻全国“两会”精神的通知	左办发〔2018〕15号	
75	关于印发《左权县“三个清单”任务落实工作方案》的通知	左办发〔2018〕16号	
76	关于印发《2018年县委中心组理论学习计划》的通知	左办发〔2018〕17号	

续表

序号	文件名称	文　号	备注
77	关于建立县委常委班子成员“三基建设”联系点的通知	左办发〔2018〕18号	
78	关于调整保密委员会组成人员的通知	左办发〔2018〕19号	
79	关于调整左权县密码工作领导组的通知	左办发〔2018〕20号	
80	关于印发《左权县配合和保障省委、省政府环保督察“回头看”工作督察方案》的通知	左办发〔2018〕21号	
81	关于印发《左权县“激活农村资源、促进乡村振兴”攻坚行动实施方案》的通知	左办发〔2018〕24号	
82	关于印发《左权县开展“六最”营商环境建设年活动实施方案》的通知	左办发〔2018〕25号	
83	关于“六一”国际儿童节庆祝活动安排的通知	左办发〔2018〕27号	
84	关于调整县委常委分工的通知	左办发〔2018〕28号	
85	关于调整左权县信访工作联席会议组成人员的通知	左办发〔2018〕29号	
86	关于成立左权县农村集体产权制度改革工作领导小组的通知	左办发〔2018〕30号	
87	印发《左权县关于推进中小学校长职级制改革的实施方案》的通知	左办发〔2018〕31号	
88	关于组织动员社会各界积极参与光彩事业助力脱贫攻坚募捐活动的通知	左办发〔2018〕32号	
89	关于印发《左权县查处违法排污百日行动工作方案》的通知	左办发〔2018〕33号	
90	印发《关于开展打击破坏生态环境违法犯罪专项行动的实施方案》的通知	左办发〔2018〕34号	
91	关于印发《左权县实施乡村振兴战略领导小组成员名单及工作职责》的通知	左办发〔2018〕35号	
92	关于印发《中共左权县委党校（行政学校）办学体制改革方案》的通知	左办发〔2018〕36号	
93	转发《中共山西省委办公厅关于认真学习贯彻中办印发的〈关于进一步激励广大干部新时代新担当新作为的意见〉的通知》的通知	左办发〔2018〕38号	
94	关于印发《左权县农村人居环境整治三年行动实施方案（2018-2020年)》的通知	左办发〔2018〕39号	
95	关于做好“八一”期间拥军优属拥政爱民工作的通知	左办发〔2018〕40号	
96	印发《关于深入推进全县平安乡村建设的实施意见》的通知	左办发〔2018〕41号	
97	关于印发《左权县“十三五”期间保密工作发展规划》的通知	左办发〔2018〕43号	
98	“印发《关于学习推广新时代“枫桥经验”提升全县城乡基层社会治理现代化水平的实施方案》的通知”	左办发〔2018〕44号	
99	关于调整左权县国有资产管理委员会组成人员的通知	左办发〔2018〕46号	
100	印发《关于贯彻落实〈山西省党政机关办公用房管理办法〉实施方案》的通知	左办发〔2018〕47号	
101	关于印发《左权县“并村简干”工作实施方案》的通知	左办发〔2018〕48号	
102	转发《中共山西省委办公厅关于认真学习贯彻省委十一届六次全会精神的通知》的通知	左办发〔2018〕50号	
103	关于做好庆祝2018年教师节有关工作的通知	左办发〔2018〕51号	
104	关于印发《2018年乡镇重点工作清单　亮点工作清单》的通知	左办发〔2018〕52号	

续表

序号	文件名称	文　号	备注
105	关于印发《9·30抗战英烈全国公祭活动（太行山主祭场）暨太行英烈公祭活动方案》的通知	左办发〔2018〕53号	
106	关于调整左权县宗教工作领导小组组成人员的通知	左办发〔2018〕54号	
107	关于开展“送温暖、献爱心”社会捐助活动的通知	左办发〔2018〕57号	
108	关于印发《左权县干部政治素质考察办法（试行）》的通知	左办发〔2018〕58号	
109	印发《关于支持左权县人民法院基本解决执行难问题的实施意见》的通知	左办发〔2018〕59号	
110	关于在全县深入开展集中整治形式主义、官僚主义的通知	左办发〔2018〕60号	
111	关于做好2019年度党报党刊发行工作严格规范报刊发行秩序的通知	左办发〔2018〕61号	
112	关于印发《左权县“三个清单”任务落实考核办法》的通知	左办发〔2018〕62号	
113	关于印发《各乡镇（城区）和县直部门（单位）、垂直管理部门（单位）2018年度综合考核指标》的通知	左办发〔2018〕63号	
114	关于印发左权县“大棚房”问题专项清理整治行动县级领导包保责任制的通知	左办发〔2018〕64号	
115	关于认真学习贯彻《中国共产党支部工作条例（试行）》的通知	左办发〔2018〕65号	
116	转发《中共山西省委办公厅　山西省人民政府办公厅关于贯彻中办发电〔2018〕45号文件精神做好2019年元旦春节期间有关工作的通知》的通知	左办发〔2018〕68号	
117	关于成立左权县支持民营经济发展工作领导小组的通知	左办发〔2018〕69号	
118	关于关于进一步做实“大棚房”问题专项清理整治工作的通知	左办发〔2018〕70号	
119	左权县“大棚房”问题专项清理整治行动情况报告	左办发〔2018〕71号	
120	关于印发《深入推进习近平新时代中国特色社会主义思想学用工作实施方案》的通知	左办发〔2018〕73号	

2018年左权县人民政府文件选目

序号	文件名称	文　号	备注
1	关于切实加强2018年安全生产工作的通知	左政发〔2018〕1号	
2	关于创建农林文旅康产业融合发展试点县的请示	左政发〔2018〕2号	
3	关于借助市国有资产经营有限公司发行债券的请示	左政发〔2018〕3号	
4	关于帮助办理汾邢高速榆社至和顺段35kV外供电线路工程跨越孟信垴自然保护区相关手续的请示	左政发〔2018〕4号	
5	关于报审2018年采矿权公开出让计划的请示	左政发〔2018〕5号	
6	关于印发左权县统筹整合使用财政涉农资金管理办法的通知	左政发〔2018〕6号	
7	森林防火特险期禁火令	左政发〔2018〕7号	
8	关于印发左权县村级公益性建设项目征地补偿办法（试行）的通知	左政发〔2018〕8号	

续表

序号	文件名称	文号	备注
9	关于对应取消4项行政审批中介服务和证明材料及对应取消2项行政审批事项的通知	左政发〔2018〕9号	
10	关于王维红等同志任免职务的通知	左政发〔2018〕10号	
11	关于对左权县泽城—麻田段河道治理工程支持立项的请示	左政发〔2018〕11号	
12	关于支持左权县麻田镇泽城村水电站建设的请示	左政发〔2018〕12号	
13	关于抓好2018年民兵整组工作的通知	左政发〔2018〕13号	
14	关于印发左权县统筹整合财政涉农资金扶贫项目投资使用计划方案的通知	左政发〔2018〕14号	
15	关于清理规范县政府部门行政审批事项相关证照年审年检和政府指定培训的通知	左政发〔2018〕15号	
16	关于解决煤电铝材园区项目用水指标的请示	左政发〔2018〕16号	
17	关于公布第五批非物质文化遗产保护名录的通知	左政发〔2018〕17号	
18	关于陈胜利等同志任免职务的通知	左政发〔2018〕18号	
19	关于审核《左权县寒王乡等10个乡镇土地利用总体规划（2006—2020年）调整方案》的请示	左政发〔2018〕19号	
20	关于印发左权县创建义务教育阶段现代化学校实施方案和左权县创建义务教育优质均衡发展县实施方案的通知	左政发〔2018〕20号	
21	关于解决全县居民瓶装液化气供应问题的请示	左政发〔2018〕21号	
22	关于举行太行（左权）生态文化旅游活动季的请示	左政发〔2018〕22号	
23	关于对左权县“煤改气”工程验收工作进行复核的请示	左政发〔2018〕23号	
24	关于上报2018年左权县龙泉乡东寨村东建筑石料用灰岩采矿权出让计划的请示	左政发〔2018〕24号	
25	关于帮助解决左权县红色文化资源保护经费的请示	左政发〔2018〕25号	
26	关于帮助解决太行一号旅游公路建设资金的请示	左政发〔2018〕26号	
27	关于对左权县境内清漳河全域河道治理工程给予支持的请示	左政发〔2018〕27号	
28	关于帮助推进太行左权森林步道建设的请示	左政发〔2018〕28号	
29	关于对山西一帆纸业有限公司融资担保给予帮扶的请示	左政发〔2018〕29号	
30	关于扎实做好全县第四次全国经济普查工作的通知	左政发〔2018〕30号	
31	关于认定发布左权县第二次全国古树名木普查三级古树的通知	左政发〔2018〕31号	
32	关于进一步明确县直有关部门（单位）安全生产监管职责的通知	左政发〔2018〕32号	
33	关于孙瑞德等同志任免职务的通知	左政发〔2018〕33号	
34	关于将西安电站二期库区、百里红色生态走廊等6个旅游规划建设项目部分区域需要划出生态红线范围的请示	左政发〔2018〕34号	
35	关于进一步加强审计发现问题整改工作的意见	左政发〔2018〕35号	
36	关于做好2018年国务院大督查自查及整改工作的通知	左政发〔2018〕36号	

续表

序号	文件名称	文　号	备注
37	关于对龙泉、桐峪、粟城三个示范乡镇支持政策的通知	左政发〔2018〕37号	
38	关于2018年6处建筑石料用灰岩采矿权出让计划的请示	左政发〔2018〕38号	
39	关于落实市政府文件精神加快左权全域旅游发展暨生态文化旅游开发区建设的请示	左政发〔2018〕39号	
40	关于重新公示合法货运源头企业的通告	左政发〔2018〕40号	
41	关于深化“放管服”改革推行“七个一”工作措施的实施意见	左政发〔2018〕41号	
42	关于集中开展柴油货车和散装物料运输车污染治理联合执法专项行动的公告	左政发〔2018〕42号	
43	关于变更左权县污水处理中心扩容提效改造工程完成时间的请示	左政发〔2018〕43号	
44	关于对东方希望左权氧化铝项目投资协议进行审定的请示	左政发〔2018〕44号	
45	关于将潞安集团五里堠煤业和佳瑞煤业调出化解过剩产能行列的	左政发〔2018〕45号	
46	关于加强核桃采收管理工作的通告	左政发〔2018〕46号	
47	关于县城区划定禁止使用高排放非道路移动机械区域的通告	左政发〔2018〕47号	
48	关于申请审查左权县2018年度城乡建设用地增减挂钩芹泉、粟城等5个乡镇项目区实施方案的请示	左政发〔2018〕48号	
49	关于申请审查左权县2018年度城乡建设用地增减挂钩寒王、辽阳等5个乡镇项目区实施方案的请示	左政发〔2018〕49号	
50	关于报批太行龙泉风景名胜区总体规划的请示	左政发〔2018〕50号	
51	关于温慧贤、王洋二同志任免职务的通知	左政发〔2018〕51号	
52	关于进行第十次防空警报试鸣的公告	左政发〔2018〕52号	
53	关于左权县城区重型货车和散装物料运输车优化通行线路实行交通管控措施的通告	左政发〔2018〕53号	
54	关于在左权县城市管理区域开展相对集中行政处罚权工作的请示	左政发〔2018〕54号	
55	关于恢复晋煤集团佐民农业开发有限公司核桃综合加工项目建设的请示	左政发〔2018〕55号	
56	关于加强森林防火工作的通告	左政发〔2018〕56号	
57	关于解决山西省泽城西安水电站（二期）工程税费的请示	左政发〔2018〕57号	
58	关于对我县全域旅游暨生态文化旅游开发区建设给予政策支持的请示	左政发〔2018〕58号	
59	关于国道207线左权曹家寨至左权和顺界段一级公路新建工程立项的请示	左政发〔2018〕59号	
60	关于加快解决左权县循环经济工业园供电需求的请示	左政发〔2018〕60号	
61	关于划定县域天黎高速阳黎段高速公路建筑控制区范围的公告	左政发〔2018〕61号	
62	关于协调解决煤矿企业资源整合后存在问题的请示	左政发〔2018〕62号	
63	关于帮助解决左权县百处红色革命纪念地保护维修工程资金缺口的请示	左政发〔2018〕63号	
64	关于划定左权县城区2018年度高污染燃料禁燃区的通告	左政发〔2018〕64号	

续表

序号	文件名称	文　号	备注
65	关于马少英等同志免职的通知	左政发〔2018〕65 号	
66	关于追认高二虎同志为革命烈士的请示	左政发〔2018〕66 号	
67	关于左权至涉县一级公路规划建设区域禁止乱搭（建）乱栽（种）的通告	左政发〔2018〕67 号	
68	关于对左权县清漳河全流域治理给予支持的请示	左政发〔2018〕68 号	
69	关于牛立斌等同志免职的通知	左政发〔2018〕69 号	
70	关于调整乡级土地利用总体规划的请示	左政发〔2018〕70 号	
71	关于调整“大棚房”问题专项清理整治整改类型的请示	左政发〔2018〕71 号	
72	关于帮助办理汾邢高速榆社至和顺段 35kV 外供电线路工程跨越孟信垴自然保护区相关手续的请示	左政发〔2018〕72 号	
73	关于马斌等同志任免职务的通知	左政发〔2018〕73 号	
74	关于印发左权县打赢蓝天保卫战三年行动计划的通知	左政发〔2018〕74 号	
75	关于印发左权县矿（砂）石开采加工管理办法（试行）的通知	左政发〔2018〕75 号	
76	关于落实市政府文件对应取消和承接下放一批行政职权等事项的通知	左政发〔2018〕76 号	
77	关于开展 2017 年度统筹整合财政涉农资金专项审计的通知	左政办发〔2018〕1 号	
78	关于印发左权县二〇一八年度农村地质灾害搬迁工作实施方案的通知	左政办发〔2018〕2 号	
79	关于印发左权县生产安全事故灾难应急预案的通知	左政办发〔2018〕3 号	
80	关于印发左权县政府性债务风险应急处置预案的通知	左政办发〔2018〕4 号	
81	关于印发左权县校园安全能力建设实施方案的通知	左政办发〔2018〕5 号	
82	关于印发左权县煤矿安全监管积分管理办法（试行）的通知	左政办发〔2018〕6 号	
83	关于印发左权县 2017 年城乡建设用地增减挂钩项目实施方案的通知	左政办发〔2018〕7 号	
84	关于下达 2018 年招商引资任务指标的通知	左政办发〔2018〕8 号	
85	关于印发左权县转型项目储备库实施意见的通知	左政办发〔2018〕9 号	
86	关于印发 2018 年市县经济工作会议重点工作责任分解的通知	左政办发〔2018〕10 号	
87	关于印发左权县政府购买棚户区改造服务管理办法的通知	左政办发〔2018〕11 号	
88	关于改进预算工作集中财力保脱贫的十条意见	左政办发〔2018〕12 号	
89	关于印发左权县食品安全突发事件应急预案的通知	左政办发〔2018〕13 号	
90	关于印发左权县第二次全国污染源普查实施方案的通知	左政办发〔2018〕14 号	
91	关于开展左权县第三次土地调查的通知	左政办发〔2018〕15 号	
92	关于印发左权县 2018 年农村危房改造工作实施方案的通知	左政办发〔2018〕16 号	
93	关于印发左权县 46.4MW 村级光伏扶贫电站建设实施方案的通知	左政办发〔2018〕17 号	
94	关于调整县政府副县长安全工作分工的通知	左政办发〔2018〕18 号	

续表

序号	文件名称	文　号	备注
95	关于调整部分副县长工作分工的通知	左政办发〔2018〕19 号	
96	关于印发 2018 年县政府工作报告重点工作责任分解的通知	左政办发〔2018〕20 号	
97	关于印发左权县突发性地质灾害应急预案的通知	左政办发〔2018〕21 号	
98	关于印发左权县二〇一八年度地质灾害防治方案的通知	左政办发〔2018〕22 号	
99	关于印发左权县推进“厕所革命”2018 年工作实施方案的通知	左政办发〔2018〕23 号	
100	关于印发左权县处置民用航空器飞行事故应急预案的通知	左政办发〔2018〕24 号	
101	关于印发左权县投资项目并联办理实施办法（试行）的通知	左政办发〔2018〕25 号	
102	关于印发左权县开展集体公益林托管实施方案的通知	左政办发〔2018〕26 号	
103	关于印发左权县土地利用总体规划（2006—2020 年）调整方案的通知	左政办发〔2018〕27 号	
104	关于印发 2018 年全县应急管理工作要点的通知	左政办发〔2018〕28 号	
105	关于印发左权县特困人员救助供养制度实施细则的通知	左政办发〔2018〕29 号	
106	关于印发左权县社会消费品零售总额限额以上企业培育工作实施方案的通知	左政办发〔2018〕30 号	
107	关于进一步加强内部审计工作的实施意见	左政办发〔2018〕31 号	
108	关于推进农业水价综合改革的实施方案	左政办发〔2018〕32 号	
109	关于印发晋中市人民政府关于支持左权县全域旅游发展暨生态文化旅游开发区建设的若干意见的责任分解的通知	左政办发〔2018〕33 号	
110	关于印发左权县村级光伏扶贫电站和集中式光伏扶贫电站运行维护和收益分配管理办法的通知	左政办发〔2018〕34 号	
111	关于印发左权县政务服务工作集中整改活动方案的通知	左政办发〔2018〕35 号	
112	关于印发 2018 年全县政府系统年中述职考评会工作责任分解的通知	左政办发〔2018〕36 号	
113	关于印发左权县医养结合机构建设项目实施方案的通知	左政办发〔2018〕37 号	
114	关于印发左权县柴油货车和散装物料运输车污染治理联合执法专项行动工作方案的通知	左政办发〔2018〕39 号	
115	关于印发左权县公共租赁住房管理实施细则的通知	左政办发〔2018〕40 号	
116	关于开展规范扶贫小额信贷“带资入企”专项行动的通知	左政办发〔2018〕41 号	
117	关于印发左权县城乡建设用地增减挂钩项目实施方案的通知	左政办发〔2018〕42 号	
118	关于印发左权县 2018 年政务公开工作要点的通知	左政办发〔2018〕43 号	
119	关于印发左权县大气污染防治 2018 年行动计划的通知	左政办发〔2018〕44 号	
120	关于印发左权县水污染防治 2018 年行动计划的通知	左政办发〔2018〕45 号	
121	关于印发左权县土壤污染防治 2018 年行动计划的通知	左政办发〔2018〕46 号	
122	关于开展左权县设施农业用地集中清理治理专项行动的通知	左政办发〔2018〕47 号	
123	关于进一步做好全县“四上”企业入库统计工作的通知	左政办发〔2018〕48 号	

续表

序号	文件名称	文　号	备注
124	关于印发左权县调整统筹整合财政涉农资金项目年度投资使用计划方案的通知	左政办发〔2018〕49 号	
125	关于印发县政府重点工作督办落实制度的通知	左政办发〔2018〕50 号	
126	关于副县长温慧贤（挂职）工作分工的通知	左政办发〔2018〕51 号	
127	关于加快推进残疾人小康进程的实施意见	左政办发〔2018〕52 号	
128	关于印发左权县“十三五”加快残疾人小康进程发展规划的通知	左政办发〔2018〕53 号	
129	关于印发左权县 2018—2019 年秋冬季大气污染综合治理攻坚行动方案的通知	左政办发〔2018〕54 号	
130	关于印发左权县强化基层社合作经济组织属性专项试点实施方案的通知	左政办发〔2018〕55 号	
131	关于印发左权县结核病防治规划（2016—2020 年）的通知	左政办发〔2018〕56 号	
132	印发左权县关于开展“大棚房”问题专项清理整治行动　坚决遏制农地非农化方案的通知	左政办发〔2018〕57 号	
133	关于马斌同志工作分工的通知	左政办发〔2018〕58 号	
134	关于左权县村级（联村）光伏扶贫电站受益村村集体收益二次分配的指导意见	左政办发〔2018〕59 号	
135	关于印发左权县易地扶贫搬迁拆旧复垦实施方案的通知	左政办发〔2018〕60 号	
136	关于印发左权县气象灾害应急预案的通知	左政办发〔2018〕61 号	
137	关于在市场体系建设中建立公平竞争审查制度的通知	左政办发〔2018〕62 号	
138	关于印发左权县农村义务教育学生营养改善计划实施方案的通知	左政办发〔2018〕63 号	
139	关于印发左权县防堵非洲猪瘟“七个全覆盖”工作方案的通知	左政办发〔2018〕64 号	
140	关于确认农村集体经济组织成员身份的指导意见	左政办发〔2018〕65 号	
141	关于进一步加强农经体系建设的实施意见	左政办发〔2018〕66 号	
142	关于印发左权县老年人高龄补贴发放管理办法的通知	左政办发〔2018〕67 号	
143	关于印发左权县道路交通安全应急预案的通知	左政办发〔2018〕68 号	
144	关于印发左权县政府督查员管理办法（试行）的通知	左政办发〔2018〕69 号	
145	关于印发左权县 65 岁以上老年人免费乘坐城市公交车实施方案的通知	左政办发〔2018〕70 号	
146	关于印发国道 207 线左权至黎城界及南沁线左权桐峪至河北涉县界一级公路新改建工程征地拆迁实施方案的通知	左政办发〔2018〕71 号	
147	关于印发左权县突发公共卫生事件应急预案的通知	左政办发〔2018〕72 号	
148	关于印发左权县抗旱应急预案的通知	左政办发〔2018〕73 号	
149	关于进一步规范和加强全县行政事业单位国有资产管理的通知	左政办发〔2018〕74 号	
150	关于做好全县政务公开标准化规范化精准化工作的通知	左政办发〔2018〕75 号	
151	关于印发左权县矿（砂）石开采、加工、堆存、销售专项整治实施方案的通知	左政办发〔2018〕76 号	
152	关于陈谦南同志工作分工的通知	左政办发〔2018〕77 号	
153	关于印发左权县突发动物疫情应急预案的通知	左政办发〔2018〕78 号	

索 引

说 明： 一、本索引以人名、地名、机构名称（简称）等主题词进行索引。二、本索引按主题词汉语拼音字母顺序排列（数字开头的主题词另行排序），主题词后面的数字表示所在页码位置。三、本索引主题词主要选自年鉴正文部分，特载、大事记、附录、照片、表格不在索引范围内。

A

B

C

D

F

G

H

J

K

L

M

N

P

Q

R

S

T

W

X

Y

Z